U0958125

高职高专经济管理类专业规划教材

经济学基础

王建平　伍玉华　主　编

電子工業出版社
Publishing House of Electronics Industry
北京 · BEIJING

内 容 简 介

本书按照加强学生实践和思维能力为本位的思想和“必需、够用”的原则，立足于提高学生整体素质和学生综合职业能力，特别是创新能力和实践能力的培养，在认真总结本课程教学实践的基础上，力求准确地阐述经济学的基本理论、基本政策、基本概念和基本方法；积极借鉴发达国家，特别是西方现行经济学教材的长处，充分吸收了国内外本学科理论研究成果和经济学国内外实践的新成果、新经验和新材料，深入浅出地阐述了经济学内容体系，突出了以培养学生技术应用能力为主线的高职高专教育的特色，体现了教材内容和形式上的创新性。

图书在版编目（CIP）数据

经济学基础/王建平，伍玉华主编. —北京：电子工业出版社，2016.8
ISBN 978-7-121-29678-9

Ⅰ. ①经…　Ⅱ. ①王…　②伍…　Ⅲ. ①经济学—高等学校—教材　Ⅳ. ①F0

中国版本图书馆 CIP 数据核字（2016）第 188766 号

策划编辑：贺志洪
责任编辑：贺志洪　李　静　　　特约编辑：张晓雪　薛　阳
印　　刷：北京七彩京通数码快印有限公司
装　　订：北京七彩京通数码快印有限公司
出版发行：电子工业出版社
　　　　　北京市海淀区万寿路 173 信箱　邮编 100036
开　　本：787×1092　1/16　　印张：19　　字数：486 千字
版　　次：2016 年 8 月第 1 版
印　　次：2020 年 9 月第 3 次印刷
定　　价：39.60 元

凡所购买电子工业出版社图书有缺损问题，请向购买书店调换。若书店售缺，请与本社发行部联系，联系及邮购电话：（010）88258888。

质量投诉请发邮件至 zlts@phei.com.cn，盗版侵权举报请发邮件至 dbqq@phei.com.cn。

本书咨询联系方式：（010）88254609 或 hzh@phei.com.cn。

前言

高职高专教育“理论必需、够用为度、能力本位”的原则已经成为高等职业教育的共识。本书按照加强学生实践能力和思维能力为本位的思想，立足于提高学生整体素质和学生综合职业能力，特别是创新能力和实践能力的培养，在认真总结经济学基础教学的基础上，力求准确地阐述经济学的基本理论、基本概念和基本方法；积极借鉴发达国家，特别是西方现行经济学教学的长处，充分吸收了国内外本学科理论研究成果和经济学国内外实践的新成果、新经验和新材料，深入浅出地阐述经济学内容体系，突出了以培养学生技术应用能力为主线的高职高专教育的特色，体现了教材内容和形式上的创新性。

市场经济体制改革使得我国社会经济主体缺位、错位的偏颇得以纠正，即由单一的中央政府主体成为居民、家庭、企业和政府四大经济主体。这种归位及新的市场经济环境使得中国的经济学研究能够按照“经济学”本意去构建我国当前社会“经济学”的体系和结构。在市场经济条件下，各个主体都有一个如何做出既有利于自身又有利于整个社会资源优化配置的行为选择问题，经济学是一门经济行为的抉择学。

生活中的各种问题影响和困扰着我们每一个人，我们可能对许多现象充满着疑惑，其实这些都与经济学有关。学习和了解基本的经济学知识对于每个学生都非常重要。同时，三十多年的改革开放，中国经济发生了巨大的变化，随着我国社会主义市场经济的不断完善，给学习经济学的学生提供了肥沃的土壤。为满足高职高专层次学生学习经济学知识的需要我们特组织编写了本书。

我们根据高职高专人才培养方案的目标，确定了本书的编写内容、结构和要求，旨在为学生介绍经济学的基础理论和基本原理，帮助学生掌握分析经济问题的思路和方法，提高学生分析和解决问题的能力。全书分为十三章：第一章为导论，介绍了经济学的概念、研究对象、研究内容和方法；第二章至第八章主要介绍了微观经济学的有关内容，包括供求理论、消费者行为理论、生产者行为理论、成本与收益理论、市场理论、生产要素市场理论和市场失灵与政府干预等；第九章至第十三章主要介绍宏观经济学的有关内容，包括国民收入核算与决定理论、失业与通货膨胀理论、经济周期与经济增长理论、宏观经济政策等。在编写本书过程中，我们编写组力求体现体系完整、简明扼要、必需够用、体现发展、突出能力的特点。

本书由王建平、伍玉华担任主编，梁福、郑文兵、张琼亚、赵桂琴担任副主编。所有成员都是高职高专院校经济学基础教学第一线的教师，对经济学基础课程教学教改有着深刻的体会、丰富的教学经验。其中第一章、第二章、第六章由王建平编写，第三章、第四章、第五章、第七章、第八章由伍玉华编写，第九章、第十章由梁福编写，第十二章由郑文兵编写，第十一章、第十三章由张琼亚编写，最后由赵桂琴统稿。

在本书的编写过程中，我们借鉴了国内外有关教材、论著及其他文献资料，在此对相关作者表示最诚挚的感谢。由于编者水平有限，加之时间仓促，书中错误及不当之处在所难免，恳请广大读者及同行专家批评指正，以便于我们改进，谢谢！

编　者

2016 年 7 月

目　录

第一章　导论……………………………………………………………………1

导读案例……………………………………………………………………1
第一节　经济学概述……………………………………………………2
第二节　经济学的研究对象……………………………………………6
第三节　经济学的研究内容……………………………………………12
第四节　经济学的基本研究方法………………………………………15
关键概念……………………………………………………………………18
知识小结……………………………………………………………………18
思考作业题…………………………………………………………………19

第二章　供求理论………………………………………………………………20

导读案例……………………………………………………………………20
第一节　需求理论…………………………………………………………21
第二节　供给定理…………………………………………………………25
第三节　均衡价格理论及其应用………………………………………29
第四节　弹性理论及其应用……………………………………………34
关键概念……………………………………………………………………41
知识小结……………………………………………………………………41
思考作业题…………………………………………………………………42

第三章　消费者行为理论………………………………………………………44

导读案例……………………………………………………………………44
第一节　基数效用论……………………………………………………45
第二节　序数效用论……………………………………………………52
第三节　消费者行为理论的应用………………………………………57
关键概念……………………………………………………………………61
知识小结……………………………………………………………………61
思考作业题…………………………………………………………………62

第四章　生产者行为理论………………………………………………………65

导读案例……………………………………………………………………65
第一节　生产函数…………………………………………………………65

第二节　短期生产理论……69
第三节　长期生产理论……73
第四节　规模经济……77
关键概念……79
知识小结……79
思考作业题……81

第五章　成本与收益理论……84

导读案例……84
第一节　成本与成本函数……85
第二节　短期成本分析……89
第三节　长期成本分析……93
第四节　企业收益与利润最大化原则……97
关键概念……102
知识小结……102
思考作业题……102

第六章　市场理论……105

导读案例……105
第一节　市场与市场结构类型……106
第二节　完全竞争市场……111
第三节　完全垄断市场……117
第四节　垄断竞争市场……123
第五节　寡头垄断市场……127
关键概念……133
知识小结……133
思考作业题……134

第七章　生产要素市场理论……137

导读案例……137
第一节　生产要素与生产要素市场概述……137
第二节　生产要素价格的决定……139
第三节　工资、利息、地租理论……143
第四节　洛伦茨曲线和基尼系数……150
关键概念……151
知识小结……151
思考作业题……152

第八章 市场失灵与政府干预……154
导读案例……154
第一节 垄断……155
第二节 公共物品……159
第三节 外部性……164
第四节 信息不对称……171
关键概念……175
知识小结……176
思考作业题……177
第九章 国民收入核算理论……179
导读案例……179
第一节 衡量国民收入的主要总量指标……180
第二节 国民收入核算的三种方法……187
第三节 国民收入流量循环模型……192
关键概念……196
知识小结……196
思考作业题……196
第十章 国民收入决定理论……200
导读案例……200
第一节 简单的国民收入决定模型……202
第二节 IS-LM 模型……212
第三节 AD-AS 模型……220
关键概念……225
知识小结……225
思考作业题……226
第十一章 失业与通货膨胀理论……229
导读案例……229
第一节 失业理论……229
第二节 通货膨胀理论……236
第三节 失业与通货膨胀的关系……245
关键概念……248
知识小结……248
思考作业题……249
第十二章 经济周期与经济增长理论……251
导读案例……251

第一节　经济周期理论 ……252
第二节　经济增长理论 ……257
关键概念 ……267
知识小结 ……267
思考作业题 ……268

第十三章　宏观经济政策 ……271

导读案例 ……271
第一节　宏观经济政策概述 ……272
第二节　财政政策 ……275
第三节　货币政策 ……280
第四节　财政政策与货币政策的协调 ……288
关键概念 ……290
知识小结 ……290
思考作业题 ……291

附录 A　课后思考作业题参考答案 ……293

参考文献 ……296

第一章 导论

学习目标

1. 了解经济的含义，了解经济学的发展阶段；
2. 掌握经济学的基本假设和经济学的三大基本问题；
3. 理解资源配置、资源利用和掌握经济学概念；
4. 理解生产可能性边界和机会成本；
5. 了解微观经济学和宏观经济学的基本内容以及两者之间的联系与区别；
6. 理解经济学的主要研究方法。

导读案例：一则经济学家和数学家的故事

在日常生活中，每个人其实都在自觉不自觉地运用着经济学知识。比如节假日来临，我们选择休息还是学习；再如到商业银行存钱，我们要选择是存定期还是活期。经济学对我们日常生活到底有多大作用，下面一则经济学家和数学家的故事可见一斑。

话说三个经济学家和三个数学家一起乘火车去旅行。数学家讥笑经济学家没有真才实学，弄出的学问还摆了一堆诸如“人都是理性的”之类的假设条件；而经济学家则嘲笑数学家们过于迂腐，脑子不会拐弯，缺乏理性选择。最后经济学家和数学家打赌看谁完成旅行花的钱最少。三个数学家于是每个人买了一张票上车，而三个经济学家却只买了一张火车票。列车员来查票时，三个经济学家就躲到了厕所里，列车员敲厕所门查票时，经济学家们从门缝里递出一张票说，买了票了，就这样蒙混过关了。三个数学家一看经济学们这样就省了两张票钱，很不服气，于是在回程时也如法炮制，只买了一张票，可三个经济学家一张票也没有买就跟着上了车。数学家们心想，一张票也没买，看你们怎么混过去。等到列车员开始查票的时候，三个数学家也像经济学家们上次一样，躲到厕所里去了，而经济学家们却坐在座位上没动。过了一会儿，厕所门外响起了敲门声，并传来了查票的声音。数学家们乖乖地递出车票，却不见查票员把票递回来。原来是经济学家们冒充查票员，把数学家们的票骗走，躲到另外一个厕所去了。数学家们最后还是被列车员查到了，乖乖地补了三张票，而经济学家们却只掏了一张票的钱，就完成了这次往返旅行。

名人名言 哈佛大学曼昆教授说：“在我当学生的二十年中，最令我兴奋的课程是我在大学一年级时所选的连续两个学期的经济学原理，我可以毫不夸张地说，这门课改变了我的一生。”

第一节　经济学概述

一、经济的含义

首先让我们来了解下经济一词的含义，经济一词来源于希腊语“economy”，意思是管理好一个家庭的收支、消费与储蓄等，在国内外学者的著述中对经济一词也都有比较好的表述。

（1）经济指的是生产或生活上的节约、节俭，前者包括节约自然资源、生产资本和劳动等，即用尽可能少的投入生产出尽可能多的社会所需要的产品和劳务；后者指个人或家庭在生活消费支出方面精打细算，通过合理的购买决策来获得最大的满足感或效用。总之，经济就是用较少的人力、物力、财力获取较大的成果或收益。

（2）经济就是家庭、企业和国家的收支状况，如家庭的收入与支出、企业的产量与效益、国民生产总值、社会总产出等。

（3）经济就是经邦济世、经国济世或经世济民等词的综合和简化。它的含义包括国家如何理财，如何管理各种经济活动，如何处理政治、法律、军事、教育等方面的问题，即治理国家、拯救庶民。

通过上面对经济一词的解释，我们很自然地明白经济学是一门研究人类社会经济事务的科学。经济学作为一门独立的学科，距今已有二百多年的历史了，被人们越来越推崇。人们把经济学称为“社会科学的皇后，最古老的艺术，最新颖的科学”。

二、经济学的发展阶段

下面让我们来简要地了解下经济学的发展阶段。经济学发展至今已经经历过四个发展阶段，分别是重商主义、古典经济学、新古典经济学和当代经济学。

1. 重商主义——经济学的萌芽阶段

重商主义产生于 15 世纪，结束于 17 世纪中期。这是资本主义生产方式的形成与确立时期。其主要代表人物有英国经济学家孟克莱田、巴蒂史特等。孟克莱田在 1615 年发表了《献给皇上和皇太后的政治经济学》，最早使用了政治经济学这一概念。重商主义并没有什么系统的理论，其主要观点是：金银是唯一的财富，一国的财富来自于对外贸易，增加财富的方法就是扩大出口、限制进口，政府必须对经济生活进行干预。重商主义反映了原始积累时期资本主义经济发展的要求，但仅限于对流通领域的研究，所以还处于经济学的萌芽阶段。

2. 古典经济学——经济学形成的阶段

古典经济学形成于 17 世纪中期，结束于 19 世纪 70 年代。主要代表人物有英国经济学家亚当·斯密、大卫·李嘉图、约翰·穆勒、马尔萨斯、法国经济学萨伊等。最重要的代表人物是亚当·斯密，其代表作是 1776 年出版的《国富论》。该著作的发表被视为经济学史上的第一次革命，即对重商主义的革命，它建立以自由放任和竞争为核心思想的经济学体系。古典经济学家研究中心是国民财富如何增长。他们强调财富是物质产品，增加国民财富的途径是通过增加资本积累和分工来发展生产、来获取的。围绕这一点，他们研究了经济增长、价值、价格、收入分配等广泛的经济问题。亚当·斯密从人是利己的经济人这一假设出发，论述了由价格这只“看不见的手”来调节市场经济运行的问题。因此，由价格调节经济就是一种正常的自然秩序，由此得出了自由放任的政策结论。古典经济学自由放任的思想反映了自由竞争时期经济发展的要求。古典经济学家把经济研究领域从流通领域转移到生产领域，使经济学真正成为一门有独立体系的学科。

3.新古典经济学——微观经济学的形成阶段

新古典经济学从 19 世纪 70 年代的“边际革命”开始，到 20 世纪 30 年代结束。这一时期经济学的中心仍然是自由放任。从某种意义上说，它仍然是古典经济学的延续。但是，它使用新的研究方法，从新的角度来论述自由放任思想，并建立了价格如何调节经济的微观经济学体系。所以，在古典经济学前加一“新”字以使其与古典经济学不同。

19 世纪 70 年代，奥地利经济学家门格尔、英国经济学家杰文斯和瑞士洛桑学派的创立者法国经济学家瓦尔拉斯等提出了边际效用价值论，引发了经济学上的“边际革命”，从而开创了经济学的一个新时期。其后英国剑桥学派经济学家马歇尔在 1890 年出版了《经济学原理》，综合了当时的各种经济理论，成为新古典经济学的代表作。边际效用价值论认为，商品的价值取决于人们对商品效用的主观评价。这种边际效用价值论采用边际分析法。新古典经济学家已不像古典经济学家那样只重视对生产的研究，而是转向了消费和需求，他们把消费和需求分析与生产和供给分析结合在一起，建立了现代微观经济学体系及其基本内容。由于该体系是以完全竞争为前提的，所以在 20 世纪初出现垄断后，英国经济学家罗宾逊和美国经济学家张伯伦，在 20 世纪 30 年代提出了垄断竞争或不完全竞争条件下的资源配置问题，这是对微观经济学体系的重要发展。

4.当代经济学——宏观经济学的形成与发展阶段

当代经济学以 20 世纪 30 年代凯恩斯主义的出现为标志。这一时期的中心是宏观经济学的形成与发展。可以将这一阶段分为三个时期。

第一个时期是凯恩斯革命时期。这一时期从 20 世纪 30 年代到 50 年代之前。1929～1933 年的经济危机，使得新古典经济学论述的市场调节的完善性的神话被打破，传统经济理论与现实发生了尖锐的矛盾，经济学面临着它的第一次危机。在此形势下，英国经济学家凯恩斯于 1936 年出版了《就业、利息和货币通论》一书。该书把产量与就业水平联系起来，从总需求的角度分析国民收入的决定，认为失业存在的原因是有效需求不足，在政策上提出了应该放弃自由放任，由国家来干预和调控经济的主张。凯恩斯的这些观点被认为是经济学史上的第三次革命——凯恩斯革命。这次革命所产生的凯恩斯主义提出了以国民收入决定理论为中心理论，以国家干预为基调的现代宏观经济学体系。

第二个时期是凯恩斯主义发展时期。这一时期从 20 世纪 50 年代到 60 年代末。第二次世界大战后，西方各国都加强了对经济生活的全面干预。凯恩斯主义得到了广泛的传播和发展。美国经济学家萨缪尔森等人把凯恩斯主义的宏观经济学和新古典经济学的微观经济学结合在一起，形成了新古典综合派。新古典综合派全面发展了凯恩斯主义，对各国经济理论与政策产生了重大影响，新古典综合派成为了当代经济学的主流。以英国经济学家罗宾逊为首的新剑桥学派主张把凯恩斯主义与新古典经济学的联系作进一步判断，以分配理论为中心来完成凯恩斯革命。该学派以李嘉图的劳动价值论为基础，由英国经济学家斯拉伐发展和完善了这种劳动价值论，被称为经济学史上第四次革命——斯拉伐革命。

第三个时期是自由放任的复兴时期。这一时期从 20 世纪 70 年代至今。第二次世界大战后，国家干预经济的政策，虽然促进了经济的巨大发展，但同时也出现了经济停滞和通货膨胀并存的“滞涨”局面，引起了凯恩斯主义的危机。这次危机使得自由放任思想复兴。以美国经济学家弗里德曼为首的货币主义者，拥护自由放任思想。货币主义的出现被称为经济学史上的第五次革命——货币主义革命。70 年代后，又出现了以美国经济学家卢卡斯为首的理性预期学派。该学派也拥护自由放任思想。该学派的出现被称为经济学史上的第六次革命——理性预期革命。在这一时期，新古典综合派、货币主义和理性预期学派的争论称为经济学的主旋律。在理论上，尽管新古典综合派仍占主流地位，但对方的观点，如货币主义的货币量重要性的论述、理性预期学派的预期概念，都已成为现代经济学的重要组成部分。在政策上，虽然国家干预经济的基本格调没有发生根本变化，但价格政策的自由化也产生了重要的影响。应该说，这三派的争论是经济学发展的动力。

可以看出，经济学的发展与演变正是现实经济发展的反映，每一时期经济理论的产生都是当时现实经济发展的要求在理论上的反映，清晰地说明了经济学服务于现实经济这一特点。

阅读材料 1：马克思以及马克思政治经济学简介

马克思（Marx，1818—1883）全世界无产阶级的伟大导师、共产主义的创始人，伟大的政治家、哲学家、经济学家、革命理论家。

马克思主义经济学，即马克思主义政治经济学，是马克思和恩格斯在 19 世纪中叶创立的，以社会生产关系为研究对象的经济科学，是马克思主义的三个组成部分之一。其基本思想是：①生产关系是一切社会关系中最为基本的关系。②在继承资产阶级古典政治经济学科学成分的基础上，创立了劳动价值论，提出了商品二重性、劳动二重性理论。③在劳动价值论的基础上，创立了剩余价值理论，认为该理论揭露了资产阶级剥削的本质和资本主义社会阶级对立的根源，并认为该理论揭示了资本主义必然灭亡、社会主义必然胜利的理论依据。④创立了社会再生产理论。⑤创立了利润理论、利息理论和地租理论。⑥对未来社会做出了构想。

阅读材料 2：世界著名经济学家简介

亚当·斯密（Adam Smith，1723—1790），经济学鼻祖。英国人，古典经济学的代表人物。1759 年出版的《道德情操论》获得学术界极高评价。1776 年 3 月，他所著述的《国民财富的性质和原因的研究》(简称《国富论》) 出版后引起大众广泛的讨论，世人尊称亚当·斯密为“现代经济学之父”和“自由企业的守护神”。

大卫·李嘉图（David Ricardo，1772—1823），李嘉图是英国产业革命高潮时期的资产阶级经济学家，他继承和发展了斯密经济理论中的精华，使古典政治经济学达到了最高峰，是英国资产阶级古典政治经济学的杰出代表和完成者。1817 年他发表了代表作《政治经济学及赋税原理》，其比较优势学说构成了现代贸易理论的基石。

阿尔弗雷德·马歇尔（Alfred Marshall，1842—1924），剑桥学派的创建人，是 19 世纪末 20 世纪初英国著名的经济学家。其提出供给与需求的概念、综合边际效用学派的观点、均衡价格理论，构成了微观经济学的基础。1890 年发表《经济学原理》，他的理论及其追随者被称为新古典理论和新古典学派。

约翰·梅纳德·凯恩斯（John Maynard Keynes，1883—1946），英国人，现代西方经济学最有影响的经济学家之一，他创立的宏观经济学与弗洛伊德所创的精神分析法和爱因斯坦发现的相对论一起并称为二十世纪人类知识界的三大革命。1936 年，凯恩斯的代表作《就业、利息与货币通论》，被西方学者认为“凯恩斯是在致命危机威胁资本主义世界时挽救和巩固了这个社会”。另外两部重要著作是《论货币改革》和《货币论》。

保罗·萨缪尔森（Paul A.Samuelson，1915—2009），美国诺贝尔经济学奖第一人萨缪尔森和他的导师汉森是凯恩斯主义在美国的主要代表人物，被称为新古典综合派，实质上是将马歇尔为代表的新古典经济学与凯恩斯主义经济理论综合在一起。其核心思想是在采取凯恩斯主义的宏观财政政策和货币政策来调节资本主义的经济活动。萨缪尔森的经典著作是《经济学》，还有《线性规划与经济分析》《经济分析基础》。

约瑟夫·熊彼特（Joseph Alois Schumpeter，1883—1950），美籍奥国经济学家，阐释了经济增长的根源——创新。管理大师德鲁克称他具备“永垂不朽的大智慧”。熊彼特在《经济发展理论》一书中提出“创新理论”以后，又相继在《经济周期》和《资本主义、社会主义和民主主义》两书中加以运用和发挥，形成了以“创新理论”为基础的独特的理论体系，从而闻名于世、影响颇大。他也是最先研究经济周期的经济学家之一，其代表作还有《经济分析史》。

第二节　经济学的研究对象

一、经济学的基本假设

任何一门学科都有自己的理论假设，没有假设就无法去解释现实的问题。经济学也是如此。资源稀缺性和理性人是经济学的两个重要假设。

（一）资源稀缺性

首先，人类为了生存和发展，就必须进行社会大生产，也即将资源转化为物品和劳务。这里所说的资源也就是生产要素，它包括土地及所有自然资源、劳动及各种人力资源、资本及各种资本品、企业家才能及各种生产管理能力。有了这些资源，人类便可以将生产活动转化为物品和劳务，进而满足人类的欲望。经济学中用来满足人类欲望的物品和劳务分为“自由物品”和“经济物品”。自由物品是指人类无须通过努力就能自由使用的物品，如阳光、空气等，其数量是无限的，自由物品的种类不多；经济物品是指人类必须付出代价才能使用的物品，其数量是有限的。物品中大多数的是经济物品。

其次，人类的欲望是无限的，无止境的，欲望是与生俱来的。欲望是一种缺乏的感受与取得满足的愿望。欲望具有多样性、多层次性、无止境性。美国人道主义心理学家马斯洛将人的欲望或需要分成五个层次。第一，基本生理需要；第二，安全需要；第三，社交需要；第四，尊重需要；第五，自我实现需要。其基本观点是：这五个层次的需要，从低到高逐层发展，低层次的需要被满足之后，高层次的需要才会产生。另外我们通过下面这首打油诗来了解人类欲望的特点。

阅读材料 3：明末清初《解人颐》

终日奔波只为饥，方才一饱便思衣；
衣食两般皆俱足，又想娇容美貌妻；
娶得美妻生下子，恨无田地少根基；
买到田地多广阔，出入无船少马骑；
槽头扣了骡和马，叹无官职被人欺；
县丞主簿还嫌小，又要朝中挂紫衣；
做了皇帝求仙术，更想登天跨鹤飞；
若要世人心里足，除了南柯一梦西。

由此我们可以得出结论，人类通过资源的配置来满足无限的欲望，显而易见，社会资源总是不足和不够的。所以我们把这种相对于人类无限的欲望而言，资源总是不足的，即经济物品总是不足的现象称为资源的稀缺性。资源的稀缺性是相对而言的，不是指资源的绝对数量。稀缺性在任何历史时期，任何社会、任何人中都是客观存在的。资源的稀缺性是经济学诞生和存在的重要条件。并且由于稀缺性的存在，人类才有必要对相对有限的资源进行合理配置，来选择生产、交换、分配和消费物品；相反来说，如果资源是无限的，取之不尽用之不竭的，人类就没有必要进行资源的优化配置和合理使用，也不会出现选择的问题。

（二）理性人

在经济学里，“合乎理性的人”的假设通常简称为“理性人”或者“经济人”的假设条件。西方经济学家指出，所谓的“理性人”假设是对在经济社会中从事经济活动的主体（居民户、企业、政府）的基本特征的一个一般性的抽象。其基本特征是：每一个从事经济活动的人都是利己的；或者说，每一个从事经济活动的主体所采取的经济行为都是力图以自己的最小的经济代价去获得自己的最大经济利益。西方经济学家认为，在任何经济活动中，只有这样的人才是“合乎理性的人”；否则，就是非理性的人。“理性人”是对经济生活中的一般人的抽象，一是自私，即人们的行为动机是趋利避害的，是利己的；二是完全理性，即每个人都能够通过成本-收益分析或趋利避害原则来对其所面临的一切机会和目标及实现目标的手段进行优化选择。对于居民户而言，它利用有限的收入来追求效用最大化；对于企业而言，它通过有限的生产要素投入来生产出最大的产量，获得最大的利润。

阅读材料 4：理性人假设的意义

第一，没有理性经济人假设就不能认识经济规律，也不可能得出任何有意义的经济政策。理性经济人假设是现代经济学具有分析力的重要标志，没有这个假设，就不可能具有分析力。如果假定人是道德人，社会几乎不需要任何制度安排，不需要任何经济政策，连国家都不需要。有些人说，人是复杂人，如果做出这样的假定，经济学发现的只能是偶然性，不可能有理论上的简化，无法处理纷繁复杂的经济现象。如果让主张道德人和复杂人的人来分析刑事案件，可以保证百分之百破不了案。因为失去了对作案动机的考察，只能凭空想象。因此，从道德人、复杂人向理性经济人假设的转化，是现代经济学成熟的重要标志。

第二，理性经济人只是认识经济规律的一个工具，并不是提倡人人自私自利。一些人把理性经济人这个假设说成是主张自私自利的东西了，看成是具有价值导向和政策趋向的东西了，好像是经济学家主张人们都自私自利。这是一个很大的误区。

第三，从哲学本意上来看，马克思主义经济学也是不排斥理性经济人这个假设的。有些人说，马克思主张“人是各种社会关系的总和”，因此，马克思就不同意理性经济人假设。这种结论未免下得太武断了，也伴随某种程度的无知。事实上，马克思对人的看法本身是正确的，但他在经济分析里也一样不反对这样的假设。马克思在分析经济社会问题中也这样说，人奋斗所争取的一切，都同他们的利益有关。他在《资本论》中讲到：“分析经济形式，既不能用显微镜，也不能用化学试剂。二者都必须用抽象力代替。”实质上，理性经济人只是复杂人的一个抽象，把利他的因素，感情的因素抽象掉了。不然无法分析经济问题，这才是问题的关键所在。

二、选择和资源配置

人类社会必须决定如何利用现有的资源去生产“经济物品”以更有效地方式来满足

人类的欲望，这就是经济学所谓的“选择”。换句话说，有了资源的稀缺性和理性人假设，选择便成了必要了。选择所要解决的三个基本问题如下。

（一）生产什么、生产多少（what）

生产什么、生产多少，是指人类社会必须决定应当生产哪些物品和劳务、产量是多少。这也就是社会资源的配置问题。虽然一种经济资源可以有多种用途，有多种组合，但由于资源有限和稀缺，如果用于生产 A 物品的资源多一些，那么用于生产 B 物品的资源便会少一些。所以人类社会就必须做出选择，用多少资源生产 A 物品，用多少资源生产 B 物品。

美国著名经济学家萨缪尔森认为，在市场经济中，“生产什么、生产多少的问题是由消费者的货币选票决定的”。从单个企业的角度来看，通常情况下企业追求的是利润，只要有生产能力并且有利可图，对于生产什么、生产多少这个问题来说，企业的选择是取决于消费者需要什么就生产什么，需要多少就生产多少。但是，从社会总体需求的角度来看，生产什么、生产多少，这个问题需要考虑当前社会的总体需求与长远利益、局部需求与全局利益、个体需求与整体利益等各方面的矛盾，需要国家通过宏观调控和“看不见的手”价格进行资源优化配置，在这里，价格机制起基础性的配置作用。

（二）如何生产（how）

如何生产主要是指生产方式的选择，包括由谁来生产（例如：谁去打猎、谁去钓鱼），使用什么资源（例如：用热力还是水力或是核能发电），采用何种技术、工艺、方法等（例如大规模生产还是小规模生产；机器自动化生产还是手工生产等）。

一般来说，产品的成本、产量、质量、效率和收益等方面内容可以采取不同的生产形式和生产方法来获得。也就是说不同的生产方法和资源组合是可以相互替代的。同一种产品的生产可以采取不同的资源组合（例如：劳动密集型、资本密集型、技术密集型）。实践表明，由于技术水平的不同，相同的生产要素投入的生产效率可以相差几倍甚至几十倍。在现代生产中，技术进步是决定性因素，例如，发达国家的经济增长有 50%～80%是来自技术进步。

（三）为谁生产（who）

无论生产什么和怎样生产，都存在一个为谁生产的问题。为谁生产，确切来说就是如何进行产品分配的问题。它是指生产出来的产品和劳务如何分配给经济社会中的经济主体，即谁来享受经济活动所产生的成果的问题。例如：企业经理、运动员、官员、公务员、基层员工、物质资本所有者等，他们中谁应当得到高收入；另外社会是否应该给穷人提供最低消费和最低工资，还是遵循不劳动不得食的原则；以及产品和劳务如何在人们之间进行分配，根据什么原则，采用什么分配机制进行分配，分配的数量界限如何把握等。这里既有产品的分配，也有社会经济成果的分享，是收入、财富的分配问题。

在市场经济条件下，产品的分配是由市场价格机制来进行指导和调节的。正如英国经济学家亚当·斯密在《国富论》中所说的，“我们的晚餐并非来自屠宰商、酿酒师和面包师的恩惠，而是来自他们对自身利益的关切”，“每个人都力图利用好他的资本，……。他所追求的仅仅是他个人的利益和所得。但在他这样做的时候，有一只看不见的手在引导着他去帮助实现另一种目的，这种目标并非是他本意所要追求的东西。通过追逐个人利益，他经常增进社会利益，其效果比他真的想要促成社会利益时所能够得到的那一种要更好”。

上述三个基本经济问题在经济学中称为资源配置问题。由此可见，所谓资源配置就是在资源稀缺的条件下，人们为了追求经济效率和效果而做出的选择。

阅读材料5：资源配置方式

1. 自给自足经济

基本上没有资源配置，因为每个个体都占有资源，自己生产自己消费，不需要进行资源配置。

2. 计划经济

所谓计划经济，是指以计划作为资源配置的主要方式的一种经济体制；在计划经济体制下，生产资料和各种资源都为国家所有或主要为国家所有，企业只是政府的附属物。资源配置是通过中央政府的统一计划进行的。首先，中央政府要搜集和掌握有关资源的拥有量、社会对各种产品的需求量，然后根据政府的特定目标来编制统一的国民经济计划，然后把这个计划按照行政层次逐层分解下达，最后到企业或其他生产单位。就是说，由中央政府来决定生产什么、生产多少和如何生产等问题，企业或生产单位完全是计划的执行者，对资源配置没有什么影响。

3. 市场经济

所谓市场经济，是指以市场作为资源配置的主要方式的一种经济体制；在市场经济体制下，资源配置是通过市场机制或价格机制实现的。在市场经济中，每个消费者、生产者或经营者都是相互独立的，政府对企业的经营决策一般不进行直接干预，生产什么，生产多少和如何生产都完全由企业按照自己的经营目标，根据市场价格的变动和市场供求状况来决定的。在这里，市场机制或价格机制就如同是一只“看不见的手”在引导着生产者、经营者和消费者的经济活动，从而支配着资源在社会范围内的配置。

4. 混合经济

它是计划经济和市场经济的混合体，根据不同情况发挥不同的作用。

三、资源利用

阅读材料6：“十一五”发展的主要目标之三——资源利用效率显著提高

我国资源禀赋较差，生态环境比较脆弱，支撑经济增长的能源和重要矿产资源都严重短缺，又处于工业化和城镇化加速发展的时期，必须较大幅度地降低资源消耗，提高资源利用效率，以尽可能少的资源消耗和尽可能小的生态环境代价实现经济的较快发展，才能有效化解人口资源环境与经济发展之间的尖锐矛盾。《纲要》从我国资源环境对经济发展已构成严重制约的实际情况出发，提出了“十一五”期间提高资源利用效率的四个具体指标：一是单位国内生产总值能源消耗降低20%左右，二是单位工业增加值用水量降低30%，三是农业灌溉用水有效利用系数提高到0.5，四是工业固体废物综合利用率提高到60%。

资料来源：发改委提供　中央政府门户网站　www.gov.cn　2006年03月18日

所谓资源利用是指如何更好地利用现有的稀缺资源生产出更多的经济物品。资源利用包括这样三个问题。

（1）为什么资源没有得到充分利用，为什么有时社会生产的资本品和消费品达不到最优化水平，以及如何衡量资源的利用程度。这就是一般所说的“充分就业”的问题。

（2）在资源既定的情况下，为什么产量有时高有时低。这也就是经济中为什么会出现周期性波动；与此相关的是，如何利用既定的资源生产出更多的资本品和消费品，如何提高生产资本品和消费品的能力，即实现经济增长。这也就是一般所说的“经济周期与经济增长”问题。

（3）现代社会是一个以货币作为流通手段和支付手段的商品交换社会，货币供应或流通数量的变化和货币价值的变动会引起物价水平的变动。这样，解决资源利用问题就必须涉及货币购买力的问题，这也就是一般所说的“通货膨胀或通货紧缩”问题。

四、经济学的定义

从上面的论述中，我们可以总结出一条这样的逻辑：由资源的稀缺性这种客观性存在和理性人假设的存在导致了人类社会选择的必要，进而涉及如何配置资源和利用资源，来满足经济社会各主体的欲望和利益，增进整个社会的总福利。这样我们可以知道，经济学的研究对象是稀缺性的资源如何优化配置和有效利用。

本书对经济学的定义如下：“经济学研究的是经济社会如何利用稀缺的资源以生产有价值的商品，并将它们分配给不同的个人。”这个定义来自于美国新古典综合派的代表人物萨缪尔森。

五、生产可能性曲线和机会成本

（一）生产可能性曲线

生产可能性曲线是指一个经济社会在资源既定和技术水平既定的条件下所能生产出物品和劳务的最大数量的组合或轨迹。生产可能性曲线可以用来解释选择、资源配置和资源利用。下面我们举例说明生产可能性曲线的含义。

假设一个经济社会把其所有的资源用于生产黄油和大炮两种产品。如果所有资源都用于生产黄油，可以生产 5 万吨；反之，可以生产大炮 15 万门。可想而知，经济社会也会选择其他无数种黄油和大炮的组合方式。假定目前有 A、B、C、D、E、F 六种组合情况，见表 1-1。

表 1-1　生产可能性组合表

组合方式	A	B	C	D	E	F
黄油（万吨）	0	1	2	3	4	5
大炮（万门）	15	14	12	9	5	0

我们可以用图形来表示，即将所有的生产可能性组合点用平滑的手法将其连接成一条光滑的曲线，即为生产可能性曲线，如图 1-1 所示。

生产可能性曲线也称生产可能性边界，是因为在生产可能性曲线上的点（如：A、B、C、D、E、F 点），都代表着生产有效率、资源优化配置，也代表着充分就业；在生产可能性曲线内的点，如H点，虽是可能的，但资源配置没有优化，不具有最优生产效率，或者说资源没有充分利用，也说明没有达到充分就业；在生产可能性曲线外的点，如G点，代表经济社会在现有资源量和技术水平下是不可能实现的。

但是，当资源的数量发生变化和技术条件发生变化时，生产可能性曲线将会发生移动。例如，技术进步和增加资源，生产可能性曲线将向外、右上方平行移动；反之，生产可能性曲线则向内、左下方平行移动。

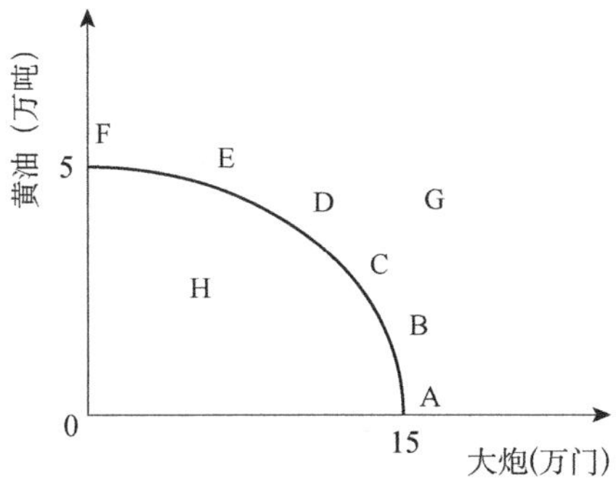

图 1-1 生产可能性曲线

阅读材料 7：社会的两难——要大炮还是要黄油

希特勒在第二次世界大战期间曾提出一个口号：“宁要大炮，不要黄油。”后来这一问题被经济学家形象地概括为“大炮与黄油”问题。要大炮还是要黄油，实际上是军用品和民用品的生产决策问题。

任何一个国家，当然希望军用品和民用品都越多越好，这就是欲望的无限性。但任何国家用于生产军用品和民用品的资源都是有限的，这就是所有社会都必须面对的稀缺性问题。因此，对任何一个社会而言，多生产军用品就只能少生产民用品，相反，多生产民用品就只能少生产军用品，这是任何一个社会都必须做出的选择，而选择是有代价的。由于任何一个特定时期，资源都是既定的，那么多生产一单位军用品，就要少生产若干单位的民用品。为多生产一单位军用品所放弃的民用品数量就是生产军用品的机会成本。这样，“大炮与黄油”问题显然概括了经济学最基本的问题，所以，很多经济学家都爱谈论它。

每个社会都有自己解决“大炮与黄油”问题的办法。在市场经济条件下，在正常状态下，一般是由政府与市场共同决定军用品和民用品的生产，以使社会福利最大化。但是，在特定时期，这个问题则主要由政府决定。

最为著名也是最极端的办法是希特勒的“宁要大炮，不要黄油”，这是通过将德国的国民军事化来实现的。第二次世界大战中，美国作为“民主的兵工厂”，向反法西斯国家提供武器，把相当多的资源用于生产军事装备。军用品增加，民用品就不得不减少。在此背景下，美国战时对许多物品都实行了管制。第二次世界大战后，与美国争霸，苏联把该国的资源大量用于军事装备的生产等，从而不得不减少民用工业品的生产，造成人民生活水平停滞不前，长期处于物品“短缺”之中。无论出于什么目的（法西斯的侵略、反法西斯或争夺霸权），要更多地生产军用品，就必须采取集中化的经济政策，如希特勒采取的法西斯独裁，苏联采用的计划经济，美国在战时实施大量的经济管制，但代价却是民用品生产减少，人民生活水平下降。

（二）机会成本

人生的实践经验告诉我们，“天下没有免费的午餐”，这意味着人类有选择就必须要有放弃，有得必有失，鱼和熊掌不可兼得。如图 1-1 所示，人类选择了多生产大炮，就必须少生产黄油，少生产黄油的数量便是选择多生产大炮的代价；或者人类选择了多生产黄油，就必须少生产大炮，少生产大炮的数量便是选择多生产黄油的代价。例如，黄油和大炮的组合方式从 C 组合方式变为 D 组合方式，相比较我们可知道，黄油的数量增加了 1 万吨，与此同时，大炮的数量减少了 3 万门，即增加生产 1 万吨的黄油的机会成本就是 3 万门大炮。经济学中把选择中放弃的代价称之为“机会成本”。具体来说，机会成本是指资源具有多用途性，理性的经济主体将会选择一种利益最大的用途，而放弃的其他用途所获得的最大收益。机会成本告诉我们必须懂得如何选择，如何放弃。

阅读材料 8：研究生选择擦皮鞋是理智的吗？

几年前，成都某两所高校的几名研究生联合起来开办了一家据称是“国内第一家由研究生开设”的擦鞋店。这一招牌吸引了不少顾客，开业头一天就赚了 300 多元。然而此举同时引起激烈争议，有人尖锐地对此提出质疑，认为擦鞋是一项工作，固然无可厚非，然而这样太影响平时的顾客，耽误了正事用于擦鞋，实在不能接受。

请用经济学中的机会成本加以探讨。

资料来源：《每天学点经济学》

第三节　经济学的研究内容

大多数经济学基础的课本将经济学分为微观经济学和宏观经济学两大分支。下面我们便来具体阐述微观经济学和宏观经济学的主要内容。

一、微观经济学

“微观”的英文为“micro”，原意是“小”。微观经济学以单个经济主体（居民户、厂商）为研究对象，通过研究其经济行为及相应的经济变量单项数值的决定来说明如何利用市场价格机制来解决社会资源的优化配置问题。微观经济学又称个量经济学。这一定义包括以下几个方面。

（一）研究对象是单个经济主体

单个经济主体是指经济活动中的最基本单位：居民户和厂商。居民户又称家庭，是经济生活中的消费者，同时又是生产要素市场上的供给者；厂商又称企业，是经济生活中的生产者，同时又是生产要素市场上的需求者。微观经济学研究居民户和厂商的经济行为，在于研究居民户如何在有限的收入水平条件下做出合理的最优购买决策，消费获得满足程度最大的物品和劳务，以及研究厂商在既定的技术水平条件下如何将有限的资源转化为或生产出获得利润最大化的产品和劳务。

（二）解决的问题是资源配置

如何使资源得到优化配置，使得居民户和厂商能实现各自的最大化利益，给社会带来最大的福利，这是微观经济学所需解决的问题。

（三）中心理论是价格理论

在市场经济中，居民户和厂商的经济行为要受“看不见的手”即价格机制所支配。经济学的三个基本问题，生产什么和多少、怎样生产和为谁生产都是由价格来决定。价格像一只“看不见的手”来调节着整个社会的经济活动，来实现资源的优化配置。其他的微观经济学的分支理论都是围绕这一中心问题展开的。因此微观经济学也可称为价格理论。

（四）研究方法是个量分析法

个量分析法就是研究经济变量的单项数值如何决定的。例如，面包的需求量，就是面包这种物品的需求者在某一价格水平下所购买面包的数量；再如，面包的市场价格是如何决定的，是由生产面包的供给者和面包的需求者共同决定的。微观经济学通过个量分析法来分析各个单个经济变量的决定、变动及其相互关系的。

微观经济学的主要理论有：价格理论、消费者行为理论、生产者行为理论、成本和收益理论、市场理论、生产要素市场理论和市场失灵理论。

二、宏观经济学

“宏观”的英文是 macro，原意是“大”。宏观经济学是以整个国民经济为研究对象，通过研究国民经济中的各有关经济总量的决定及其变化，来说明社会资源如何才能在政府宏观调控和市场机制相互调节下得到充分利用，在这里政府宏观调控是间接的，市场价格机制调节是起基础作用的。这一定义包括以下几个方面。

1. 研究对象是整个国民经济

宏观经济学研究的不是经济生活的单个居民户和厂商的经济行为，而是由居民户、厂商、政府等经济主体所组成的整体。这是部分与整体的区别。从整体的角度来考察整个国民经济的运行方式和规律，从总体上来把握和分析国民经济问题。

2. 解决的问题是如何充分利用资源

宏观经济学把微观经济学的资源优化配置作为前提，即认为资源已经优化配置，来研究现有资源为什么没有充分利用，以及达到充分利用的途径和方式，如何消除经济周期带来的波动，实现经济快速平稳增长和充分就业等问题。

3. 中心理论是国民收入决定理论

宏观经济学把国民收入作为最基本的经济总量，以国民收入如何决定为中心来研究资源利用问题，即研究总需求和总供给如何在产品市场、货币市场、资本市场、劳动力市场以及国际市场达到相一致来实现国民经济的均衡，从而得出均衡的国民收入和利息率以及工资率等。其他的理论都是围绕这一中心理论展开的。

4. 研究方法是总量分析法

总量是指能反映整个国民经济运行的经济变量。这种变量有两大类：一类是个量的综合，例如国民收入是组成整个经济的经济主体的收入之和，总投资是指各个厂商和居民户的投资之和，总消费是指各个居民户、企业和政府的消费总和；另一类就是平均量，例如，物价水平是指社会生活中所有物品与劳务的平均价格水平。

总量分析法就是研究这些经济总量的决定、变动及其变化的，从而说明整体国民经济的运行状况。

宏观经济学的主要理论有：国民收入核算理论、国民收入决定理论、产品和货币市场均衡理论、通货膨胀和失业理论、经济增长和经济周期理论、宏观经济政策理论等。

三、微观经济学和宏观经济学的区别和联系

（一）微观经济学和宏观经济学之间的区别

微观经济学和宏观经济学的主要差异在于理论依据、研究对象、研究方法、中心理论等方面，如表 1-2 所示。

表 1-2 微观经济学和宏观经济学的主要区别

项目	微观经济学	宏观经济学
又名	小经济学、个体经济学、价格理论	大经济学、总体经济学、收入理论
理论依据	新古典经济学为主	凯恩斯主义经济学为主
研究对象	单个经济主体	整个国民经济
研究方法	个量分析法	总量分析法
研究中心	市场价格	国民收入
主要目标	个体利益最大	社会福利最大

（二）微观经济学和宏观经济学之间的联系

虽然微观经济学和宏观经济学存在一些差异，但是微观经济学和宏观经济学并不是两个不同的分支学科，它们是经济学基本理论的重要组成部分，有着十分紧密的联系，表现在以下几个方面：

（1）微观经济学和宏观经济学互为补充。经济学的目的就是为了实现社会福利最大化，为了达到这一目的，便要实现资源的优化配置和资源的充分利用。故而，微观经济学在假定资源已经充分利用的前提下分析如何达到资源最优化配置的问题，而宏观经济学则在假定资源已实现优化配置的前提下分析如何达到充分利用的问题。

（2）微观经济学是宏观经济学的基础。整体经济是单个经济主体经济行为的总和，总量分析是建立在个量分析的基础上的。例如，对整个经济的消费分析是以单个消费者的行为分析为基础的，对整个社会的投资分析也是以单个生产者的投资分析为基础的。同一经济现象，从一个角度看是微观经济问题，从另一个角度看却又是宏观经济问题，必须全面进行考虑。

（3）微观经济学和宏观经济学都是实证经济学。不管是个量分析方法，还是总量分析方法，从经济学的研究和分析方法上看，都是实证分析法，而非规范分析法。

阅读材料 9：微观经济学和宏观经济学的异同

在传统上经济学领域被分为两个领域。微观经济学研究家庭和企业如何做出决策，以及它们在某个市场上的相互交易。宏观经济学研究整体经济现象。一个微观经济学家可以研究租金控制对住房的影响，外国竞争对本国汽车行业的影响，或者接受义务教育

对工人收入的影响。一个宏观经济学家可以研究政府借债的影响，经济中失业率随时间推移的变动，对提高生活水平增长的不同政策。微观经济学和宏观经济学是密切相关的。生活中有很多事例在微观的角度看是正确的，但从整体角度看就是不合理的，比如在看足球赛时，一个球迷站起来看能够看得更清楚一些，但每个人都这样的话，结果是每个人都看不清楚。由于整体经济的变动产生于千百万个人的决策，所以，不考虑相关的微观经济决策而要去理解宏观经济的发展是不可能的。例如，宏观经济学家可以从个人所得税减少对整个物品与劳务生产的影响进行分析。为了分析这个问题，他必须考虑所得税减少如何影响家庭把多少钱用于物品与劳务的决策。又如，失业现象严重时，作为个人，除了一些佼佼者能谋到职业外，总有人没有就业岗位，作为厂商也不能无效率地吸收工人，所以失业问题是宏观问题，解决就业是政府的责任。尽管微观经济学与宏观经济学之间存在固有的关系，但这两个领域仍然是不同的。在经济学中，也和在生物学中一样，从最小的单位开始并向上发展看来是自然而然的。但这样做既无必要，也并不总是最好的方法。从某种意义上说，进化生物学建立在分子生物学之上，因为物种是由分子构成的。但进化生物学和分子生物学是不同的领域，各有自己的问题和方法。同样，由于微观经济学和宏观经济学探讨不同的问题，所以，它们有时采用相当不同的方法，并通常分设微观经济学和宏观经济学两门课程。

第四节 经济学的基本研究方法

一、边际分析方法

在经济学中，我们把研究某一经济变量的数量变动会对另一经济变量的变动产生多大影响的方法，称为边际分析方法。

这种分析方法广泛运用于经济行为和经济变量的分析过程，如在对效用、成本、产量、收益、利润、消费、储蓄、投资、要素效率等等的分析时都有相对应的边际概念。由于经济学研究资源最优化配置的，而实现最优化是可以转化为求函数的极值点或最值点，根据高等数学的知识，我们知道，要求得极值点或最值点就必须对函数求导数，当它的一阶导数为 0 时，即找到极值点。

下面举个例子说明边际量的概念，比如说，劳动工人（自变量）增加一单位，产量（因变量）增加了 2 个单位，这里劳动工人增加一单位，表明边际劳动投入量等于 1，产量这个因变量由于劳动投入增加而导致增加了 2 单位，表明边际产量等于 2。或者更具体点说，当运输公司增加了一辆汽车时，每天可以多运 200 多名乘客，这 200 名乘客是边际运输量。

现在来讨论汽车运输中关于最后一名乘客的票价的决定这个例子，以期来说明边际分析法的用处。假设汽车站规定乘客的票价为 50 元，现在我们考虑是否可以让这名乘客以 30 元的票价上车时。在做出这个决策之前，我们必须明白边际成本和边际收益的概念。在这里，边际成本指的是增加一名乘客（自变量）所增加的成本（因变量），边际收益指的是增加一名乘客（自变量）所增加的收益（因变量）。生活实践经验告诉我们，增加这一名乘客，所发生的汽车磨损、汽油费、工作人员工资和过路费等都是不会增加或几乎不会增加，因为对汽车来说多拉一个人和少拉一个人都一个样，所增加的成本可能仅仅是发放给这个乘客的食物和饮料，假设这些东西值 10 元，所以边际成本也就是 10 元。然而在这个例子中，增加这名乘客便会增加收益 30 元，即边际收益是 30 元。 所以这个时候我们可以通过比较边际成本与边际收益的大小关系来做出决策即可。如果边际收益大于边际成本，即增加这一名乘客所增加的收入大于所增加的成本，让这名乘客上车就是合适的，这是理性决策。如果边际收益小于边际成本，让这名乘客上车就要亏损，是非理性决策。在这个例子我们清楚知道，应该让这名乘客上车。

二、实证分析法和规范分析法

（一）实证分析法

实证分析方法是在分析经济问题和建立经济理论时，撇开对社会经济活动的价值判断。只研究经济活动中各种经济现象之间的相互联系，运用“大胆假设、小心求证，在求证中检验假设”的方法，在作出与经济行为有关的假定前提下，分析和预测人们经济行为的后果。

实证经济学所力图说明和回答的问题是：①经济现象是什么？经济事物的现状如何？②有几种可供选择的方案，将会带来什么后果。它不回答是不是应该做出这样的选择的问题。即它企图超脱和排斥价值判断（即关于社会的目标应该是什么，经济事物是好是坏，对社会有无意义的价值判断），实证经济学所研究的内容具有客观性，是说明客观事物是怎样的实证科学。

（二）规范分析法

规范分析方法是以一定的价值判断作为出发点和基础，提出行为标准，并以此作为处理经济问题和制定经济政策的依据，探讨如何才能符合这些标准的分析和研究方法。

规范经济学研究和回答的经济问题是：①经济活动“应该是什么”或社会面临的经济问题应该怎样解决；②什么方案是好的，什么方案是不好的；③采用某种方案是否应该，是否合理，为什么要做出这样的选择。

为了说明问题，我们举一个例子。现在，上至国务院下至普通的老百姓都非常关心我国的 GDP 和人均 GDP，因为这两个数字，前者代表一个国家的综合国力，后者反映老百姓生活的富裕程度。从实证角度看，这些数字的统计归纳过程就是实证分析的过程，如果对某些数据有怀疑还可以重新检验。具体数字是客观的，在统计过程中不涉及道德问题和价值判断，只回答是国民收入是多少的问题。从规范分析的角度来研究，首先在我国目前的情况下要确定一个合理的经济增长率，确定一个反映人民生活水平小康的标准。为了实现这一目标，国家就应该要制定相应的产业政策、货币政策、财政政策。后者涉及了道德问题和价值判断。对于后者的问题，不同人站在不同角度得出的结论是不一样的。有的人认为经济增长率提高是好事；有的人认为经济增长率太快是坏事，应停止经济增长。这些都是主观的好坏判断无法检验。

从上述例子中我们看到实证分析与规范分析是有区别的，但也不难发现二者也有联系。实证分析法看重数据、事实，为国家制定和选择适度经济增长政策提供了客观依据；而规范分析法又可以使国家和政府营造出合适的政策环境使经济社会达到相关经济数量指标。因此说实证经济学是规范经济学基础；而实证经济学又离不开规范经济学的指导。也就是说，越具体的一些定量分析都属于实证分析。越高层次、定性、带有决策分析的问题是规范分析。

三、均衡分析法

均衡即平衡，本是物理学中的一个概念，指的是作用在质点上的所有的合力之和为零时的状态。而经济学中的均衡指的是指经济主体要想进一步改变经济行为却不能获得更多利益，从而不再改变其行为的状态，即帕累托状态。

均衡分析是指当经济变量或市场经济达到均衡状态时，分析它所出现的情况是如何的，以及实现均衡的条件是什么的分析方法。经济学中广泛使用均衡分析方法，例如，消费者行为理论就是在给定消费者偏好、收入水平及商品价格条件下，研究消费者均衡；生产者行为理论则是在给定要素价格和技术水平的条件下，研究生产要素最优组合（生产者均衡）。一般来说，均衡分析包括局部均衡分析和一般均衡分析。

（一）局部均衡分析

局部均衡分析指的是在假定其他条件不变，即假定某一变量只取决于本身的各相关变量的作用，而不受其他变量和因素影响的前提下，该变量时如何实现均衡。例如，一种商品的均衡价格只取决于该种商品本身的供求状况，而不受其他商品供求状况和货币市场的影响。

（二）一般均衡分析

一般均衡分析指的是研究某一变量在各种条件和因素作用下，如何实现均衡。例如，与局部均衡分析相对应，从市场上所有各种商品的供求和价格是相互影响、相互依存的前提出发，考察每种商品的供求同时达到均衡状态条件下的某种商品均衡价格决定问题。一般均衡分析法不仅用于研究整个经济的价格和产量结构，而且用于研究经济运动的许多方面，如实现最大产量的最优生产要素组合等。

阅读材料10：经济学始祖——亚当·斯密

亚当·斯密被公认为是现代经济学的创始人，1723 年生于苏格兰，然后在格拉斯哥大学及牛津大学接受教育，随后曾担任格拉斯哥大学教授和副校长。

亚当·斯密一生中的大部分时间担任格拉斯哥大学的伦理学教授，并在 1759 年出版了《道德情操论》，因此成为英国有名的哲学家，但此书并不是他的传世之作。当时，经济学只是伦理哲学领域中的一个分支。幸运的是，他是一位受欢迎的教授，因为当时格拉斯哥大学教授的薪水是由选修该课程学生人数的多少而定的。在格拉斯哥，斯密帮助年轻的瓦特找到一个制作仪器的工作，瓦特后来发明了蒸汽机。

在格拉斯哥大学待了三年后，斯密接受了一个高薪的职位，担任一个苏格兰贵族青年的家庭教师，陪他去法国留学，这是 18 世纪时贵族教育的传统方式。他对留在法国的日子感到厌倦，因此在那几年中，斯密开始进行《国富论》的写作。经过 12 年的努力，《国富论》于他 53 岁时（1776 年）问世，书中的主要论点在于阐明：自由贸易与分工对国家繁荣的重要性；政府对垄断的保护与课征关税将会带来危害；以及利己心较利他主义更能增进社会的福利。这本巨著为他赢得了极高的学术荣誉，也补偿了他早年所受到的漠视。斯密是第一位了解非计划性自由经济精髓的学者。在他的观念中，一个中心论点就是：厂商及个人在追求自身利益的同时，往往也增进了大众的福利。基于利己之心，个人被一只“看不见的手”所引导，最后增进了全社会的福利，而这并非其本来的希望。在个人只顾追求自己利益下，最后所增进的社会利益往往比个人有心去增进社会福利的结果还来得多。

亚当·斯密的理论构成了微观经济学的主干。160 年后，凯恩斯学说变成了宏观经济学的主流。这两位著名的英国经济学家虽然时间上相差几乎达两个世纪，但都变成了家喻户晓的名字。

关键概念

经济	稀缺性	理性经济人	选择
生产可能性边界	机会成本	微观经济学	宏观经济学
边际分析法	实证分析法	规范分析法	均衡分析法

知识小结

1. 经济是指生产或生活上的节约、节俭，也是指国家或企业、个人的收支状况，经济是指经邦济世、经国济世或经世济民。

2. 经济学发展至今已经经历过四个阶段，分别是重商主义、古典经济学、新古典经济学和当代经济学。

3. 经济学的基本假设有两个：一是资源稀缺；二是理性经济人。

4. 经济学的三大基本问题为生产什么、生产多少、如何生产和为谁生产，这三个问题来源于资源稀缺，来源于选择的必要，通过回答这三大基本问题来解决资源配置和资源利用。

5. 经济学研究的是社会如何利用稀缺的资源以生产有价值的商品，并将它们分配给不同的个人。

6. 生产可能性曲线是指一个经济社会在资源既定和技术水平既定的条件下所能生产出物品和劳务的最大数量的组合或轨迹。

7. 机会成本是指资源具有多用途性，理性的经济主体将会选择一种利益最大的用途，而放弃的其他用途所获得的最大收益。

8. 微观经济学以单个经济主体（居民户、厂商）为研究对象，通过研究其经济行为及相应的经济变量单项数值的决定来说明如何利用市场价格机制来解决社会资源的优化配置问题。

9. 宏观经济学是以整个国民经济为研究对象，通过研究国民经济中的各有关经济总量的决定及其变化，来说明社会资源如何才能在政府宏观调控和市场机制相互调节下得到充分利用。

10. 经济学的研究方法主要包括边际分析法、实证分析法和规范分析法、均衡分析法等。

思考作业题

一、单项选择题

1. 经济学中的“稀缺性”是指（　　）。

A. 世界上大多数人生活在贫困中　　B. 相对于资源的需求而言，资源总是不足的

C. 用资源必须考虑下一代　　D. 世界上的资源终将被人类消耗光

2. 经济物品是指（　　）。

A. 有用的物品　　B. 数量有限，要花费代价才能得到的物品

C. 稀缺的物品　　D. 数量无限，不用付出代价就能得到的物品

3. 一国的生产可能性曲线以内的点表示（　　）。

A. 生产品最适度水平　　B. 该国可利用的资源减少和技术水平降低

C. 失业或资源未被充分利用　　D. 通货膨胀

4. 经济学中的基本选择包括（　　）。

A. 生产什么，生产多少　　B. 怎样生产，何时生产

C. 为谁生产　　D. 以上都包括

5. 下列哪一项属于规范分析（　　）。

A. 2000 年货币当局连续降息，以拉动经济增长

B. 从去年开始，持续下降的物价开始回升

C. 个人所得税征收起点太低，不利于公平原则

D. 在短短的五年内，政府的财政支出扩大了一倍

二、判断题

1. 资源的稀缺性是指世界上的资源最终将由于不断用于生产产品和劳务而消耗完。（　　）

2. 一般而言，生产可能性曲线描述的是在一定的技术条件和封闭经济下一国可能生产的最大产量的组合，如果技术改进或经济开放利用外部资源条件下，生产可能性曲线会向右移动。（　　）

3. 在多方案决策时，某一方案的机会成本是指决策者为采取该方案而放弃的所有其他方案的利益。（　　）

三、简答题

1. 经济学的发展经历了哪几个阶段？

2. 经济学研究以哪些假定为基础？

3. 经济学的三大基本问题是什么？

4. 机会成本与一般成本的区别是什么？并举例说明。

5. 实证分析与规范分析的区别是什么？为什么经济学要以实证分析为主？

第二章　供求理论

学习目标

1. 掌握需求、需求量以及影响需求量的因素、需求函数、需求曲线、需求表、需求定理以及需求量的变动和需求的变动；

2. 掌握供给、供给量以及影响供给量的因素、供给函数、供给曲线、供给表、供给定理以及供给量的变动和供给的变动；

3. 掌握均衡价格的形成以及变动；

4. 了解支持价格和限制价格；

5. 掌握弹性概念、分类以及相对应的曲线图，理解弹性理论的应用。

导读案例：“是先有蛋还是先有鸡之如是先有需求还是先有供给”

经济学中存在这样一个问题，很多学者不能说清楚：究竟是先产生需求再产生供给呢，还是先产生供给再产生需求？这有点像在问“是先有蛋还是先有鸡”。我们想，可能有时候是需求带动供给，比如，很多的新产品就是在人们强烈的需求下产生的；也有时候是供给诱导需求，比如，新潮的时装，常常是提供生产出来之后，才左右了人们的视线，引发了人们的需求。但在某一种商品的价格决定中，供给与需求就像一把剪刀的两个刀片，作用是不分彼此的，它们共同决定一种商品的价格；同时价格又像一只看不见的手在市场经济中自发地调节需求，调节供给，调节的最后结果使市场达到了均衡——社会资源配置合理。

总之，许多的东西在经济学家眼里都成了产品，都可以从供给和需求的角度来进行分析。需求是提供产品的动力，供给是满足需求的前提。比如，要兴办教育，是因为存在大量的对“教育”产品有需求的人，而有了“教育”产品的供给，才能满足“教育”产品的需求。如果想上学的都能上学，教育资源得到充分利用，也就达到了教育市场的供求平衡。

名人名言　我们的晚餐并非来自屠宰商、酿酒师和面包师的恩惠，而是来自他们对自身利益的关切。

——亚当·斯密，《国富论》（1776 年）

第一节　需求理论

一、需求、需求量、需求表、需求曲线

（一）需求（*demand, D*）

需求是指家庭在经济社会的某一特定时期内，面对商品或劳务的不同价格水平时所愿意购买和能够购买的商品或劳务数量。

理解需求这一概念时需要注意两点：一是需求是不同价格水平和商品或劳务数量的一一对应关系，是一种映射关系，可以运用需求表、需求函数和需求曲线来表现；二是有效需求必须是购买意愿和支付能力的统一，二者缺一不可。如果只有购买欲望没有支付能力，则说明消费者对该商品或劳务只有需要，而没有需求，例如，一个售楼人员会向哪些人群推销商品房？显而易见，穷光蛋和有房户都不会是他的选择目标；如果只有支付能力而没有购买欲望，则消费者也不会对商品或劳务产生需求。

阅读材料 1：鸦片战争后，英国洋布为什么不能进入中国市场？

鸦片战争后，英国商人为了打开中国这个广阔的市场而欣喜若狂。当时英国纺织工业的中心曼彻斯特商人估计，中国有 4 亿人，假如有 1 亿人晚上带睡帽，每人每年用两顶，整个曼彻斯特的棉纺厂日夜加班也不够。于是他们把大量的洋布运到中国。结果与他们的梦想相反，中国人没有戴睡帽的习惯，衣服也是自产的土布或丝绸，洋布根本卖不出去。

按当时中国人的收入，并不是没有购买洋布的能力，起码许多上层社会人士的购买力还是相当强的。英国人的洋布为什么完全卖不出去呢？关键在于中国人没有购买洋布的欲望。

购买意愿或欲望在很大程度上是由当时的消费时尚所决定的。鸦片战争以后，中国仍然处于一种自给自足的封建经济，并在此基础上形成保守、封闭甚至排外的社会习俗。鸦片战争打开了中国的大门，但并没有从根本上动摇中国自给自足的经济基础和保守封闭的意识形态，也没有改变在此基础上形成的消费时尚。当时，上层人士以穿丝绸为荣，一般群众以穿自家织的土布为主。洋布和其他洋货受到冷落主要不在于价格高，也不在于人们的收入太低，而在于没有购买欲望。这种购买欲望又是当时消费时尚以及抵制洋货心理的结果。可见，购买意愿对需求的决定是极为重要的。

构成需求的购买意愿和购买能力，两者缺一都不能称其为需求。所以，需求预测既要考虑购买力，又要考虑购买意愿。英国人仅考虑到购买能力，而没有考虑到购买意愿，这正是他们的洋布在中国没有市场的原因。

需求可以分为个人需求和市场需求两种：个人需求是消费者在某个特定时期内并在不同的价格水平下购买的某种商品或劳务的数量；市场需求是在某一特定市场和特定时期内所有消费者在不同的价格水平下购买的某种商品或劳务的数量。个人需求是市场需

求的基础，市场需求是个人需求的总和。

（二）需求量（*quantity demanded*）

需求量是消费者按照商品和劳务的某种特定的价格所愿意购买和能够购买的数量，是特定价格对应的商品和劳务数量，是单一的商品和劳务数量。与需求不同，需求可以用需求曲线来表示，需求量是需求曲线上的一个点；如果用集合论来说明的话，需求是集合，需求量便是集合中的元素。

（三）需求表（*demand schedule*）

需求表是表示某种商品或劳务的各种价格水平和各种价格水平相对应的该商品或劳务的需求量之间关系的数字序列表。如表 2-1 所示，我们可以比较清楚直观地了解到商品的价格与需求之间的关系。需求价格上升，需求量下降；需求价格降低，需求量增加。譬如当商品价格为 10 元时，商品的需求量为 600 单位；当价格从 10 元上升至 20 元时，商品的需求量便从 600 单位下降到 500 单位。

表 2-1　某商品的需求表

需求价格-需求量组合	A	B	C	D	E	F
需求价格（元）	10	20	30	40	50	60
需求量（单位）	600	500	400	300	200	100

（四）需求曲线（*demand curve*）

需求曲线是将表 2-1 中的价格-需求量组合在平面直角坐标系上用平滑的曲线绘制出来的，是用来表明需求价格与需求量之间的关系。如图 2-1 所示，其中，纵轴 OP 代表商品的价格，横轴 OQ 代表商品的需求量，D 为需求曲线。我们可以看出需求曲线向右下方倾斜，表明商品价格与需求量之间呈反方向变动的关系，斜率是负的。

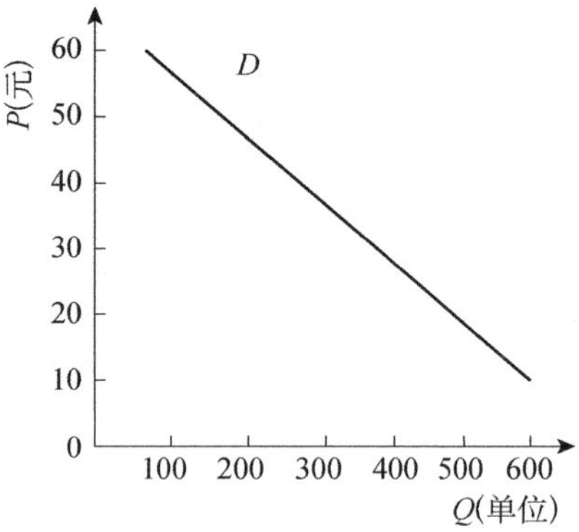

图 2-1　需求曲线

二、影响需求量的主要因素与需求函数

（一）影响需求量的主要因素

一种商品的需求量是由许多因素影响和共同决定的，其中主要的因素有：该商品本身的价格、消费者的收入水平、相关商品的价格、消费者的偏好以及消费者对该商品的价格预期等。它们对商品的需求数量的影响如下。

（1）商品本身的价格

一般来讲，商品需求量与价格呈反方向变动关系。商品本身价格越高，该商品需求量就越小；相反，商品本身价格越低，该商品需求量就越大。商品本身价格是影响需求量最重要、最直接的因素。但也有例外，英国人吉芬于 19 世纪发现，1845 年爱尔兰发生灾荒，土豆价格上升，但是土豆的需求量却反而增加了。这一现象在当时被称为“吉芬难题”。这类需求量与价格呈同方向变动的特殊商品以后也因此被称为吉芬商品。

（2）相关商品的价格

相关商品主要是指替代品和互补品。替代品是指商品在使用功能相近或相似，可以相互替代的。例如面包与馒头，公交车与出租车等。假如面包的价格上涨，相对而言，馒头本身的价格便下降了，此时，馒头的需求量便上升了；反之，则使得下降。互补品是指两种商品的使用功能是互补的，必须同时使用，来共同满足消费者的欲望。例如，汽车与汽油，电脑与软件等。假如汽车的价格上升，消费者对汽车的需求量会下降，进而消费者对汽油的需求量也会减少；反之，则增加。所以，我们可以结论：一种商品的价格与其替代品的需求量呈同方向变动，一种商品的价格与其互补品的需求量呈反方向变动。

（3）消费者的收入水平

对于大多数商品和劳务来说，当消费者的收入水平提高时，消费者便会增加对这些商品的需求数量；相反，当消费者的收入水平下降时，就会减少对这些商品的需求数量，即商品的需求量与收入水平呈正方向变动。一般来说，生活必需品的需求量（食盐、粮食等）对于消费者收入水平变化反应不大，只会少量地增加；而对于一些耐用消费品和奢侈品的需求量来说，对收入水平反应很大，会加大幅度增加。但也有例外，一些商品如劣等品的需求量同收入水平呈反方向变动。

（4）消费者的偏好

消费者的偏好是指消费者对某种商品的偏爱程度，会对该商品的需求量产生影响。偏好程度越高，该商品的需求量越大；反之，则越小。消费者的偏好会受时尚、广告、习惯等影响。例如，在我国，老年人对茶叶有着比较高的偏好，故而对茶叶的需求量会较高，而年轻人对饮料、咖啡有较高的偏好，故而年轻人对饮料、咖啡有比较大的需求量。

（5）消费者对商品的价格预期

如果消费者认为某种商品的价格未来要上涨，就愿意增加现在的购买量；如果预期某种商品的价格未来要下降，就愿意减少现在的购买量，等到未来再购买。

以上的影响因素是主要的因素，除此之外还存在特殊的影响因素。例如，季节、气候、广告、时尚潮流等。

（二）需求函数（*demand function*）

需求函数是表示某种商品的需求量与影响该需求量的各种因素之间的相互关系，表示为：

$$Q_d=f(P、I、P_1P_2\cdots、H、P_e、\cdots\cdots) \tag{2-1}$$

上式中，Q_d为商品的需求量，是需求函数的因变量；P、I、P_1P_2、…、H、P_e、……为影响该商品的需求量的因素（分别为商品本身的价格、消费者的收入、相关商品的价格、消费者的偏好、消费者的预期等），是需求函数的自变量。这些因素当中任何一个因素发生变动，该商品的需求量便会发生变化。

由于在这些影响因素当中，商品本身价格是影响和决定需求量的最重要的因素，如果我们把除商品本身价格以外的其他影响因素看成其他条件，并使其保持不变，仅仅研究商品本身价格与商品需求量之间的关系的话，那么需求函数就可以用下面的式子表示：

$$Q_d=f(P) \tag{2-2}$$

上式为简化的需求函数。

阅读材料 2：需求定理的一个重要的条件——其他条件

为什么演唱会的门票价格高需求也不减少？这是因为其他条件发生了变化，在实践中，我们则要经常考虑“其他条件”。如果大雨连天，雨伞的价格上升，而其需求量也增加了。从现象看，这显然是与需求定律不容，这是否意味着需求定律是错的？不是，因为我们还没有考虑“其他条件”。依次类推，股票价格上涨，买的人反而多了，是因为存在“其他条件”，如投资者预期该股票的价格还会上涨，有钱可赚。同理，在土豆价格上涨，需求量反而上升，是因为消费者收入较低，买不起其他食品，或者说，消费的主食因收入的限制而只好采用土豆，当土豆价格上涨时，他们预期价格还会涨，于是就去抢购了，这就是经济学所说的“吉芬商品”。

三、需求定理

从上面对需求表与需求曲线的表述以及对影响需求量的因素和需求函数的分析中，我们可以得知，在其他条件不变的情况下，一种商品的需求量与其本身价格之间存在着反方向变动的关系。即需求量随着商品本身价格的上升而减少，随着商品本身价格的下降而增加。这种现象便称为需求定理。值得注意的是，需求定理的存在是以一定的假设条件为前提，这个假设条件就是其他条件不变，在这里其他条件指的是除商品本身价格以外的其他影响需求的因素。例如，当商品的价格上升时，同时消费者的收入水平也上升，可能这种商品的需求量不会发生变动。

阅读材料 3：吉芬之谜

在经济学中，需求定理是指在其他条件相同时，一种商品价格上升，该商品需求量减少。这是绝大多数人所共知的道理，也符合理性人行事的假定。但是，1845 年在爱尔兰大饥荒时期，出现了一件奇怪的事，马铃薯价格在上升，但需求量也在持续增加。英国经济学家吉芬（Giffen）观察到了这种与需求定理不一致的现象，这种现象也就被经济学界称为“吉芬之谜”，而具有这种特点的商品被称为吉芬商品。

四、需求量的变动与需求的变动

在分析需求问题时，同样要注意区分需求量的变动与需求的变动，它们的区别在于引起这两种变动的因素是不相同的，而且，这两种变动在几何图形中的表示也是不相同的。

（1）需求量的变动

需求量的变动指的是在其他条件不变的情况下，由商品本身价格发生变化所引起的需求量发生变化的现象。

（2）需求的变动

需求的变动指的是商品本身价格不变，由其他条件发生变化所引起的需求量发生变化的现象。如消费者收入水平的变动、消费者偏好的变动、其他商品价格的变动等。

从需求曲线的角度来看，需求量的变动表现为在一条既定的需求曲线上点的位置的移动，而需求的变动表现为整条需求曲线移动。向左或向右平行移动，向左移动表示需求减少，向右移动表示需求增加。如图 2-2 所示，需求曲线 D_1 上的 a 点沿着需求曲线 D_1 移动到 b 点指的是需求量的变动，需求量的增加；而整条需求曲线 D_1 向右平移到需求曲线 D_2 则指的是需求的变动，需求的增加。

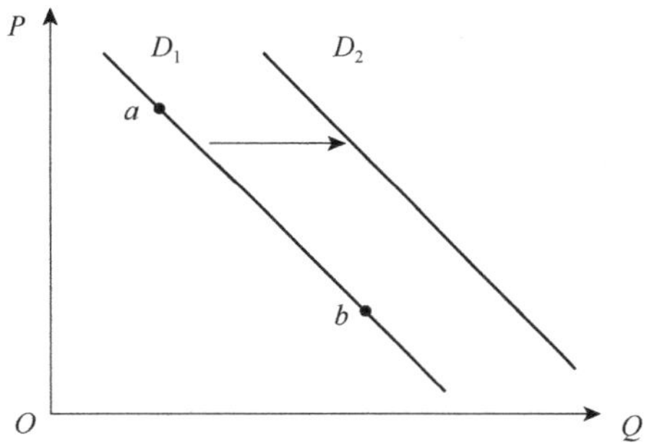

图 2-2　需求量的变动与需求的变动

举个现实生活例子来说明，政策制定者减少吸烟者吸烟有两种方法：一是通过提高消费税率，进而来提高香烟的价格，使得香烟的需求量减少，表现为需求曲线上的点沿着需求曲线向上移动，指的是需求量的变动，因为除香烟的价格变化外，其他条件都没有发生变化；二是增加公益广告，或通过法律手段要求香烟生产者在烟盒上印出吸烟有害健康的字眼或画面，使得香烟的需求量下降，表现为整条需求曲线向左平移，指的是需求的变动，需求的减少，因为香烟的价格没有变化，其他条件却发生了变化。

第二节　供给定理

一、供给、供给量、供给表、供给曲线

（一）供给（*supply*）

所谓供给是指生产者（厂商）在经济社会的某一特定时期内，在面对不同的价格水平下愿意提供并且能够提供的商品或服务的数量。

在理解供给这一概念应该注意两点：一是生产者必须要有提供欲望即出售商品的欲望或者想要出售某种商品；二是生产者必须要有生产商品或提供劳务的能力，只有这样，才能形成生产者对商品的供给。所以，有效供给是生产者的提供欲望和生产能力的统一，二者缺一不可。

供给分为个人供给和市场供给。个人供给是指单个厂商对某种商品或劳务的供给；市场供给是指该商品和劳务市场所有个人供给的总和，即与每一可能的供给价格相对应的每个厂商供给量的总和。

（二）供给量（*quantity supplied*）

所谓供给量是指指生产者（厂商）在经济社会的某一特定时期内，在面对特定的价格水平下愿意提供并且能够提供的商品或服务的数量。它是在特定供给价格下的供给商品和劳务数量，而供给是在不同的供给价格水平下的商品供给数量。反映在供给曲线

上，供给量是点的概念，而供给是线的概念。

（三）供给表（*supply schedule*）

供给表是表示某种商品或劳务的各种价格水平和各种价格水平相对应的该商品或劳务的供给量之间关系的数字序列表。实质上，供给表是用表格的形式来说明供给的概念。如表 2-2 所示，我们可以清楚地看出，随着供给价格的不断上升，厂商的供给量也不断上升。供给价格与供给量之间成正方向变动关系。

表 2-2　某商品的供给表

供给价格-供给量组合	A	B	C	D	E	F
供给价格（元）	10	20	30	40	50	60
供给量（单位）	100	200	300	400	500	600

（四）供给曲线（*supply curve*）

供给曲线是将表 2-2 中的价格-供给量组合在平面直角坐标系上用平滑的曲线绘制出来的，是用来表明供给价格与供给量之间的关系。如图 2-3 所示，其中，纵轴 *OP* 代表商品的供给价格，横轴 *OQ* 代表商品的供给量，*S* 为供给曲线。我们可以看出供给曲线向右上方倾斜，表明商品价格与供给量之间呈正方向变动的关系，斜率是正的。

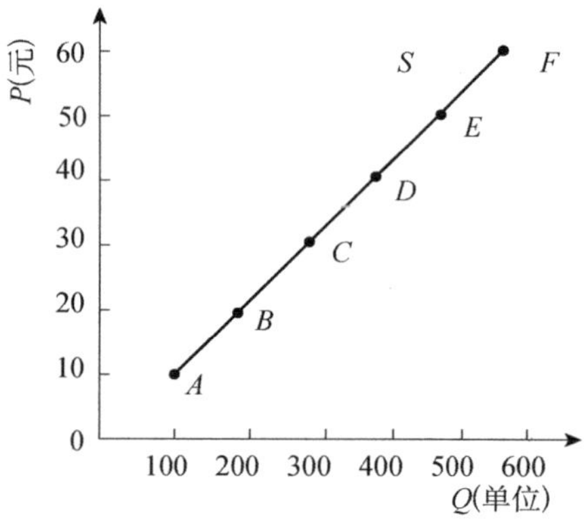

图 2-3　供给曲线

二、影响供给量的主要因素与供给函数

（一）影响供给量的主要因素

一种商品的供给量是由许多因素影响和共同决定的，其中主要的因素有：该商品本身的价格、产品的生产成本、生产技术水平、相关商品的价格以及生产者对未来的预期等。它们对商品的供给数量的影响如下。

（1）商品本身的价格

在假设其他条件不变的情况下，特别是生产要素的成本和其他商品的价格不变，如果一个商品的价格越高，厂商所获取的利润就越大，从而愿意提供的产量就越大；反之，若一个商品的价格越低，厂商愿意提供的产量就越小，即商品本身的供给价格与供给量呈正方向的变动关系。

（2）生产要素的价格，即产品的生产成本

在商品价格不变的条件下，如果生产要素的价格提高了，即产品的生产成本提高了，那么厂商生产这种商品所获得的利润就减少了，因而这种商品的供给量也会减少；反之，则会引起这种商品供给量的增加，即生产要素的价格与商品的供给量呈反方向的变动关系。

（3）生产技术水平

在一般情况下，生产技术水平的提高能够降低生产成本，增加投入-产出比，增加厂商利润，厂商会提供更多的产量；反之，生产技术水平的落后会提高生产成本，导致厂商利润的减少，自然供给量会减少，即生产技术水平与商品的供给量呈正方向的变动关系。

（4）相关商品的价格

相关商品价格的变化也会对商品的供给量产生影响。这里所说的相关商品是指厂商用同样的生产要素可生产的两种不同的商品。如果一种商品的市场价格下跌，那么，厂商为了避免损失就会去选择生产另一种商品。

例如，有家厂商的机器设备和工作人员既能生产自行车，又能生产摩托车。开始时生产自行车，当自行车价格下跌而摩托车价格不变或上升时，厂商为避开跌价造成的损失，就会转向生产摩托车。所以相关商品的价格的上升与降低会影响本商品的供给量。

（5）生产者对未来的预期

生产者对未来市场的需求及竞争状况的预期，会影响商品的供给状况。如果生产者预期商品价格将上涨，则他会增加商品供给；反之，则减少商品供给。

此外，还有一些其他因素也会对供给量产生影响。例如，供给的变动与时间因素密切相关。一般来说，在价格变动之后的极短期内，生产者只能通过短暂性调整库存来做出对价格的反应，商品的供给量变动不会很大。在短期内可以通过变更原料、劳动力等可变生产要素的投入来调节供给量，商品的供给量变动会较大，较主动地对价格的变动做出反应。在长期内，厂商可以通过变更厂房、设备等不变生产要素，进而改变厂商的生产经营规模，使产品的供给量适应价格而充分变动。

（二）供给函数

供给函数是用来表示供给量和影响供给量的各个因素之间相互依存关系的函数。如果把影响供给的各种因素作为自变量，把供给量作为因变量，则可以用函数关系来表示“影响供给量的因素与供给量之间的关系”，即供给函数，用公式表示为：

$$Q_s=f(P, P_r, C, T, E\cdots\cdots) \tag{2-3}$$

上式中，Q_s为供给量；$P, P_r, C, T, E\cdots\cdots$为影响供给的因素（分别为商品本身的价格、相关商品的价格、生产成本、技术水平、预期等）。在这里我们把除商品的供给价格以外的其他影响供给量的因素都称之为其他条件，那么当假如其他条件不变，只考虑商品本身的价格与该商品的供给量，则供给函数便为：

$$Q_s=f(P) \tag{2-4}$$

上式表明，某商品的供给量Q_s是商品本身价格P的函数，为简化的供给函数。

三、供给定理

所谓供给定理是指在其他条件不变的情况下，某种商品的供给量与价格之间呈同方向变动，即供给量随着商品本身价格的上升而增加，随着商品本身价格的下降而减少。在理解供给定理时，要注意这里的“在其他条件不变的情况下”这个假设前提。供给定理是在假定影响供给的其他因素不变的前提下，说明商品本身价格与供给量之间的关系。离开了这个前提供给定理也就无法成立。例如，当技术进步时，即使某种商品价格下降，供给量也会增加。又如一个企业如果生产某种产品的目的不是为了利润最大化，而是为了人道而生产残疾人用品，那么，商品本身的价格与供给量就不能呈同方向变动。

四、供给量的变动与供给的变动

在分析供给问题时，同样要注意区分供给量的变动与供给的变动，它们的区别在于引起这两种变动的因素是不相同的，而且，这两种变动在几何图形中的表示也是不相同的。

（一）供给量的变动

供给量的变动是指在其他条件不变时，由某商品的价格变动所引起的该商品供给数量的变动。在几何图形中，这种变动表现为商品的价格—供给数量组合点沿着同一条既定的供给曲线的运动。图 2-3 表示的是供给量的变动：随着价格上升所引起的供给数量的逐步增加，*A* 点经沿着同一条供给曲线逐步运动到 *F* 点。

（二）供给的变动

供给的变动是指在商品价格不变的条件下，由于其他条件变动所引起的该商品供给数量的变动。这里的其他条件变动可以指生产成本的变动、生产技术水平的变动、相关商品价格的变动和生产者对未来的预期的变化等。在几何图形中，供给的变动表现为供给曲线的位置发生移动即整条供给曲线向左或向右平行移动，即供给的减少或增加。图 2-4 表示的是供给的变动。在图中原来的供给曲线为 S_1。在除商品价格以外的其他条件变动的影响下，供给增加，则使供给曲线由 S_1 曲线向右平移到 S_2 曲线的位置；供给减少，则使供给曲线由 S_1 曲线向左平移到 S_3 曲线的位置。由供给的变化所引起的供给曲线位置的移动，表示在每一个既定的价格水平供给数量都增加或都减少了。例如，在既定的价格水平 P_0，供给增加，使供给数量由 S_1 曲线上的 Q_1 上升到 S_2 曲线上的 Q_2；相反，供给减少，使供给数量由 S_1 曲线上的 Q_1 下降到 S_3 曲线上的 Q_3。这种在原有价格水平上所发生的供给增加量（Q_2-Q_1）和减少量（Q_1-Q_3），都是由其他条件变化所带来的。譬如，它们分别是由生产成本下降或上升所引起的。很清楚，供给的变动所引起的供给曲线位置的移动，表示整个供给状态的变化。

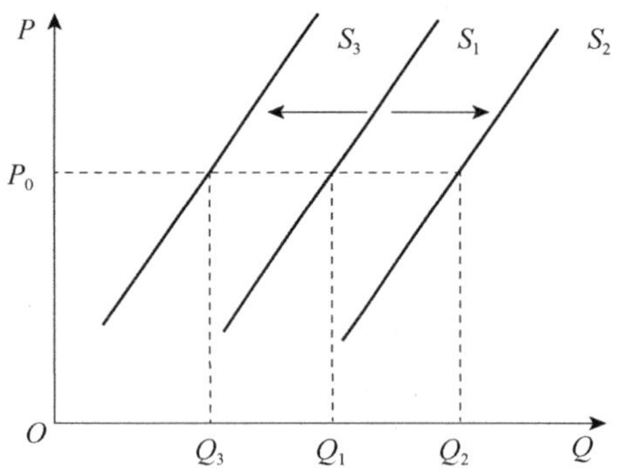

图 2-4　供给的变动

阅读材料 4：需求定律与供给定律的发现

西方有句谚语说：教会一个人成为博学的经济学者并不难，只要像训练鹦鹉那样让它学会说需求和供给这两个名词就可以了。200 多年前，斯密发现了一只看不见的手——价格，在对经济进行调节，也正是由于价格的调节作用，市场经济才能有序运行。价格是由市场上的需求和供给决定的，因此，抓住需求和供给这两个因素，就能对市场经济的运行做出科学的解释。

需求定律是由法国经济学家古诺发现的，他在 19 世纪 30 年代第一次做出了需求曲线。法国工程师、经济学家杜普特最早把需求理论运用于实践，他运用这一理论来计算建筑一座桥梁的收益，以及在桥梁已建成的情况下，使用这座桥梁应收多少过桥费。

爱尔兰经济学家拉德纳最早论述了需求定律与供给定律，以及生产成本与供给之间的联系。他分析了从天文学、道路工程到经济学的一系列问题。以后许多经济学家都精心论述了需求与供给理论，但首先完整而系统地表述了这一理论的是英国经济学家马歇尔。他在 1890 年出版的《经济学原理》中论述了这一理论。

第三节　均衡价格理论及其应用

一、均衡、均衡价格

（一）均衡

均衡（*equilibrium price*），原本是物理学中的概念，它表示当物体同时受到方向相反、大小相等的两个外力的作用时该物体所处的一种静止状态的现象。最早把“均衡”引入经济学中的是英国经济学马歇尔，他把经济学中各种对立的变动着的力量处于一种力量相当、相对静止、不再变动的现象看做是一种均衡。

市场均衡包括局部均衡和一般均衡。局部均衡是指单个市场或部分市场的供求与价格达到均衡。一般均衡是指一个经济社会中的所有市场的供求与价格同时达到均衡。

（二）均衡价格

均衡价格（*equilibrium price*）是由市场上买卖双方供求力量相互作用而成的。卖者愿意出售商品数量与买者愿意购买的商品数量完全相等时，买卖双方成交的价格称为均衡价格。因此，均衡价格是买卖双方都愿意接受的价格，是需求价格与供给价格相一致时的价格，是买卖双方都认为是最佳方案时的均衡价格状态。在均衡价格状态下，买卖双方交易的商品数量称为均衡数量。如图 2-5 所示，需求曲线 D 和供给曲线 S 相交于 E 点，E 点为均衡点。在均衡点 E，均衡价格 P=30 元，均衡数量 Q=300 单位。显然，在均衡价格为 30 元时，消费者的需求量和生产者的供给量是相等的，都为 300 单位。也可以反过来说，在均衡数量为 300 单位时，消费者愿意支付的价格和生产者愿意接受的价格是相等的，都为 30 元。因此这样一种状态便是一种使买卖双方都感到满意，并愿意持续下去的均衡状态。

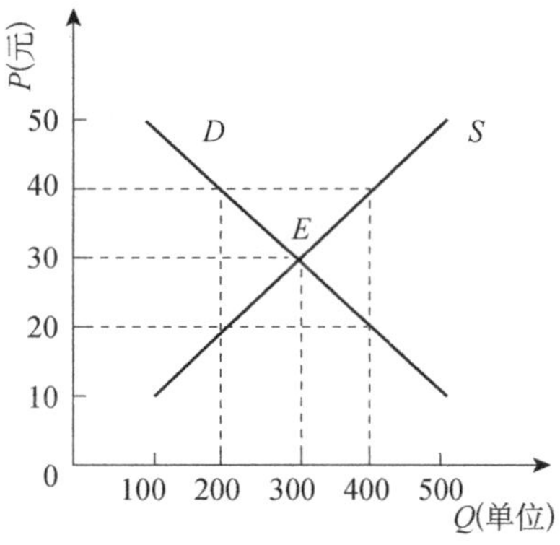

图 2-5　均衡价格的决定

均衡价格的决定也可以用表 2-3 来说明。从表中的数据我们可以得知，当商品的价格为 30 元，消费者的需求量和生产者的供给量为 300 单位即均衡数量。

表 2-3　某商品均衡价格的决定

价格	需求量	供给量
10	500	100
20	400	200
30	300	300
40	200	400
50	100	500

另外我们运用方程的求解表示均衡价格的决定。例如：假定需求函数 $Q_d=600-10P_d$，供给函数 $Q_s=10P_s$，求均衡价格和均衡产量。求解过程如下：将供求函数

代入均衡条件 $Q_d=Q_s=Q_e$、$P_d=P_s=P_e$，得出 $600-10P_d=10P_s=Q_e$、$P_d=P_s=P_e$，得出 $P_d=P_s=P_e=30$，将 $P_d=P_s=P_e=30$ 代入需求函数得，$Q_d=600-10\times30=300$ 或将 $P_d=P_s=P_e=30$ 代入供给函数得 $Q_s=10\times30=300$，可知均衡价格 $P_e=30$，均衡数量 $Q_e=300$。

二、均衡价格的形成

下面我们用表 2-3 和图 2-5 来说明均衡价格的形成。当市场价格高于均衡价格为 40 元时，商品的需求量为 200 单位，供给量为 400 单位。这种供给量大于需求量的商品过剩的市场状况，一方面会使消费者压低价格来得到他要购买的商品量，另一方面，又会使生产者减少商品的供给量。这样，该商品的价格必然下降，一直下降到均衡价格 30 元的水平。与此同时，随着价格由 40 元下降为 30 元，商品的需求量逐步地由 200 单位增加为 300 单位，商品的供给量逐步地由 400 单位减少为 300 单位，从而实现需求量与供给量相等；相反，当市场价格低于均衡价格为 20 元时，商品的需求量为 400 单位，供给量为 200 单位。这种需求量大于供给量的商品短缺的市场状况，一方面，迫使消费者提高价格来得到他所要购买的商品量；另一方面，又使生产者者增加商品的供给量。这样，该商品的价格必然上升，一直上升到均衡价格 30 元的水平。在价格由 20 元上升为 30 元的同时，商品的需求量逐步地由 400 单位减少为 300 单位，商品的供给量逐步地由 200 单位增加为 300 单位，最后达到需求量与供给量相等。

可见商品的均衡价格是商品市场上需求和供给这两种相反的力量共同作用的结果，它是在市场的供求力量的自发调节下形成的。

三、均衡价格的变动、供求定理

从上面的论述可知，市场均衡是暂时的，不是稳定的，随着影响需求和供给的因素发生变动进而使得需求和供给发生变动，市场均衡便会发生位置移动，均衡价格和均衡数量也会改变。下面我们从两个方面来分析。

（一）需求变动、供给不变

（1）需求增加、供给不变：由于需求增加，使新的均衡价格上升，均衡产量增加。

（2）需求减少、供给不变：由于需求减少，导致新的均衡价格下降，均衡产量减少。

结论：当供给不变，需求变动与均衡价格、均衡数量呈正方向变动关系。

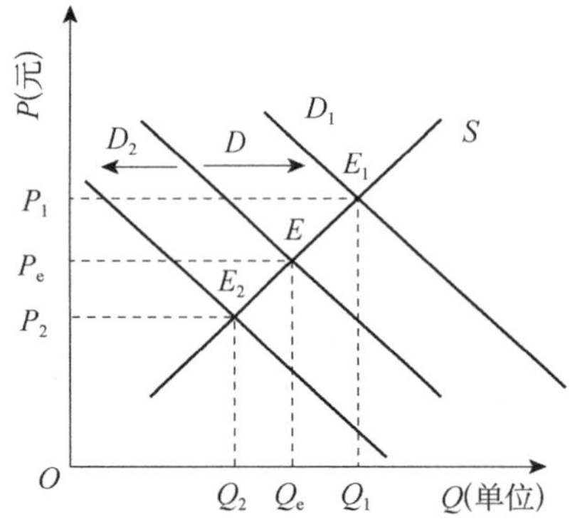

图 2-6　需求变动、供给不变

下面用图形来说明，在图 2-6 中，原来的市场均衡点为 E 点，所对应的均衡价格和均衡数量分别为 P_e 和 Q_e，当供给不变、需求增加后，需求曲线向右平移到 D_1 的位置，新的市场均衡点为 E_1，新的均衡价格和均衡数量分别提高到 P_1 和 Q_1。同样，当需求减少时，均衡点向左下方移到 E_2 的位置，此时均衡价格和均衡数量也就降低到 P_2 和 Q_2。

例如，2003 年中国“非典”期间，人们对于口罩、消毒水等物品的需求大大增加，假定这时的供给不改变，如果需求和供给长期处于非均衡的状态，直接的市场后果是这些必需物品的价格飞涨，而供给商出于利益的要求也会增加供给。

（二）供给变动、需求不变

（1）供给增加、需求不变：由于供给增加使得均衡价格下降，均衡产量上升。

（2）供给减少、需求不变：由于供给减少使得均衡价格上升，均衡产量下降。

结论：当需求不变，供给变动与均衡价格呈反方向变动关系，与均衡数量呈正方向变动关系。

下面用图形来说明，在图 2-7 中，原来的市场均衡点为 E，所对应的均衡价格和均衡数量分别为 P_e 和 Q_e，当需求不变、供给增加后，供给曲线向右平移到 S_1 的位置，新的市场均衡点为 E_1，均衡数量增加到 Q_1，由于供给量增加，使均衡价格降低到 P_1。同样，当供给减少时，市场均衡点向左上方移到 E_2 的位置，此时均衡数量减少到 Q_2，均衡价格提高到 P_2。

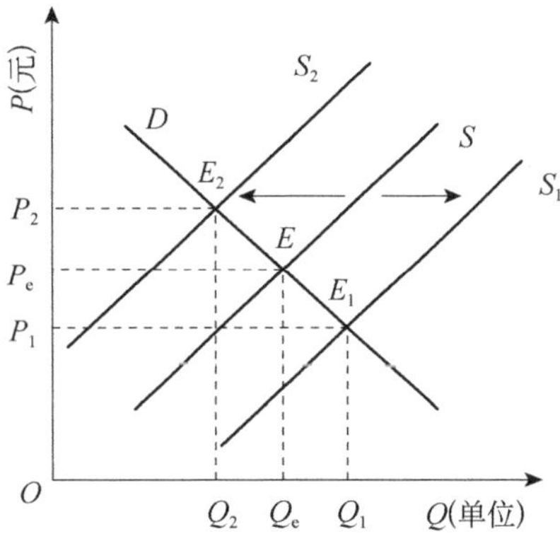

图 2-7 供给变动、需求不变

例如，假定消费者的手机消费量很稳定，新款手机在刚进入市场时售价较高，但由于新技术的普及速度很快，如果手机生产厂商为了获取高额利润一味地提高生产量，只能导致最终的市场供给量大于消费者的需求量，使得均衡价格不断下跌。

（三）供求定理

从上面的分析我们可以知道：需求的变动引起均衡价格和均衡产量同方向变动；供给的变动引起均衡价格反方向变动而引起均衡产量同方向变动，这就是供求定理。

在具体地分析某一经济事件时，我们可以按下面的步骤来进行分析。

（1）判断这一事件或经济现象是影响需求还是影响供给，在图形上表现为需求曲线移动、供给曲线移动还是两者共同变化？

（2）判断曲线移动的方向是向左还是向右？

（3）分析市场均衡发生变化前后的均衡价格和均衡数量的变动。

阅读材料 5：歌星的高收入合理吗？

某歌星一场演唱会的出场费的收入是几十万元人民币，是普通人几年或几十年的收入，老百姓难免有不平衡之感，歌星的收入主要来源是门票的收入。我们分析演唱会门票的价格，如果想听演唱会的人增加了，而歌手的供给不变，则门票的价格就会上升，由于演唱会举办方与歌手都能从高价格的门票中得到更多的收益，他们还增加演唱会的场次；同理可以推出，如果没有那么多歌迷，需求减少，门票的价格必然下降，他们会减少演唱会的场次。如果歌手增加，门票的价格也会下降，演唱会的场次增加；同理可以推出，歌手减少，门票的价格也会上升，演唱会的场次会减少。这就是经济学分析的供求规律。

四、均衡价格的应用

我们可以运用均衡价格理论来分析政府的各种价格政策，政府对市场的干预方式主要有支持价格和限制价格两种。

（一）支持价格

所谓支持价格又称最低价格或价格下限，是指政府为扶植某一行业或某种产品的生产而对该行业产品规定高于均衡价格的最低价格下限。例如，为了扶持农业，或为了农场主的利益，对农产品实行支持价格，即规定农产品的最低价格，使这种价格高于由市场需求和市场供给决定的均衡价格。为了维持这种支持价格，政府必须收购过剩的部分产品，如图 2-8 所示。

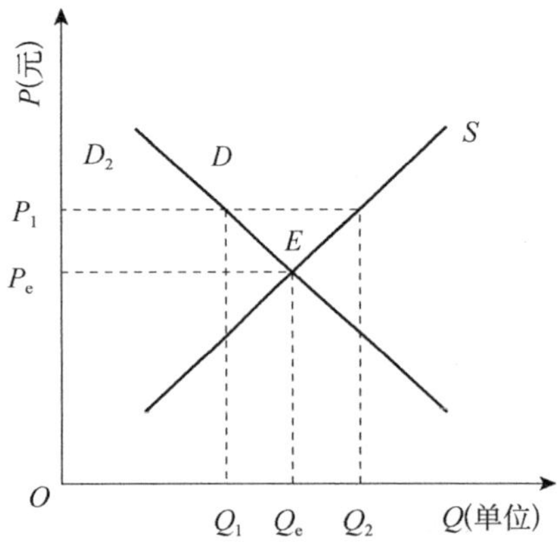

图 2-8　支持价格

在图 2-8 中，假设农产品的市场均衡价格为 P_e，均衡数量 Q_e，但政府为了扶持该行业的发展，而确定其产品价格为 P_1，由于 P_1 高于市场均衡价格 P_e，结果导致农产品的需求量减少至 Q_1，而农产品的供给量却增加至 Q_2，这样就出现了供大于求的局面，导致产品过剩，Q_2-Q_1 为供大于求的部分，按照均衡价格理论此价格 P_1 是难以维持的，要维持此价格水平，政府部门就必须将过剩供给（Q_2-Q_1）部分收购掉。

阅读材料 6：美国农产品的价格保护

农民需要面对来自于自然环境和市场的风险。他们即便投入了很大的力气和金钱耕种土地，恶劣的天气或严重的虫灾仍然有可能导致他们减产。另外，如果遇到少见的风调雨顺的好天气，产量增加，供给曲线外移，从而引起均衡价格下降，照样给农民带来损失。

自 20 世纪 30 年代以来，美国联邦政府一直致力于稳定谷物、棉花、大米、乳制品、糖、羊毛、花生等农产品的价格，为此设立了一些非常复杂的程序，成为农场法案的一部分。然而随着时间的推移，这一做法遭到来自各农业州的国会议员和他们的政治说客们的不满，法案被迫进行修订，以保证通过实施上述程序，农民最后可以享受的平均价格实际上稍高于市场平均价格。换句话说，政府制定的有关程序相当于建立一定的价格下限，而且正如经济学家预测的那样这引起了供给和政府农产品储备过剩。以 1988 年旱灾发生前的 1987 年为例，美国联邦政府拥有的谷物、麦子和棉花储备分别相当于当年产量的 57%，63%和 33%。

每过 5 年左右，农场法案就会进行一次较大的修订。1990 年 11 月，当时的布什总统签署了一个新的农场法案，其目标之一就是降低价格下限，逐步减少储备，使价格向市场均衡价格移动。1991 年年中，美国国会预算办公室预计，到 1996 年，新的农场法案将使政府储备的谷物、麦子和棉花减少到分别相当于 1996 年产量的 18%，35%和

30%。这一预计已经考虑到其间可能出现的天气和技术条件变化、美国向其他国家出口的状况以及其他一些因素。

无疑，政府适量拥有农作物储备，可以保护消费者免受旱灾或其他农业灾害可能带来的农作物减产和价格急剧上升的风险，不过这一储备的数量应该尽可能缩小。通过逐步减少储备，政府希望农民能逐步学会适应市场变化，并对市场变化做出应有的反应，而不是完全依赖政府设立的价格保护政策。

（二）限制价格

所谓限制价格又称最高价格或价格上限，是指政府为了限制某些产品价格上涨而规定的该产品最高价格上限，一般都低于均衡价格。实行限制价格后，会导致该产品供给量减少，从而出现产品短缺，所导致的后果是：排队购买、抢购和黑市贸易等，政府一般实行配给制来解决这一矛盾，如图 2-9 所示。

在图 2-9 中，假设某产品的市场均衡价格为 P_e，政府为了把其价格控制在较低的水平，规定其最高价格为 P_1，P_1 低于 P_e，结果导致需求量增加至 Q_1；而供给者却由于产品价格较低而减少供给量至 Q_2。这样就出现了供不应求的局面，导致产品短缺现象，图中 Q_1-Q_2 部分为短缺部分。政府为了维持此价格水平，只有通过票证供应或控制限额的方式来限制需求。限制价格政策只运用于短期的特殊情况，保持的时期过长会挫伤投资者的积极性，使短缺变得更加严重，迫使政府放弃价格限制，最后价格上涨将会更加严重。

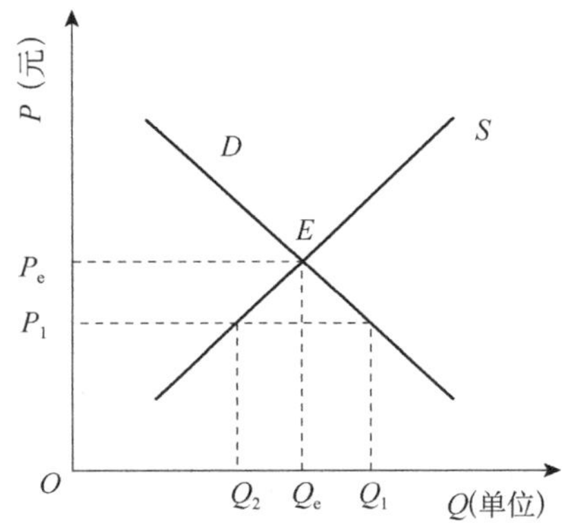

图 2-9 限制价格

阅读材料 7：莫斯科歌剧院的票价

苏联政府向观光客骄傲地宣称：为了使欣赏歌剧不再是有钱人的专利，我们最好座位的票价只要 4 美元。纽约百老汇类似的演出，票价高达 60 美元。我们的低票价政策使得所有的老百姓都可以看得起歌剧！

这似乎是一个令人羡慕的事实。但从经济学的观点来看，我们要问：当票价定得这么低时，是不是每一个要看歌剧的苏联人民，都能买得到票呢？苏联政府的这种补贴是否符合资源的有效利用呢？

事实上，当票价被人为地压低时，就会有很多观众买不到票，立刻产生了消费者"买得起、却买不到"的缺票现象。在当时的苏联，谁能买到这种补贴的票呢？主要是两类人：一类是苏联的特权阶级，另一类是持有外汇到苏联来参观访问的外国人。

但是，稍有常识的人都会问：为什么要牺牲苏联人民本来已经够艰苦的生活，来补贴外国人看歌剧？这不是慷慨，而是愚蠢。如果由自由市场的供需决定，假定票价变成了 20 美元。但为了使一些低收入者看得起歌剧，苏联政府可以每晚拨出二分之一免费券给他们看。这样的调整会产生三个好处：第一，门票收入增加，政府收入增加；第二，买不起票的平民现在反而不要花一分钱；第三，票价调整后，苏联的特权阶层及外国人得不到苏联人民的补贴。

可是，这种市场经济原则下的简单操作在苏联是行不通的。因为在“票价定得可以使大家看得起歌剧”的冠冕堂皇的理由下，真正得到好处的是那些可以买到票的特权阶层。他们怎么肯提高价格来对付自己？最可怜的是那些老百姓，因为他们只知道“补贴是好的”“低物价是对的”，不知道真正得到补贴好处的不是他们，因为他们买不到票。但是货品短缺时，要耐心排长队的却是他们。

第四节　弹性理论及其应用

一、弹性的概念

弹性是一个物理学的名词，指一物体对外部力量的反应程度。在经济学中，弹性指的是在经济变量之间存在函数关系时，因变量对自变量变化的反应程度。

弹性的大小可以用弹性系数 E 来表示。弹性系数是因变量变动百分比与自变量变动百分比的比值，其公式为：

弹性系数=因变量变动百分比（%）/自变量变动百分比（%）

设两个经济变量之间的函数关系为 $Y=f(x)$，则弹性公式为：

$$E=\frac{\Delta Y/Y}{\Delta X/X}=\frac{\Delta Y}{\Delta X}\frac{X}{Y} \tag{2-5}$$

式中，E 为弹性系数；ΔX、ΔY 分别为变量 X、Y 的变动量或增量。

需要注意的是，由弹性的定义公式可以清楚地看到，弹性是两个变量各自变化比例的一个比值，所以，弹性是一个具体的数字，它和自变量和因变量的度量单位无关，因为在相除的过程中单位已经消去了。

二、需求价格弹性

（一）需求的价格弹性概念以及计算公式

需求价格弹性又简称需求弹性，是指需求价格变动的比率所引起的需求量变动的比率，即需求量变动对价格变动的反应程度。显然，需求价格弹性反映了消费者对该商品价格变化的敏感程度。各种商品的需求弹性是不同的，一般用需求弹性的弹性系数来表示弹性的大小。需求弹性的弹性系数是需求量变动的比率与价格变动的比率的比值。其公式为：

$$E_{\mathrm{d}}=-\frac{\Delta Q/Q}{\Delta P/P}=-\frac{\Delta Q}{\Delta P}\frac{P}{Q} \tag{2-6}$$

需要注意的是，在通常情况下，由于商品的需求量和价格是呈反方向变动的，$\frac{\Delta Q}{\Delta P}$ 为负值，为了使需求的价格弹性系数取正值，所以前面加了一个负号。另外需求价格弹性与需求曲线的斜率 $\frac{\Delta P}{\Delta Q}$ 呈反比，与 P/Q 的值呈正比。

（二）需求价格弹性的五种类型

各种商品的需求弹性不同，根据需求弹性的弹性系数的绝对值大小，可以把需求的价格弹性分为五类，如图 2-10 所示。

（1）E_d=0，指的是需求完全无弹性。在这种情况下，无论需求价格如何变动，需求量都不会变动；这种商品的需求曲线是一条和横轴垂直的曲线；例如，棺材、急救药等这类商品是完全没有弹性的。即需求价格对其需求量的调节无效。

（2）0＜E_d＜1，指的是需求缺乏弹性。即需求量变动的百分比小于需求价格变动的百分比，被称为需求缺乏弹性，此时的需求曲线比较陡直或者比较陡峭；例如，生活必需品，即消费者对生活必需品的需求价格的变动不敏感。

（3）E_d=1，指的是需求单位弹性。即需求价格变动的百分比与需求量变动的百分比相同，被称为需求的单位弹性，这时的需求曲线是一条正双曲线；例如，运输、住房服务等。

（4）E_d＞1，指的是需求富有弹性。即需求量变动的百分比大于需求价格变动的百分比，被称为需求富有弹性，此时的需求曲线比较平缓或者比较平坦；例如，奢侈品（金银首饰），消费者对这些商品的价格变动十分敏感。

（5）E_d=∞，指的是需求完全有弹性。即在指定的需求价格水平下，需求量可以任意变动，被称为需求有无限弹性，此时的需求曲线是一条与横轴平行的线；例如，银行以某一固定的价格收购黄金或者实行保护价的农产品。

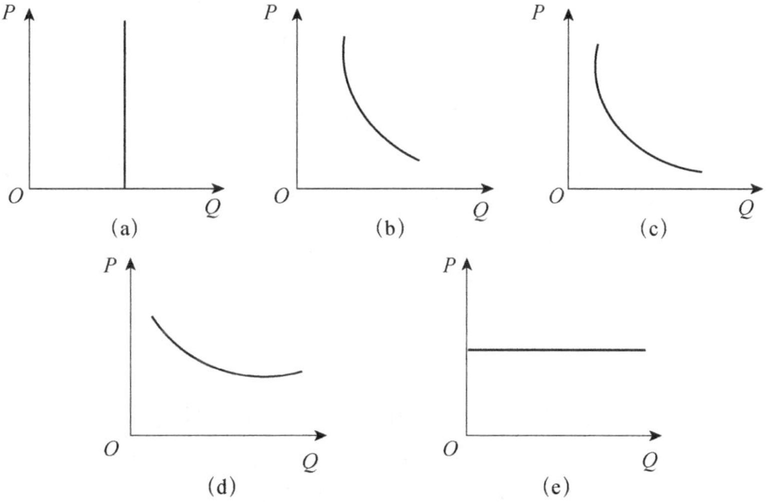

图 2-10　需求价格弹性示意图

一般来说，这五种需求弹性在现实中比较常见的是需求缺乏弹性和需求富有弹性，其他三种情况在现实中是很少的。

（三）影响需求弹性的因素

（1）消费者对某种商品的需求程度

一般来说，消费者对生活必需品的需求强度大而稳定，所以生活必需品的需求弹性就小。像粮食、油、盐、蔬菜这类生活必需品的需求弹性都较小。而奢侈品、高档消费品的需求价格弹性就较大。

（2）商品的可替代程度

如果一种商品有许多替代品，它的需求就富有弹性，因为，价格上升时，消费者会购买其他替代品，价格下降时，消费者会购买这种商品来取代其他替代品。

（3）商品在家庭支出中所占的比例

在家庭支出中占比例小的商品，价格变动对需求的影响小，需求弹性也小。在家庭支出中占比例大的商品，价格变动对需求的影响大，其需求弹性也大。

（4）商品本身用途的广泛性

一般来说，商品的用途广泛，需求弹性越大，用途小，则需求弹性也小。因为一种商品的用途越多，则消费者的需求量在这些用途之间进行调整的余地就越大，需求量做出反应的幅度也就越大。

（5）商品耐用程度

一般来讲，使用时间长的耐用消费品需求弹性大，而使用时间短的非耐用消费品需求弹性小。

（6）所考察的消费者调节需求量的时间

一般来讲，所调节需求量时间越长，需求弹性越大，所调整的时间越短，需求弹性越小。

注意：在以上的影响因素中，最重要的是商品的需求程度或者必需程度、替代程度和在家庭支出中所占的比例。某种商品的需求弹性到底有多大，是由上述这些因素综合决定的。而且，某种商品的需求弹性也因时期、消费者收入水平和所处的地区不同而不同。

（四）需求价格弹性的运用——需求价格弹性与总收益

需求价格弹性的大小，同消费者购买该商品货币收入支出的变动和生产者的总收益都密切相关。因为价格变动引起需求量的变动，从而引起了消费者货币收入支出的变动。同时消费者的支出和生产者的收益在量上是相同的，即 $P \times Q$。所以分析需求弹性对总收益的影响实际上也是分析需求弹性对居民户总支出的影响。

总收益也可以称为总收入，指厂商出售一定量商品所得到的全部收入。如果以 TR 代表总收益，Q 为销售量，P 为价格，则 $TR=P \times Q$。按照这个公式，好像只要提高价格，总收益就会增加；降低价格，总收益就一定会减少，但实际并不是这样。由于各种商品的需求价格弹性不同，所以，价格变化对总收益的影响也不一样。

（1）需求富有弹性的商品需求弹性与总收益的关系

如果一种商品的需求富有弹性，当该商品价格下降时，需求量（从而销售量）增加的幅度大于价格下降的幅度，从而总收益（即总支出）会增加，当该商品的价格上升时，需求量（销售量）减少的幅度大于价格上升的幅度，所以总收益（总支出）会减少。

结论：如果某种商品的需求弹性富有弹性，则价格与总收益呈反方向变动，即价格上升，总收益减少；价格下降，总收益增加。这也就是我们通常所说的“薄利多销”的原因所在。

（2）需求缺乏弹性的商品需求弹性与总收益的关系

如果某种商品的需求缺乏弹性，当该商品的价格下降时，需求量（从而销售量）增加幅度小于价格下降的幅度，从而总收益（总支出）会减少，相反，当该商品的价格上升时，需求量（销售量）的减少幅度小于价格上升的幅度，从而总收益（即总支出）会增加，如图 2-11 和图 2-12 所示。

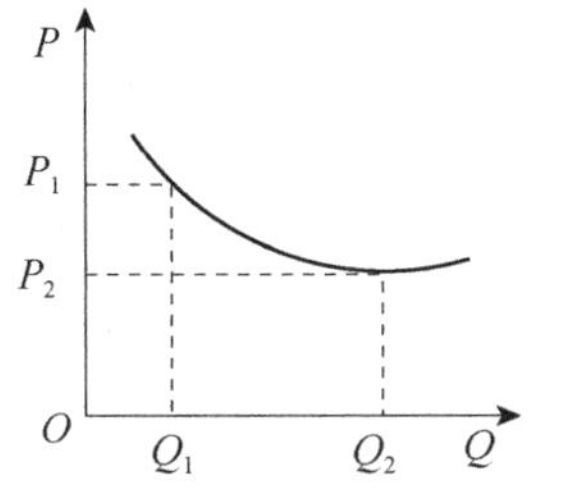

图 2-11 需求富有弹性

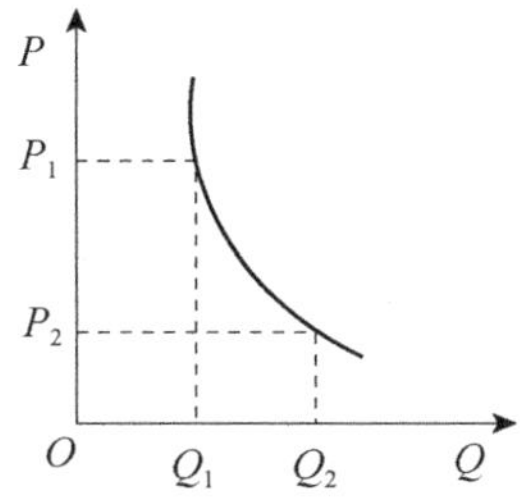

图 2-12 需求缺乏弹性

结论：如果某种商品是缺乏弹性的，则价格与总收益同方向变动，即价格上升，总收益增加价格下降，总收益减少。如“谷贱伤农”就是这个道理。在丰收的情况下，由于粮价下跌，农民的收入减少了。因为农产品属于需求缺乏弹性，丰收造成粮价下跌，并不会使需求量同比例增加，从而总收益减少，农民受损失。

阅读材料 8：如何避免“谷贱伤农”

近日，“苍南番茄烂大街”的消息引起了网友的关注，也“惊动”了央视。央视新闻中心官方微博上发出呼吁“帮菜农转！温州西红柿滞销 别让他们流汗又流泪”，不少市民纷纷表示要助农户一臂。

从经济学中的供求关系原理上说，农民的种植业收入取决于产品的产量和价格，价格是农民收入的关键所在。而任何一种农产品产量过高，都会导致价格下跌，使农民种植积极性受到打击，也造成经济资源的巨大浪费。

前几年，全国番茄价格一路狂飙，在温州番茄价格最高时达到了 3.9 元/斤，让不少农户尝到了甜头。这样一来，2014 年下半年，全国各地番茄种植面积都有所提高，温州番茄种植面积也从原来的 5 万亩扩大到 6 万亩，因而导致番茄售价跳水。紧接着，伤透了心的菜农们会不会一气之下放弃番茄种植，谁也不敢肯定。

预防“谷贱伤农”悲剧重演，最直接的办法是根据各种农产品的市场价格和需求情况，合理规划种植面积。可是，在当前农产品价格机制尚不完善的情况下，菜农只能被动地接受市场的调节。当然，市场调节也不是万能的，当价格泡沫掩盖了市场真正的需求时，得不到真实的市场信息的菜农，依然会放弃种植某种农作物，或盲目扩大某种农作物的种植面积。

据悉，在美国，各地方政府不仅要利用各种方式为农民提供信息服务，而且还要对农民不合理的种植情况进行干预。一旦发现某种作物种植面积可能过多，将影响该作物的市场价格，便会采取各种措施指导农民少种，甚至不惜采取由政府补贴而让农民休耕的措施。这个经验虽好，但国情不同，所以并不一定完全适合我国。就目前情况看，避免“谷贱伤农”的最根本出路，还在于想方设法提高各种农产品抵抗市场经济风险的能力。

首先，种植要力求多样化。鸡蛋不能放在一个篮子里，同样农民增收致富也不能完全把“宝”押在单一的某个所谓的优势品种上。作为政府及有关部门，要为农民当好参谋，多为他们提供正确的市场信息，引导菜农合理规划种植面积；其次，要改变被动的农业产品运销模式。农业主管部门、行业协会组织等要主动开拓市场，并与购销商保持一种长期稳定的购销关系，以保障和扩大农产品的销路，尽可能掌握农产品的定价权；最后，要大力开拓农产品深加工能力。这样既可以解决市场需求相对过剩问题，降低运销成本，还能实现农产品的增值，提高生产效益。如此，才有可能避免“谷贱伤农”悲剧重演。

三、需求交叉弹性

（一）需求交叉弹性的含义以及公式

需求的交叉弹性是指相关的两种商品中，一种商品的价格变动的比率所引起的另一种商品的需求量变动的比率，即一种商品的需求量变动对另一种商品价格变动的反应程度。设有两种相关的产品 X 和 Y，其公式为：

$$E_{xy}=\frac{Y\text{商品需求变动的百分比}}{X\text{商品价格变动的百分比}}=\frac{\Delta Q_y/Q_y}{\Delta P_x/P_x}=\frac{\Delta Q_y}{\Delta P_x}\frac{P_x}{Q_y} \tag{2-7}$$

（二）需求交叉弹性的分类

需求交叉弹性的分类主要用于研究替代品之间或互补品之间的价格与需求量变动之间的关系。

（1）当两种商品为替代品时，一种商品的需求量与另一种商品价格之间呈同方向变动，其交叉弹性系数为正值。例如，萝卜与白菜、大米与面粉等。

（2）如果两种商品为互补品时，一种商品的需求量与另一种商品价格之间呈反方向变动，其交叉弹性的弹性系数为负值，互补商品交叉弹性系数的绝对值越大，则两种商品之间的互补性越大。例如照相机和胶卷之间、汽车和汽油之间的关系。

（3）两种商品的交叉弹性为 0，表明这两种商品既不是替代品，也不是互补品，是两种互不相关的商品。例如，茶叶与食盐之间的关系。

四、需求收入弹性

（一）需求收入弹性的含义以及公式

需求的收入弹性是指收入变动的比率所引起的需求量变动的比率，即需求量变动对收入变动的反应程度。其计算公式如下：

$$E_I=\frac{\text{商品需求变动的百分比}}{\text{商品价格变动的百分比}}=\frac{\Delta Q/Q}{\Delta I/I}=\frac{\Delta Q}{\Delta I}\frac{I}{Q} \tag{2-8}$$

（二）需求收入弹性的分类

一般来说，高档食品、耐用消费品的收入弹性较大，消费者收入增加会导致这些消费品大幅度的增加；而一些生活必需品的收入弹性较小，消费者收入的增加只会导致这些消费品较小幅度的增加；而收入弹性为负值的商品即低档品，如玉米面、高粱米等，随着消费者收入的增加，消费反而减少，因为收入增加以后，消费者就会少买粗粮，而多买细粮。

结论：高档品 $E_I>1$；必需品 $0<E_I<1$；低档品 $E_I<0$。

（三）恩格尔定律——需求收入弹性的运用

恩格尔定律的内容指的是随着家庭收入的增加，食物开支所占的比例会越来越小，一般用恩格尔系数来衡量。恩格尔系数表示食物支出与全部支出之比，用公式表示如下：

恩格尔系数=食物支出总额/全部支出总额

恩格尔系数可以反映一国或一个家庭的富裕程度与生活水平。恩格尔通过对统计资料的研究得出如下结论：无论个人、家庭，还是整个国家，随着收入的增加而增加，收入中用于食物支出的比重将趋于下降。恩格尔系数越大，就说明他们越贫穷；反之，则说明他们越富裕。

阅读材料 9：1990 年部分国家的恩格尔系数

恩格尔是德国统计学家和经济学家，他一直致力于研究家庭收入和各项支出之间的关系，在 1857 年，他提出了著名的恩格尔定律，即随着收入的增加，食品在总支出的比重是下降的。从统计结果来看，世界各地小至家庭、大至国家基本上都遵循这一定律（见表 2-4），因此我们常常将恩格尔系数，作为衡量经济发展水平的一个指标。通常认为，恩格尔系数超过 50%的经济尚处于解决温饱阶段，位于 30%～50%的属于小康经济，而小于 50%的则是富裕经济。恩格尔还发现，随着收入提高，衣着、住房在总支出中的比重基本维持不变，而教育、娱乐、交通、通信、储蓄等比重是上升的。

表 2-4　1990 年部分国家家庭消费的恩格尔系数

国家	人均收入/美元	恩格尔系数/%
坦桑尼亚	110	64
中国	370	61
印度尼西亚	570	48
秘鲁	1160	35
巴西	2680	35
韩国	5400	35
希腊	5990	30
新加坡	11160	19
英国	16100	12
美国	21790	13
日本	25430	16
瑞士	32680	17

五、供给弹性

供给弹性也可以分为供给价格弹性、供给交叉弹性等，这里主要介绍供给价格弹性。

（一）供给价格弹性的含义

所谓供给弹性是指供给量对影响供给因素的变量变化所做出的反映程度。同样的，供给弹性可以分为供给价格弹性、供给收入弹性和供给交叉弹性。供给弹性通常是指供给的价格弹性，它是指供给价格变动的比率所引起的供给量变动的比率，即供给量变动对价格变动的反应程度。其供给弹性公式为：

$$E_S=\frac{\Delta Q/Q}{\Delta P/P}=\frac{\Delta Q}{\Delta P}\frac{P}{Q} \tag{2-9}$$

形式上，供给弹性公式与需求弹性公式完全相同，只是 Q 所代表的是供给量，而不是需求量。不同的是，由于供给曲线一般是向右上方倾斜的，所以供给价格弹性的值是正数。

（二）供给的价格弹性的分类

供给价格弹性有五种类型，如图 2-13 所示。

（1）$E_S=0$，指的是供给无弹性。它是一条垂直于横轴的直线，表示无论供给价格怎么变化，供给量都固定不变。例如，土地、文物、某些艺术品的供给。

（2）$0<E_S<1$，指的是供给缺乏弹性。表示供给量变动的幅度小于供给价格变动的幅度。例如，房地产的供给。

（3）$E_S=1$，指的是单位供给弹性。表示供给价格变动的幅度与供给量变动的幅度相同。

（4）$E_S>1$，指的是供给富有弹性。表示供给量变动的幅度大于供给价格变动的幅度。例如，彩电的供给。

（5）$E_S=\infty$，指的是供给完全弹性。表示供给价格既定时，供给量可以随意变动。例如，劳动力严重过剩地区中的劳动力供给。

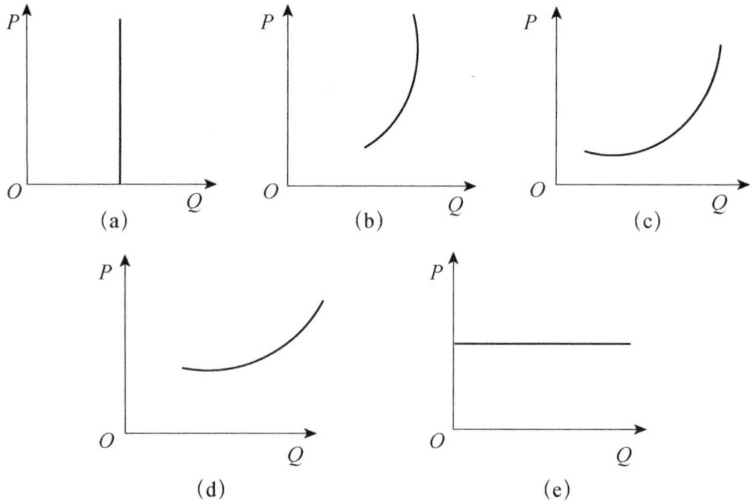

图 2-13　供给的价格弹性示意图

（三）影响供给价格弹性的因素

（1）供给时间的长短。市场上价格发生变化要影响供给量的增加或减少，都必须经过一段时间，调整生产要素组合、改变生产规模，从价格变化到供给量的变化有一个过程，存在一个时滞，时间越短，供给弹性越小，时间越长，供给弹性越大。

（2）生产成本的变化。生产成本是影响供给量的重要因素，如果产量增加引起成本增加，供给弹性就小，反之就大。

（3）供给的难易程度。容易生产而且生产周期短的产品，供给弹性大，而不易生产而且生产周期长的产品，供给弹性小。

（4）生产要素的供给情况。生产要素供给充足，或生产要素价格较低，供给弹性大；反之，供给弹性就小。

关键概念

需求	需求表	需求曲线	互补品	替代品
需求函数	需求定理	供给	供给表	供给曲线
供给函数	供给定理	均衡价格	均衡数量	支持价格
限制价格	需求价格弹性	需求收入弹性	需求交叉弹性	供给弹性

知识小结

1. 需求是指在不同的价格水平下消费者愿意并且能够购买的商品和劳务的数量，它反映了某一商品的不同价格和对应的需求量之间的关系。

2. 需求定理是指在其他条件不变的情况下，某种商品的价格和需求量呈反方向变化。

3. 在影响需求的众多因素中，商品本身的价格因素是最重要的。

4. 需求的变动是指在其他条件变化的情况下，非价格的其他条件的变化使得在相同价格水平上需求量有所不同，它导致需求曲线平行向左或向右移动；而需求量的变动是指在其他条件不变时，由于价格因素的变化而导致需求曲线上的点沿着曲线上下移动。

5. 供给是指在不同的价格水平下厂商愿意并且能够提供的商品或服务的数量，它反映了某一商品的不同价格和对应的供给量之间的关系。

6. 供给定理是指在其他条件不变的情况下，某种商品的价格和供给量呈正方向变化。

7. 在影响供给的众多因素中，商品本身的价格是影响供给最重要的因素。

8. 供给和供给量是两个不同的概念，前一个是动态的变化，后一个是静态的联系，引起它们变化的原因和图形的变化也各不相同。

9. 供求定理指的是需求的变动引起均衡价格和均衡产量同方向变动；供给的变动引起均衡价格反方向变动，而引起均衡产量同方向变动。

10. 均衡价格的形成过程是市场价格的决定过程，它是通过市场上供求双方的相互作用、自发竞争形成的。

11. 均衡价格是指一种商品的市场需求与其市场供给相等时的价格；均衡数量是与

均衡价格相对应的数量。

12. 需求的价格弹性是指需求量对市场价格变化的变动所做出的反映程度；供给弹性一般是指供给的价格弹性，是供给量对市场价格变化的变动所做出的反映程度。

13. 支持价格是政府为了支持某一行业或某一产品的发展，对该行业或产品规定的高于市场均衡价格的最低价格。

14. 限制价格是政府为了限制某些物品的价格，尤其是生活必需品的价格而对其规定的低于市场均衡价格的最高价格。

思考作业题

一、单项选择题

1. 需求定理说明（　　）。

A. 药品的价格上涨会使得药品质量提高

B. 计算机价格下降导致销售量增加

C. 丝绸价格提高，游览公园的人数增加

D. 汽油的价格提高，小汽车的销售量增加

2. 当（　　）时，猪肉的供给曲线右移。

A. 养猪的成本下降　　B. 养猪的成本上升

C. 消费者的收入增加　　D. 养猪者的收入增加

3. 如果某种商品的市场供给减少，而市场需求保持不变，则（　　）。

A. 均衡价格下降　　B. 均衡数量增加

C. 均衡价格和均衡数量都减少　　D. 均衡价格上升但均衡数量减少

4. 若商品需求量的增加百分比小于价格下降百分比，则需求的价格弹性（　　）。

A. 大于 1　　B. 等于 1　　C. 小于 1　　D. 等于 0

5. 下列因素中，不会使需求曲线移动的是（　　）。

A. 消费者收入变化　　B. 商品价格变化

C. 消费者偏好变化　　D. 其他相关商品价格变化

6. 某种商品价格下降对其互补品的影响是（　　）。

A. 互补品的需求曲线向右移动　　B. 互补品的需求曲线向左移动

C. 互补品的供给曲线向右移动　　D. 互补品的价格上升

7. 在需求和供给同时减少的情况下，将出现（　　）。

A. 均衡价格下降，均衡产销量减少

B. 均衡价格下降，均衡产销量无法确定

C. 均衡价格无法确定，均衡产销量减少

D. 均衡价格上升，均衡产销量减少

8. 假定某商品的价格从 10 美元下降到 9 美元，需求量从 70 增加到 75，则需求为（　　）。

A. 缺乏弹性　　B. 富有弹性

C. 单一弹性　　D. 难以确定

9. 下列商品中，需求价格弹性最小的是（　　）。

A. 小汽车　　B. 衣服　　C. 食盐　　D. 化妆品

二、判断题

1. 需求是购买欲望与支付能力的统一；供给是出售愿望与供给能力的统一。（　　）

2. 对于需求富有弹性的商品，提高价格会增加收益。（　　）

3. 支持价格是政府规定的某一商品的最高价格。（　　）

4. 当汽油的价格上升时，消费者对汽车的需求量就会减少。（　　）

5. 任何情况下，市场都可以自发地调节，让市场实现均衡。（　　）

三、简答题

1. 什么是需求？影响需求的因素有哪些？

2. 需求量的变动与需求的变动有何不同？

3. 运用供求定理说明“谷贱伤农”的道理。

四、计算题

1. 某商品价格 P_1=500 元时，销售量 Q_1=100 件，此时总收益是多少？如果价格下跌了 10%，而该商品是富有弹性的商品，价格弹性系数 E_d=2，销售量将是多少，总收益是多少？是增加还是减少？如果该商品是缺乏弹性的商品，价格弹性系数 E_d=0.5，则销售量将是多少，总收益是多少？是增加还是减少？

2. 已知某一时期内某商品的需求函数为 $Q_d=50-5P_d$，供给函数为 $Q_s=-10+5P_s$。

（1）求均衡价格 P_e 和均衡数量 Q_e，并作出几何图形。

（2）假定供给函数不变，由于消费者收入水平提高，使需求函数变为 $Q_d=60-5P_d$，求出相应的均衡价格 P_e 和均衡数量 Q_e，并作出几何图形。

（3）假定需求函数不变，由于生产技术水平提高，使供给函数变为 $Q_s=-5+5P_s$，求出相应的均衡价格 P_e 和均衡数量 Q_e，并作出几何图形。

3. 假定表 2-5 是需求函数 $Q_d=500-100P_d$ 在一定价格范围内的需求表：

表 2-5　某商品的需求表

价格（元）	1	2	3	4	5
需求量	400	300	200	100	0

运用中点法，求出价格 2 元和 4 元之间的需求的价格弹性。

五、分析题

指出发生下列几种情况时某种蘑菇的需求曲线的移动方向，向左下方平行移动、向右上方平行移动还是不变？为什么？

（1）卫生组织发出一份报告，称这种蘑菇会致癌；

（2）另一种蘑菇的价格上升了；

（3）消费者的收入增加了；

（4）培育蘑菇的工人工资增加了。

第三章　消费者行为理论

学习目标

1. 理解消费者行为理论的目标-效用最大化；

2. 掌握效用的概念，边际效用和总效用之间的关系及其图形；

3. 理解边际效用递减规律的含义及其产生原因；

4. 掌握无差异曲线的含义与特征，消费者可能线及其移动，以及二者如何实现消费者均衡；

5. 掌握如何利用消费者均衡来推导需求曲线；

6. 了解消费者剩余、替代效应、收入效应、收入-消费曲线。

导读案例：是穷人幸福还是富人幸福

对于什么是幸福，美国的经济学家萨谬尔森用的“幸福方程式”来概括。这个“幸福方程式”就是：幸福=效用/欲望，从这个方程式中我们看到欲望与幸福呈反比，也就是说人的欲望越大越不幸福。但我们知道人的欲望是无限的，那么多大的效用不也等于零吗?

因此我们在分析消费者行为理论的时候我们假定人的欲望是一定的。那么我们在离开分析效用理论时，再来思考萨谬尔森提出的“幸福方程式”真是觉得他对幸福与欲望关系的阐述太精辟了，难怪他是诺贝尔奖的获得者。

在社会生活中对于幸福不同的人有不同的理解，政治家把实现自己的理想和报复作为最大的幸福；企业家把赚到更多的钱当作最大的幸福；教书匠把学生喜欢听自己的课作为最大的幸福；老百姓往往把平平淡淡衣食无忧作为最大的幸福。幸福是一种感觉，自己认为幸福就是幸福。但无论是什么人一般把拥有的财富多少看做是衡量幸福的标准，一个人的欲望水平与实际水平之间的差距越大，他就越痛苦。反之，就越幸福。从“幸福方程式”使我想起了“阿 Q 精神”。鲁迅笔下的阿 Q 形象，是用来唤醒中国老百姓的那种逆来顺受的劣根性。而我要说的是人生如果一点阿 Q 精神都没有，会感到不幸福，因此“阿 Q 精神”在一定条件下是人生获取幸福的手段。在市场经济发展到今天，贫富差距越来越大，如果穷人欲望过高，那只会给自己增加痛苦。倒不如用“知足常乐”，用“阿 Q 精神”来降低自己的欲望，使自己虽穷却也获得幸福自在。富人比穷人更看重财富，他会追求更富如果得不到他也会感到不幸福。是穷人幸福还是富人幸福完全是主观感觉。

从上章我们了解到需求来自于消费者的欲望，供给来自于厂商的提供。消费者的收入是有限的，而欲望是无限的。消费者如何将有限的收入，根据市场价格机制，进行最合理的商品购买决策，从而最大限度地满足自身的欲望，即实现消费者均衡，效用最大化是消费者行为理论的主要内容。本章通过学习基数效用论和序数效用论，来了解消费者在商品市场上如何达到均衡。

第一节　基数效用论

一、效用、偏好

（一）效用

效用是消费者在消费商品和劳务时所得到的欲望满足程度。消费者获得的满足程度高就表示效用大；反之，就是效用小。如果消费者在消费过程中感受到痛苦和难受，就是负效用。

在理解效用概念时，必须注意以下几点。

（1）效用的心理性

效用是用来衡量消费者欲望的满足程度，因而它和欲望一样，是一种主观心里感觉。同一数量的同一物品的效用大小没有客观标准，完全取决于消费者在消费当时的主观感觉，它会因人、因时、因地而有所不同。

例如，香烟对于吸烟者来说能满足其吸烟的欲望，因而有效用，而对于不吸烟的人则无效用，甚至，被动吸烟还会有负效用；再如，一块冰在夏天能防暑降温，因此它有效用，而在冬天可能无效用；最后，一桶水在干旱地区有很大效用，而在水资源丰富地区则效用很小。

另外效用的心理性使得它和马克思主义政治经济学中的使用价值相区别。使用价值是物品本身所具有的功能，是客观存在的，不以人们的感觉为转移。例如，粉笔能在黑板上写字是其使用价值，是粉笔的客观属性。不论消费者是否需要在黑板上写字，粉笔的使用价值都是客观存在的。但是从效用的角度来理解，粉笔对于需要在黑板上写字的老师具有效用，而对于不在黑板上写字的学生则基本上没有效用。虽然效用来源于使用价值，但在研究消费者行为时，我们强调的是效用的心理性。

（2）效用不含道德伦理判断

只要能满足人们某种欲望的物品就有效用，而满足这种欲望的物品或者欲望是否符合社会道德规范和伦理则不在效用评价范围之内。例如，毒品能满足吸毒者吸毒的欲望，它就有效用，而毒品对吸毒者身体的损害，对社会的危害不能否定其效用的存在。

（3）效用计量可大、可小、可正、可负

人们的消费活动若使人们获得了欲望满足，则获得了正效用；若感觉到痛苦或不适，则是负效用。

阅读材料 1：对效用的理解——《最好吃的东西》

兔子和猫争论，世界上什么东西最好吃。兔子说：“世界上萝卜最好吃。萝卜又甜又脆又解渴，我一想起萝卜就要流口水。”猫不同意，说：“世界上最好吃的东西是老鼠。老鼠的肉非常嫩，嚼起来又酥又松，味道美极了！”兔子和猫争论不休、相持不下，跑去请猴子评理。猴子听了，不由得大笑起来：“瞧你们这两个傻瓜蛋，连这点儿常识都不懂！世界上最好吃的东西是什么？是桃子！桃子不但美味可口，而且长得漂亮。我每天做梦都梦见吃桃子。”兔子和猫听了后，全都直摇头。那么，世界上到底什么东西最好吃？

启示：说明效用完全是个人的心理感觉。不同的偏好决定了对同一种商品效用大小的不同评价。

（二）偏好

偏好是消费者根据自己的喜好对可能消费的不同商品组合的效用大小的排列，它直接反映了消费者个人的兴趣和嗜好。假定消费者面对 A、B 两组商品组合，如果 A 商品组合给消费者带来的效用大于 B 商品组合，说明消费者对 A 商品组合的偏好大于 B 商品组合的偏好。

关于消费者偏好有三个假设，如下所述：

（1）偏好的可比性。消费者能够按照其偏好程度对给定的商品进行效用大小的排列。

（2）偏好的可传递性。可传递性是指对于任何三个商品组合 A、B、C，如果消费者对 A 商品组合的偏好大于 B 商品组合，对 B 商品组合的偏好大于 C 商品组合，那么，在 A、C 这两个组合中，就有消费者对 A 的偏好大于 C。偏好的可传递性保证了消费者的偏好是一致的、理性的，不是反复无常的。

（3）偏好的非饱和性。消费者对每一种商品的消费都没有达到饱和点，或者说，对于任何一种商品，消费者总是认为多比少好。

二、如何衡量效用—基数效用论、序数效用论

（一）基数效用论

19 世纪中期以后，西方经济学界兴起用边际效用分析法来说明商品价值的理论。比如，德国的戈森、奥国的门格尔、英国的杰文斯、法国的瓦尔拉等人就是这种方法的鼓吹者，他们支持基数效用分析法。

基数效用论的基本观点是：效用可以用效用单位 U 来计量，并且可以加总求和。效用大小可以用基数来表示，也就是用 1，2，3，……这样的基数去表示商品和劳务的效用大小。

假设一场演出对某人的效用是 10，一个面包对他的效用是 5，对这个人来说，一场演出的效用就是面包的效用的 2 倍。

基数效用论采用边际效用分析法来分析消费者均衡问题。

（二）序数效用论

基数效用论提出后，一些经济学家对它并不满意。他们认为不同用途的商品的效用怎么能还原为同一的效用单位去比较它们的大小呢？20 世纪初，一部分经济学家开始抛弃基数效用论，转而采用序数效用论。

序数效用论的基本观点是：商品的效用不能用基数去衡量，只能用序数去表示它们

的大小。比如说，在消费者面前摆着三件具有不同用途的商品 A、B、C。这三件商品都能给消费者带来一定程度的满足，因而都是有效用的，但不能用基数去表示这三种商品到底能给消费者带来多少效用，只能通过观察消费者的偏好次序，去区分这三件商品的效用哪个最大，哪个其次，哪个最小，用第一，第二，第三……这样的序数去表示这三种物品的相对效用的大小。解决的办法是让消费者逐次挑选 A、B、C 商品，每次只能挑选一件。他首先选中的一件商品必定是效用最大的，第二次挑中的那件商品的效用为其次，最后挑中的那件商品的效用为最小。至于第一次挑中的商品效用比第二次挑中的那件商品大多少，或者第二次挑中的商品效用比第三次挑中的那件商品大多少，则无从知道。如果消费者面对着 A、B、C 三件商品时，感到这三种商品对他的效用都相同，以至于消费者认为先选这个还是先选那个都无所谓，那就可以把这三件商品的效用看成是相同的。

序数效用论采用无差异曲线分析法分析消费者均衡问题。

三、边际分析法

（一）边际效用、总效用

（1）总效用（*total utility*）

总效用（TU）是指消费者在一定时间内从一定数量的商品或劳务的消费中所得到的效用量的总和。总效用的大小取决于所消费的商品量的多少，所以它是所消费的商品量的函数。假定消费者对一种商品的消费数量为 Q，则总效用函数为：

$$\mathrm{TU}=f(Q) \tag{3-1}$$

总效用也可以由连续消费的每一单位商品和劳务所获得的边际效用加总得到，即 $\mathrm{TU}=\sum \mathrm{MU}$。

（2）边际效用（*marginal utility*）

边际效用（MU）是指消费者在一定时间内增加一单位商品或劳务的消费所得到的效用量的增量。相应的边际效用函数为：

$$\mathrm{MU}=\frac{\Delta \mathrm{TU}}{\Delta Q} \tag{3-2}$$

当商品的增加量趋于无穷小，即 $\Delta Q\to 0$ 时有：$\mathrm{MU}=\lim\limits_{\Delta Q\to 0}\frac{\Delta \mathrm{TU}}{\Delta Q}=\frac{\mathrm{dTU}}{\mathrm{d}Q}$ （3-3）

阅读材料 2：垃圾中的边际效用

美国是世界上经济最为强大的国家，人均消费商品数量居世界第一，人均垃圾量也没有一个国家能与之相比。美国的垃圾不但包括各种废弃物，也包括各种用旧了的家具、地毯、鞋子、炊具，乃至电视机和冰箱。美国是一个提倡消费的社会，它的生产力巨大，产品积压常常成为主要的经济问题。如果每个人将自己生产出来的产品（更精确地讲，是生产出来的价值）全部消费掉，经济则正常运转。如果生产旺盛，消费不足，或者说，居民由于富裕而增加了储蓄，产品就会积压。所以对于美国来说，医治经济萧条的主要措施是鼓励消费。

在美国，旧东西有几条出路：或举办“后院拍卖”，或捐赠给教堂，或捐赠给旧货商店，或当垃圾扔掉。旧东西在美国很不值钱，你可以在后院拍卖中买到 1 美元一个的电熨斗，在教堂拍卖中买到 10 美元一套的百科全书（20 本）和 5 美元一套的西装。相反，旧东西在中国就值钱多了。在大城市，经常看到有人在收购各种旧的生活用品，然后运到穷僻的农村地区以几倍的价格卖出。表面上看，这是一个矛盾的现象：相对穷的中国人却愿意花几倍于相对于富的美国人愿意出的价钱，去买这些旧东西。但这个现象可以用经济学中的效用理论来解释。即商品价格的高低与商品所提供的边际效用的大小成正比。

富人用一块钱要比穷人用一块钱轻松，或者说，富人的钱的边际效用低。人们越富裕，就越有钱来购买奢侈品。举例说，在美国最便宜的剃须刀是 10 美分一把，最豪华的剃须刀大约要 100 美元，二者相差达千倍。豪华剃须刀虽然更美观、更安全、更耐用，但它的基本功能也只限于剃胡子，它提供的附加效用非常有限。廉价手表和豪华手表的价钱也可相差千倍。过去我国比较穷，奢侈品没有市场，现在人们钱多起来，情况正在变化。

由于中美两国富裕程度的差别而形成的效用评价的差别，提供了巨大的贸易机会。即中国可以用极低的价格进口某些旧用品，其代价主要是收集、分类及运输的成本。如旧汽车是值得进口的。在美国由于人力昂贵，修理费用高，所以报废的标准比较高。

（3）总效用与边际效用的关系

对于总效用与边际效用的关系，我们可以举例说明。假设消费者消费某商品，其总效用和边际效用如表 3-1 所示。

总效用和边际效用的关系也可以用图 3-1 来表示。在图 3-1 中的横轴表示某商品的数量，纵轴表示效用量，TU 曲线和 MU 曲线分别为总效用曲线和边际效用曲线。

表 3-1 某商品的总效用与边际效用表

某商品的消费量	总效用	边际效用
0	0	0
1	8	8
2	14	6
3	18	4
4	20	2
5	20	0
6	18	−2

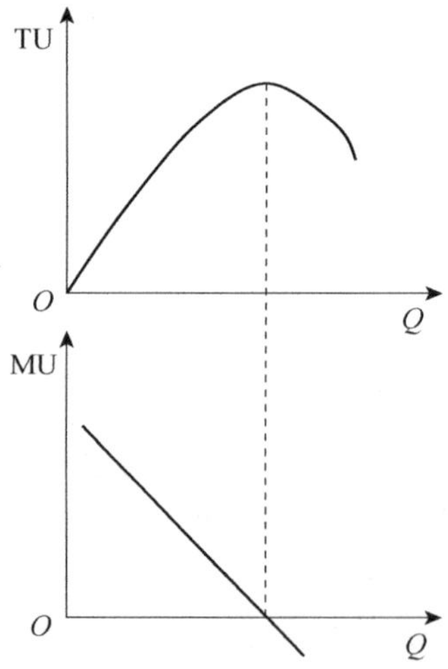

图 3-1 总效用与边际效用曲线图

从图 3-1 中，我们可以得出总效用和边际效用的关系：

第一，当总效用上升时，边际效用大于零；

第二，当总效用下降时，边际效用小于零；

第三，当总效用达到最大值时，边际效用等于零。

从图 3-1 中我们可以发现，总效用随着消费数量增加，开始是不断增加的，逐渐达到最大值，然后又逐渐减少。但不论总效用是增加还是减少，边际效用始终是在递减的，且当边际效用达到负值时总效用开始减少。对于这一规律，经济学称为边际效用递减规律。

（二）边际效用递减规律

边际效用递减规律是指在一定时间内，在其他商品的消费数量保持不变的条件下，随着消费者对某种商品消费量的增加，消费者从该商品连续增加的每一消费单位中所得到的效用增量即边际效用是递减的。

边际效用递减的原因在于以下两点：

（1）生理或心理的原因。随着相同商品和劳务的连续增加，从人的生理和心理的角度讲，从每一单位消费品中所感受到的满足程度和对重复刺激的反映程度是递减的。

（2）物品本身用途的多样性。一种商品和劳务具有多种用途，当它数量有限时，消费者会先把它用于最重要的用途，而后用于次要的用途，这样前者的边际效用就大于后者的。

阅读材料 3：吃三个面包的感觉

美国总统罗斯福连任三届后，曾有记者问他有何感想，总统一言不发，只是拿出一块三明治面包让记者吃，这位记者不明白总统的用意，又不便问，只好吃了。接着总统拿出第二块，记者还是勉强吃了。紧接着总统拿出第三块，记者为了不撑破肚皮，赶紧婉言谢绝。这时罗斯福总统微微一笑：“现在你知道我连任三届总统的滋味了吧。”

启示：这个故事揭示了经济学中的一个重要的原理：边际效用递减规律。边际效用递减原理告诉我们，企业要进行创新，生产不同的产品满足消费者需求，减少和阻碍边际效用递减。

（三）消费者均衡

在某一时期内，消费者手中的货币收入是一定的，而消费者可以用手中的货币收入购买各种数量不同的商品和劳务组合。一个理性的消费者总是在选择和购买商品过程中获得最大的效用。

（1）消费者均衡的定义

消费者均衡（*consumer's equilibrium*）是指消费者在既定的货币收入条件下，当消费者选择商品和劳务组合获取了最大的效用满足，并将保持这种状态不变时，称消费者处于均衡状态，简称为消费者均衡。

（2）消费者均衡的假设条件

第一，消费者的嗜好或偏好既定，就是说，消费者对各种消费品的效用和边际效用是已知和既定的。

第二，各种消费品的价格是已知和既定的。

第三，消费者的货币收入是既定的。

（四）边际分析法

用边际效用分析法来说明消费者均衡条件，即消费者是如何进行商品和劳务的最佳购买组合，以实现效用最大化的。对此，可以用以下两个公式或是消费者均衡条件来加以说明：

$$P_x \cdot Q_x+P_y \cdot Q_y+\cdots+P_n \cdot Q_n=M \quad (3\text{-}4)$$

$$MU_x/P_x=MU_y/P_y=\cdots MU_n/P_n=MU_m \quad (3\text{-}5)$$

其中，P 表示商品价格，Q 表示商品购买量；$x, y,\cdots,n$ 表示若干种商品和劳务，M 表示消费者收入，MU_x 表示商品 X 的边际效用，MU_m 表示一单位货币的边际效用。

为了简化分析，假设经济社会只生产 X、Y 两种商品和劳务，则消费者均衡公式可以简写成：

$$P_x \cdot Q_x+P_y \cdot Q_y=M \quad (3\text{-}6)$$

$$MU_x/P_x=MU_y/P_y=MU_m \quad (3\text{-}7)$$

公式（3-6）是消费者均衡的限制条件。其中 $P_x \cdot Q_x$ 是消费者用来购买商品和劳务 X 的支出，$P_y \cdot Q_y$ 是购买商品和劳务 Y 的支出。$P_x \cdot Q_x+P_y \cdot Q_y$ 则表示该消费者的全部消费支出。该公式说明，实现消费者均衡，即实现效用最大化的消费组合首先必须使总消费支出等于既定消费者收入。若支出小于收入，肯定不能实现效用最大化，因为还有收入没有用完，剩下的收入也是可以增加消费者的效用；反之，若支出大于收入，则这种消费组合是在既定消费者收入条件下所不可能实现的；

公式（3-7）是消费者均衡条件。该公式说明，若要实现效用最大化，最佳消费组合应使两种商品和劳务的边际效用与其价格之比分别相等，还要等于一单位货币的边际效用。

为什么只有当消费者的商品购买组合满足了公式（3-7）时才能获得最大效用呢？

我们假设 MU_x/P_x 和 MU_y/P_y 分别表示用最后一元钱购买商品 X 时所获得的边际效用和用最后一元钱购买商品 X 时所获得的边际效用。我们可以从三个方面来分析消费者实现均衡的过程，如下所示：

一是当 $MU_x/P_x<MU_y/P_y$ 时，这说明对于消费者来说，用最后 1 元钱购买商品 X 时所获得的边际效用小于用最后一元钱购买商品 X 时所获得的边际效用。这样，理性的消费者就会调整这两种商品的购买量：减少对商品 X 的购买，而增加对商品 Y 的购买。一方面，在消费者用减少 1 元钱的商品 X 的购买来增加 1 元钱的商品 Y 的购买时，商品 X 的消费所减少的效用要小于增加 1 元钱商品 Y 的消费所增加的边际效用，所以这意味着消费者的总效用是增加的。另一方面，在边际效用递减规律的作用下，商品 X 的边际效用会随着其购买量的不断减少而递增。商品 Y 的边际效用会随着其购买量的不断增加而递减。当消费者将其购买组合调整到最后 1 元钱时，无论是购买商品 X 还是购买商品 Y 所得到的边际效用都相等，即实现 $MU_x/P_x=MU_y/P_y$ 时，获得了最大效用，实现了消费者均衡。

二是当 $MU_x/P_x>MU_y/P_y$ 时，这说明对于消费者来说，用最后一元钱购买商品 X 时所获得的边际效用大于用最后一元钱购买商品 X 时所获得的边际效用。这样，理性的消费者就会调整这两种商品的购买量：消费者应增加 X 商品的消费，而减少 Y 商品的消费，直至实现 $MU_x/P_x=MU_y/P_y$，以获得最大效用，实现消费者均衡。

三是当 MU_x/P_x 或 $MU_y/P_y=MU_m$ 时，若 $MU_x/P_x<MU_m$，说明用最后一元钱购买商品 X 时所获得的边际效用小于 1 元钱的货币的边际效用。也可以理解为，消费者购买商品 X 的数量太多了，事实上，消费者总可以把这最后 1 元钱用在至少能产生与 1 元钱货币的边际效用相等的其他商品上。这样，理性的消费者就会减少对商品 X 的购买，而增加对其他商品的购买。在边际效用递减规律的作用下，随着商品X的购买数量不断减少，用最后一元钱购买商品 X 时所获得的边际效用，即 MU_x/P_x 逐渐增加，直到实现了 $MU_x/P_x=MU_m$，即用最后一元钱购买商品X时所获得的边际效用等于 1 元钱货币的边际效用，消费者实现了效用最大化，即实现了消费者均衡。同样道理，当 $MU_x/P_x>MU_m$ 时，消费者应增加商品 X 的购买，直到实现了 $MU_x/P_x=MU_m$ 时，实现消费者均衡。

阅读材料 4：把每 1 分钱都用在刀刃上

假定一元钱的边际效用是 5 个效用单位，一件上衣的边际效用是 50 个效用单位，消费者愿意用 10 元钱购买这件上衣，因为这时的一元钱的边际效用与用在一件上衣的一元钱边际效用相等。此时消费者实现了消费者均衡，也可以说实现了消费（满足）的最大化。低于或大于 10 元钱，都没有实现消费者均衡。我们可以简单地说在你收入既定商品价格既定的情况下，花钱最少得到的满足程度最大就实现了消费者均衡。

通俗地说，假定你有稳定的职业收入，你银行存款有 50 万元，但你非常节俭，吃、穿、住都处于温饱水平。实际上这 50 万元足以使你实现小康生活。要想实现消费者均衡，你应该用这 50 万元的一部分去购房、用一部分去买一些档次高的服装，银行也要有一些积蓄；相反如果你没有积蓄，购物欲望非常强，见到新的服装款式，甚至借钱去买，买的服装很多，而效用降低，如遇到一些家庭风险，没有一点积蓄，使生活陷入困境。

还比如你在现有的收入和储蓄下是买房还是买车，你会做出合理的选择。你走进超市，见到如此之多的琳琅满目的物品，你会选择你最需要的。你去买服装肯定不会买回你已有的服装。所以说经济学是选择的经济学，而选择就是在你资源（货币）有限的情况下，实现消费满足的最大化，使每 1 分钱都用在刀刃上，这种就实现了消费者均衡。

四、需求曲线的推导

为什么需求曲线是向右下方倾斜的？基数效用论运用边际效用递减这一规律以及建立在这一规律之上的消费者效用最大化的均衡条件，说明了为什么需求量与价格变动成反比，为什么需求曲线向右下方倾斜。

根据前面对基数效用论的分析，$\frac{MU_1}{P_1}=\frac{MU_2}{P_2}=MU_m$，由于货币的边际效用不变，某种商品的边际效用越大，消费者为购买这种商品所愿意支付的价格越高；反之，某种商品的边际效用越小，消费者为购买这种商品所愿意支付的价格越低。由于边际效用递减规律的存在，随着消费者购买某种商品数量的增加，该商品给消费者带来的边际效用递减，消费者愿意付出的价格也相应递减。也就是说，消费者购买得越多，价格必然要越低，此时的需求量与价格的关系便呈反比了，于是就得到需求曲线是向右下方倾斜的。

阅读材料5：生活中最美好的东西都是免费的

人们经常说生活中最美好的东西都是免费的。其实是有经济学道理的。因为在我们消费者收入即定的情况下，你购买一种商品必须放弃另外一种商品。当消费最后一个单位物品时边际价值正好与该物品的价格相等。所以当你按照自己的意愿购买到足够的商品数量时，商品的边际价值就正好等于该商品的价格。如果说生活中最美好的东西都是免费的话，那么，也就意味着你无须放弃其他任何东西就可以尽情地享用（如美好的环境、清新的空气等）。此时这些东西的边际价值就等于零。别忘了边际价值等于零时效用是最大的。

第二节　序数效用论

为了弥补基数效用论的缺点，经济学家又提出来另一种研究消费者行为的理论：序数效用论。序数效用论最初由意大利经济学家帕雷托所倡导，之后，又由英国经济学家艾伦和希克斯、美国经济学家费希尔等加以阐述和补充。

一、序数效用论

序数效用论的基本观点是：效用作为一种心理现象无法计量，也不能加总求和，只能表示出满足程度的高低与顺序，因此，效用只能用序数（第一、第二、第三……）来表示。例如，你消费了巧克力与唱片这两种商品，从中得到的效用不能用基数表示，既然无法衡量，也不能加总求和，但是却可以比较从消费这两种商品中得到的效用。如果你认为消费巧克力所带来的效用大于消费唱片所带来的效用，那么可以说，巧克力的效用第一，唱片的效用是第二。

序数效用论采用无差异曲线分析法来研究消费者均衡问题。

二、无差异曲线

（一）无差异曲线的定义

无差异曲线是一条表示曲线上所有各点两种商品和劳务不同数量组合给消费者带来的满足程度相同即效用相同的曲线。假设你是一个消费者，在既定的价格水平和有限的收入水平条件下，购买不同组合方式的两种商品和劳务 X、Y，比如说食品和衣服。我们可以用表 3-2 来描述这种情况。

表 3-2 中的 6 种商品组合方式给消费者带来的效用水平都是相同的，只不过是每种商品组合方式所对应的食品和衣服的数量不同而已。我们可以把表中的 6 组组合方式的

关于食品和衣服的数据画成图形，用图 3-2 来表示。

表 3-2 两种商品和劳务的不同购买组合

组合方式	食品	衣服
A	5	30
B	10	18
C	15	12
D	20	10
E	25	8
F	30	7

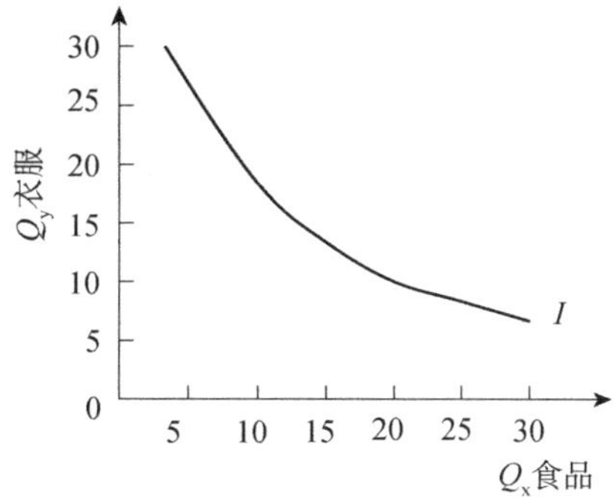

图 3-2 无差异曲线

在图 3-2 中，Q_y 轴用来代表衣服及其单位，Q_x 轴用来代表食品及其单位，无差异曲线用 I 来表示。无差异曲线上的所有点对于消费者而言，是无差异的或者说是效用水平相同的。其实在这条无差异曲线上还存在无数多种组合方式不同但效用水平相同的点。

（二）无差异曲线的特征

（1）无差异曲线是一条向右下方倾斜的曲线，其斜率为负值。这表明，在消费者收入与商品价格既定的条件下，消费者为了得到相同的总效用，在增加一种商品的消费时，必须减少另一种商品的消费。也意味着两种商品不能同时增加或减少。

（2）在同一平面图上可以有无数条无差异曲线。同一条无差异曲线代表相同的效用，不同的无差异曲线代表不同的效用。离原点越远的无差异曲线，所代表的效用越大；离原点越近的无差异曲线，所代表的效用越小，如图 3-3 所示。

在图 3-3 中，I_1、I_2、I_3 是三条不同的无差异曲线，它们分别代表不同的效用水平，其效用大小顺序为 $I_1<I_2<I_3$。

（3）在同一平面图上，任意两条无差异曲线不能相交，因为在交点上的两条无差异曲线代表了相同的效用，与第二个特征相矛盾。

（4）无差异曲线是一条凸向原点的曲线，这是由边际替代率递减所决定的。

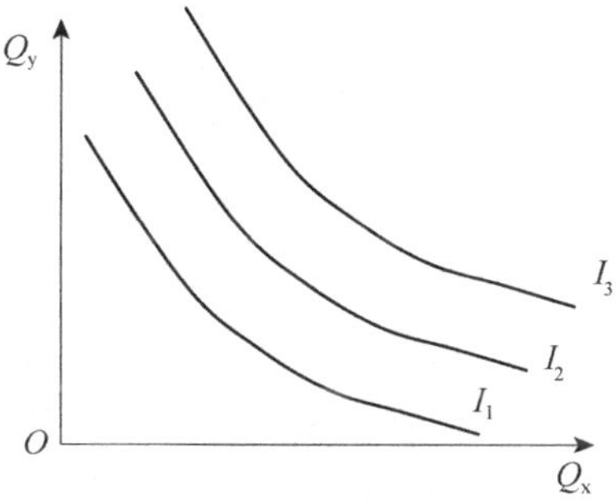

图 3-3 无差异曲线族

三、边际替代率

如果消费者在一定的收入和价格水平下所得到的效用或满足程度保持不变，当改变商品的组合比例时，某一种商品的数量增加，就必须减少另一种商品的数量。

消费者在保持相同效用水平的前提下，增加一种商品的消费量与必须放弃的另一种商品的消费量之比，称为两种商品的边际替代率。例如，为了增加 X 商品而放弃 Y 商品，增加的 X 商品的数量与所放弃的 Y 商品的数量之比就是以 X 商品代替 Y 商品的边际替代率，写作 MRS_{XY}，假如以 ΔX 代表 X 商品的增加量，以 ΔY 代表 Y 商品的减少量，则：$MRS_{XY}=-\Delta Y/\Delta X$。

在维持效用水平不变的前提下，人们为得到一单位某种物品而愿意牺牲的另一种物品的数量是递减的，这一规律称为边际替代率递减规律。

例如，根据表 3-3 的数字可以计算出牛肉对苹果的边际替代率。

表 3-3　边际替代率表

组合方式	牛肉（X）（斤）	苹果（Y）（个）	增加 1 单位牛肉对苹果的边际替代率
A	1	12	
B	2	6	从 A 到 B=6
C	3	4	从 B 到 C=2
D	4	3	从 C 到 D=1

由表 3-3 可以看出，从组合方式 A 到 B，增加 1 单位牛肉所能代替的苹果为 6 单位，故边际替代率为 6；从 B 到 C，增加 1 单位牛肉所能代替的苹果为 2 单位，故边际替代率为 2；从 C 到 D，增加 1 单位牛肉所能代替的苹果为 1，故边际替代率为 1。这说明牛肉对苹果的边际替代律是递减的，显然，增加苹果对牛肉的边际替代率也是递减的。如从 D 到 C、从 C 到 B、从 B 到 A，依次的边际替代率是 1、1/2、1/6，呈现递减趋势。

边际替代率递减规律是以边际效用递减规律为基础的，所不同的是，在边际效用分析中，是假定在其他条件不变时只能增加一种物品的消费量，其边际效用是递减的（这里同时假定效用可以用基数来衡量）；而在无差异曲线分析中是假定在其他条件不变时，两种物品的消费量同时变动，并在保持总效用不变的前提下，一种物品对另一种物品的边际替代率是递减的。边际替代率就是一种物品用另一种替代品表示的边际效用。

四、消费可能线

（一）消费可能线的定义、公式以及图形

我们举个例子来说明消费可能线。比如，消费者 A 每天只能花 100 元，而且他面临着食品和衣服的价格是固定的，比如食品的价格是 25 元每单位，衣服的价格是 50 元每单位。在各种可供选择的食品和衣服的不同组合中，他可以将这 100 元收入花费于其中的任何一种组合。在一种极端情况下，他可以购买 4 单位的食品而不买任何衣服；在另一种极端情况下，他可以购买 2 单位衣服而不买任何食品。表 3-4 列出了他花费这 100 元的几种可能性。

表 3-4 商品购买的几种组合

组合方式	食品 Y	衣服 X
A	0	2
B	1	1.5
C	2	1
D	3	0.5
E	4	0

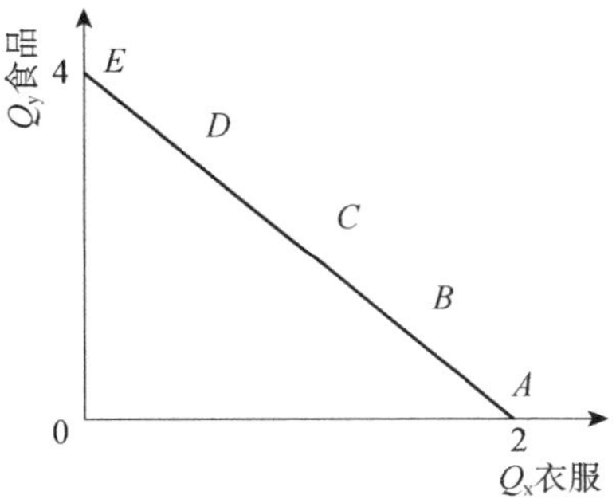

图 3-4 消费者可能线

图 3-4 中的这条向右下方倾斜的直线就是消费者可能线。消费可能线又称家庭预算线，或等支出线，它是一条表明在消费者收入与商品价格既定的条件下，消费者所能购买到的两种商品数量最大组合的曲线。消费可能线表明了消费者消费行为的限制条件。这种限制指的是购买物品所花费的钱不能大于收入，也不能小于收入。如果大于收入的话，在收入既定条件下是无法实现的，如果小于收入的话，则无法实现效用最大化。我们这种限制条件可以写为：

$$M=P_X Q_X+P_Y Q_Y \tag{3-8}$$

上式也转化为：$Q_y=\frac{M}{P_y}-\frac{P_x}{P_y}Q_x$ （3-9）

这是一个直线方程式，其斜率为$-\frac{P_x}{P_y}$，是负值。

因为我们假设 M、P_x、P_y 为既定的常数，所以，当给出 Q_x 的值，就可以解出 Q_y。相反的，当给出 Q_y 的值，也可以解出 Q_x。

（二）消费可能线的平行移动与转动

（1）平行移动

如果商品价格不变而消费者的收入变动，则消费可能线会向上或向下平行移动。

在图 3-5 中，AB 是原来的消费可能线。当消费者的收入增加，商品价格不变时，这意味着消费可能线的斜率不变，能够买的两种商品的数量增加了，所以消费可能线将向上平行移动至 A_2B_2；当消费者的收入减少，商品价格不变时，这意味着消费可能线的斜率也不变，不过能够买的两种商品的数量却减少了，所以消费可能线将向下平行移动至 A_1B_1。

还有就是，如果消费者的收入不变，而两种商品的价格同比例上升或下降，这意味着消费可能线的斜率不变，能购买的两种商品的数量减少了或者增加了。如果是同比例的上升，消费可能线会向下平行移动；如果是同比例的下降，消费可能线会向上平行移动。

（2）转动

如果消费者的收入不变而两种商品的价格变动，则消费可能线也要转动，但并不是平行移动。假如，商品 X 的价格下降，而商品 Y 的价格与消费者收入不变，则消费可能线的变动情况如图 3-6 所示。

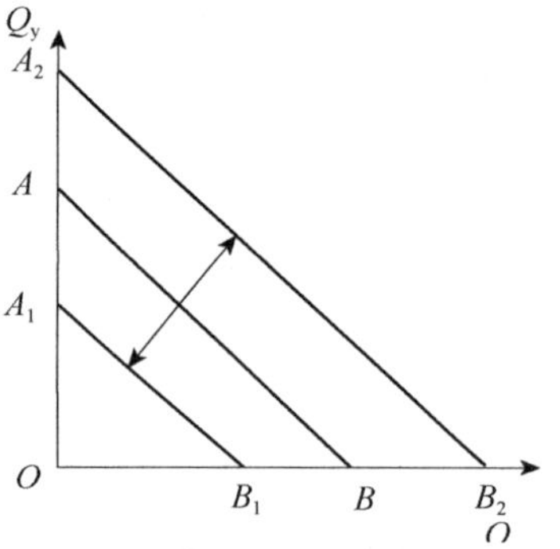

图 3-5 价格不变而收入变动的消费可能线

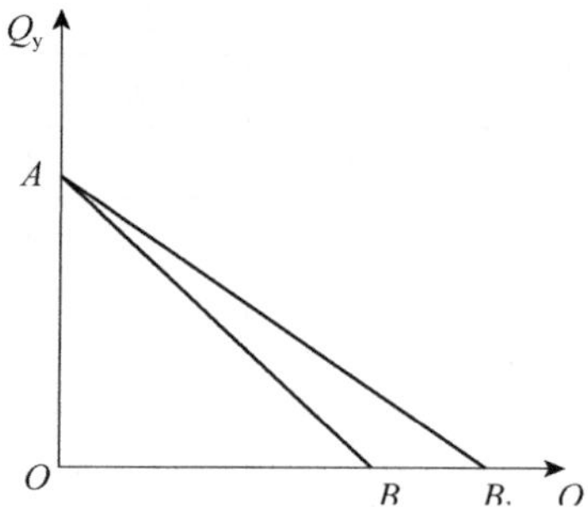

图 3-6 收入不变而价格变动的消费可能线

在图 3-6 中，消费者的收入与 Y 商品的价格不变，而 X 商品价格下降，则消费可能线由 *AB* 转动为 AB_1。原因在于，消费者能购买到的商品 X 数量增加了，而能购买到的商品 Y 的数量不变而导致的。

五、无差异曲线分析与消费者均衡

在这一部分中我们将介绍如何运用无差异曲线分析法来说明消费者均衡的实现。

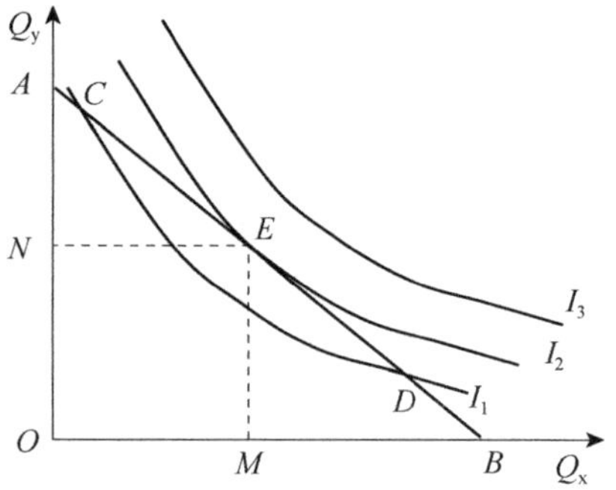

图 3-7 消费者均衡

如果能把无差异曲线与消费可能线画在同一个图上，那么，消费可能线必定与无数条无差异曲线中的一条相切于一点，在这个切点上，就实现了消费者均衡，如图 3-7 所示。

在图 3-7 中，I_1、I_2、I_3 为三条无差异曲线，它们效用大小的顺序为 $U_{I1}<U_{I2}<U_{I3}$，*AB* 直线为消费可能线。

消费可能线 *AB* 与无差异曲线 I_2 相切于 *E* 点，这时实现了消费者均衡。也就是说，在消费者的收入与商品价格既定的条件下，消费者购买数量为 *OM* 的 X 商品，数量为 *ON* 的 Y 商品，就能获得最大的效用。

为什么只有在 *E* 点时才能实现消费者均衡呢？从图 3-7 上可以看出，无差异曲线 I_3 所代表的效用大于无差异曲线 I_2，但无差异曲线 I_3 与消费可能线 *AB* 既不相交又不相切，这就表明要达到 U_{I3} 效用水平的 X 商品与 Y 商品的数量组合在消费者的收入与商品价格既定的条件下是无法实现的；消费可能线 *AB* 与无差异曲线 I_1 相交于 *C* 点和 *D* 点，虽然在 *C* 点和 *D* 点上所对应的 X 商品与 Y 商品的数量也能满足消费可能线方程，但是 $U_{I1}<U_{I2}$ 即 *C* 点和 *D* 点不是效用最大化的点。此外，在无差异曲线 I_2 上，除 *E* 之外的其他各点在 *AB* 线之外，即所要求的 X 商品与 Y 商品的组合也是收入与价格既定条件下无法实现的。由此看来，只有在 *E* 点时才能实现消费者均衡。

上面我们通过图形的分析了解到，当消费可能线与无差异曲线相切的时候就实现了消费者均衡，切点就是均衡点。而基数效用论分析消费者均衡的最后的结论是用公式（3-6）和公式（3-7）来表述的，那么，序数效用论是否也能得出类似的结论呢？

假定消费者的收入为 I，且只消费两种商品 X、Y，它们的价格分别为 P_x、P_y，消费数量分别为 Q_x、Q_y 并且实现了消费者均衡，可以得到：$P_x \cdot Q_x+P_y \cdot Q_y=I$

进而可以得出消费可能线的斜率为 $-P_x/P_y$，然而无差异曲线的斜率的绝对值为其边际替代率：$MRS_{XY}=-\Delta Y/\Delta X=MU_x/MU_y$。对于 $-\Delta Y/\Delta X=MU_x/MU_y$ 的原因在于，当消费者增加商品 X 的消费和放弃商品 Y 的消费所得到的总效用等于零，即 $MU_x*\Delta X+MU_y*\Delta Y=0$，可以得出：$-\Delta Y/\Delta X=MU_x/MU_y$。

由于无差异曲线与消费可能线相切，就实现了消费者均衡，所以，在这个切点上消费者可能线和无差异曲线的斜率必须相等，这里的无差异曲线的斜率为 $\Delta Y/\Delta X$，可以得出：$-P_x/P_y=\Delta Y/\Delta X=-MU_x/MU_y$，简化为得：$P_x/P_y=MU_x/MU_y$，即 $MU_x/P_x=MU_y/P_y$。

由此可见，序数效用论得出的结论是与基数效用论完全一致的。

阅读材料 6：一个经济探索的故事

著名经济学家斯蒂格利茨曾经说到过这样一个经济探索的故事。

有一个名叫史蒂文森的罪犯在犯罪后潜逃他国。经过侦察，将可能的嫌疑对象圈定为加拿大布朗、法国的葛朗台和德国的许瓦茨，并拿到了这三名疑犯的起居、消费记录。大侦探福尔摩斯接受了此案，但在几经分析之后因为没有新的发现只好宣布证据不足，无法定案。这时他的朋友萨谬尔森正好在一旁，他研究了史蒂文森和三名疑犯的消费记录之后发现：

1. 史蒂文森在潜逃之前每周消费 10 公斤香肠和 20 升啤酒，啤酒每升 1 磅，香肠每公斤为 1 磅。

2. 布朗每周消费 20 公斤香肠和 5 升啤酒，啤酒每升 1 加元，香肠每公斤为 2 加元。

3. 葛朗台每周消费 5 公斤香肠和 10 升啤酒，1 升啤酒和 1 公斤香肠均为 2 法郎。

4. 许瓦茨每周消费 5 公斤香肠和 30 升啤酒，1 升啤酒 1 马克，1 公斤香肠 2 马克。

萨谬尔森在做出四个人的预算之后，分析指出，除非史蒂文森改变其偏好，否则布朗不必受到怀疑（因为布朗所消耗的香肠比例大于其啤酒比例，其他三人则均相反）。在剩下的两名疑犯中，萨谬尔森又指出，史蒂文森自然选择前往某地，其处境一定比以前好。只要其偏好未改变，他就一定是德国的许瓦茨（因为葛朗台的总消费水平与史蒂文森具有相同的效用，而许瓦茨则更大）。后来经过追查，果然罪犯为许瓦茨。

故事自然是虚构的，然而我们却能在其中发现两个有意义的结论：

1. 一个人的消费偏好一旦确定，往往难以变更。

2. 一个人的生活条件发生改变时（无论这种改变是由远赴异国还是由收入增加引起的），他往往会倾向于选择一种更好的处境，但仍然不会改变其消费偏好。

第三节 消费者行为理论的应用

一、支付意愿和消费者剩余

我们通过一个简单的例子来说明支付意愿以及消费者剩余。假设你有一张崭新的杰克逊首张专辑，但你不是一个杰克逊歌迷，所以你决定把该专辑卖掉，选择卖掉的方法是举行拍卖。有四个杰克逊歌迷出现在拍卖会上：分别赵某、钱某、孙某、李某。他们中的每一个人都想拥有这张专辑，但愿意为此付出的价格是有限的。表 3-5 用来表示这四个潜在的消费者中的每一个人想支付的最高价格。在这里，每一个人的最高价格称为支付意愿，它是四个消费者对这张杰克逊首张专辑的最高评价。由于他们是理性经济人，所以当然他们都希望以低于自己的最高价格（支付意愿）的价格来购买这张专辑，并拒绝以高于自己的支付意愿的价格来购买这张专辑。

表 3-5　赵某、钱某、孙某、李某的支付意愿

消费者	支付意愿（元）
赵某	100
钱某	80
孙某	70
李某	50

为了卖出这张专辑，首先你以较低的价格开始叫价（比如：10 元）。由于四个消费者愿意支付的价格比这底价要高得多，所以价格很快上升。当赵某报出 80 元（或略高一点）时，叫价停止了。原因在于，在这 80 元以上的价格面前，钱某、孙某、李某已经退出了叫价，因为他们不愿意出任何比 80 元高的价格，超出了他们的支付意愿。此时，赵某付给你 80 元，并得到了这张专辑。那么赵某从这张杰克逊专辑中得到了什么收益呢？在某种意义上说，赵某发现了一个真正的好价格，因为他愿意为这张专辑支付的价格是 100 元，但事实上却只支付了 80 元。所以我们认为，赵某得到了 20 元的消费者剩余。

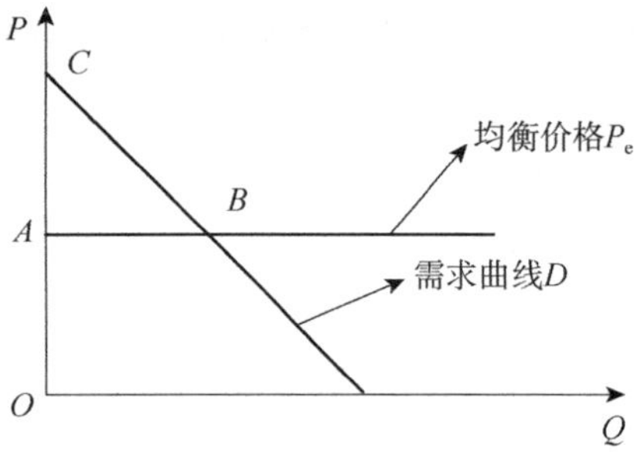

图 3-8　消费者剩余示意图

通俗地说，消费者按他对物品效用的评价来决定他愿意支付的价格，但市场上的实际价格并不一定等于他愿意支付的价格，所以消费者剩余指的是消费者愿意为一种物品支付的价格减去消费者为此实际支付的价格之间的差额。消费者剩余这一概念是 19 世纪末 20 世纪初英国经济学家 A·马歇尔提出来的。如果用图形来理解的话，消费者剩余是需求曲线以下均衡价格以上的那块图形的面积即△*ABC* 的面积，如图 3-8 所示。

二、收入效应与替代效应

我们可以用消费者均衡来分析收入效应和替代效应。

（一）替代效应

假如消费者的实际货币收入不变，由于某一种商品的价格发生变化，使消费者增加对降价商品的购买量以替代另一种商品的现象，叫做替代效应。

设 X、Y 两种商品的价格既定，在某一收入水平下可以得出一条预算线 *AB*，如图 3-9 所示。消费可能线 *AB* 和无差异曲线 I_1 相切于 E_1，此时，

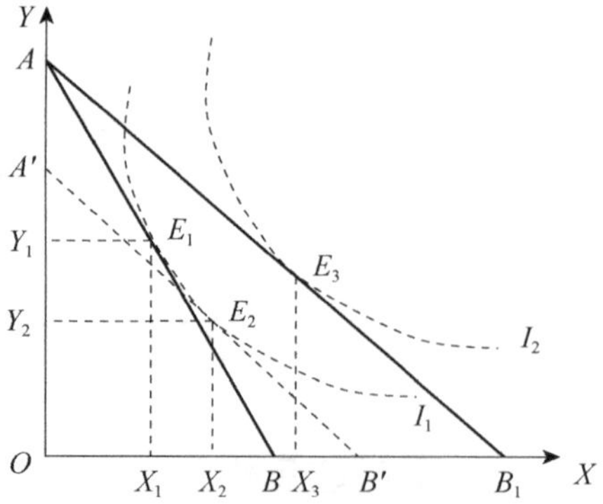

图 3-9　替代效应与收入效应

消费者均衡的商品组合是（X_1，Y_1）。现在假设商品 X 的价格下降，使预算线从 AB 变成 AB_1，它和代表更高效用水平的无差异曲线 I_2 相切于 E_3。由于商品 X 的价格下降，就意味着消费者在货币收入不变的情况下，消费者的实际收入增加了，因为他可以买到更多的商品 X。为了剔除消费者实际收入增加的影响，我们可以设想出一条新的预算线，它相当于把消费可能线 AB 沿着无差异曲线 I_1 转动到与消费可能线 AB_1 平行的位置上，即把图 3-9 中消费可能线 AB 变成消费可能线 $A'B'$，此时的消费可能线 $A'B'$ 和无差异曲线 I_1 相切于 E_2 点。由于这条消费可能线仍和原来的无差异曲线 I_1 相切，故可以认为它所代表的实际收入和原来的收入一样。从图 3-9 中我们可以看出，此时消费者均衡点 E_2 所代表的商品组合是（X_2，Y_2），和原来的均衡点 E_1 所代表的商品组合是（X_1，Y_2）相比，消费者现在增加了对降价商品 X 的购买量，减少了对相对涨价的 Y 商品的购买量，即用增加的 X_1X_2 来替代 Y_1Y_2 的减少，同时保持了效用水平的不变。

（二）收入效应

假如商品的价格依然维持不变，只是由于实际收入的变化而引起消费者对两种商品购买量的变化，叫做收入效应。它相当于在图 3-9 中使消费可能线 $A'B'$ 平行移到消费可能线 AB_1 的位置上，消费可能线 AB_1 和无差异曲线 I_2 相切于 E_3。消费者对 X 的购买量从 OX_1 增加到 OX_2。从图 3-9 上可以形象地看出，对 X 的消费量从 OX_1 增加到 OX_2，是替代效应所致；而 X 的消费量从 OX_2 增加到 OX_3，则是收入效应所致。

上述替代效应和收入效应之和，称为总效应。它表示在收入不变和一种商品价格不变的情况下，由于另一种商品价格变动而引起的消费者均衡的总变动情况。

阅读材料 7：保姆赚“小费”的故事

一朋友虽事业蒸蒸日上，但为特别爱哭泣的小孩伤透了脑筋。为此两口子想了不少办法，但收效甚微，经过一段时间的摸索，最后总算找到了偏方：小孩特别爱吃一种小颗粒糖，也爱玩，所以每当小宝贝快要哭的时候，破一两个欢乐球或吃几粒糖，小孩很快就会安静下来，若多些球或糖，小孩甚至还会高兴得手舞足蹈。要是不让宝贝哭，每周至少得破费 50 多元（大约 54 元），包括购买 100 来个（大约为 105 个）价格为 0.25 元的欢乐球和约 280 粒价格为 0.1 元的糖。

有一天，他们从保姆市场雇了一保姆专门照顾小孩，基本要求是不能让宝贝哭，当然每周的预算仍然是 54 元左右。在主人的帮助下，保姆很快学会了如何买球和糖以及对付小孩哭泣的招数。然而，一个多月以后，欢乐球降价了，由原来的 0.25 元降到 0.15 元。保姆当然很高兴，因为现在虽然买 280 粒糖仍需 28 元，但买 105 个欢乐球不需要 26 元了，而只需要 16 元，每周就可以省出 10 元。但保姆没有把省出的钱交还给主人，而是进了自己的腰包，算是赚点“小费”。就这样，降价后保姆每次花约 44 元买 105 个球和 280 粒糖，并赚 10 元小费，主人全然不知。日复一日，循环往复，但保姆总琢磨着，既然球降价了，为什么不多买点球，而少买点糖。经过不断尝试，她觉得花上 44 元，买 45 个球和 220 粒糖效果最好，不仅能制止小孩哭泣，有时还会看到小孩的笑脸。

一次周末，保姆利用每周给的一天假，到正在上经济系研究生的哥哥处串门，并洋洋得意地把在主人家的故事一五一十讲给哥哥听。哥哥听后，觉得挺有意思，夸妹妹有心计，但仔细想想，心计还不够，因为让小孩高兴当然好，但这并不是妹妹的本职工作，她完全可以在不让小孩哭泣的前提下，更好地组合球与糖，省出更多的钱，赚更多的“小费”。经此点拨，妹妹觉得言之有理。回去之后，又经过不断尝试，她每次买大约 140 个球和 210 粒糖，花费约 42 元，就能保证小孩不哭。结果，每次可赚约 12 元“小费”，比哥哥点拨前多赚 2 元。 转眼间已是春节临近，保姆打算回家过年，期间只能由主人替代去买东西和照顾小孩。她知道，如果主人去买东西，必使其赚“小费”之事暴露无遗。为此，她以退为进，开始将每次能省出的 12 元分文不要，即把主人所给的 54 元全部购买球和糖。至于购买的数量，经尝试，最后觉得每周买 180 个球和 270 粒糖，能使小孩最高兴。见此情景，主人当然非常高兴，夸保姆很能干，而保姆就将球降价的事告诉主人，还得了个“诚实”的美名。

三、正常商品、劣等商品与吉芬商品的替代效应和收入效应

（一）正常商品

假如某种商品的价格下跌，会使得消费者用这种商品来代替其他价格未变的商品，因而对该商品的需求增加，即替代效应是正效应。同时，价格下跌引起消费者的实际收入提高，从而增加对该商品的需求，即收入效应也为正数。正常商品是指具有这两种特点的商品。

（二）劣等商品

假如某种商品的价格下跌导致消费者的实际收入提高后，对该商品的需求反而减少，即收入效应为负数。凡具有这种特点的商品叫劣等商品或低级商品。劣等商品的收入效应之所以为负数，是因为消费者的实际收入提高后，消费者会购买和消费更为高级的商品。

例如，消费者的实际收入提高后，会减少甚至停止对普通电视机的购买和消费，而改用等离子电视机或液晶电视机。劣等商品的收入效应虽为负数，但替代效应仍为正数，而且替代效应的绝对值大于收入效应的绝对值。也就是劣等商品的价格下跌后，替代效应引起对该商品需求的增加，超过了收入效应引起的对该商品需求的减少，其最终结果仍然是需求量增加。

（三）吉芬商品

英国经济学家吉芬（R • Giffen）在 1845 年的爱尔兰饥荒中发现，虽然马铃薯的价格急剧上升，但爱尔兰的许多农民反而增加了对马铃薯的购买和消费。我们把这种违反需求规律的现象称为吉芬矛盾，这种商品也因此得名为吉芬商品。吉芬商品的价格上升后，意味着消费者的实际收入下降，消费者在此情况下会增加对吉芬商品的购买、消费，即收入效应为正。例如，马铃薯价格上涨，饥荒、贫困中的农民迫于实际收入下降的压力，会增加对马铃薯的购买与消费，收入的下降使他们必须减少或根本无力去消费面粉、肉类等“高级”商品，而只能消费马铃薯这种“低级”商品。另外，吉芬商品价格上升后，消费者会以价格较便宜的商品来替代它，即替代效应为负。但收入效应的力

度大于替代效应，总的结果仍是需求增加。

综上所述，价格下降对正常商品、劣等商品和吉芬商品的收入效应、替代效应和总效应的影响可以概括在表 3-6 中。

表 3-6 价格变化与替代效应和收入效应的关系

商品种类	收入效应与价格变化的关系	替代效应与价格变化的关系	总效应与价格变化的关系
正常商品	反方向变化	反方向变化	反方向变化
劣等商品	同方向变化	反方向变化	反方向变化
吉芬商品	同方向变化	反方向变化	同方向变化

四、收入—消费曲线

当其他条件不变而仅有消费者的收入水平发生变化时，消费者的效用最大化的均衡位置会发生改变，由此可以得到收入—消费曲线。下面用图 3-10 来说明收入—消费曲线。

在图 3-10 中，随着收入水平的不断提高，预算线从 A_1B_1 移至 A_2B_2，再移至 A_3B_3，对应的形成了三个不同的收入水平下的消费者效用最大化的点分别为 E_1，E_2，E_3。如果收入水平的变化是连续不断的，那么就可以得到无数个这样的均衡点，连接这些均衡点便得到图 3-9 中的收入—消费曲线。它表明：随着收入水平的提高，消费者所能购买的 X、Y 商品都增加了，或者说，消费者的消费水平随着收入水平的提高而提高了。但并不是所有的商品的需求量都随着收入水平的提高而增加的。

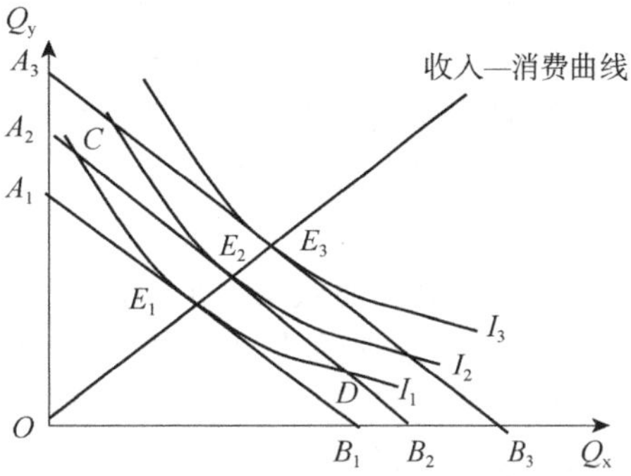

图 3-10 收入—消费曲线

关键概念

效用	偏好	基数效用	序数效用
总效用	边际效用	边际效用递减规律	消费者均衡
无差异曲线	消费可能线	消费者剩余	

知识小结

1. 效用表示一个消费者从不同商品的消费中得到的心理或主观满足程度。从增加一单位某种商品和劳务的消费中所得到的满足程度的增加就是边际效用。

2. 作为研究消费者行为理论之一的基数效用论的基本观点是：效用是可以计量并加总求和的，因此，效用的大小可以用基数（1，2，3…）来表示。效用可以用单位来进行衡量，正如长度单位可以用米来表示一样。

3. 作为研究消费者行为理论之一的序数效用论的基本观点是：效用作为一种心理现象无法计量，也不能加总求和，只能表示出满足程度的高低与顺序，因此，效用只能用序数（第一、第二、第三……）来表示。

4. 边际效用递减规律认为：随着所消费的某一物品的量的增加，所消费的最后一单位的边际效用趋于递减。

5. 消费者剩余等于买者对一种物品的支付意愿减去他们实际为此支付的量，它衡量购买者从参与市场中得到的收益，这种收益也是心里感觉。

6. 消费者均衡的条件是：消费者用全部收入所购买的各种物品所带来的边际效用与为购买这些物品所支付的价格的比例相等，或者说每一单位货币所得到的边际效用都相等。

7. 如果某个消费者拥有一定的全部用之于消费的货币收入并且面临着两种物品的市场价格，那么，他只能沿着消费可能线移动进行消费。消费可能线表明了消费者消费行为的限制条件，这种限制就是购买物品所花的钱不能大于收入，也不能小于收入。

8. 无差异曲线具有四个重要特征：①无差异曲线是一条向右下方倾斜的曲线，其斜率为负值；②在同一平面图上可以有无数条无差异曲线；③在同一平面图上，任意两条无差异曲线不能相交；④无差异曲线是一条凸向原点的线。

9. 如果把无差异曲线和消费可能线结合在一个图上，那么，消费可能线必定与无数条无差异曲线中的一条相切于一点，在这个切点上，就实现了消费者均衡。

10. 由于商品的相对价格发生变化，消费者增加跌价商品的购买量以代替其价格相对上升的商品，而效用水平未发生变动的现象，称为替代效应。

11. 收入效应是指由于收入变化而导致的商品购买量变化的现象。替代效应加上收入效应等于总效应，不同商品类型的替代效应和收入效应是不同的，有正，也有负，与价格的变动关系可以是同方向的，也可以是反方向的。

12. 收入—消费线指的是随着消费者收入水平的提高，消费者均衡点也会不断地变化，把所有的消费均衡点 E 连接起来构成的曲线。

思考作业题

一、单项选择题

1. 总效用达到最大时（　　）。

A. 边际效用为最大　　B. 边际效用为零

C. 边际效用为正　　D. 边际效用为负

2. 某消费者逐渐增加商品的消费量，直至达到了效用的最大化，在这个过程中，该商品的（　　）。

A. 总效用和边际效用不断增加

B. 总效用和边际效用不断减少

C. 总效用不断增加，边际效用不断减少

D. 总效用不断减少，边际效用不断增加

3. 同一条无差异曲线上的不同点表示（　　）。
A. 效用水平不同，但两种商品的数量组合相同
B. 效用水平相同，但两种商品的数量组合不同
C. 效用水平相同，两种商品的数量组合也相同
D. 效用水平不同，两种商品的数量组合也不同
4. 预算线的位置与斜率取决于（　　）。
A. 消费者的收入　　B. 商品的价格
C. 消费者的收入与商品的价格　　D. 消费者的偏好、收入与商品的价格
5. 甲、乙商品的价格按相同比例上升，而收入不变，则预算线（　　）。
A. 不变　　B. 向左下方平行移动
C. 向右上方平行移动　　D. 向左下方平行移动或向右上方平行移动
6. 已知甲商品的价格为 15 元，乙商品的价格为 1 元，如果消费者从这两种商品的消费中得到最大效用时，甲商品的边际效用是 30，那么乙商品的边际效用应该是（　　）。
A. 20　　B. 30　　C. 45　　D. 55
7. 已知消费者的收入为 50 元，甲商品价格为 5 元，乙商品价格为 4 元，假设该消费者计划购买 6 单位甲商品和 5 单位乙商品，甲、乙商品的边际效用分别为 60 和 30，如要实现效用最大化，他应该（　　）。
A. 增加甲商品而减少乙商品的购买量
B. 增加乙商品而减少甲商品的购买量
C. 同时增加甲、乙商品的购买量
D. 同时减少甲、乙商品的购买量
8. 甲商品的价格下降后，消费者对甲商品的消费的替代效应的绝对值大于收入效用的绝对值，那么甲商品是（　　）。
A. 正常商品　　B. 劣等商品
C. 吉芬商品　　D. 既可能是正常商品，也可能是劣等商品
9. 正常商品价格上升导致需求量减少的原因在于（　　）。
A. 替代效应使需求量增加，收入效应使需求量减少
B. 替代效应使需求量增加，收入效应使需求量增加
C. 替代效应使需求量减少，收入效应使需求量减少
D. 替代效应使需求量减少，收入效应使需求量增加
10. 当吉芬商品的价格上升时，应该有（　　）。
A. 替代效用为正值，收入效应为负值，且前者的作用小于后者
B. 替代效用为负值，收入效应为正值，且前者的作用小于后者
C. 替代效用为正值，收入效应为负值，且前者的作用大于后者
D. 替代效用为负值，收入效应为正值，且前者的作用大于后者

二、判断题

1. 不同的消费者对同一件商品的效用的大小可以进行比较。（　　）
2. 边际效用递减规律是指消费者消费某种消费品时，随着消费量的增加，其最后一

单位消费品的效用递减。（　　）

3. 消费可能线的移动表示消费者的收入发生变化。（　　）

4. 低档物品和吉芬物品的关系是：吉芬物品一定是低档品，但低档品不一定是吉芬物品。（　　）

5. 收入—消费曲线反映的是消费短期变动趋势的曲线。（　　）

三、计算题

1. 某消费者收入为 60 元，用于购买商品 1 和商品 2 两种商品，商品 1 的价格为 10 元，商品 2 的价格为 5 元。

（1）做出一条消费可能线；

（2）所购买的商品 1 为 2 个单位，商品 2 为 3 个单位，应该是哪一点？在不在消费可能线上？它说明什么？

（3）所购买的商品 1 为 4 个单位，商品 2 为 4 个单位，应该是哪一点？在不在消费可能线上？它说明什么？

（4）所购买的商品 1 为 5 个单位，商品 2 为 3 个单位，应该是哪一点？在不在消费可能线上？它说明什么？

2. 已知一件衬衫价格为 60 元，一份肯德基快餐的价格为 20 元，在某消费者关于这两种商品的效用最大化的均衡点上，一份肯德基对衬衫的边际替代率是多少？

3. 已知某同学在业余时间的勤工俭学总收入为 120 元，在购买X、Y两种商品的花费上，X的价格 $P_X=2$ 元，Y的价格 $P_Y=3$ 元。

请问：（1）该同学的收入购买X、Y两种商品效用最大化时，他应购买的X、Y两种商品的边际替代率是多少？（2）假如X、Y的价格提高了 10%，要保持原来的效用不变，该同学的收入应增加多少元？

四、案例分析题

在人们的工作、学习和其他活动中，经常出现如何合理分配时间才能获得最高效率的问题。消费者均衡问题的研究成果，为我们解决这类问题提供了很好的思路和途径。例如，一位大学生为参加英语、数学、经济学三门课的考试，需合理安排学习时间。如果他可以自由支配的时间只有 6 小时，每门课的复习时间与考试成绩的对应关系如下表所示。

小时	0	1	2	3	4	5	6
数学	50	65	78	86	88	89	89
英语	60	71	79	84	87	88	89
经济学	70	78	85	88	90	91	91

讨论与思考：如果要使三门课的总分最高，该学生应怎样分配复习时间？

（提示：先计算出每门课的边际效用。）

第四章　生产者行为理论

学习目标

1. 了解在经济分析中，厂商进行生产行为的目的；
2. 掌握生产函数的含义和边际报酬递减规律；
3. 理解经济学中短期和长期的含义；
4. 掌握厂商实现短期均衡和长期均衡的均衡条件；
5. 掌握等产量曲线和等成本曲线的含义和特征；
6. 熟悉生产要素的最优组合的条件；
7. 了解规模报酬变动及其原因。

导读案例：扣针厂工人的分工

亚当·斯密在其名著《国民财富的性质和原因的研究》中根据他对一个扣针厂的参观描述了一个例子。斯密所看到的工人之间的专业化和引起的规模经济给他留下了深刻的印象。他写道：

"一个人抽铁丝，另一个人拉直，第三个人截断，第四个人削尖，第五个人磨光顶端以便安装圆头；做圆头要求有两三道不同的操作；装圆头是一项专门的业务，把针涂白是另一项；甚至将扣针装进纸盒中也是一门职业。"

斯密说，由于这种专业化，扣针厂每个工人每天生产几千枚针。他得出的结论是，如果工人选择分开工作，而不是作为一个专业工作者团队，"那他们肯定不能每人每天制造出 20 枚扣针，或许连一枚也造不出来"。换句话说，由于专业化，大扣针厂可以比小扣针厂实现更高人均产量和每枚扣针更低的平均成本。

斯密在扣针厂观察到的专业化在现在经济中普遍存在。例如，如果你想盖一个房子，你可以自己努力去做每一件事。但大多数人找建筑商，建筑商又雇佣木匠、瓦匠、电工、油漆工和许多其他类型工人。这些工人专门从事某种工作，而且，这使他们比作为通用型工人时做得更好。实际上，运用专业化实现规模经济是现代社会像现在一样繁荣的一个原因。

第一节　生产函数

生产是厂商对各种生产要素进行合理配置，以便最大限度地生产出产品和劳务的过程。生产要素的数量组合与产量之间的关系可以用生产函数来表现。因此，在具体分析生产者行为规律之前，有必要先介绍生产者、生产要素、生产函数、短期和长期相关概念。

一、生产者

在经济学中，生产者，即企业也称为厂商。它是指能够自主经营、自负盈亏的经济单位，是产品和劳务的提供者，同时也是生产要素的需求者。在市场经济条件下，厂商作为理性的“经济人”所追求的生产目标一般是利润最大化。厂商可以采取个人独资企业、无限合伙企业和有限合伙企业、股份有限公司和有限责任公司的经营组织形式。个人独资企业指的是有民事权利能力和民事行为能力的自然人单独出资，承担无限或无限连带责任的经营组织形式。例如，“夫妻店”就是典型的个人独资企业。这类企业一般规模都很小，但数量却很多，也是经济发展早期的企业形式。合伙企业指两个或两个以上的自然人和经济组织共同出资形成的有限责任或无限责任的组织形式。例如，不同专业的律师所组成的律师事务所，这属于特殊的合伙企业；又如，不同专业的医生所组成的门诊部。在合伙企业中，每个合伙人都要提供一定数量的资本与劳务，分享一定比例的收益和承担相应的亏损和债务。公司制企业是指按公司法建立和经营的厂商组织。现代公司具有如下主要特征：第一，公司的所有权属于那些掌握了公司股份或股票的自然人或法人；第二，股东按照他们所掌握的股份比例分取股息和红利收入，组建股东会、董事会和监事会，选举董事和监事，并对公司的重大事项行使表决权；第三，由股东选举的董事会和经理人员对公司日常事务进行决策和管理。在市场经济条件下，大多数经济活动发生在公司制企业里。

阅读材料 1：企业存在的经济学意义

如果价格体系已经能够协调需求和供给，那么企业这种容易滋生官僚主义的机构还有必要存在吗？1991 年诺贝尔经济学奖得主罗纳德·科斯在 1937 年提出了这个问题。他写道：在企业外面，价格变动通过市场上的一系列交换来指导生产。而在企业内部，市场事务减少，取代复杂的市场架构及其交换事务的是企业协调人，他将对生产进行具体指导。可见，上述两种方式是协调生产的不同选择。但是，假如价格可以调节生产，也就根本不需要什么机构来组织生产，为什么还有那么多机构存在呢？

科斯的答案在于“交易成本”。同组织结构运行一样，拥有市场也需要一定的成本。市场体系可能降低某些事务的成本，而机构协调则可能减少另一些事务的花费。企业管理者的任务就是区分适合企业完成的工作以及应交由市场调节的项目。

科斯举例说，英国兰开夏郡的织布工可以用赊账方式获得所需的场地、能源和其他物资，从而独自完成织布工作，不必进入工厂。很明显，由于织工是自己的雇主，与工厂工人不同，他无须同雇主分享其生产利润，于是他的生产积极性达到最高值。这种情况下，建立大型织布厂的成本便很难通过提高工作效率加以补偿，也就不存在什么企业了。

现代的大型购物商厦一般不会建成一家由中央管理机构控制的超级商场，而是出租铺面，供大小不同的各种店铺进场经营。这样，由市场指导的小店铺和接受企业协调人管理的大商店共存一厦之内，使消费者有不同的选择：大商店可能提供更多款式，适合大众需求，且价格较低；而小店铺则以风格显著和服务良好为特色。

比方说，在快餐行业，一个店铺可能是从属于某个大企业，也可能由个人拥有。个人拥有者承担的风险较大，由于信用比大企业低而难以借款，即使获得贷款，其利率也较高。不过他无须上交其利润，因此有可能从较高的回报中得到补偿。麦当劳快餐连锁店中，只有1／3是由总公司所有的，其余都由个人经营者独立维持。

当市场或现有技术发生改变时，企业和市场之间的均衡也会相应起变化。1991 年，大型企业 IBM 公司宣布允许其各分部独立经营，自负盈亏。一旦这个改组计划施行成功，IBM 就会变成许多小公司的保护伞，提出建议供小公司采纳，组织实施各公司之间的技术共享，不再发生直接介入具体事务的指令。

这样的例子可以找到许多，它们都证实企业管理者必须从实际出发，具体情况具体分析，才能把组织系统和市场调节用于最能发挥其作用之处，而不是将两者简单对立起来。

二、生产要素

生产要素是指在生产活动中所使用的各种经济资源。这些经济资源在物质形式上可以千差万别，但它们可以归类为四种基本形式：劳动、资本、土地、企业家才能。

第一，劳动是指劳动者所提供的服务，可以分为脑力劳动服务和体力劳动服务；劳动力是劳动者的能力。在经济学中，劳动和劳动力一般不作严格的区分。

第二，资本是指生产中所使用的资本品或生产资金。资本有两种形式：其一是指物质资本，如厂房、设备、原材料、流动资金等；其二是指人力资本，它指的是体现在劳动者身上的体力、脑力等。在生产理论中所使用的资本概念主要是指物质资本。

第三，土地是指生产中所使用的、以土地为主要代表的各种自然资源。它是自然界中本来就存在的，例如，土地、水、原始森林、各类矿藏等。

第四，企业家才能是指企业家对整个生产过程的组织与管理工作以及相关的管理经验和管理风格。经济学特别强调企业家才能对生产的作用，认为把劳动、资本、土地等生产要素合理配置起来，生产出最多、最好的产品的关键因素就是企业家才能。

三、生产函数

生产函数是表明在一定的技术水平条件之下，厂商运用企业组织形式，将生产要素投入到生产过程中所能生产出产品的最大产量的函数。任何生产函数都是以一定时期内的技术水平既定为前提条件的，一旦技术水平发生了变化，原有的生产函数就会发生变化，从而形成新的生产函数。新的生产函数可以表现为相同的生产要素及其组合方式生产出更多或更少的产量，也可以是以变化了的生产要素及其组合生产出相同的产量。

以 Q 表示最大产量，以 a, b, c, …, n 表示各种不同形态的生产要素，则生产函数的一般表达式是：

$$Q=f(a, b, c, \cdots, n) \tag{4-1}$$

该生产函数表明，在一定的技术条件下，厂商若想生产出某种产品的最大产量 Q，

需要投入 a, b, c, …, n 种生产要素，并且这些生产要素要按生产函数所需求的配合比例来进行组合。生产函数还可以表明，若企业拥有一定数量的生产要素 $a, b, c, \cdots, n$，根据生产函数可以推算出企业可能达到的最大产量。生产函数中的各种生产要素的配合比例称为技术系数。

技术系数分为固定的技术系数与可变的技术系数。若生产要素相互之间不能替代，也就是说各种生产要素的配合比例不能改变，则技术系数就是固定的。若各种生产要素在一定的范围之内可以相互替代，则技术系数就是可变的。

例如，为了生产一定数量的小麦，农户可以采用多投入土地、少投入劳动的广种薄收的生产方式，也可以采用少投入土地、多投入劳动的精耕细作的生产方式。也就是说，劳动和土地在一定范围内可以相互替代，则小麦生产函数中的技术系数是可变的。在本章的生产理论中，讨论生产要素的组合问题都是以技术系数可变为前提的。

由于前面我们把生产要素分为劳动 L、资本 K、土地 N 和企业家才能 E，所以生产函数的一般表达式可写成：

$$Q=f(L, K, N, E) \tag{4-2}$$

在分析生产要素与产量 Q 的关系时，一般把土地作为固定不变的生产要素，企业家才能又是难以具体计算和衡量的，因此，生产函数可以简写为：

$$Q=f(L, K) \tag{4-3}$$

20 世纪 30 年代初，美国数学家柯布和经济学家道格拉斯根据美国 1899—1922 年的工业生产统计资料，计算出这一时期美国的生产函数为：

$$Q=A\times L^{a}K^{1-a} \tag{4-4}$$

在这个生产函数中，A 与 a 是常数，其中 $1>a>0$。a 表示劳动在总产量中的贡献份额。$1-a$ 表示资本在总产量中的贡献份额。柯布和道格拉斯计算出在该时期美国的工业生产函数中的参数值，其中 A 为 1.01，a 为 0.75，所以柯布-道格拉斯生产函数可以具体写成：

$$Q=1.01L^{0.75}K^{0.25}$$

从上式可以看出：第一，柯布-道格拉斯生产函数是线性齐次的生产函数；第二，在总产量中，劳动的贡献份额约占 75%，而资本的贡献份额约占 25%；第三，若要增加产量，应该按 3∶1 的比例增加劳动投入和资本投入。

四、生产中的短期与长期

微观经济学在研究生产时，把生产时期分为短期和长期。短期指的是生产者来不及调整全部生产要素的数量，此时至少有一种生产要素的数量是固定不变的时间周期；长期则指的是生产者可以调整全部生产要素的数量，改变企业生产经营规模的时间周期。

在短期内，生产要素投入可以分为不变要素投入和可变要素投入。生产者在短期内无法进行数量调整的那部分要素投入是不变要素投入，如机器设备、厂房等在短期内厂商不可能调整其投入，即资本投入为不变生产要素投入；生产者在短期内可以进行数量调整的那部分要素投入是可变要素投入，如劳动、原材料、燃料等即劳动投入为可变生产要素投入，厂商可以根据生产需要随时增减投入。

在长期内，生产者可以调整全部的要素投入，进而改变生产者的生产经营规模，如生产者根据企业的经营状况，可以增减各种要素的投入，缩小或扩大生产规模，也可以加入或退出一个行业的生产。由于在长期内所有的要素投入量都是可变的，因而在长期中也就没有可变要素投入和不变要素投入的区分了。

对于生产不同的产品的厂商，短期和长期的具体时间也不是完全相同的。比如，改变一个大型机械制造厂的规模可能需要 5 年的时间，而改变一个小型手工作坊的规模可能仅需要 1 个月的时间，即前者的短期和长期的划分界限为 5 年，而后者仅为 1 个月。微观经济学从生产中的短期和长期出发对生产行为过程进行研究，从而形成了短期生产理论和长期生产理论。

第二节　短期生产理论

微观经济理论在分析短期生产函数时，往往从单独考察一种生产要素的投入量（比如：劳动投入量 L）对产量的影响入手，即在假设其他生产要素的投入量为常数，即资本投入量 K 不变时进行说明。以 Q_L 表示劳动总产量，以劳动 L 表示一种可变投入，则生产函数公式可以写为 $Q_L=f(L)$。

一、总产量、平均产量和边际产量及其关系

（一）总产量、平均产量和边际产量的定义、公式和图形

（1）总产量（*total product*，TP_L），即表示在既定的技术和资本 K 投入量保持不变的条件下，生产者投入劳动生产要素所能达到的最大产量，简称劳动的总产量。用公式表示如下：

$$TP_L=Q_L=f(L) \tag{4-5}$$

（2）平均产量（*average product*，AP_L），是指在既定的技术和资本 K 投入量保持不变的条件下，总产量与劳动投入量之间的比值，简称劳动的平均产量。

$$AP_L=\frac{TP_L}{L} \tag{4-6}$$

（3）边际产量（*marginal product*，MP_L），是指在既定的技术和资本 K 投入量保持不变的条件下，每增加一个或增加最后一个单位劳动投入所引起的总产量的变动量，简称劳动的边际产量。

$$MP_L=\frac{\Delta TP}{\Delta L}=\frac{dTP}{dL} \tag{4-7}$$

下面我们用表格来表示劳动的总产量、劳动的平均产量和劳动的边际产量之间的关系。如表 4-1 所示。

表 4-1　一种可变投入的生产函数表

资本投入量	劳动投入量	总产量（TP_L）	平均产量（AP_L）	边际产量（MP_L）
8	1	8	8	8
8	2	20	10	12
8	3	36	12	16

续表

资本投入量	劳动投入量	总产量（TP_L）	平均产量（AP_L）	边际产量（MP_L）
8	4	48	12	12
8	5	55	11	7
8	6	60	10	5
8	7	60	8.6	0
8	8	56	7	−4

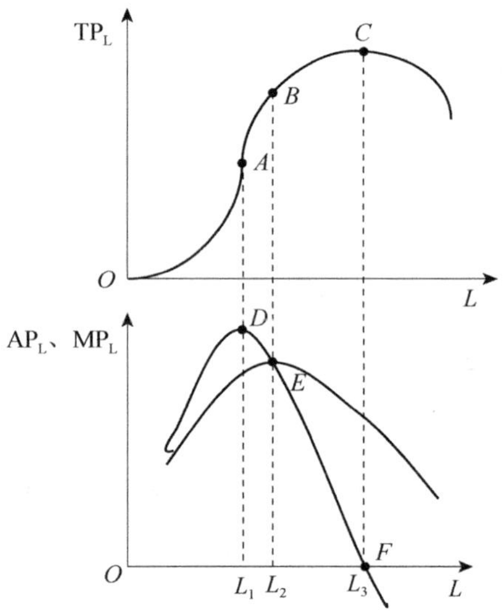

图 4-1　总产量、平均产量、边际产量曲线

由表 4-1 中各栏数字关系可以发现，总产量、平均产量、边际产量的变动，都是由劳动这种可变要素的投入量的数量变动所引起的，而边际产量变动趋势决定总产量和平均产量的变动趋势。

当边际产量递增时，总产量由此而递增，反之则总产量递减；当边际产量为 0 时，总产量达到最大；当边际产量为负值时，总产量下降。

当边际产量大于平均产量时，平均产量由此而增加，反之则减少；当边际产量等于平均产量时，平均产量达到最大。

利用表 4-1 中的数据，我们在几何图形中，可作出这三个产量变动情况的曲线，如图 4-1 所示。

（二）三种产量之间的关系

在图 4-1 中，我们可以看出 TP_L、AP_L、MP_L 曲线都呈现出先升后降的趋势。下面便逐个分析三者之间的关系。

（1）说明 TP_L 曲线与 MP_L 曲线的关系

简单地说，根据公式 $MP_L=\dfrac{\Delta TP}{\Delta L}=\dfrac{dTP}{dL}$，我们知道边际产量是总产量曲线上某点的切线的斜率或者导数。

当然我们可以从图形本身来分析，先分析下边际产量的运动轨迹：MP_L 边际产量曲线在最高点 D 点达到最大值后开始下降，至 F 点与横轴相交，此时的 MP_L 为零，在此 F 点之前 MP_L 均为正值。

当 $MP_L>0$ 时，总产量 TP_L 一直都是增加的。仔细分析可知， MP_L 在 D 点之前是上升的，这样使得 TP_L 以递增的方式上升；MP_L 在 D 点之前是下降的，从而使 TP_L 以递减的方式上升。

当 $MP_L=0$ 时即为 F 点，这样 TP_L 便取得最大值即为 C 点。

当 $MP_L<0$ 时即边际产量处于 F 点之后的部分，使得 TP_L 绝对值开始下降。

（2）说明 MP_L 曲线与 AP_L 曲线的关系

我们从图形上知道，MP_L 曲线在 E 点之前，位于 AP_L 曲线上方，表明 $MP_L > AP_L$，从而使得 AP_L 增加；在 E 点之后，MP_L 曲线位于 AP_L 曲线下方，表明 $MP_L < AP_L$，从而使得 AP_L 曲线下降。在 E 点即 MP_L 曲线与 AP_L 曲线相交，表明 $MP_L = AP_L$，并且相交于 AP_L 曲线的最高点。

（3）说明 TP_L 曲线和 AP_L 曲线的关系

简单地说，平均产量是连接 TP_L 曲线上任何一点和坐标原点的线段的斜率。现在我们假设此时的劳动投入量为 L_1，那么此时的总产量为 TP_{L1}，平均产量为 AP_{L1}，根据公式我们知道 $AP_L = \frac{TP}{L} = (TP_{L1}-0)/(L_1-0)$，这个式子便是连接 TP_L 曲线上任何一点（L_1 点）和坐标原点的线段的斜率的计算公式，即正由于这种关系，当 AP_L 曲线在 E 点达到最大值时，TP_L 曲线必然有一条从坐标原点出发的最陡的切线相切 TP_L 于相应的 B 点。

二、边际收益递减规律

边际收益递减规律（*the law of diminishing marginal product*），是指在生产技术水平和其他生产要素保持不变的条件下，如果连续地增加某种生产要素的投入量，那么到达一点以后，总产量的增量即边际产量是递减的。这一规律在经济学中占有非常重要的地位，它在生产实践和科学实验中得到了大量的验证，尤其是在农业部门表现得最为突出，在其他部门也普遍存在。这一规律的合理性在于：其他固定不变的生产要素的投入，相对于不断增加的某种投入终将变得越来越少，因而该追加到生产中的生产要素会越来越难以发挥其作用。如果不断增加工人，而不提供更多的工作设备和厂房，增加的劳动所带来的收益或产量会越来越少。

边际收益递减规律要发生作用必须具备以下三个前提条件：

（1）生产要素投入量的比例是可变的。这就是说，在保持其他生产要素投入不变而只增加某种生产要素投入量的时候，边际产量才发生递减。如果各种生产要素投入量按原比例同时增加，边际产量不一定递减。

（2）技术水平保持不变。如果技术水平提高了，在保持其他生产要素不变而增加某种生产要素时，边际产量不是递减而有可能递增。

（3）所增加的生产要素具有同样的效率。如果增加的第二个单位的生产要素比第一个单位有更大效率，那么边际产量不是递减而有可能是递增的。在具备这三个条件的情况下，边际产量递减规律之所以发生作用，其原因在于保持不变的生产要素和不断增加的生产要素，存在着一个能够使它们都发挥最大效率的最优组合。在没有达到最优组合以前，变动的生产要素相对于固定的生产要素来说还是少，因而增加变动的生产要素可以使它们的效率得到更充分的发挥，这时边际收益是递增的。但是从达到最优组合开始，如果再继续增加变动的生产要素，变动的生产要素相对于固定的生产要素来说就太多，因而边际收益递减规律发生作用。

阅读材料 2：中国人养活自己靠的农业技术进步

边际产量递减规律早在 18 世纪就由经济学家提出，有人把这一规律应用到农业领域却描述出一幅人类前景悲惨的画面来：因为耕地等自然资源毕竟是有限的，要增产粮食最终只能依靠劳动力的增加，但边际产量递减规律表明，劳动力投入带来的边际粮食产量递减，于是人口不断增长的必然结果是，人类不能养活自己。无独有偶，1994 年，一位叫莱斯特·布朗的人重复类似悲观的预言，发表了一本题为《谁来养活中国》的小册子，宣称人口众多的中国将面临粮食短缺，进而引发全球粮价猛涨的危机。杞人忧天的布朗是否知道袁隆平的名字，他利用科学技术发明了杂交水稻，使每亩单产达到了 405 公斤，小麦从 50 公斤提高到目前的 900 多公斤。中国有出色的农业科学家，中国人养活自己靠的农业技术进步。布朗先生实在是用错了边际产量递减规律。要记住边际产量递减规律是有条件的。

著名经济学家克拉克较早地发现了这一规律，他曾指出，“知识是唯一不遵守效益递减规律的工具”。如美国微软公司为开发第一套视窗软件投入了 5000 万美元，其额外生产上千万套只需复制即可，成本几乎可以不计，但仍能以与第一套同样的价格发行，这样，在新经济部门，就出现了不同于传统产业部门的“边际效益递增”的情况。

启示：边际产量递减规律适用的条件是在技术水平不变的情况下（其他条件不变）随着这一可变要素连续地等量增加，其边际产量开始会出现递增的现象，但在达到一定数量后，会呈现递减现象。如果技术等其他条件发生了变化，由于信息等高科技产业以知识为基础，而知识具有可共享、可重复使用、可低成本复制、可发展等特点，对其使用和改进越多，其创造的价值越大，“边际效益递增”这一观点是对新古典微观经济学的巨大挑战。

三、生产要素的合理投入区域

根据总产量、平均产量与边际产量的关系，可以把生产分为三个阶段，以确定一个生产要素的合理投入的阶段。生产要素投入的三个阶段可以用图 4-2 来表示。

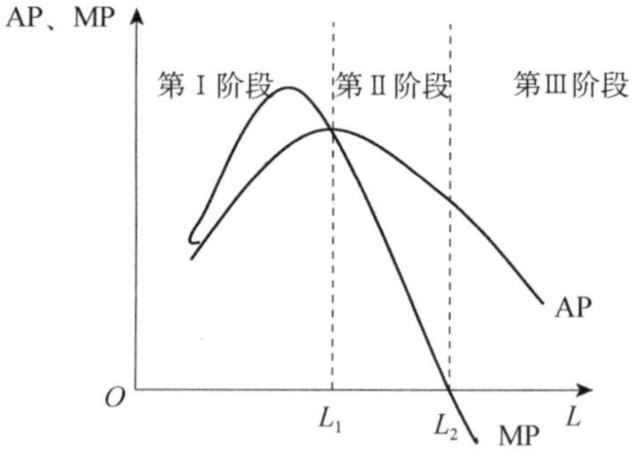

图 4-2　生产要素的合理投入区域

第Ⅰ阶段的范围是 O 至 L_1 部分。在第Ⅰ阶段中，劳动量从 0 增加到 L_1，平均产量不断上升直至达到最大值为止。开始时，劳动的边际产量的增加大于劳动的平均产量，这时，劳动量的增加是有利的，因为相对于不变生产要素资本来说，可变生产要素劳动是短缺的，增加劳动的投入量就可以使资本得到充分利用，从而劳动的总产量递增，因此，任何一个理性的厂商都不会在这一阶段停止生产，而是连续增加劳动的投入量，以增加总产量。最后，第Ⅰ阶段以劳动量增加到 L_1，劳动的平均产量达到最大值而宣告结束，进入第Ⅱ阶段。

第Ⅱ阶段的范围是 L_1 至 L_2 部分。在第Ⅱ阶段中，劳动量从 L_1 增加到 L_2，平均产量从达到最大值的地方开始往下降，同时边际产量也往下降，但此时的边际产量仍然大于等于 0，所以，总产量仍在增加。如果厂商不考虑单位产量的成本，只为了获得最大产量，劳动量可以一直增加到L_2为止。

第Ⅲ阶段的范围是劳动投入量大于 L_2 部分。在第Ⅲ阶段中，劳动量增加到 L_2 以后，这时劳动的平均产量继续下降，而此时劳动的边际产量下降为负数，总产量不但不增加反而绝对减少。这说明厂商投入的可变要素劳动量相对于不变要素资本来说已经相对过剩，除造成浪费外得不到任何利益。这时，一个理性的厂商就会通过减少劳动的投入量来增加总产量，以脱离劳动边际产量为负值的第Ⅲ阶段，退回到第Ⅱ阶段。

从以上的分析中可以看到：任何厂商都不会在第Ⅰ阶段或第Ⅲ阶段进行生产，因为在第Ⅰ阶段只要增加劳动量的投入就能提高边际产量，从而使平均产量和总产量都继续增加。显然更不会在第Ⅲ阶段进行生产，因为在第Ⅲ阶段生产还不如不生产。所以，合理的生产要素投入应在第Ⅱ阶段，从劳动的平均产量曲线和劳动的边际产量曲线的交点，即平均产量最高点到劳动的边际产量曲线与横轴相交点即边际产量等于 0 这一阶段最合适。

第三节　长期生产理论

在技术系数即两种生产要素的配合比例可以变动的情况下，这两种生产要素按什么比例配合最好呢？这就是生产要素最优组合所研究的问题。设生产中只投入两种生产要素劳动（L）和资本（K），则两种可变生产要素的生产函数为 $Q = f(K, L)$。此时厂商处于生产的长期，即厂商所使用的全部生产要素都是可变的。

生产要素的最优组合的分析与消费者均衡的分析很相似。消费者均衡是研究消费者如何把既定的收入分配于两种产品的购买与消费上，以达到效用最大化；生产要素的最优组合，是研究生产者如何把既定的成本（即生产资源）分配于两种生产要素的购买与生产上，以达到利润最大化即生产者均衡问题。因此，研究这两个问题所用的方式也基本相同，即边际分析法和等产量分析法。

一、生产要素最优组合的边际分析

厂商为了实现生产要素的最优组合，一定要考虑购买各种生产要素所能获得的边际产量与所付出的价格。这样，生产要素最优组合的原则是：在成本与生产要素价格既定的条件下，应该使所购买的各种生产要素的边际产量与价格的比例相等，即要使每一单位货币无论购买何种生产要素都能得到相等的边际产量。我们假设：

（1）厂商购买两种生产要素——资本与劳动；

（2）劳动和资本的价格是既定的；

（3）厂商投入的成本是既定的（即厂商拥有的货币量是既定的）。

用 K 代表资本，MP_K 代表资本的边际产量，P_K 代表资本的价格，Q_K 代表购买的资本量；用 L 代表劳动，MP_L 代表劳动的边际产量，P_L 代表劳动的价格，Q_L 代表购买的劳动量，C 代表成本，MP_C 代表货币的边际产量，则生产要素最优组合条件可写为：

$$P_K \times Q_K + P_L \times Q_L = C \tag{4-8}$$

$$MP_K / P_K = MP_L / P_L = MP_C \quad (4\text{-}9)$$

式（4-8）表示的是限制条件，说明厂商由于所拥有的货币量是既定的，购买资本与劳动的支出不能超过这一货币量，也不能小于这一货币量。超过这一货币量是无法实现的，而小于这一货币量的购买也达不到既定资源时的产量最大化。

式（4-9）是生产要素最优组合的条件，即所购买的生产要素的边际产量与其价格之比相等，也就是说每一单位的货币无论用于购买资本，还是购买劳动，所得到的边际产量都相等。生产要素的最优组合也可以称为生产者均衡。

二、生产要素最优组合的等产量线分析

（一）等产量线

（1）等产量线的含义

等产量线是表示两种生产要素的不同数量的组合可以带来相等产量的一条曲线，或者说是表示某一固定数量的产品，可以用所需要的两种生产要素的不同数量的组合生产出来的一条曲线。

我们假设：现在有资本（K）与劳动（L）两种生产要素，它们有 A、B、C、D 四种组合方式，这四种组合方式都可以达到相同的产量水平，可用表 4-2 来表示。

那么根据表 4-2 的数据，可做出等产量曲线图如图 4-3 所示。

表 4-2　资本和劳动的四种组合方式

组合方式	劳动（L）	资本（K）
A	1	6
B	2	3
C	3	2
D	6	1

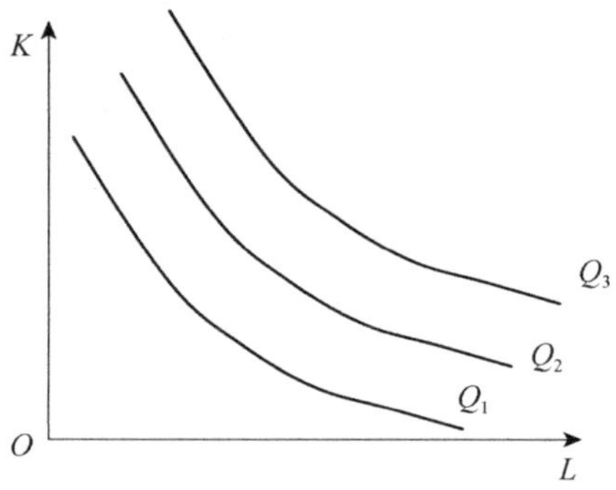

图 4-3　等产量线

在图 4-3 中，横轴 OL 代表劳动量，纵轴 OK 代表资本量，Q 为等产量线，即等产量曲线上任何一点所表示的资本与劳动不同数量的组合，都能生产出相等的产量。等产量线与无差异曲线相似，所不同的是，它所代表的是产量，而不是效用。

（2）等产量线的特征

第一，等产量线是一条向右下方倾斜的线，其斜率为负值。这就表明，在生产者的成本与生产要素价格既定的条件下，为了达到相同的产量，在增加一种生产要素时，必须减少另一种生产要素。如果两种生产要素同时增加，是成本既定时无法实现的；如果两种生产要素的同时减少，也就不能保持相等的产量水平。

第二，在同一平面图上，可以有无数条等产量线。同一条等产量线代表相同的产量，不同的等产量线代表不同的产量水平。离原点越远的等产量线所代表的产量水平越高，离原点越近的等产量线所代表的产量水平越低。可用图 4-3 来说明这一点。

在图 4-3 中，Q_1、Q_2、Q_3 是三条不同的等产量线，它们分别代表不同的产量水平，

其顺序为：$Q_1<Q_2<Q_3$。

第三，在同一平面图上，任意两条等产量线不能相交。因为在交点上两条等产量线代表了相同的产量水平，与第二个特征相矛盾。

第四，等产量线是一条凸向原点的线。这是由边际技术替代率递减所决定的。

（二）边际技术替代率

边际技术替代率是在维持相同的产量水平时，减少一种生产要素的数量，与增加的另一种生产要素的数量之比。以 ΔL 代表劳动的增加量，ΔK 代表资本的减少量，$MRTS_{LK}$ 代表以劳动代替资本的边际技术替代率，则有：

$$MRTS_{LK}=-\Delta K/\Delta L \quad (4\text{-}10)$$

边际技术替代率应该是负值，因为一种生产要素增加，另一种生产要素就要减少。但是一般规定为正值，这样公式前必须加个负号。

就像边际替代率一样，边际技术替代率也是递减的。这是因为，根据边际收益递减规律，随着劳动量的增加，它的边际产量在递减，这样，每增加一定数量的劳动所能代替的资本量越来越少，即 ΔL 不变时，ΔK 越来越小。边际技术替代率递减反映了边际收益递减规律。边际技术替代率也就是等产量线的斜率。等产量线的斜率递减决定了它是一条凸向原点的曲线。

（三）等成本线

等成本线是指在生产要素的价格和厂商的生产成本既定的条件下，厂商可以购买的两种生产要素组合所形成的曲线。假定 C 为生产成本，P_K、P_L、Q_K、Q_L 分别为资本与劳动的价格与购买量，那么，用公式表示如下：

$$P_K\times Q_K+P_L\times Q_L=C \quad (4\text{-}11)$$

上式经过变形，也可以写成：

$$Q_K=C/P_K-(P_L/P_K)\times Q_L \quad (4\text{-}12)$$

这是一个直线方程式，其斜率为$-(P_L/P_K)$。设 C、P_K、P_L 为既定的常数，所以，给出 Q_L 的值，就可以解出 Q_K；同样，当给出 Q_K 的值时也可以解出相应的 Q_L。如果 $Q_L=0$，则 $Q_K=C/P_K$ 即等成本曲线的纵截距；如果 $Q_K=0$，则 $Q_L=C/P_L$ 即等成本曲线的横截距。

假设：$C=600$ 万元，$P_L=2$ 万元，$P_K=1$ 万元，则有 $Q_L=0$，$Q_K=600$；$Q_K=0$，$Q_L=300$。这样，就可以作出图 4-4 所示曲线。

在图 4-4 中，如用全部生产成本购买劳动，就可以购买 300 单位（A 点），如用全部生产成本购买资本，可以购买 600 单位（B 点），连接 A 和 B 点则为等成本线。该线上的任何一点，都是在生产成本与生产要素的价格既定条件下，能购买到的劳动与资本的最大数量的组合。

如果生产者的生产成本变动或者生产要素的价格变动，则等成本线便会发生平行移动或转动，这和等可能曲线的平行移动和转动是一个道理。

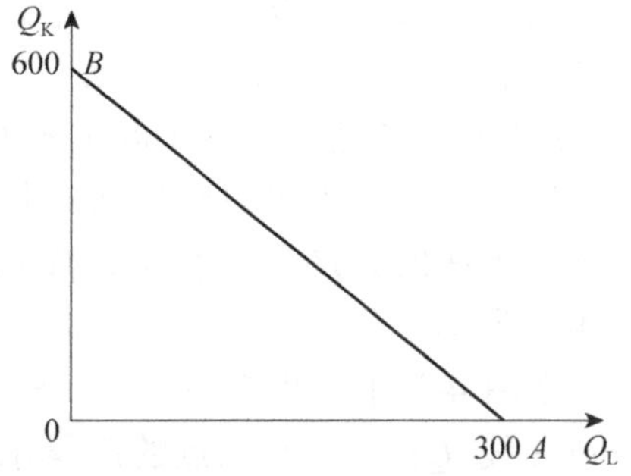

图 4-4　等成本线

假设生产成本增加，同时生产要素的价格不变，等成本线向右上方平行移动；反之，生产成本减少，同时生产要素的价格不变，则等成本线向左下方平行移动，如图 4-5 所示。

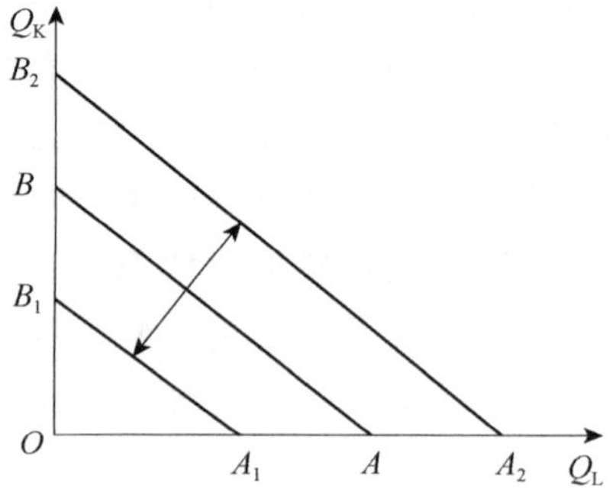

图 4-5　等成本线移动

在图 4-5 中，AB 是原来的等成本线。当生产成本即 C 增加时，等成本线向右上方平行移动至 A_2B_2；当生产成本减少时，等成本线向左下方平行移动至 A_1B_1。

在这里，还有几种情形我们不研究，因为情况比较复杂，例如，生产成本不变，生产要素价格同比例增加；生产成本不变，生产要素价格同比例减少；生产成本不变，劳动生产要素价格上升，同时资本生产要素价格下降或者劳动生产要素价格下降，同时资本生产要素价格上升等，这些情形有些是发生平行移动有些是发生转动的。

（四）生产要素的最优组合

把等产量线与等成本线结合起来就可以分析生产要素的最优组合。如果把等产量线与等成本线结合在一个图上，那么，等产量线与等成本线之间的关系包括：两者相交、相离和相切。从理论上说，同一平面内的等成本线必然与无数条等产量线中的一条相切于 E 点。在这个切点上，就实现了生产要素最优组合，如图 4-6 所示。

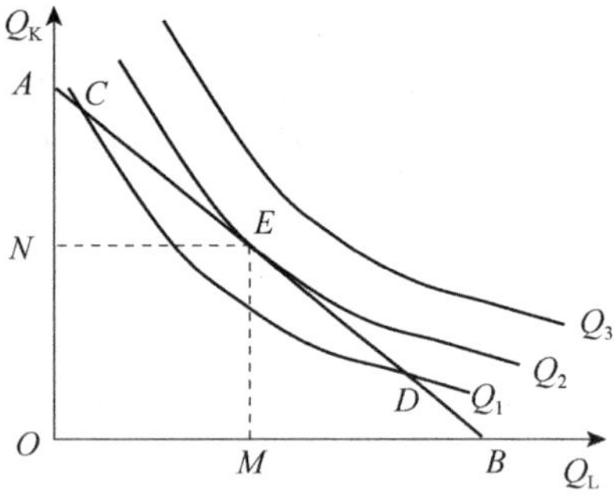

图 4-6　生产要素的最优组合之一

在图 4-6 中，Q_1、Q_2、Q_3 为三条等产量线，其产量大小的顺序为 $Q_1<Q_2<Q_3$。AB 为等成本线。等成本曲线 AB 与等产量曲线 Q_2 相切于 E，这时实现了生产要素的最优组合。这就是说，在生产者的货币成本与生产要素价格既定的条件下，OM 的劳动投入量与 ON 的资本投入量相结合，能实现利润最大化，即在既定成本情况下，做到了产量最大。

为什么只有在 E 点时才能实现生产要素的最优组合呢？从图 4-6 上看，C、E、D 点都在等成本曲线 AB 上，所以三点都是代表着相同的成本，但这时 C 点和 D 点在等产量曲线 Q_1 上，而 E 点在等产量曲线 Q_2 上，由于我们知道产量水平 $Q_2>Q_1$，所以 E 点为生产者均衡点或者生产最优组合点，实现了既定成本下的最大产量。

当然，我们也可以运用等产量曲线和等成本曲线来分析在既定产量水平下，成本最小的情况，如图 4-7 所示。

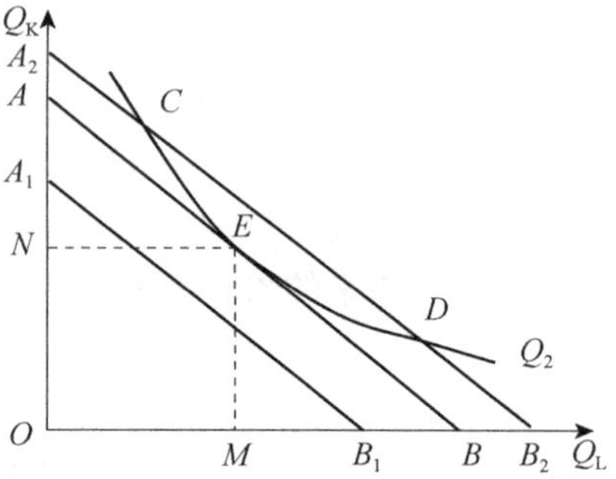

图 4-7　生产要素的最优组合之二

在图 4-7 中，我们知道 C、E、D 三点都处于等产量曲线 Q_2 上，即三点的产量水平是相等的，但是，只有 E 点所代表的成本是最小的。虽然说等成

本曲线 A_1B_1 的成本最小，但是用这样的成本购买生产要素是不可能生产出 Q_2 的产量水平的，所以总的来说，E 点是在产量水平既定情况下的成本最小的生产均衡点。

三、生产扩展线

生产扩展线指的是当生产者沿着这条线扩大生产时，可以始终实现生产要素的最优组合，从而使生产规模沿着最有利的方向扩大，即把不同生产经营规模下的生产者均衡点连接而成的曲线为生产扩展线。

如果生产者的生产成本增加，同时生产要素的价格不变，则等成本线向右上方平行移动，在同一平面上，就会有不同的等成本线与不同的等产量曲线相切，形成不同的生产要素最优组合点，将这些点连接在一起，就得出扩展线。可以用图 4-8 来说明扩展线。

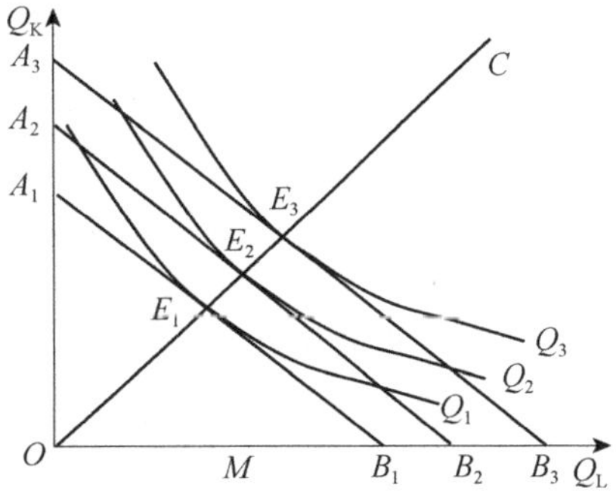

图 4-8　生产扩展线

在图 4-8 中，A_1B_1、A_2B_2、A_3B_3 是三条不同的等成本线，从 A_1B_1 到 A_3B_3，等成本线向右上方移动，说明生产者的生产成本在不断增加，也代表厂商的生产经营规模在不断扩大，Q_1、Q_2、Q_3 是三条产量水平不同的等产量曲线，其产量大小的顺序为 $Q_1<Q_2<Q_3$。

我们可以看出等成本曲线 A_1B_1、A_2B_2、A_3B_3 分别与等产量线 Q_1、Q_2、Q_3 相切于均衡点 E_1、E_2、E_3，把均衡点 E_1、E_2、E_3 与原点连接起来的 OC 直线就是扩展线。

第四节　规模经济

一、规模经济的定义

规模经济（*economy of scale*），又称规模收益，规模报酬，就是指在技术水平不变的条件下，企业生产规模的变动即各种生产要素按同样的比例变动而引起生产单位产量或收益变动的情况。也就是厂商采用一定的生产规模所能获得的经济利益。

理解这一规模经济概念时要注意以下三点。

（1）规模经济发生作用的条件是以技术水平不变为前提的。

（2）在生产中使用的两种可变投入要素是按同比例增加的，且不考虑技术系数的变化的影响，以及由于生产组织规模的调整对产量的影响。例如，由于若干企业发生合并，而使产量发生变化的这种影响不予考虑。

（3）两种生产要素增加所引起的产量或收益变动情况，就如同边际收益递减规律发生作用一样，也有规模收益递增、规模收益不变、规模收益递减三个阶段。

规模收益递增（*increasing returns to scale*）是指产量的增加比例大于投入要素的增加比例。例如，生产规模扩大了 10%，带来产量增加了 15%。

规模收益不变（*constant returns to scale*）是指产量的增加比例等于投入要素的增加比例。例如，生产规模扩大了 10%，带来产量增加了 10%。

规模收益递减（*decreasing returns to scale*）是指产量的增加比例小于投入要素的增加比例。例如，生产规模扩大了10%，带来产量增加了8%。

阅读材料3：全球每四个微波炉就有一台格兰仕

面临着越来越广阔的市场，每个企业都有两种战略选择：一是多产业、小规模，低市场占有率；二是少产业，大规模，高市场占有率。格兰仕选择的是后者。格兰仕的微波炉，在国内已达到70%的市场占有率；在国外已达到35%的市场占有率。

格兰仕的成功就运用规模经济的理论，即某种产品的生产，只有达到一定的规模时，才能取得较好的效益。微波炉生产的最小经济规模为100万台。早在1996—1997年间，格兰仕就达到了这一规模。随后，规模每上一个台阶，生产成本就下降一个台阶。这就为企业的产品降价提供了条件。格兰仕的做法是，当生产规模达到100万台时，将出厂价定在规模80万台企业的成本价以下；当规模达到400万台时，将出厂价又调到规模为200万台的企业的成本价以下；而现在规模达到1000万台以上时，又把出厂价降到规模为500万台企业的成本价以下。这种在成本下降的基础上所进行的降价，是一种合理的降价。降价的结果是将价格平衡点以下的企业一次又一次大规模淘汰，使行业的集中度不断提高，使行业的规模经济水平不断提高，由此带动整个行业社会必要劳动时间不断下降，进而带来整个行业的成本不断下降。

成本低价格必然就低，降价最大的受益者是广大消费者。从1993年格兰仕进入微波炉行业到现在的10年之内，微波炉的价格由每台3000元以上降到每台300元左右，降掉了90%以上，这不能不说是格兰仕的功劳，不能不说是格兰仕对中国广大消费者的巨大贡献。

二、影响规模经济变动的因素

规模收益变化的不同情况可以由内在经济和外在经济来解释。

（1）内在经济（*internal economies*）指的是一个厂商在生产规模扩大时由自身内部因素所引起的收益或产量增加。引起内在经济的主要因素有：第一，生产规模扩大，可以购置和使用更加先进的机器设备；可以提高专业化程度，提高生产效率，还有利于实行资源的综合开发和利用，使生产要素效率得到充分发挥；第二，巨大的工厂规模能使厂商内部管理系统高度专门化，使各个部门管理者容易成为某一方面专家，从而提高管理水平和工作效率；第三，在大规模生产中，可以对副产品进行综合利用，可以更加快速地开发生产出许多相关产品，实行多元化生产；第四，在大规模生产中，可以对生产要素进行综合、大批量采购，对产品进行大批量运输，从而降低购销成本。同时由于大规模生产相对容易形成生产经营上的垄断，从而有利于获取生产经营上的优势，获得递增的规模收益。

内在不经济（*internal diseconomies*）指的是一个厂商由于本身生产规模过大而引起产量或收益的减少。引起内在不经济的原因主要有：第一，由于企业规模过大，管理层次复杂、管理幅度过大，管理机构庞大，可能会降低管理效率；第二，由于生产经营规模庞大，产品多样化，可能会引起销售费用增加等；第三，由于生产规模大、产品多样化，可能会使生产要素、产成品和在制品积压，导致生产成本增加等。

（2）外在经济（*external economies*）指的是由于整个行业生产规模扩大，给个别厂商带来的产量与收益的增加。引起外在经济的原因主要有：第一，个别厂商可以从整个行业的生产规模扩大中得到更加便利的交通辅助设施和获取各种市场信息；第二，能够在行业内部实行更好的专业化协作，提高各个厂商的生产效率；第三，可以得到更多的人才和熟练技术工人；第四，可以更加方便地实现企业间的规模连锁经营和扩张经营。

外在不经济（*external diseconomies*）指的是由于整个行业生产规模扩大，给个别厂商带来的产量与收益的下降。引起外在不经济的原因主要有：第一，由于规模过大，可能会加剧企业之间的竞争，从而降低收益；第二，行业规模过大，厂商之间互相争购原料和劳动力，从而导致生产要素价格上涨，成本增加；第三，由于行业规模过大，会加重环境污染，交通拥挤等问题。

阅读材料 4：规模经济降低单位成本

在某些行业中，通过扩大规模来实现经济效益的增加是最有效的成本控制措施。因为企业的不可变动成本是永远存在的，规模经济使分摊在单位产品上的成本下降了。比如，扩大采购规模，可以降低单位采购成本；扩大生产规模，可以降低单位固定成本；扩大销售规模，可以减少单位销售费用。但是，你要分清什么是“规模经济”，什么是“经济规模”。“规模经济”是质的概念，是生产成本随产品产量增加而降低的现象；而“经济规模”是量的概念，比如一个企业的年生产量。小的经济规模也可能产生规模经济，而大的经济规模也可能产生规模不经济。前些年，韩国经济界有句名言叫“大马不死”，是指企业的规模越大，就越能获得更多的规模效应。比如说大宇集团，在 1993 年后的一段时间里，大宇集团的扩张速度竟然达到每三天增加一个分公司！然而，就是这样的巨人，在亚洲金融危机面前不堪一击。规模经济在扩大规模的同时，更注重质量和效益，市场份额、管理水平、人才队伍、盈利能力和未来潜力才是评判标准。

（资料来源：中国经济网，2007 年 1 月 30 日）

关键概念

个人独资企业	合伙企业	公司制企业	生产函数
短期	长期	生产要素	柯布、道格拉斯生产函数
边际产量	总产量	平均产量	边际产量递减规律
规模收益递增	规模收益不变	规模收益递减	内在经济
内在不经济	规模经济	范围经济	等产量曲线 等成本曲线

知识小结

1. 厂商也就是生产者，是指在生产中能做出统一生产决策的单个经济单位。在现实的经济生活中厂商可分为个人独资企业、合伙企业和公司三种类型。生产是对各种生产要素进行组合以生产出产品的行为。在生产中，投入各种生产要素并生产出产品，所以，生产也就是把投入变为产出的过程。生产要素是生产的最基本元素，是指生产过程中所使用的各种资源。这些资源可以分为劳动、资本、土地与企业家才能。

2. 生产函数是表明一定技术水平之下，生产要素投入的数量及其某种组合和它所能生产出来的最大产量之间的依存关系。生产函数可以写为：$Q = f(L, K)$。表明在一定技术水平条件下，生产产量 Q 时，所需要投入的劳动 L 与资本 K 的数量组合。

3. 微观经济学的生产理论分为短期生产理论和长期生产理论。短期和长期的划分是以生产者能否变动全部生产要素投入的数量为标准的。短期是指生产者来不及调整全部生产要素的数量，至少有一种生产要素的数量是固定不变的时间周期；长期则指生产者可以调整全部生产要素的数量的时间周期。

4. 短期生产函数可表示为：$Q = f(L)$，它表示在短期内产量随着一种可变生产要素投入量的变化而变化。

5. 劳动的产量有三种：总产量、平均产量和边际产量。

6. 根据总产量、平均产量与边际产量的关系，把生产分为三个阶段。合理的生产要素投入应在第Ⅱ阶段，即从平均产量最高点到边际产量等于 0 这一阶段最合适。

7. 边际报酬递减规律在技术水平不变的情况下，当把一种可变的生产要素投入到一种或几种不变的生产要素中时，最初增加一单位可变生产要素的投入带来的边际产量是递增的；但当可变要素的投入增加超过一定限度时，增加一单位可变要素投入带来的边际产量是递减的，最终还会使产量绝对减少。

8. 长期生产函数是考察厂商在可以调整所有生产要素投入量的情况下，生产要素投入量和产量之间的关系。长期生产函数可以写为：$Q=f(L, K)$。

9. 等产量曲线是在技术水平不变的条件下，生产同一产量的两种生产要素投入量的各种不同组合所形成的曲线。

10. 边际技术替代率是指在维持产量水平不变的条件下，增加一个单位的某种生产要素投入量时所减少的另一种生产要素的投入量。

11. 等成本线是在既定的成本和生产要素价格条件下，生产者可以购买到的两种生产要素的各种不同数量组合的曲线。

12. 唯一的等成本曲线与其中一条等产量曲线的相切点，是生产的均衡点。它表示：在既定成本条件下，厂商所能获得的最大产量或厂商在既定产量条件下，实现了成本的最小化。

13. 连接各个生产均衡点的曲线就叫做扩展线，又叫做规模曲线。扩展线是在生产要素价格不变，生产函数和其他条件不变的情况下，厂商扩大生产规模的路径。

14. 规模报酬是指在其他条件不变的情况下，企业内部各种生产要素的投入量按相同比例变化时所带来的产量变化。规模报酬研究的是厂商的生产规模变化与它所引起的产量变化之间的关系。厂商的规模报酬变化可以分为规模报酬递增、规模报酬不变和规模报酬递减三种情况。

思考作业题

一、单项选择题

1. 生产要素投入和产量水平之间的关系被称为（　　）。

A. 生产函数　　B. 成本函数

C. 边际成本曲线　　D. 生产可能性曲线

2. 经济学中，短期是指（　　）。

A. 一年或一年以内的时期

B. 在这时期内所有生产要素都是可变的

C. 在这时期内所有生产要素都是固定的

D. 在这时期内，至少有一种生产要素是固定的

3. 下列各项中，最有可能是厂商选择的短期调整是（　　）。

A. 建立新工厂　　B. 增加现有工人的加班工作量

C. 扩大生产规模　　D. 关闭工厂

4. 边际报酬递减规律发生作用的前提条件是（　　）。

A. 存在技术进步

B. 生产技术不变

C. 具有两种以上可变的生产要素

D. 一种生产要素不变，其他生产要素变动

5. 在短期内如果连续地增加某种生产要素，在总产量达到最大时，边际产量曲线（　　）。

A. 与纵轴相交　　B. 与横轴相交

C. 与平均产量曲线相交　　D. 经过原点

6. 下列说法中，正确的是（　　）。

A. 只要总产量减少，边际产量一定为负

B. 只要边际产量减少，总产量一定减少

C. 只要边际产量大于平均产量，平均产量一定减少

D. 只要边际产量减少，平均产量也一定减少

7. 如果厂商在以最小的成本生产出既定产量时，厂商（　　）。

A. 总收益为 0　　B. 一定获得最大化利润

C. 一定未获得最大的利润　　D. 无法确定是否获得最大利润

8. 平均产量与边际产量的交点以及边际产量等于 0 之间的区域被称为（　　）的合理投入区。

A. 可变生产要素　　B. 不变生产要素

C. 全部生产要素　　D. 规模经济

9. 等成本线向右平行移动说明了（　　）。

A. 产量提高了，生产要素的价格不变

B. 生产要素的价格按相同的比例提高了

C. 成本增加了，生产要素的价格不变

D. 生产要素的价格按不同的比例提高了

10. 规模报酬递增是指当所有投入按同一比例增加，产出的增加将（　　）这一比例。

A. 小于　　B. 大于

C. 不变　　D. 等于

二、多项选择题

1. 等产量曲线的典型特征包括（　　）。

A. 每一条等产量曲线代表一个产量，离原点越远，代表的产量越大

B. 任意两条等产量曲线不相交

C. 等产量曲线向右下方倾斜

D. 等产量曲线凸向原点

E. 两条等产量曲线可能相交

2. 边际报酬递减规律是（　　）。

A. 以生产技术进步为前提

B. 以生产技术水平不变为前提

C. 假定所有的可变要素投入是同质的

D. 以其他生产要素固定不变，只有一种可变要素的生产

E. 在可变要素投入增加到一定程度之后才出现投入的边际产量递减

3. 如果只有一种生产要素可以变动，那么，该要素合理投入量应处于（　　）。

A. 生产要素投入的第Ⅱ阶段

B. 平均产量和边际产量都递增的阶段

C. 平均产量和边际产量都递减并且大于 0 的阶段

D. 平均产量递增，而边际产量递减的阶段

E. 平均产量递减，而边际产量递增的阶段

4. 由于总产量等于所有边际产量之和，所以（　　）。

A. 在边际产量曲线上升时，总产量曲线以越来越慢的速度上升

B. 在边际产量曲线上升时，总产量曲线以越来越快的速度上升

C. 在边际产量曲线下降时，总产量曲线以越来越快的速度上升

D. 在边际产量曲线下降时，总产量曲线以越来越慢的速度上升，至边际产量曲线降到 0 时开始较快的速度下降

E. 在边际产量曲线开始下降时，总产量曲线就以越来越快的速度下降

5. 下列有关等成本线变动的描述中，正确的是（　　）。

A. 在两种生产要素价格不变时，成本增加使等成本曲线向右平移

B. 在两种生产要素价格不变时，成本减少使等成本曲线向左平移

C. 在成本和另一生产要素价格不变的条件下，一种要素的价格变动将导致等成本线斜率变化

D. 在成本和生产要素价格同比同方向变化时，等成本线位置不变

E. 在成本和生产要素价格同比不同方向变化时，等成本线向左或向右平移

三、判断题

1. 可变技术系数是指在一定技术水平条件下，生产某种产品所需要的各种生产要素的组合比例不会发生变化。（　　）

2. 短期是指厂商可以根据他所要达到的产量来调整其全部生产要素的时期。（　　）

3. 平均产量曲线可以和边际产量曲线在任何一点上相交。（　　）

4. 规模收益递增是指产量的增加比例大于投入要素的增加比例。（　　）

5. 由于规模过大可能会加剧企业之间的竞争，从而降低收益属于内在不经济。（　　）

6. 边际技术替代率是指一种生产要素可以由另一种生产要素所代替而保持产量不变。（　　）

四、问答题

1. 什么是生产函数？什么是生产要素？

2. 简述边际报酬递减规律的内容。

3. 简述总产量、平均产量和边际产量的关系。

4. 什么是规模报酬？规模报酬有哪几种情况？

5. 什么是生产均衡点？生产均衡点的意义是什么？

6. 什么是扩展线？扩展线的意义是什么？

五、计算题

1. 已知生产函数为 $Q=KL-0.5L-0.32K$。Q 表示产量，K 代表资本，L 代表劳动。

若 $K=10$，求：

（1）写出劳动的平均产量函数和边际产量函数；

（2）分别计算出当总产量、平均产量和边际产量达到极大值时，厂商雇佣的劳动量；

（3）证明当 AP 达到极大值时，AP = MP = 2。

2. 已知某企业的生产函数为 $Q=LK$，K 代表资本，L 代表劳动，劳动的价格为 $W=2$，资本的价格 $R=1$。求：

（1）当成本 $C=3000$ 时，企业实现最大产量时的 L、K 和 Q。

（2）当产量 $Q=800$ 时，企业实现最小成本时的 L、K 和 C。

第五章　成本与收益理论

学习目标

1. 掌握显性成本、隐性成本、会计成本、经济成本、机会成本的内涵，掌握经济利润、会计利润的内涵；

2. 了解成本函数的概念，以及理解成本函数与成本方程的区别；

3. 掌握短期成本函数的分类以及公式，理解各种短期成本曲线图以及相互之间的关系；

4. 掌握长期成本函数的分类以及公式，理解各种长期成本曲线图以及相互之间的关系；

5. 了解短期成本和长期成本变动趋势的经济原因；

6. 掌握总收益、平均收益和边际收益的内涵以及相互关系；

7. 掌握厂商利润最大化原则。

导读案例：上大学值吗？

最近看一则报刊上报道，天津市投资教育的支出是全国第一，北京是私家车消费支出全国第一，上海是投资保险支出全国第一，广州是旅游支出全国第一。是否准确，我们暂且不论。我们用经济学的观点分析一下，为什么家长舍得把大把的钱花在子女教育上？

我们简单地介绍经济学所说的成本。经济学所说的成本有两种：一是实际发生的成本，即会计成本；二是机会成本。会计成本是厂商在生产过程中按市场价格直接支付的一切费用，这些费用一般均可以通过会计账目反映出来。利用这个原理我们计算一个大学生上大学四年的会计成本是上大学的学费、书费和生活费，按照现行价格标准，一个普通家庭培养一个大学生的这三项费用之和是 4 万元。机会成本是某种东西的成本是为了得到它而放弃的东西。大学生如果不上学，会找份工作，按照现行劳动力价格标准假如也是 4 万元，也就是说一个大学生上大学四年的机会成本也是 4 万元。大学生上大学经济学概念的成本是 8 万元。这还没算上在未进大学校门前，家长为了让孩子接受最好的教育从小学到中学的择校费用。

上大学成本如此之高，为什么家长还选择让孩子上大学，因为这种选择符合经济学理论，收益的最大化原则。我们算一下上大学的与不上大学的人的一生的成本与收益。不上大学的 18 岁工作，工作到 60 岁，共 42 年，平均每年收入是 1 万元，共 42 万元。上大学的 22 岁工作，工作到 60 岁，共 38 年，平均每年收入是 2 万元，共 76 万元，减去上大学的经济学成本 8 万元，剩下 68 万元。与不上大学的收入比较，上大学的多得到的收入是26万元。这还没考虑学历高所带来的名誉、地位等其他效应。为什么家长舍得在子女教育上投入，就在情理之中了。

在这里顺便纠正一个错误的说法，有人说教育是消费行为，其实教育不是消费而是投资。消费与投资的区别是消费不会给你增值一分钱，比如你今年买一台电视，明年再卖，会大大地贬值不会增值；投资是有可能增值的，一个大学生尽管投资8万元，但与不投资的多得的收益是26万元。但投资是有风险的，如果一个家长不考虑孩子的实际情况，从小学到中学在教育上的高投入，如果考不上大学或考上大学毕不了业。其投入与产出之比是可想而知的。

但对一些特殊的人，情况就不是这样了。比如，一个有足球天才的青年，如果在高中毕业后去踢足球，每年可收入200万元。这样，他上大学的机会成本就是800万元。这远远高于一个大学生一生的收入。因此，有这种天才的青年，即使学校提供全额奖学金也不去上大学。这就是把机会成本作为上大学的代价。不上大学的决策就是正确的。同样，有些具备当模特气质与条件的姑娘，放弃上大学也是因为当模特时收入高，上大学机会成本太大。当你了解机会成本后就知道为什么有些年轻人不上大学的原因了。可见机会成本这个概念在我们日常生活决策是十分重要的。

第一节 成本与成本函数

企业进行生产与经营的各种支出或花费称之为成本，也称为生产费用，简单地说，就是购买各种生产要素的花费。我们知道，由于资源具有多用途性，当企业把这些资源用于生产某种产品时，就意味着放弃了这些资源的其他用途。因此，我们可以从两个不同的角度来考察成本，企业生产的实际货币支出和为了这种生产所放弃的利益。前者我们称之为会计成本，后者称为机会成本。这两种成本对企业决策都十分重要。

一、会计成本与机会成本

（一）会计成本

企业在生产与经营中的各种实际支出称为会计成本，因为这些支出是一笔一笔地记在会计账簿中的。同时，因为这些支出是过去的支出，所以也称为历史成本。这种成本在企业中是显而易见的，可以在会计账册中实际看得见的支出，是企业从生产要素市场上购买而形成的，也称为显性成本。例如，支付给员工的薪金、购买原料、燃料等的支出以及厂房设备的折旧费等。

（二）机会成本

机会成本是指当我们把一种资源用于一种用途时，就放弃了其他用途，所放弃的用途中获得最好的收益就是把资源用于一种用途的机会成本。这个概念在分析企业成本时同样适用。例如，某人有10万元资金，可供选择的用途及各种用途可能获得的收入是：一是开商店获利2万元；二是存入银行每年获利1万元；三是炒股票获利3.5万元；四是进行期货投机获利4万元。如果某人选择把10万元用于期货投机，则放弃的其他可供选择的用途是开商店、存入银行和炒股票。在所放弃的三种用途中，最好的用途是炒股票（可获利 3.5 万元）。所以，在选择进行期货投机时，机会成本就是炒股票的获利。或者说，选择进行期货投机获利 4 万元的机会成本是所放弃的炒股票时可能获利的 3.5 万元。

在理解机会成本时应该注意这么几点：

（1）机会成本不同于实际成本，它不是作出某项选择时实际支付的费用或损失，而是一种观念上的成本或损失。在上面所举的例子中，某人作出进行期货投机选择时的机会成本是放弃的炒股票，或者说期货投机获利 4 万元时机会成本是 3.5 万元。但这绝不意味着为了获利 4 万元，必须支出 3.5 万元，或实际损失了 3.5 万元。10 万元的资金只能在进行期货投机获利 4 万元与炒股票获利 3.5 万元中择其一，这是因为资源是有限的："鱼与熊掌不可兼得"，所以必须做出选择，当你选择了一个用途，就必须放弃另一个用途。在这种情况下，你做出一项选择时，机会成本并不是实际支出或损失，仅仅是观念上的损失，或放弃的另一种可能用途。

（2）机会成本是作出一种选择时所放弃的其他若干种可能的选择中最好的一种。例如，在上例运用 10 万元资金的选择中，当选择了期货投机时，所放弃的用途有开商店、存入银行和炒股票三种，其中最好的一种用途是炒股票，因为在这三种可能选择的用途中炒股票获利最多。所以，运用 10 万元进行期货投机的机会成本是放弃炒股票，而不是其他。

（3）机会成本并不全是由个人选择所引起的，其他人的选择会给你带来机会成本，你的选择也会给其他人带来机会成本。当然，我们一般在从个人的角度作出某项投资或其他决策时，所考虑的主要是自己的机会成本。

机会成本告诉我们，在我们作出任何决策时都要使收益大于或至少等于机会成本。如果机会成本大于收益，则这项决策从经济的观点看就是不合理的。这就是说，在作出某项决策时，不能只考虑获利的情况，还要考虑机会成本，这样才能使投资最优化。

二、显性成本和隐性成本

（一）显性成本

企业的生产成本从获得生产要素是购买还是自有两方面可以分为显性成本和隐性成本两个部分。

企业生产的显性成本是指厂商在生产要素市场上购买或租用他人所拥有的生产要素的实际支出。这些支出是在会计账目上作为成本项目记入账上的各项费用支出，即厂商对投入要素的全部货币支付。

例如，某厂商雇用了一定数量的工人，从银行取得了一定数量的贷款，并租用了一定数量的土地，为此，这个厂商就需要向工人支付工资，向银行支付贷款利息，向土地出租者支付地租，这些支出便构成了该厂商的生产的显性成本。

（二）隐性成本

企业生产的隐性成本是指厂商本身自己所拥有的且被用于该企业生产过程中的那些生产要素的总费用。这些费用并没有在企业的会计账目上反映出来，所以称为隐性成本。

例如，为了进行生产，一个厂商除了雇用一定数量的工人、从银行取得一定数量的贷款和租用一定数量的土地之外（这些均属于显性成本支出），还动用了自己的资金和土地，并亲自管理企业。西方经济学家指出，既然借用了他人的资本需付利息，租用他人的土地需付地租，聘用他人来管理企业需付薪金，那么，同样道理，在这个例子中，当厂商使用了自有生产要素时，也应该得到报酬。所不同的是，现在厂商是自己向自己支付利息、地租和薪金。所以，这笔价值就应该计入成本之中。由于这笔成本支出不如显性成本那么明显，故被称为隐性成本。

隐性成本也必须从机会成本的角度按照企业自有生产要素在其他用途中所能得到的最高收入来支付，否则，厂商会把自有生产要素转移出本企业，以获得更高的报酬。

现在我们来总结下经济学中的成本概念与会计学中的成本概念之间的关系。可以用下列公式表示：

（1）会计成本=显性成本

（2）生产成本=机会成本

（3）机会成本=隐性成本+显性成本

阅读资料 1：“净赚”多少？

一位刚刚获得 MBA 的 A 先生，自己投资 200 万元（当前市场利率 10%）开设一家企业；如果受雇，其年薪为 100 万元。自己开公司，预计年销售额 800 万元，会计成本 690 万元。问：A 先生自己开公司“净赚”多少？

A 先生自己开公司“净赚”为-10 万元！因为 A 先生自己开公司，可以赚 110 万元，但机会成本是 120 万元！其中工资收入 100 万元，200 万元银行利息收入 20 万元！合计 120 万元。选择了自己开公司，就放弃了自己受雇的工资和 200 万元银行存款利息；放弃的就是机会成本。

三、经济利润与正常利润

经济学中的利润概念是指经济利润，它等于总收入减去总成本的差额。而总成本既包括显性成本也包括隐性成本。因此，经济学中的利润概念与会计学中的利润概念也不一样。

从前面的介绍中我们已经知道，隐性成本是指稀缺资源投入任何一种用途中所能得到的正常的收入，如果在某种用途上使用经济资源所得的收入还抵不上这种资源正常的收入，该厂商就会将这部分资源转向其他用途以获得更高的报酬。因此，西方经济学中隐性成本又被称为正常利润。将会计利润再减去隐性成本，就是经济学中的利润概念，即经济利润。企业所追求的利润就是最大的经济利润。可见正常利润相当于中等的或平均的利润，它是生产某种产品所必须付出的代价。因为如果生产某种产品连正常或平均的利润都得不到，资源就会转移到其他用途中去，该产品就不可能被生产出来。而超额利润，即总收益超过机会成本的部分。

对于经济利润来说，可以为正、负或零。在西方经济学中经济利润对资源配置和重新配置具有重要意义。如果某一行业存在着正的经济利润即获得超额利润，这意味着该行业内企业的总收益超过了机会成本，生产资源的所有者将会把资源从其他行业转入这个行业中。因为他们在该行业中可能获得的收益，超过该资源的其他用途。反之，如果一个行业的经济利润为负，生产资源将要从该行业退出。经济利润是资源配置和重新配置的信号。正的经济利润是资源进入某一行业的信号；负的经济利润是资源从某一行业撤出的信号；只有经济利润为零即获得正常利润时，企业才没有进入某一行业或从中退出的动机。

上述利润与成本之间的关系可用下列公式表示：

（1）会计利润=总收益−会计成本或者显性成本

（2）正常利润=隐性成本

（3）经济利润=总收益−机会成本=总收益−（显性成本+正常利润）

阅读材料 2：利润在经济学家与会计师眼中的是不同的

为了说明这个问题我们假设一例。假设王先生用自己的银行存款 30 万元收购了一个小企业，如果不支取这 30 万元钱，在市场利息 5%的情况下他每年可以赚到 1.5 万元的利息。王先生为了拥有自己的工厂，每年放弃了 1.5 万元的利息收入。这 1.5 万元就是王先生开办企业的机会成本之一。经济学家和会计师以不同的方法来看待成本。经济学家把王先生放弃的 1.5 万元也作为他企业的成本，尽管这是一种隐性成本。但是会计师并不把这 1.5 万元作为成本表示，因为在会计的账面上并没有货币流出企业去进行支付。

为了进一步说明经济学家和会计师之间的差别，我们换一个角度，王先生没有买工厂的 30 万元，而是用自己的储蓄 10 万元，并以 5%的利息从银行借了 20 万元。王先生的会计师只衡量显性成本，将把每年为银行贷款支付的 1 万元利息作为成本，因为这是从企业流出的货币量。与此相比，根据经济学家的看法，拥有的机会成本仍然是 1.5 万元。

现在我们再回到企业的目标——利润。由于经济学家和会计师用不同方法衡量企业的成本，他们也会用不同的方法衡量利润。经济学家衡量企业的经济利润，即企业总收益减生产所销售物品与劳务的所有机会成本。会计师衡量企业的会计利润，即企业的总收益只减企业的显性成本。

四、成本函数与生产函数以及成本方程

（一）成本函数以及决定产品成本函数的因素

成本函数反映在技术水平和生产要素价格不变的情况下，产品的成本 C 与产量 Q 之间的关系。用数学式表示，就是：$C=f(Q)$。

生产函数表明生产要素投入量与产品产出量之间的相互依存关系，在此，一定时期内的经济社会技术水平就决定着生产函数，不同的技术水平，生产函数也是不同的，即最大产量也是不同的。在一定技术水平条件下，如果把这相互关系与投入的生产要素的价格相结合，就决定了产品的成本函数。即决定产品成本函数的因素有三：一是技术水平；二是生产要素的价格；三是生产要素投入量。

（二）成本函数与生产函数的变动关系

（1）如果在整个时期投入要素的价格不变，且生产函数属于规模收益不变（即产量的变化与投入量的变化呈正比关系），那么，它的成本函数，即总成本和产量之间的关系也呈线性关系。

（2）如果投入要素价格不变，而生产函数属于规模收益递增（即产量的增加速度随着投入量的增加而递增），那么，它的成本函数是：总成本的增加速度随产量的增加而递减。

（3）如果投入要素价格不变，而生产函数属于规模收益递减（即产量的增长速度随着投入量的增加而递减），那么，它的成本函数是：总成本的增加速度随产量的增加而递增。

由上可见，成本函数来源于它的生产函数，只要知道某种产品的生产函数，以及投入要素的价格，就可以推导出它的成本函数。

（三）成本函数与成本方程的关系

我们前面学习过等成本曲线，如果投入的生产要素是劳动 L 和资本 K 的话，那么其成本方程为 $C=L*P_L+K*P_K$，这是一个方程恒等式，表示的是在一定的成本和不变的生产要素价格下，所能够购买的最大的劳动和资本的数量。而成本函数却是在技术水平不变和生产要素价格不变的情况下，成本与最大产量之间的关系，是以产量为自变量，成本为因变量的函数。

第二节　短期成本分析

一、短期成本分类

由于在短期内，生产要素投入可分为不变投入和可变投入，所以生产成本也分为可变成本和不变成本。

如果我们引入总量、平均量和边际量等相关概念，短期成本就可以分为下列七类：总不变成本、总可变成本、总成本、边际成本、平均不变成本、平均可变成本和平均总成本。

下面我们用表 5-1 来表示这七类成本的关系。

表 5-1　短期成本表

产量 Q	总不变成本（TFC）	总可变成本（TVC）	总成本（TC）	平均不变成本（AFC）	平均可变成本（AVC）	平均总成本（AC）	边际成本（MC）
0	1200	0	1200	—	—	—	—
1	1200	600	1800	1200	600	1800	600
2	1200	800	2000	600	400	100	200
3	1200	900	2100	400	300	700	100
4	1200	1050	2250	300	262.5	562.5	150
5	1200	1400	2600	240	280	520	350
6	1200	2100	3300	200	350	550	700

下面我们一一介绍这七类成本的定义。

（1）总不变成本

总不变成本（TFC）是厂商在短期内为生产一定量的产品对不变生产要素所支付的成本。有时也称为“经常性开支”或“沉积资本”。例如，厂商对建筑物和机器设备的折旧费、债务的利息支出、长期工作人员的开支、一般财产税和保险费等。不管厂商的产量是多少，不变生产要素的投入量都是不变的。所以，总不变成本不随产量的变化而变化，即使产量为 0 时，总不变成本也仍然存在。在表 5-1 中的总不变成本 TFC 不管产量 Q 是多少，它的数值都是 1200，保持不变。

（2）总可变成本

总可变成本（TVC）是厂商在短期内为生产一定量的产品对可变生产要素所付出的总成本。例如，厂商对原材料、燃料动力和工人工资的支付等，由于在短期内厂商是根据产量变化的要求来不断地调整可变要素的投入量的，所以，总可变成本随产量的变动而变动。当产量为 0 时，总可变成本为 0。在这以后，总可变成本随着产量的增加而增加。它的函数形式为：

$$\mathrm{TVC}=\mathrm{TVC}(Q) \tag{5-1}$$

在表 5-1 中的总可变成本（TVC），当产量 Q 是 0 时它就是 0，以后随产量的增加而不断增加，例如，当 Q=1 时，TVC=600；当 Q=2 时，TVC=800。

（3）总成本

总成本（TC）是厂商在短期内为生产一定量的产品对全部生产要素所付出的成本。它是总不变成本和总可变成本之和。用公式表示为：

$$\mathrm{TC}(Q)=\mathrm{TFC}+\mathrm{TVC}(Q) \tag{5-2}$$

总成本（TC）在产量是 0 时，它不是 0，应该等于总不变成本。以后随产量的增加而不断增加。其增加量应是总可变成本的增加量。

（4）边际成本

边际成本（MC）是成本概念中最重要的概念，是厂商在短期内增加一单位产品的产量所增加的总成本或总可变成本的数量。例如，在表 5-1 中生产第一件产品的总成本是 1800，生产第二件产品的总成本是 2000，那么生产第二件产品的边际成本（MC）就是 200=(2000−1800)/(2−1)。用公式表示为：

$$\mathrm{MC}(Q)=\Delta\mathrm{TC}(Q)/\Delta Q \text{ 或者 } \mathrm{MC}(Q)=\Delta\mathrm{TVC}(Q)/\Delta Q \tag{5-3}$$

上式中，$\Delta\mathrm{TC}(Q)$表示总成本的变化量，$\Delta\mathrm{TVC}(Q)$表示总可变成本的变化量，ΔQ 表示总产量的变化量。

我们举个例子说明下为什么除了通过总成本（TC）得到边际成本（MC）之外，我们还可以通过总可变成本得到边际成本（MC）。例如，在表 5-1 中，生产第一件产品的总可变成本是 600，生产第二件产品的总可变成本是 800，那么生产第二件产品的边际成本（MC）就是 200=(800−600)/(2−1)。这是为什么呢？因为在短期生产中，总成本的增加永远和总可变成本的增加完全相同，唯一不同之处在于总可变成本（TVC）必须从 0 开始，而总成本（TC）是从总不变成本（TFC）的高度开始的。

另外，也可以用导数形式来表示边际成本：当总产量的变化量 ΔQ 很小时，$\mathrm{MC}(Q)=\mathrm{dTC}(Q)/\mathrm{d}Q$ 或者 $\mathrm{MC}(Q)=\mathrm{dTVC}(Q)/\mathrm{d}Q$。

（5）平均不变成本

平均不变成本（AFC）是厂商在短期内平均每生产一单位产品所消耗的不变成本，用总不变成本去除以总产量即可，随着总产量的增加，平均不变成本的值将不断下降。用公式表示为：

$$AFC(Q)=TFC/Q \tag{5-4}$$

（6）平均可变成本

平均可变成本（AVC）是厂商在短期内平均每生产一单位产品所消耗的可变成本，用总可变成本去除以总产量即可。用公式表示为：

$$AVC(Q)=TVC(Q)/Q \tag{5-5}$$

（7）平均总成本

平均总成本（AC）是厂商在短期内平均每生产一单位产品所消耗的全部成本，总成本去除以总产量即可。它等于平均不变成本和平均可变成本之和。用公式表示为：

$$AC(Q)=TC(Q)/Q=AVC(Q)+AFC(Q) \tag{5-6}$$

由表 5-1 中的产量、总不变成本、总可变成本、总成本、平均可变成本、平均不变成本、平均总成本和边际成本这七列数据可作出总成本、总不变成本、总可变成本、平均可变成本、平均不变成本、平均总成本和边际成本曲线曲线图，如图 5-1 所示。

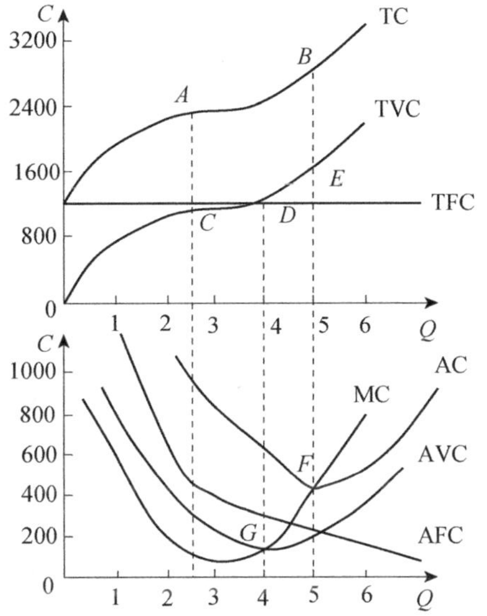

图 5-1 短期成本曲线

下面我们来描述下随着产量变化，七种成本的变化趋势。在图 5-1 中，第一，总不变成本（TFC）曲线与横轴平行。这是因为，在短期总不变成本不会随产量的变动而变化；第二，总可变成本（TVC）曲线从原点出发向右上方倾斜，它随产量增加而增加，先是以递减的速度上升，经过拐点 C 之后，开始以递增的速度上升；第三，总成本（TC）曲线是通过总不变成本与每一产量水平的总可变成本垂直相加而得到的，在产量为 0 时，和总不变成本一致，此后，随产量的变化，其变动趋势与总可变成本（TVC）曲线一致，简单地说，就是总成本曲线和总可变成本曲线的图形是完全一样的，总成本曲线的图形是在总可变成本曲线沿着纵轴向上平移总不变成本 TFC 个单位而形成的。因为当总不变成本（TFC）一定时，总成本（TC）的变动取决于总可变成本（TVC）的变化；第四，边际成本曲线、平均总成本、平均可变成本曲线都是 U 形图，即随着产量的增加，它们先下降后上升；第五，平均不变成本随着产量的增减而不断下降。

二、短期成本曲线关系分析

下面我们来分析 7 个成本之间的关系。根据 7 种成本公式以及图 5-1，我们可以知道：第一，总成本等于总不变成本加上总可变成本；第二，平均总成本等于平均不变成本加上平均可变成本；第三；平均成本是总成本曲线上某点到原点连线的斜率、平均不变成本是总不变成本曲线上某点到原点连线的斜率、平均可变成本是总可变成本曲线上某点到原点连线的斜率；第四，边际成本是总成本函数的导数，是总可变成本函数的导数或者说是总成本曲线上某点的切线的斜率以及是总可变成本曲线上某点的切线的斜率。

下面重点分析边际成本与平均总成本、边际成本与平均可变成本的关系。

我们可以根据边际成本、平均成本和平均可变成本之间的关系，可以确定厂商的盈亏均衡点和停止营业点。

（1）为什么边际成本曲线、平均成本曲线和平均可变成本曲线都呈 U 形

在图 5-1 中，可以看出 MC、AC、AVC 都表现出随着产量的增加都呈现先下降后上升的特征，即成U形。它们的这一特征是由边际收益或者报酬递减规律决定的。随着可变生产要素投入量的增加，边际成本在开始时递减，平均总成本和平均可变成本也随着递减；随着可变生产要素投入量的继续增加，边际成本又不断上升，平均总成本和平均可变成本也不断上升。

（2）边际成本和平均总成本的关系——收支相抵点

在图 5-1 中，在边际成本曲线 MC 上升的过程中，总是通过平均总成本曲线 AC 的最低点，也就是两曲线相交的 *F* 点。在两条曲线相交之前，边际成本小于平均总成本，即 MC＜AC，也就是说生产最后一单位产品的成本小于过去全部产品的平均总成本，这时的平均总成本必然小于生产这最后一单位以前的平均总成本。因此平均总成本曲线 AC 下降；在两曲线相交之后，边际成本大于平均总成本，即 MC＞AC，也就是说生产最后一单位产品的成本大于过去全部单位的平均总成本，这时的平均成本必然大于生产这最后一单位以前的平均总成本。因此，平均成本曲线 AC 上升；在两曲线的相交点 *F* 上，边际成本等于平均成本，即 MC=AC，就是说生产最后一单位产品的成本正好等于过去生产全部产品的平均成本。这时，平均成本曲线 AC 既不上升也不下降。

因此，我们把边际成本曲线 MC 和平均成本曲线 AC 相交的 *F* 点称为盈亏均衡点或收支相抵点。这时边际成本等于平均总成本，也就是说，如果一个厂商的销售商品的单价或平均收益等于两条曲线相交时 *F* 点的边际成本或平均成本，厂商的收益正好补偿平均成本。这时，厂商不存在超额利润，也不存在亏损，仅存在正常利润，是实现最大利润的均衡点。超过这一点继续增加产量，平均收益小于平均成本，厂商将亏损。

（3）边际成本与平均可变成本的关系——停止营业点

在图 5-1 中，边际成本曲线 MC 和平均可变成本曲线 AVC 相交于平均可变成本曲线的最低点 *G*。在两曲线相交前边际成本小于平均可变成本，即 MC＜AVC，这时的平均可变成本必然小于生产这最后一单位以前的平均可变成本，平均可变成本 AVC 曲线下降；在两曲线相交后边际成本大于平均可变成本，即 MC＞AVC，这时的平均可变成本必然大于生产这最后一单位以前的平均可变成本，平均可变成本 AVC 曲线上升；在两曲线相交的 *G* 点上边际成本等于平均可变成本，即 MC＝AVC，就是说，生产最后一单位产品的可变成本正好等于过去生产全部单位产品的平均可变成本。这时，平均可变成本曲线 AVC 既不上升也不下降。

在这一点上，厂商的平均收益只能弥补所投入的平均可变成本，因此，我们把边际成本曲线 MC 和平均可变成本 AVC 的交点 *G* 称为厂商的停止营业点。超过这一点继续

增加产量，平均收益小于平均可变成本，不仅不能补偿不变成本投入，甚至连可变成本的投入也很难完全补偿，所以不能再生产了，必须停止营业。

阅读材料 3：为什么边际成本会相交于平均总成本或平均可变成本的最低点

我们知道边际成本的导数公式是 $MC(Q)=dTC(Q)/dQ$ 或者 $MC(Q)=dTVC(Q)/dQ$。而平均总成本的公式是 $AC(Q)=TC(Q)/Q$，平均可变成本的公式是 $AVC(Q)=TVC(Q)/Q$。在数学上，我们为了求得一个变量的极值点（极小值点或极大值点），一般的方法是对这个变量的函数求取一阶导数，并使得一阶导数等于零。对于平均总成本而言，它的一阶导数是 $d\ AC(Q)/dQ=d[TC(Q)/Q]/dQ=[(dTC(Q)/dQ)Q-TC(Q)]/Q^2=(MC-AC)/Q$，在这里我们令平均总成本的一阶导数等于零，即 $d\ AC(Q)/dQ=(MC-AC)/Q=0$，所以我们得出当平均总成本取极小值时，边际成本等于平均总成本，所以当边际成本与平均总成本相交时，会相交于平均总成本曲线的最低点。同样的，对于平均可变成本而言，它的一阶导数是 $d\ AVC(Q)/dQ=d[TVC(Q)/Q]/dQ=[(dTVC(Q)/dQ)Q-TVC(Q)]/Q^2=(MC-AVC)/Q$，在这里我们令平均可变成本的一阶导数等于零，即 $d\ AVC(Q)/dQ=(MC-AVC)/Q=0$，所以我们得出当平均可变成本取极小值时，边际成本等于平均可变成本，所以当边际成本与平均总成本相交时，会相交于平均总成本曲线的最低点。

第三节 长期成本分析

在长期内，厂商可以根据产量的要求调整全部生产要素的投入，即调整生产规模，停留在这个行业内，或者还可以进入或退出一个行业，这时厂商的成本分析是长期成本分析。

长期成本分为长期总成本、长期平均成本和长期边际成本。

一、长期总成本（LTC）

（一）长期总成本曲线的含义

长期总成本是在长期中，厂商生产一定量产品的成本总和。由于在长期内厂商可以根据产量调整生产规模，因而长期总成本是厂商在各种产量要求下通过调整生产规模所实现的最低总成本。其长期总成本函数用公式表示如下：

$$LTC=LTC(Q) \tag{5-7}$$

另外，用图形表示如图 5-2 所示，横轴表示产量，纵轴表示成本，LTC 是长期总成本曲线。

（二）长期总成本曲线的特征

（1）LTC 曲线从原点出发。它表示，当产量为零时，长期总成本也是零，这不同于短期总成本曲线，短期总成本曲线是从短期总不变成本的高度出发的。因为在长期内，一切生产要素的投入都是可以调整的，所以没有不变投入与可变投入之分，故而没有不变成本，一切成本都是可变的。

（2）LTC 曲线向右上方倾斜。随着产量增加，厂商不断扩大生产规模，长期总成本便不断增加。

（3）LTC 曲线向右上方倾斜的阶段，即长期总成本曲线上每点的斜率先是递减然后递增。所以长期总成本曲线的形状是先以递减的速度上升，而后以递增的速度上升。其原因可以用规模收益的变动规律来说明。在企业生产规模扩张的开始阶段，厂商由于扩大生产规模而使经济效益提高，出现规模收益递增，这时每增加一单位产量所增加的长期总成本是递减的，因而 LTC 曲线以递减的速度上升。在企业的生产扩张到一定规模以后，厂商继续扩大规模会出现规模收益递减，这时每增加一单位产量所增加的长期总成本递增，它表示为 LTC 曲线以递增的速度上升。在拐点处，企业处于规模收益不变的阶段。LTC 曲线将会有一段较平稳的部分出现。

（三）长期总成本曲线的构成

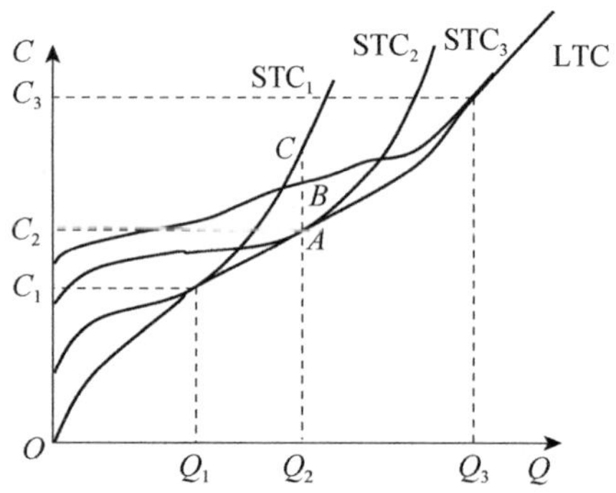

图 5-2　长期总成本曲线

LTC 曲线是无数条 STC 曲线的包络线。其构成可以用图 5-2 来说明。在图 5-2 中，有三条 STC 曲线，即 STC_1、STC_2 和 STC_3，它们分别代表三种不同的生产规模。由于 STC 曲线在纵轴上的截距代表不变成本，也就是企业的生产规模，因而三条 STC 曲线所代表的生产规模的大小依次为：$STC_1 < STC_2 < STC_3$。假定厂商要生产的产量为 Q_2，它应将生产规模调整到 STC_2 所代表的规模。因为只有用 STC_2 所代表的生产规模生产出来的产量 Q_2 的总成本 C_2 为（A 点）最小，而用另外两种生产规模生产 Q_2 的产量的总成本分别是 B 点和 C 点，都大于 A 点。因此，STC_2 代表的规模是长期内生产产量 Q_2 的最佳规模。如果厂商减少产量 Q，最佳规模也要相应调整到 STC_1，这是生产 Q_1 产量的最佳规模，其总成本为 C_1；如果厂商增加产量 Q，最佳规模也要相应调整到 STC_3，这是生产 Q_3 产量的最佳规模，其总成本为 C_3。

从理论上讲，如果产量可以无限细分，生产规模也可以无限细分，厂商就可以在任何一个产量上都能找到一个相应的最佳规模，都有一个最低水平的总成本。把这无数个最低的总成本点连接起来，就形成了 LTC 曲线。所以，LTC 曲线是无数条 STC 曲线的包络线。

二、长期平均成本（LAC）

（一）长期平均成本曲线的含义与特征

长期平均成本是长期中平均每单位产品的成本。由于厂商在长期内可以通过调整生产规模来实现每一种产量条件下的最小总成本，因此也就实现了相应的最小平均成本。长期平均总成本 LAC 可以用下面公式来表示：

$$LAC(Q)=LTC(Q)/Q \quad (5\text{-}8)$$

在图 5-3 中，LAC 曲线是一条随产量的增加呈现出先下降、后上升的“U”字形曲线，其原因也是规模收益变动规律。在企业规模开始扩张的阶段，由于规模收益递增，长期平均成本递减。在规模扩张到一定阶段之后，由于出现了规模收益递减，长期平均成本递增。经济学近些年来的经验性研究表明，在大多数行业中，企业从规模收益递增到规模收益递减，中间有一段很长的规模收益不变阶段，因而长期平均成本曲线的弯曲程度比较平缓。

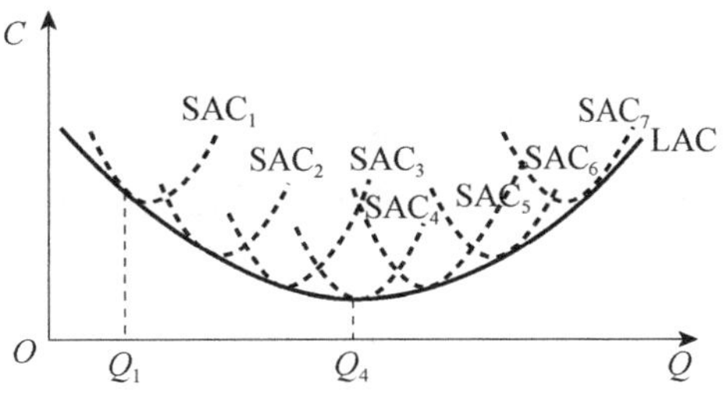

图 5-3 长期平均成本曲线

需要注意的是，LAC 曲线的形状类似于 SAC 曲线，它们都呈“U”形，但两者的形成原因是不同的。LAC 曲线受规模收益变动的影响，而 SAC 曲线受边际收益变动的影响。简单地说，一个是在长期内，受所有生产要素投入量的变化影响，即厂商生产规模变化所引起的；另一个是在短期内，受可变生产要素投入量的变化，不变生产要素投入不变的影响。即厂商生产规模没有发生变化。

（二）长期平均成本曲线的构成

LAC 曲线是无数条 SAC 曲线的包络线。

在图 5-3 中，有 SAC_1、SAC_2……若干条短期平均成本曲线，它们各自代表不同的生产规模。在长期中，厂商可以根据产量的要求，选择平均成本最小的生产规模进行生产。若企业的产量要求为 Q_1，它应选择 SAC_1 所代表的规模进行生产。

因为按这一生产规模生产 Q_1 的产量，短期平均成本最低，而按其他规模生产 Q_1 的产量，短期平均成本都较高。因此 SAC_1 代表的规模是生产 Q_1 产量的最佳规模。如果企业产量要求不断增加，最佳规模也应相应扩大。SAC_2 代表的规模是生产 Q_2 产量的最佳规模，SAC_3 代表的生产规模是生产 Q_3 产量的最佳规模……SAC_7 代表的规模是生产 Q_7 产量的最佳规模。

从理论上讲，产量可以无限细分。若厂商把无数个产量所对应的无数个最佳规模相应的平均成本曲线用一条切线连接起来，形成无数个 SAC 曲线的包络线，这就是 LAC 曲线。因为 LAC 曲线上的每一个点都是产量既定条件下，最佳生产规模的短期平均成本点。

下面我们分析长期平均总成本的特征：从图 5-3 中可以看到，LAC 曲线相切于无数条 SAC 曲线，而不是所有 SAC 曲线最低点的连线。在 LAC 曲线最低点的左边，LAC 曲线相切于 SAC 曲线最低点的左边；在 LAC 曲线最低点的右边，LAC 曲线相切于 SAC 曲线最低点的右边；只有在 LAC 曲线的最低点，LAC 曲线相切于 SAC 曲线的最低点。

阅读材料 4：影响长期平均成本曲线变化的因素

（1）规模经济与规模不经济。规模经济是指由于生产规模扩大而导致长期平均成本下降的情况。规模不经济是指由于企业规模扩大使得管理无效而导致长期成本上升的情况。

（2）外在经济与外在不经济。外在经济是由于厂商的生产活动所依赖的外界环境改善而产生的。外在不经济是指企业生产所依赖的外界环境日益恶化。

（3）学习效应。学习效应是指，在长期的生产过程中，企业的工人、技术人员、经理人员等可以积累起产品生产、产品的技术设计，以及管理人员方面的经验，从而导致长期平均成本的下降。

（4）范围经济。范围经济是指在相同的投入下，由一个单一的企业生产关联产品比多个不同的企业分别生产这些关联产品中每一个单一产品的产出水平要高。因为这种方式可以通过使多种产品共同分享生产设备或其他投入物而获得产出或成本方面的好处。

资料来源：http://class.htu.cn/weiguanjinjixue

三、长期边际成本（LMC）

（一）长期边际成本曲线的含义与特征

长期边际成本是指在长期中，厂商每增加一单位产量时所增加的成本。与 SMC 曲线和 STC 曲线的关系一样，LMC 也是 LTC 曲线上相应各点切线的斜率。用公式表示如下：

$$LMC(Q)=\Delta LTC(Q)/\Delta Q \quad (5\text{-}9)$$

当产量变化量 $\Delta Q\to 0$ 时则

$$LMC(Q)=\lim_{\Delta Q\to 0}\frac{\Delta LTC(Q)}{\Delta Q}=\frac{dLTC(Q)}{dQ} \quad (5\text{-}10)$$

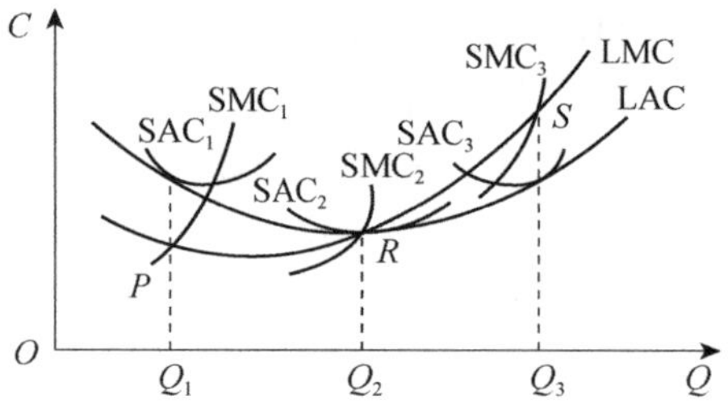

图 5-4　长期边际成本曲线

如前所述，企业在规模扩张的开始阶段，由于规模收益递增，因而增加产量所增加的长期总成本，即长期边际成本是递减的。长期边际成本递减，也就是 LTC 曲线的斜率递减。经过规模收益不变阶段以后，规模收益递减使长期边际成本递增，也就是 LTC 曲线的斜率递增。在图 5-4 中，LMC 曲线呈先下降后上升的趋势，正是反映了规模收益的变动规律。

长期边际成本与长期平均成本的关系和短期边际成本与短期平均成本的关系一样，即 LMC 曲线必然相交于 LAC 曲线的最低点，如图 5-4 中的 R 点，其原因在于，当长期边际成本小于长期平均成本时，增加产量会使长期边际成本将长期平均成本拉低，长期平均成本降低。反之，当长期边际成本大于长期平均成本时，增加产量会使长期边际成本将长期平均成本拉高，长期平均成本提高。因此，当长期边际成本等于长期平均成本时，LAC 曲线处于最低点。

（二）长期边际成本曲线的构成

LMC 曲线可以由无数条 SMC 曲线得到。

从构成 LTC 曲线的图 5-2 中可见，LTC 曲线是 STC 曲线的包络线。在长期内的每一个产量上，LTC 曲线都与一条代表最佳规模的 STC 曲线相切，切点上两条曲线的斜率是相等的。

由于 LTC 曲线的斜率是长期边际成本，STC 曲线的斜率是短期边际成本，因而在长期内的每一个产量上的最佳生产规模的长期边际成本和短期边际成本是相同的。

在图 5-4 中，有三组代表不同的规模的 SAC 曲线和 SMC 曲线。若厂商在长期内想生产 Q_1 产量，它应该选 SAC_1 和 SMC_1 所代表的最佳规模。运用这一规模生产 Q_1 产量时

的短期边际成本由 P 点给出。根据上面的分析，PQ_1 既是短期边际成本，也应是长期边际成本。同理，在 Q_2 产量上，可以找到既是短期边际成本，又是长期边际成本的 R 点。在 Q_3 的产量上可以找到 S 点。在产量可以无限细分，生产规模也可以无限细分的假设下，可以找到无数个这样的点。把这些既是短期边际成本，又是长期边际成本的点连接起来，就得到了 LMC 曲线。

阅读材料 5：福特公司产量的安排

对于许多企业来说，总成本分为固定成本和可变成本，取决于时间框架。例如，考虑一个全机车公司，比如福特汽车公司。在只有几个月的时期内，福特公司不能调整其汽车工厂的数量与规模。它可以生产额外一辆汽车的唯一方法是，在已有的工厂中多雇佣工人。因此，这些工厂的成本在短期中是固定成本。与此相比，在几年的时期中，福特公司可以扩大其工厂规模，建立新工厂和关闭旧工厂。因此，其工厂的成本在长期中是可变成本。

由于许多成本在短期中是固定的，但在长期中是可变的，所以，企业的长期成本曲线不同于其短期成本曲线。长期平均总成本曲线是比短期平均总成本曲线平坦得多的 U 形曲线。此外，所有短期曲线在长期成本曲线以上。这些特点的产生，是因为企业在长期中有更大的灵活性。实际上，在长期中，企业可以选择它想用的哪一条短期成本曲线。但在短期中，它不得不用它过去选择的任何一条短期曲线。

当福特公司想把每天的产量从 1000 辆汽车增加到 1200 辆时，在短期中除了在现有的中等规模工厂中多雇工人之外别无选择。由于边际产量递减，每辆汽车的平均总成本从 1 万美元增加到 1.2 万美元。但是，在长期中，福特公司可以扩大工厂和车间的规模，而平均总成本保持在 1 万美元的水平上。

对一个企业来说，进入长期要多长时间呢？回答取决于企业。对一个大型制造企业，例如，汽车公司，这可能需要一年或更长时间。与此相比，一个人经营的柠檬水店可以在一小时甚至更短的时间内去买一个水罐。

第四节　企业收益与利润最大化原则

一、收益的含义

收益是指企业销售产品的收入，其中既包括了成本，又包括了利润。收益可以分为总收益（TR）、平均收益（AR）和边际收益（MR）。

（1）总收益（*Total Revenue*，TR）

总收益是厂商生产并出售一定量产品和劳务的收入总额。如果厂商生产的是多种商品，那么，总收益就等于每种商品的价格与每种商品销售量的乘积之和，其公式为：

$$总收益=\Sigma 每种商品的价格\times 每种商品的销售量$$

如果用 P_1、P_2、P_3、…、P_n 代表每种商品的价格，用 Q_1、Q_2、Q_3、…、Q_n 代表每

种商品的销售量，则上式可写为

$$TR(Q)=P_1Q_1+P_2Q_2+P_3Q_3+\cdots+P_nQ_n=\sum_{i=1}^{n}P_iQ_i \qquad (5\text{-}11)$$

假定厂商生产的是一种商品，则总收益=价格×销售量，即 $TR=P\cdot Q$。式中，如果价格既定，总收益就是销售量的函数。

（2）平均收益（*Average Revenue*，AR）

平均收益是厂商出售单位产品的收益，它等于总收益与销售量之比，其公式为：

$$AR(Q)=TR/Q=P*Q/Q=P \qquad (5\text{-}12)$$

上式表明，平均收益（AR）等于单位产品的价格。对上式进行变换，还可以得出总收益公式为：总收益＝平均收益×销售量即 $TR(Q)=AR\cdot Q=P\cdot Q$

（3）边际收益（*Marginal Revenue*，MR）

边际收益是销售量每增加一单位所引起的总收益的增量，其公式为：

$$MR(Q)=\Delta TR/\Delta Q \qquad (5\text{-}13)$$

当销售量增量 ΔQ 无穷小变动时，则

$$MR=\lim_{\Delta Q\to 0}\frac{\Delta TR}{\Delta Q}=\frac{dTR}{dQ} \qquad (5\text{-}14)$$

上式表明，边际收益（MR）也是销售量（Q）的函数，是总收益增量对销售量增量的一阶导数。

二、价格不变条件下的各种收益曲线

价格不变的市场条件是指对于某一行业中的单个企业来说，无论它生产并出售多少产量，都不会引起市场价格的变化。我们知道，产品市场价格变化是受该行业产品的供给总量和需求总量的影响。当单个企业规模很小，所占市场份额微不足道时，该企业无论增加产量还是减少产量都不足以引起市场供求关系的变化。对该企业而言，它就面临着价格不变的市场条件。价格不变市场条件下的总收益、平均收益和边际收益的变动规律如表 5-2 所示。

表 5-2　价格不变条件下的收益表

销售量 Q	价格 P	总收益 TR	平均收益 AR	边际收益 MR
0	2	0	—	—
100	2	200	2	2
200	2	400	2	2
300	2	600	2	2
400	2	800	2	2
500	2	1000	2	2

在以销售量（产量）为横轴，分别以总收益和价格为纵轴的坐标上，我们可以分别绘出 AR 曲线、MR 曲线（图 5-5）和 TR 曲线（图 5-6）。TR 曲线是一条从原点出发，向右上方倾斜的直线。AR 曲线和 MR 曲线重叠，且平行于横轴。原因在于，由于价格

不变，每增加销售一件产品，就等于在总收益中增加了一件产品的价格，因此，边际收益总是等于平均收益。

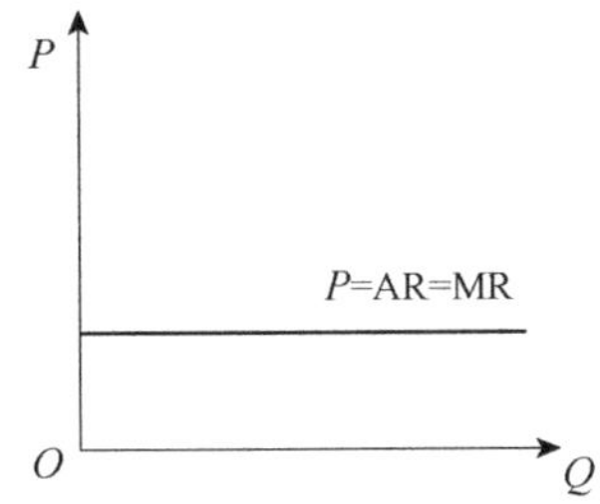

图 5-5 AR 曲线、MR 曲线

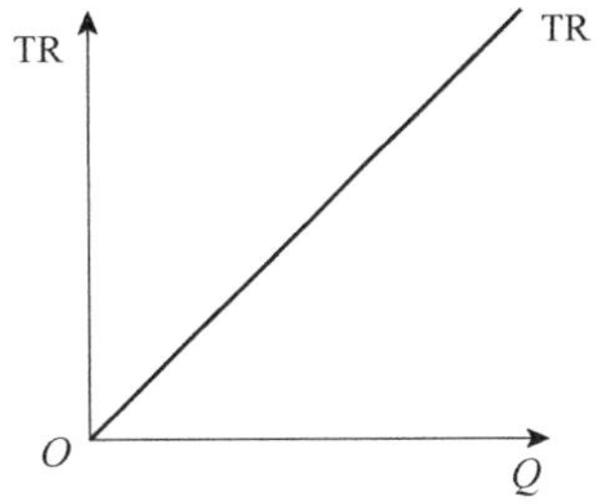

图 5-6 TR 曲线

三、价格递减条件下各种收益曲线

价格递减市场条件是指，随着单个企业产量，也就是销售量的不断增加，产品市场价格递减。如果一个企业规模较大，在整个行业中占有很大的市场份额，甚至一个行业只有一家企业提供产品，则这家企业的销售量就对整个市场的供求关系产生很大的影响。当这个企业的产量增加时，也就意味着整个行业的供给量增加，价格必然下降。反之，若这个企业的产量减少，整个行业的供给量也就减少，价格必然上升。在价格递减市场条件下，总收益、平均收益、边际收益的变动规律如表 5-3 所示。

表 5-3 价格递减条件下的收益表

销售量 Q	价格 P	总收益 TR	平均收益 AR	边际收益 MR
0	10	0	—	—
1	9	9	9	9
2	8	16	8	7
3	7	21	7	5
4	6	24	6	3
5	5	25	5	1

根据表 5-3，我们可以绘出价格递减条件下的 TR 曲线、AR 曲线和 MR 曲线。TR 曲线（图 5-7）是一条从原点出发，随着销售量增加而递增，当销售量达到一定程度又递减的曲线。AR 曲线（图 5-8），即价格线是一条向右下方倾斜的曲线。MR 曲线也是一条向右下方倾斜的曲线。

第一，从 TR 曲线和 MR 曲线的关系来看，与其他总量和边际量的关系一样，MR 曲线就是 TR 曲线各点切线的斜率。当 MR＞0 时，TR 曲线上升；当 MR=0 时，TR 曲线达到最高点；当 MR＜0 时，TR 曲线下降。

第二，AR 曲线和 MR 曲线都向右下方倾斜，但 MR 曲线在 AR 曲线的下方，以更快的速度递减。边际收益小于平均收益的原因在于：边际收益是指增加一单位产量所增加的收益，它由两部分组成。其一，增加销售的一单位产品本身所增加的收益，例如，在上例中，当销量由 2 增加到 3 时，第三件产品本身使总收益增加了 7。其二，由于价格递减所减少的收益。上例中第三件产品销售使价格由 8 降到 7，于是前两件产品的价格也都由 8 降到 7，总共减少收益 2。这样，销售第三件产品使总收益增加了 5 单位。也就是第三件产品的边际收益是 5，小于平均收益 7。

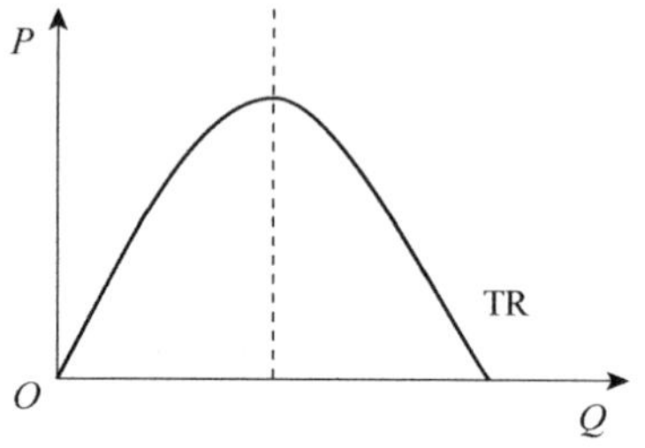

图 5-7 TR 曲线

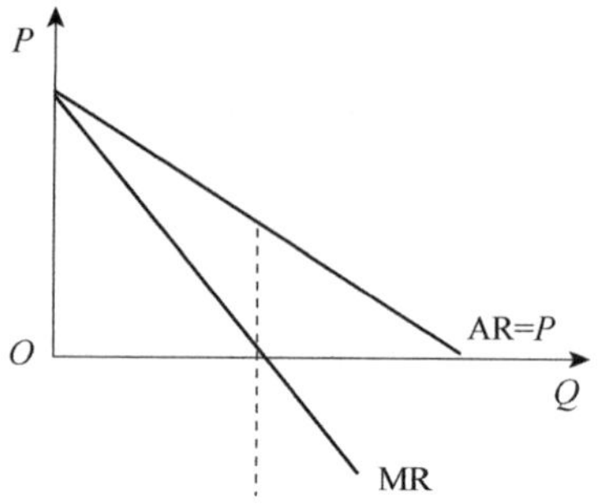

图 5-8 AR 曲线、MR 曲线

阅读材料 6：为什么边际收益会小于平均收益？

我们知道边际收益的函数式为：$MR=\lim\limits_{\Delta Q\to 0}\dfrac{\Delta TR}{\Delta Q}=\dfrac{dTR}{dQ}=\dfrac{dPQ}{dQ}$，如果这里的价格 P 是不变的话，求导后的结果就是等于 P，由于价格又是等于平均收益的，所以就有 P=MR=AR，但是，如果价格 P 是变化的，价格 P 是销售量 Q 的函数的话，那么求导后，$MR=\lim\limits_{\Delta Q\to 0}\dfrac{\Delta TR}{\Delta Q}=\dfrac{dTR}{dQ}=\dfrac{dPQ}{dQ}=P[1+(dP/dQ)Q/P]$，由于需求的价格弹性 $E_d=-(dP/dQ)Q/P>0$，所以 $MR=P(1-E_d)<P=AR$。

四、厂商利润最大化原则

厂商利润最大化是指厂商在现有生产技术条件下，运用既定的投入资源，生产一定量产品，并按一定价格销售，能够获得的最大利润。

总利润（*Total Profit*，TP）是总收益（TR）与总成本（TC）之间的差额，即 TP(Q)=TR(Q)−TC(Q)。假设厂商的全部产量都可以销售出去，即产量也就是销售量，那么总成本是产量（销售量）的函数。TP(Q)= TR(Q)−TC(Q)

要实现利润最大化，就必须要求总利润函数的一阶导数等于零：

$$\frac{dTP}{dQ}=\frac{dTR}{dQ}-\frac{dTC}{dQ}=MR-MC=0$$

所以，利润最大化的一般原则就是边际收益等于边际成本，即 MR=MC。

当边际收益大于边际成本时，厂商如果再增加一个单位产品的生产，增加的收益就会大于增加的成本，因而厂商继续增加产量就可以增加利润，说明在这种情况下厂商还没有实现利润最大化，必须继续增加产量。但是，由于边际收益递减规律的作用，在产量继续增加的过程中，边际收益会逐步减少，与此同时，边际成本却会逐步增加，直到两者相等为止，厂商才不再继续增加产量，从而实现了利润最大化。

当边际收益小于边际成本时，厂商如果再生产一个单位的产品，所增加的收益将小于增加的成本，继续增加生产这个产品不仅不能增加利润，还会发生亏损。在这种情况下，厂商只有减少产量才能保持利润增加。因为，由于边际收益递减规律的作用，在产量减少的过程中，边际收益将会逐步增加，与此同时，边际成本又会逐步减少，直到两者相等为止，厂商才不再继续减少产量，从而实现了利润最大化。

下面用图 5-9 来说明价格不变条件下厂商实现利润最大化的原则：边际收益等于边际成本。

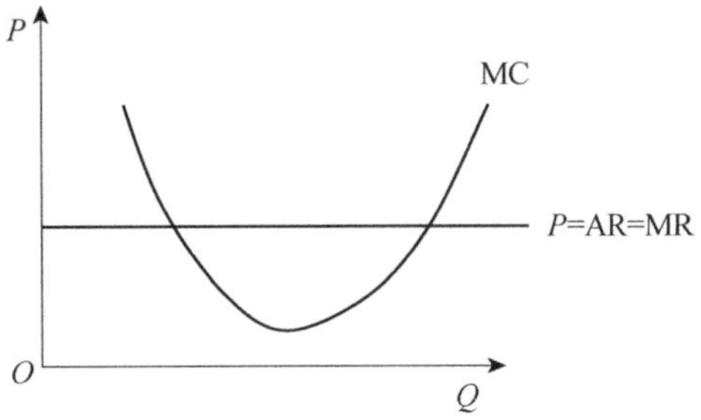

图 5-9 价格不变条件下利润最大化原则

这里需要强调的一点是，尽管在对图 5-9 的分析中，我们说厂商在 MR=MC 的均衡点上获得了最大的利润，但这并不是说，在任何情况下，只要厂商实现了 MR=MC 的均衡条件，厂商就一定能获得利润。对 MR=MC 时的生产者均衡状态的全面理解应该是：在 MR=MC 的均衡点上，厂商可能是盈利的，也可能是亏损的。如果厂商是盈利的，那么，这时的利润就一定是相对最大的利润；如果厂商是亏损的，那么，这时的亏损就一定是相对最小的亏损。总之，当厂商实现 MR=MC 的均衡条件时，不管是盈利还是亏损，厂商都处在最好的结果之中。这也就是 MR=MC 的利润最大化的均衡条件，有时也被称为利润最大或亏损最小的均衡条件的原因。

最后需要指出的是，这一利润最大化的均衡条件，对于完全竞争市场条件和不完全竞争市场的厂商的短期生产和长期生产的分析，都是适用的。

阅读材料 7：婚姻的成本和收益

一位经济学博士过了多年的单身生活，感到厌倦，于是想要结婚。但又怕婚姻不如想象中的好，于是，按照经济学关于成本与收益的原则，他列了份清单。

先算收益。第一，两个人贷款供房；第二，两个人赚钱养家；第三，遇事有人商量；第四，下班回家有人做晚餐；第五，下雨有人给自己送伞；第六，病了有人陪着去医院；第七，出差外地，有人在家照看猫咪……再列成本。第一，不能随意带女人回家；第二，不能送朋友贵重礼物；第三，不能自己做决定；第四，下班后不能回家太晚或不回家；第五，家里至少要准备两把伞；第六，如果她病了你也要陪她去医院；第七，出差外地，回家前千万不能忘了买礼物。结果发现，收益和成本相等。每一条收益，都需要等量的成本。博士有些不知所措。他想了又想，决定遵照风险定律，在收益相等的情况下，选择另一种未体验过的。不久，博士结婚了。没想到结婚第三天，他就后悔了。那天，他们为了一件小事吵了起来。他一生气推了她一下，她扑过来双手对准他的胸，打了无数下，又哭又闹。博士费尽九牛二虎之力，好不容易才把她哄好。虽然战争只用了一天，但接下来的一个星期，他都无法集中精力读书著文。这时候，他才发现自己错了。他在计算成本和收益的时候，没有把感情计算进去，因为感情是无法量化的。怎么办？离婚？天哪！博士吓了一跳，这样一来自己所付出的一切就都成了沉没成本，那简直是要他的命。不行，至少应该在沉没之前，先平衡一下收益。

现在，10 年过去了，博士已成了两个孩子的父亲，事业上硕果累累，成为业内知名人物，人们称他为经济学家。有记者采访他，问他成功的经验。他耸耸肩，笑笑说："没什么，只不过是为了平衡收益。"

资料来源：http://book.ce.cn

关键概念

会计成本	经济成本	会计利润	经济利润	短期成本
长期成本	短期总成本	固定成本	可变成本	短期平均成本
平均固定成本	平均可变成本	短期边际成本	停止营业点	长期总成本
长期平均成本	包络线	长期边际成本	总收益 平均收益	边际收益

知识小结

1. 生产一单位的某种产品的机会成本是指生产者所放弃的使用相同的生产要素在其他生产用途中所能得到的最高收入。

2. 企业的生产成本可以分为显性成本和隐性成本两个部分。企业生产的显性成本是指厂商在生产要素市场上购买或租用所需要的生产要素的实际支出。企业生产的隐性成本是指厂商本身所拥有的且被用于该企业生产过程的那些生产要素的总价格。

3. 总成本可以分为两类。不随产量变动而变动的成本，称为不变成本。随着产量的变动而变动的成本，称为可变成本。

4. 总成本除以产量称为平均总成本。平均不变成本是总不变成本除以产量，平均可变成本是总可变成本除以产量。当企业增加一单位产量的生产时总成本的增加量称为边际成本。平均总成本是平均不变成本与平均可变成本之和。只要边际成本小于平均总成本，平均总成本就下降；只要边际成本大于平均总成本，平均总成本就上升。同样，只要边际成本小于平均可变成本，平均可变成本就下降；只要边际成本大于平均可变成本，平均可变成本就上升。

5. 长期成本分为长期总成本、长期平均成本、长期边际成本。

6. 总收益是产品价格与产量（销售量）的乘积。平均收益是总收益除以产量。边际收益是每多销售一单位产量所引起的总收益变动量。

7. 企业的经济利润是企业的总收益减去生产所销售物品与劳务的所有机会成本后的余额。企业的会计利润是企业的总收益减去企业的显性成本后的余额。

8. 厂商实现最大利润的均衡条件是边际收益等于边际成本，即 MR＝MC。

思考作业题

一、单项选择题

1. 生产要素投入和产出水平的关系称为（　　）。

A. 生产函数　　B. 生产可能性曲线
C. 总成本曲线　　D. 平均成本曲线
2. 如果是连续地增加某种生产要素，在总产量达到最大时，边际产量曲线（　　）。
A. 与纵轴相交　　B. 经过原点
C. 与平均产量曲线相交　　D. 与横轴相交
3. 等成本曲线平行向外移动表明（　　）。
A. 产量提高了　　B. 成本增加了
C. 生产要素的价格按同比例提高了　　D. 生产要素的价格按不同比例提高了
4. 规模报酬递减是在下述情况下发生的（　　）。
A. 按比例连续增加各种生产要素
B. 不按比例连续增加各种生产要素
C. 连续地投入某种生产要素而保持其他要素不变
D. 上述都正确
5. 当某厂商以最小成本提供既定产量时，那么它（　　）。
A. 总收益为零　　B. 一定获得最大利润
C. 一定未获得最大利润　　D. 无法确定是否获得最大利润
6. 经济学中短期与长期划分取决于（　　）。
A. 时间长短　　B. 可否调整产量
C. 可否调整产品价格　　D. 可否调整生产规模

二、多项选择题

1. 下列构成生产成本的是（　　）。
A. 工资　　B. 地租
C. 利息　　D. 正常利润
E. 经济利润
2. 总成本在短期内包括（　　）。
A. 半年以内的成本　　B. 1 年以内的成本
C. 不变成本　　D. 可变成本
E. 5 年内的成本
3. 下列生产要素的购买中，属于可变成本的是（　　）。
A. 设备、厂房　　B. 工人的工资
C. 原材料、燃料　　D. 管理人员的工资
E. 厂商购买机器设备的贷款利息
4. 长期成本可划分为（　　）。
A. 长期总成本　　B. 长期可变成本
C. 长期平均成本　　D. 长期边际成本
E. 长期不变成本
5. 小王邀请小李参加他的婚礼，小李接受了邀请。下列各项中，不属于参加小王婚礼的机会成本的是（　　）。
A. 小李给小王买了 100 元的礼物

B. 小李在 1 周前理发花了 10 元

C. 小李在前往小王婚礼举办地的途中吃午餐用了 20 元

D. 为了参加婚礼小李放弃了听一次哲学讲座

E. 小李参加小王婚礼返回途中交通堵塞而耽误了第二天商务谈判，致使公司损失 500 万元，并被公司处以 4000 元的罚款

6. 经济学中，厂商总成本是指（　　）。

A. 显性成本+隐性成本　　B. 显性成本

C. 会计成本+隐性成本　　D. 隐性成本

E. 机会成本

三、判断题

1. 在长期中，厂商可以根据他所要达到的产量来调整其全部生产要素，因此一切成本都是可变的，不存在固定成本和可变成本的区别。（　　）

2. 短期总成本和长期总成本曲线一样，都是从原点出发向右上方倾斜的一条曲线。（　　）

3. SMC 曲线与 SAVC 曲线相交于 SAVC 曲线的最低点 *A* 被称为收支相抵点。（　　）

4. SMC 曲线与 SAC 曲线相交于 SAC 曲线的最低点 *B* 被称为停止营业点。（　　）

5. 边际收益是指厂商每增加销售一单位产品使总收益所增加的收入。（　　）

6. 边际收益等于边际成本时，厂商的利润为零。（　　）

四、计算题

1. 设某厂商的总产量函数为 $TP_L=72L+15L^2-L^3$。

试求：(1) 当 $L=7$ 时，边际产量 MP_L 是多少？(2) L 的投入量为多大时，边际产量 MP_L 将开始递减？

2. 某企业以变动要素 L 生产产品 X，短期生产函数为 $Q=12L+6L^2-0.1L^3$。

试求：(1) AP_L 最大时，需雇用多少工人？(2) MP_L 最大时，需雇用多少工人？

3. 某企业生产一种产品，劳动为唯一可变要素，固定成本既定。其短期生产函数为 $Q=-0.1L^3+6L^2+12L$。

试求：(1) 劳动的平均产量函数和边际产量函数；(2) 企业雇用工人的合理范围是多少？(3) 若已知劳动的价格为 480，产品 Q 的价格为 40，则当利润最大时，企业生产多少产品 Q？

4. 某企业使用劳动 L 和资本 K 进行生产，长期生产函数为 $Q=20L+65K-0.5L^2-0.5K^2$，每期总成本 TC=2200 元，要素价格 $W=20$ 元，$R=50$ 元。试求：企业的最大产量以及 L 和 K 的投入量。

第六章　市场理论

学习目标

1. 掌握市场的含义，以及市场结构的类型；

2. 掌握完全竞争市场的特征，理解完全竞争市场中厂商的短期均衡、供给曲线和长期均衡；

3. 掌握垄断竞争市场的特征，理解垄断竞争市场需求和垄断竞争厂商的需求曲线，理解垄断竞争市场中厂商的短期均衡和长期均衡，理解非价格竞争；

4. 掌握寡头垄断市场的特征，理解古诺模型和斯威齐模型；

5. 掌握完全垄断市场的特征和垄断产生的原因，理解完全垄断市场中厂商的短期均衡和长期均衡，理解价格歧视；

6. 掌握四种市场的均衡条件和效率分析。

导读案例：可乐的价格

一听可乐在超市里标价是 2 元钱，但在一家四星级的酒店里却可以卖到 25 元钱，如果环境和条件进一步发生变化，比如在一眼望不到边际的荒漠里，一听可乐你敢卖多少钱？一听可乐到底能卖多少钱？可以是 2 元，可以是 25 元，也可以是更多。关键是看你卖给谁和怎么卖。同样的商品放在不同的环境中，在满足消费者不同的需求中，可以有不同的价格。

在生产理论中，我们主要分析了厂商如何利用有限的生产要素投入去获得最大利润，以及如何在利润最大化原则下实现最优产量的生产。但实际上，厂商生产出来的产品必须在市场上通过销售才能实现其收益，从而真正实现成本收益比较下的最大利润。厂商生产出的产品以什么价格销售，一方面，取决于市场对该厂商产品的需求；另一方面，由于任何一种产品，一般来说都不会只有一家厂商生产，所以还取决于市场的竞争程度。而在生产理论的分析中，我们都是以完全竞争市场结构为假定前提进行分析的，也就是说，对于厂商来说需求曲线是一条水平线，产品价格是既定的，厂商的收益只取决于他的产量。但是，在市场经济条件下的现实市场中，由于竞争程度不同，存在着不同类型的市场结构，在不同类型的市场结构中，厂商的需求曲线亦各不相同，从而会有不同的产量，进而导致不同的价格。

在成本理论中，我们主要分析了短期生产和长期生产中的成本以及它们之间的关系。

所以，我们在研究生产理论和成本理论之后，还要进一步研究不同类型的市场结构下厂商的总收益和总成本的关系即如何实现厂商的利润最大化，主要研究不同市场类型的厂商的短期均衡和长期均衡。在这个过程中我们还必须研究不同市场类型的需求曲线、供给曲线等。以上分析的内容便是市场理论的主要内容。市场理论可以看做是生产理论和成本理论的继续，在微观经济学中，这些理论之间有着紧密的内在逻辑关系。

第一节　市场与市场结构类型

一、市场的定义及其特征和分类

（一）市场的定义和特征

市场是某种商品和劳务买卖的场所。市场的形成必须有三个条件：一是有市场参与者，也叫市场主体，他们是参与商品交换的一群买者和卖者；二是有市场介质，即市场活动的客体，市场介质是市场经济中表现社会经济联系的物质因素，它包括商品、货币以及在交易中产生的有关数量、质量、价格等各方面信息的市场信号；三是市场关系，即市场主体与市场介质结合在一起，产生商品交换关系。市场可以是有形的买卖商品的场所，也可以是无形的。任何一种商品都对应有一个市场。

与市场相联系的一个概念是行业。行业是指同在一个商品市场上生产和提供产品的所有企业的总体。同一种商品的市场和行业的类型是一致的，完全竞争的市场对应的是完全竞争的行业，完全垄断市场对应的是完全垄断的行业。在不同的市场条件下，需求存在着差异，价格的决定方式不同，企业的选择也有所不同。市场可以按照很多分类标准分类，经济学上主要按市场竞争程度的强弱来分类。影响市场竞争程度强弱的因素主要有以下几个。

（1）市场上生产者与消费者的数量

生产者与消费者的数量越多竞争性越强，生产者与消费者的数量越少垄断性越强。只有一家生产者或一家消费者的情况就形成了卖主垄断或买主垄断，只有一家生产者和一家消费者的情况则形成双边垄断。

（2）产品的差异程度

产品之间的差异性可以分为物质差异、售后服务差异和形象差异即消费者心目中认定的差异。产品差异越小甚至完全雷同，相互之间的替代程度就越大，自然会引起激烈竞争。反之，具有独特性质的产品对市场的垄断能力就强。

（3）进入或退出的难易程度，即该行业壁垒的强弱

行业壁垒的形成与规模经济、产品差异优势、资金需求、转换成本、销售渠道、经验曲线效应、绝对成本优势、政府行为等因素有关。如果行业内这些因素存在的越多或越强烈，行业的进入或退出壁垒就很高，反之就越低。也就是，行业中的资源流动越自由，竞争就越激烈，垄断程度就越小；反之，竞争程度就不怎么激烈，垄断程度就会提高。

（4）市场信息的通畅程度

市场参与者对供求关系、产品质量、价格变动、销售方法、广告效果等经济和技术资料的过去、现在和将来越是了如指掌，竞争程度就越高；否则，竞争程度就越低，垄

断程度就越高。在现实中，有的卖者往往利用买者缺乏足够的市场信息的机会，迫使买者接受不合理的价格或不理想的产品质量，在很大程度上损害了买者的利益。这正是市场信息对市场竞争程度的作用所在。同样，随着信息时代的到来，国际间经济竞争正日趋激烈的事实也证明了这一点。信息的完全对市场经济效率而言是非常重要的。

（二）市场的分类

按竞争程度强弱不同，一般把市场分为完全竞争市场、垄断竞争市场、寡头垄断市场、完全垄断市场。

按照地域来分，可以把市场分为本地市场、区域市场、国内市场、亚洲市场、国际市场。

按照市场的内容来分，可以把市场分为生产要素市场、产品（商品）市场。

按照市场中买卖双方所掌握的信息度来分，可以把市场分为完全竞争市场和不完全竞争市场。

二、完全竞争市场

完全竞争市场是所有市场类型中的一个极端，是一种资源最优化、最有效率的市场，是一种完美的市场，是一种现实生活很难找到代表品的市场。完全竞争市场的特征如下：第一，市场上有众多的消费者和众多的生产者；第二，消费者的需求和生产者供给的产品没有任何差异；第三，消费者和生产者具有完全信息；第四，企业可以自由进入或退出这一行业，即不存在进入或退出市场的障碍。

在上述完全竞争市场的特征中，众多的消费者和众多的生产者这一假定是指，市场上每个消费者的需求量和每个生产者的供给量都只占有很小的份额，因而对产品的价格毫无控制力，只能是市场价格的接受者；消费者需求和生产者供给的产品无差异表明，对于每个完全竞争厂商来说，消费者都是一样的，厂商把产品卖给哪个消费者并无差别，而在消费者看来，厂商提供的产品都是同质的，购买哪个厂商的产品都一样，这也再次强调了市场上的生产者和消费者对市场价格没有控制能力，只能被动地接受价格；完全信息假定表明，每个市场参与者都知道现行的价格和产品质量、性能等，同一市场上不可能出现低卖或高买现象，消费者和生产者都可以按照理性人思想进行购买决策和生产决策；自由进出假定是指厂商可以在不存在任何障碍的情况下进入或退出某个市场，有时为了叙述简单，也可表达为厂商可以无成本地进入或退出某个行业。由于这四个假设条件过于严格、过于完美，所以现实经济生活中很难找到完全竞争市场。一般认为国际粮食市场或者农产品市场是比较接近完全竞争市场的。

阅读材料 1：政府办的大型养鸡场为什么赔钱

在 20 世纪 80 年代，一些城市为了保证居民的菜篮子，由政府出资办了大型养鸡场，但成功者少，许多养鸡场最后以破产告终。这其中的原因是多方面的，重要的一点则在于鸡蛋市场是一个完全竞争市场。

政府建立的大型养鸡场在这种完全竞争的市场上并没有什么优势，它的规模不足以大到能控制市场，产品也没有特色。它要以平等的身份与那些分散的养鸡专业户或把养鸡作为副业的农民竞争。但这种大型养鸡场的成本都要大于行业平均成本，因为这些养鸡场固定成本远远高于农民。它们要建大鸡舍，采用机械化方式，且有相当一批管理人员，工作人员也是有工资的工人。这些成本的增加远远大于机械化养鸡所带来的好处，因为农民养鸡几乎没有什么固定成本，也不向自己支付工资，差别仅仅是种鸡支出和饲料支出。大型养鸡场由政府出资办，自然是国有企业，它也同样有产权不明晰、缺乏激励机制、效率低的共性。从这种意义上说，政府出资办大型养鸡场是出力不讨好，动机也许不错，但结果不好。其实这些完全行业，完全可以让市场调节，农民去办，政府不要与农民争利，何况也争不到利。

三、完全垄断市场

完全垄断市场是指行业中只有一家企业提供市场全部供给的市场类型，它也是一种假设条件要求很严格的市场类型，是一种非常极端的市场，在现实生活中是很难找到市场占有率为100%的垄断企业。这一市场类型的特征是：第一，行业中只有一家企业，而消费者却是众多的；第二，企业提供的产品不存在任何替代品；第三，行业存在非常强大的进入退出障碍，使其他行业中的企业难以进入；第四，信息是不完全的，作为垄断者的生产者他也无法完全知晓消费者的全部信息，作为消费者而言，他也不能很好地了解生产者的全部信息。

形成垄断的原因主要有以下几种。第一，一家企业控制了生产某种产品的全部资源或基本资源的供给。这种对生产资源的独占，排除了其他企业生产同种产品的可能。第二，一家企业拥有生产某种产品的专利权。这便使得一家企业可以在一定时期内垄断该产品的生产。第三，政府的特许。政府往往在某些行业实行垄断的政策。第四，自然垄断。有些行业的生产具有这样的特点：生产规模效益需要在一个很大的产量规模和巨大资本设备的生产运行水平上才能得到充分的体现，以至于只有整个行业的产量都由这个企业来生产时才能达到这样的生产规模。而且，只要发挥这一企业在这一生产规模上的生产能力，就可以满足整个市场对产品的需求。这类产品的生产过程中，行业内总有某个企业凭借着雄厚的经济实力和其他优势，最先达到这一生产规模，从而垄断了整个行业的生产和销售，这就是自然垄断，例如，比较符合完全垄断条件的企业有：自来水公司、电力公司、铁路部门。

阅读材料2：德比尔斯公司为什么做广告

德比尔斯公司控制了全世界钻石矿的80%以上（其他不足20%，分别于斯里兰卡和俄罗斯，形不成规模），凭借这种资源优势，该公司成为世界钻石市场的垄断者。

我们知道，垄断者成功的关键在于寻找一种正确的定价原则。由于该市场上只有唯一的企业，不用做广告，即不用通过广告来介绍和创造自己的产品特色。但德比尔斯公司每年都要花巨资在各个国家做广告，它的广告词“钻石恒久远，一颗永流传”已经家喻户晓。作为垄断者的德比尔斯公司为什么还要做广告呢？

我们说过，形成垄断的条件一是进入限制，即其他企业无法进入该行业，二是没有相近替代品。如果没有第一个条件就不能形成垄断，但没有第二个条件，垄断只能是一种无保障的垄断——垄断地位随时可以被替代品所打破。钻石的替代品是宝石，作为装饰品，钻石与宝石有相当大的替代性。如果宝石可以替代钻石，德比尔斯公司的垄断地位就被打破了。

那么，钻石能否被宝石所替代呢？这取决于消费者的偏好。如果消费者认为，钻石和宝石作为装饰品是相同的，钻石和宝石就可以相互替代。这时，德比尔斯公司的垄断地位就不存在了。在装饰品市场上，德比尔斯公司只是一个寡头，要与其他经营宝石的公司进行竞争。如果消费者认为，钻石和宝石不能相互替代，德比尔斯公司就可以保持其垄断地位，无保障的垄断就能成为有保障的垄断。

影响消费者偏好的重要因素是广告，消费者容易受广告的影响形成自己的偏好。无论广告说的对或是不对，狂轰乱炸，持之以恒的广告还是能左右消费者的偏好。德比尔斯公司做广告的目的是让消费者认识到，宝石不能代替钻石——因为只有钻石才有“永恒”的含义，人们都追求婚姻的美满，始终只有送钻石才吉祥。如果消费者接受了这种宣称，宝石不能代替钻石，德比尔斯公司的垄断就是有保障的垄断了。

从现实情况看，德比尔斯公司的这个广告是成功的，因为他在展销会上对自己的钻石实行一口价，不许讨价还价。这显然是垄断者的做派。

四、垄断竞争市场

完全竞争市场和垄断市场是市场理论分析中的两个极端。在现实经济生活中，大量存在的市场类型是垄断竞争市场和寡头垄断市场，其中垄断竞争市场与完全竞争市场比较接近。垄断竞争市场是一种竞争程度很高又存在垄断因素的市场类型。

垄断竞争市场具有如下特征：第一，市场上有众多的消费者和企业，每个企业占有很小的市场份额，对市场价格的影响力很小，即对市场中的产品价格有一定的控制能力，但不能完全控制。第二，企业生产具有差别的产品，不同企业的产品之间存在极大的替代性。在这里，产品差别不仅指同种用途的产品在质量、构造、外观、销售服务条件等方面的外在差别，还包括商标、广告方面的差别和以消费者的想象等方面的内在差别。第三，从长期看，企业进入或退出这一行业是自由的，即行业的进入退出障碍不是很强。第四，信息也是不完全的。垄断竞争市场中的消费者和生产者也都无法了解市场中所有信息。

在垄断竞争市场的基本特征中，有别于完全竞争市场的关键特征是该市场中的企业提供有差别的产品。由于市场上每种产品之间存在着差别，或者说每种带有自身特点的产品都是唯一的，因此，每个企业对自己产品的价格都具有一定的垄断力量，从而使市场中带有垄断的因素。一般来说，产品的差别越大，企业的垄断程度也就越高。另外，由于有差别的产品之间又是很相似的替代品，因此，市场中又存在竞争因素。这样，便构成了垄断因素和竞争因素并存的垄断竞争市场。

阅读材料 3：中国的牙膏市场

目前中国市场上所拥有的牙膏生产厂商众多，比如，有（国产品牌）云南白药、好来化工厂的黑人、重庆冷酸灵、广西柳州两面针等，（进口品牌）联合利华中华牙膏、美国高露洁、宝洁佳洁士等。虽然这些厂商都在生产牙膏，但每个品牌在市场上所售价格却不一样，甚至同一品牌的不同系列产品的价格也会有所不同，既有只需三四元的普通牙膏，也有三四十元的高端特效牙膏，功能分为美白、健齿、防蛀、清新口气等近十种。在如此众多的产品中，国内本土牙膏品牌无论是从功效还是包装、营销等方面都显得单调许多，其主要消费群也集中在低收入者以及中老年人当中。相比之下，国外厂商技术先进，生产的牙膏产品结构丰富，质量高，满足了国内年轻人或中高收入水平人群。

五、寡头垄断市场

寡头垄断市场又称寡头市场，是指只有少数几家企业提供产品供给的一种市场类型。这个市场的基本特征是：第一，行业中只有少数几家大企业，它们的供给量均占有市场的较大份额，同时消费者的数量是很多的；第二，企业的决策相互影响或者说是相互依存的，因而任何一家企业在作出决策时都必须考虑竞争对手对其行为的反应；第三，企业的竞争手段是多种多样的，除了价格竞争之外，也有数量竞争，因而市场价格有时相对稳定。第四，由于在寡头垄断市场中的企业实力都是比较雄厚的，所以它们所设置的行业进入退出壁垒是很高的。第五，他们之间的产品可以同质的，例如，石油，也可以是有差别的，例如，汽车。第六，信息也是不完全的。

阅读材料 4：中国石油寡头垄断市场

2007 年，中国石油集团生产原油 1.08 亿吨，占全国原油产量的 57.6%；中国石化集团，生产原油 4102.5 万吨，占全国原油产量的 22.1%；中国海洋石油总公司生产原油 2675.9 万吨，占全国原油产量的 14.4%。全国共有 150 多家炼油企业，虽然数量不少，但几乎完全掌握在两大国家石油公司手中，处于寡头垄断状态。中国石油集团和中国石化集团是国内两家最大的炼油企业，占炼油能力的 89%，其他企业占 11%，形成寡头垄断的局面。

最后以表格的形式总结下这四种市场类型的特征，如表 6-1 所示。

表 6-1　不同市场类型的特征

市场类型	消费者的数目	厂商的数目	产品差别程度	对价格的控制程度	进出市场的难易程度	典型代表
完全竞争	很多	很多	同质的	被动接受	非常容易	农产品
垄断竞争	很多	很多	有差别	有一些	比较容易	美容、零售业
寡头垄断	很多	几个	同质或有差别	相当大程度	比较困难	汽车、钢铁业
完全垄断	很多	一个	唯一，没有替代品	很大	几乎不可能	公共产品行业，如水、电

第二节 完全竞争市场

一、完全竞争市场的需求曲线、个别厂商所面临的需求曲线和收益曲线

（一）市场的需求曲线

市场的需求曲线描述的是整个完全竞争市场的需求者对商品的需求量与不同价格水平之间的关系，通常可以看做是整个行业所面临的需求曲线。它和完全竞争市场的供给曲线相互作用就能确定市场的均衡价格和均衡数量，达到市场均衡。如图 6-1 所示，市场需求曲线 D 和供给曲线 S 相交于均衡点 E_0，相对应的分别是均衡价格 P_0 和均衡数量 Q_0。

（二）个别厂商所面临的需求曲线

由于完全竞争市场的特征我们可以得知，对个别厂商来说，它只是市场价格的接受者，对他们而言，价格是既定的，因为在完全竞争市场条件下，每个厂商的商品的市场占有份额很小，不足以影响市场价格，只要行业的供给状况不变，即使一个厂商的生产扩大几倍，价格也不会下降。因此，在既定的价格下，市场对个别厂商产品的需求是无限的，即其商品的需求价格弹性是完全或无穷大的，所以个别厂商所面临的需求曲线 d 是一条由既定市场价格出发的水平线，是一条与横轴平行的水平线，如图 6-2 所示。

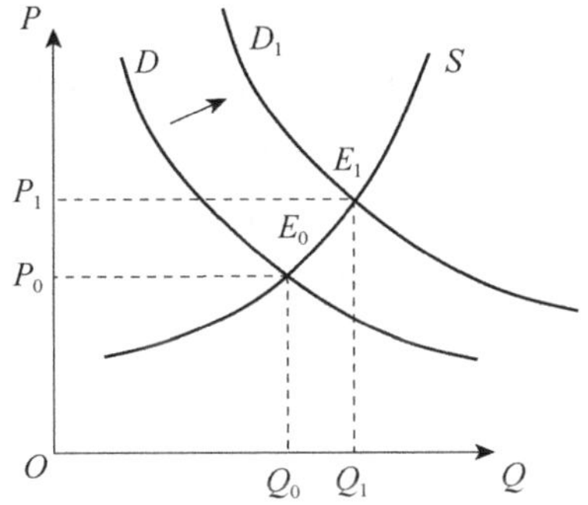

图 6-1 市场需求曲线

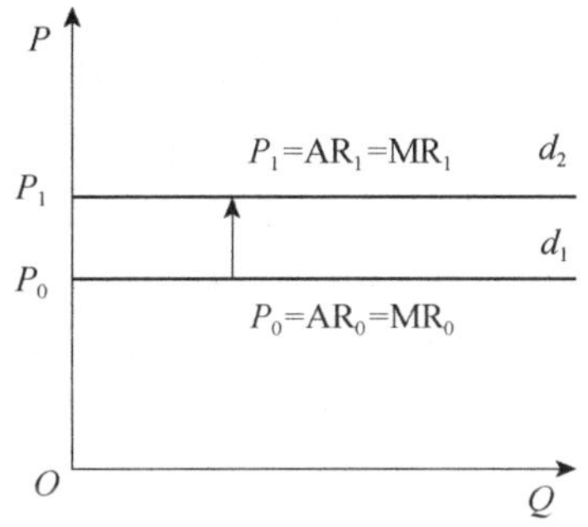

图 6-2 个别厂商面临的需求曲线

当市场需求曲线 D 发生移动时，比如向右上方平移至 D_1，表示市场需求增加，此时市场供给 S 不变，那么市场均衡点也会发生变化移至 E_1 点，此时的均衡价格和均衡数量分别为 P_1 和 Q_1。相对应的是，完全竞争厂商所面临的需求曲线也向上方平行移动至 d_2 处。

（三）个别厂商的收益曲线（总收益、平均收益、边际收益曲线）

个别厂商的总收益 TR 指的是厂商的销售收入，等于商品的市场价格乘以销售量，用函数形式表示如下：TR（Q）=PQ。在这里 Q 是销售量，P 是商品的市场价格。

个别厂商的平均收益 AR 指的是厂商销售每单位商品所取得的收益，等于总收益除以销售量。用函数形式表示如下：AR（Q）=TR（Q）/Q=PQ/Q=P。这里需要注意的是，在任何市场类型中，不仅仅是完全竞争市场，厂商的平均收益都是等于价格。

个别厂商的边际收益 MR 指的是每增加一单位商品的销售所带来的总收益增加量。由于在完全竞争市场中，厂商不能制定价格，只能被动地接受既定的价格。所以厂商的边际收益等于商品的市场价格等于厂商的平均收益。用函数形式表示如下：$MR(Q)=\Delta TR/\Delta Q=P=AR$，当 ΔQ 变化很微小时，$MR=\lim\limits_{\Delta Q\to 0}\frac{\Delta TR}{\Delta Q}=\frac{dTR}{dQ}$。

个别厂商的总收益、平均收益和边际收益曲线如图 6-3 所示。

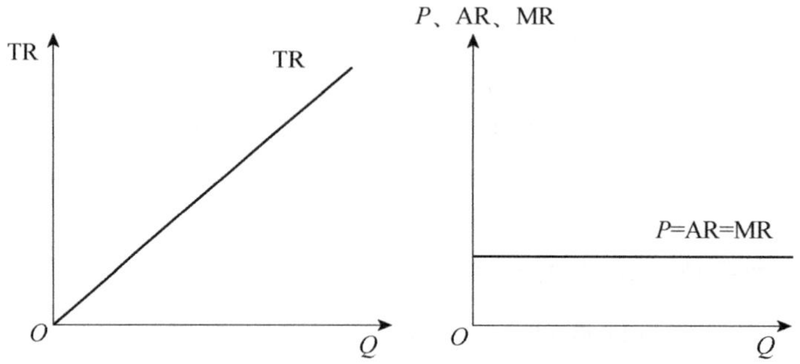

图 6-3　个别厂商的总收益、平均收益和边际收益曲线

二、完全竞争厂商的短期均衡

在开始研究完全竞争厂商的短期均衡之前，我们必须对短期和短期均衡两个概念解释下。这里的短期指的是在这段时间里厂商来不及调整生产规模，来不及加入和退出某一行业。具体地说，在短期内，厂商没有足够的时间来调整厂房、设备等不变生产要素即调整厂商的生产规模，只能通过调整可变生产要素的投入量（劳动）来调整产量。这里的短期均衡指的是厂商将按照利润最大化原则即 $SMC(Q)=MR(Q)$，（即在其他条件不变的情况下，厂商应该选择最优的产量，使得最后一单位产品所带来的边际收益等于所付出的边际成本），来调整可变生产要素的投入量来改变产量进而达到利润最大化，这里的不变生产要素投入一直是不变的。

完全竞争厂商的短期均衡有以下五种情形，如图 6-4 所示。

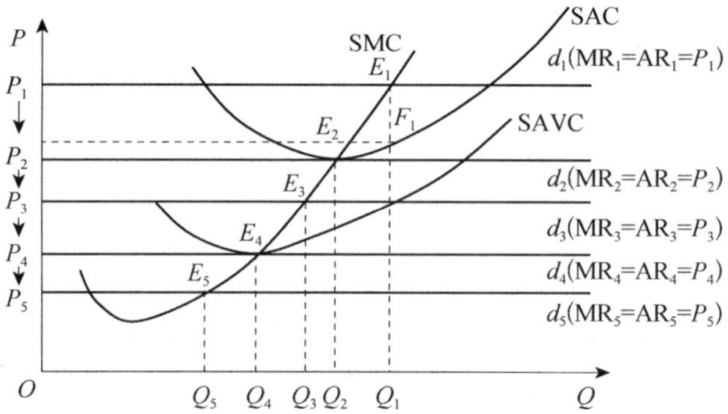

图 6-4　完全竞争厂商的短期均衡

第一种情况，当市场价格为 P_1 时，厂商所面临的需求曲线为 d_1。此时短期边际成本曲线 SMC 与厂商所面临的需求曲线 d_1 相交于 E_1 点。所以根据利润最大化原则

$SMC=MR_1$ 可知图中的 E_1 点为短期均衡点，Q_1 为均衡产量。此时厂商的平均收益 AR_1 等于边际收益 MR_1 等于市场价格 P_1 大于平均总成本，即有 $P_1=MR_1=AR_1>SAC$，所以在 E_1 点上，厂商获得经济利润大于零，即获得超额利润。在图 6-4 中，我们可知厂商所获得的单位产品利润是 E_1F_1，总利润是 $E_1F_1 \times OQ_1$。

第二种情况，当市场价格处在 P_2 水平时，厂商所面临的需求曲线为 d_2，此时厂商的需求曲线 d_2 与短期边际成本曲线 SMC 相交于 SAC 的最低点 E_2，和短期平均总成本曲线 SAC 相切于 SAC 的最低点 E_2，所以有 $P_2=AR_2=MR_2=SAC=SMC$。根据利润最大化原则 $SMC=MR_2$，可知 E_2 点就是厂商在价格水平为 P_2 时的短期均衡点，相应的均衡产量为 Q_2。并且我们知道在 E_2 点上，厂商既无亏损，也无超额利润即获得正常利润，所以 E_2 点也被称为厂商的收支相抵点。

第三种情况，当市场价格继续下降（假设处于市场价格 P_3 处），厂商所面临的需求曲线为 d_3，它与短期边际成本曲线 SMC 相交于 E_3，根据利润最大化原则 $SMC=MR_3$ 可知图中的 E_3 点为短期均衡点，Q_3 为均衡产量。此时，厂商的平均收益 AR_3 等于市场价格 P_3 小于平均总成本 SAC 但大于平均总可变成本 SAVC，即 $SAVC<P_3=AR_3<SAC$，所以此时的厂商是亏损的，但在短期内会继续生产。因为只有这样，厂商才能用全部收益 TR 去弥补全部可变成本 STVC 之后，还能弥补在短期内总是存在的固定成本 STFC 的一部分。所以，在短期内厂商虽然亏损但生产还是比停产要好。

第四种情况，当市场价格为 P_4 时，厂商所面临的需求曲线为 d_4，它与短期边际成本曲线 SMC 相交于 E_4 点，根据利润最大化原则 $SMC=MR_4$ 可知图中的 E_4 点为短期均衡点，Q_4 为均衡产量。正好厂商所面临的需求曲线 d_4 也与短期平均可变成本 SAVC 相切于 E_4 点，所以，厂商的平均收益 AR_4 等于市场价格 P_4 等于平均可变成本 SAVC，但小于平均总成本 SAC，即 $P_4=AR_4=SAVC<SAC$。所以我们可知厂商是亏损的，但是厂商却处于生产与不生产的临界点。因为当市场价格为 P_4 时，厂商生产所获得的总收益 TR 刚好能弥补厂商的总可变成本 STVC，但不能弥补固定成本 STFC。这时，厂商生产与不生产的结果是一样的，因此，我们把 E_4 点称为停止营业点。

阅读材料 5：门庭冷落的保龄球场为什么不停止营业

在现实中，我们经常会看到一些保龄球场门庭冷落，但仍然在营业，这时打保龄球的价格相当低，甚至低于成本，他们为什么这么做？

在短期中，保龄球场经营的成本包括固定成本和可变成本。保龄球场的场地、设备、管理人员是短期中无法改变的固定投入，用于场地租金、设备折旧和管理人员的工资的支出是固定成本。固定成本已经支出无法收回，也称沉没成本。保龄球场营业所支出的各种费用是可变成本，如电费、服务员的工资等。如果不营业，这种成本不存在，营业量增加，这种成本增加。由于固定成本已经支出，无法收回，所以，保龄球场在决定短期是否营业时，考虑的是可变成本。

假定每场保龄球的平均成本是 20 元，其中固定成本为 15 元，可变成本为 5 元。当每场保龄球价格为 20 元以上时，收益大于平均成本，经营当然有利。当价格等于 20 元时，收益等于成本，这时称为收支相抵点，仍然可以营业。当价格低于 20 元时，收益低于成本。乍一看，保龄球场应该停止营业。但当我们知道短期成本中的成本有固定成本和可变成本时，决策就不同了。

假设现在每场保龄球价格为 10 元，是否营业呢？由于可变成本是 5 元，在弥补了可变成本之后，仍可剩 5 元，这 5 元可以弥补固定成本。固定成本 15 元无论经营与否都要支出，能弥补 5 元，当然比一点也不弥补要好。因此要坚持继续营业。这时企业考虑的不是利润最大化，而是损失最小化——能弥补多少固定成本算多少。

当价格下降到与可变成本相等的 5 元时，保龄球场经营不经营是一样的。经营正好弥补可变成本，不经营这笔可变成本可以不支出。因此，价格等于平均可变成本之点被称为停止营业点。在这一点之上，只要价格高于平均可变成本，就要营业。在这一点之下，价格低于平均可变成本，无论如何不能营业。

门庭冷落的保龄球场仍在营业，说明价格高于平均可变成本。这就是这种保龄球场不停业的原因。

有许多行业是固定成本高而可变成本低，例如，旅游、饭店、游乐场所等。所以现实中这些行业价格可以降得很低。但这种低价格实际上仍然高于平均可变成本。因此，仍然营业比不营业有利，至少可以弥补部分固定成本，实现损失最小化。

第五种情况，当市场价格为 P_5 时，厂商所面临的需求曲线为 d_5，它与短期边际成本曲线 SMC 相交于 E_5 点，根据利润最大化原则 SMC=MR_5 可知图中的 E_5 点为短期均衡点，Q_5 为均衡产量。由于厂商所面临的需求曲线 d_5 处于厂商的短期平均可变成本的下方，所以有 $P_5=AR_5<SAVC<SAC$。所以厂商是亏损的，但是与市场价格为 P_4 情形不一样，因为厂商如果继续生产，其总收益 TR 不仅无法弥补短期总可变成本 STVC，也无法完全弥补短期总固定成本 STFC，所以厂商只能选择停止生产，退出市场领域，这样才能避免更大的损失。在现实中，停止营业的原因有二个：一是市场价格下降到低于厂商的平均可变成本曲线以下；二是厂商的成本曲线上升，高于厂商所面临的需求曲线。

从以上的分析过程我们可以看出，完全竞争厂商短期均衡的条件是：MR=SMC，其中，MR=AR=P。在短期均衡时，厂商可能获得超额利润，也可能是经济利润为零，即获得正常利润，也可能是亏损。但无论哪种情况，满足厂商利润最大化 MR=SMC 时，厂商总是达到了短期内的最优状态。

三、完全竞争厂商的短期供给曲线

在上面我们已经分析了完全竞争厂商的短期均衡条件 MR=SMC，由于完全竞争时厂商的 MR=AR=P，我们可以得到短期均衡条件的另一种形式：P=SMC。

上式说明，完全竞争厂商为了获得短期的最大利润，应选择使商品的市场价格与短期边际成本相等的产量 Q。这表明，在每一个短期均衡点上，在厂商的最优产量（有时也叫做均衡产量）与商品的价格之间都存在着一种对应关系（如图 6-4 所示）。每一个市场价格都会有一个相对应的最优产量水平。例如，P_1 对应 Q_1、P_2 对应 Q_2、P_3 对应 Q_3、P_4 对应 Q_4。由此可见，短期均衡点上的商品价格和厂商的最优产量（即厂商愿意提供的产量）之间存在着一种一一对应的函数关系。此外，根据利润最大化原则 MR=SMC，所有的均衡点（如 E_1、E_2、E_3、E_4、E_5）都处在厂商的边际成本曲线 SMC 上。因此，我们可以得出这样的结论，完全竞争厂商的短期边际成本曲线上等于或高于平均可变成本 SAVC 曲线最低点的部分，就是完全竞争厂商的短期供给曲线。从这里我们也对第 2 章中为什么供给曲线是向右上方倾斜的现象做出了解释。

四、完全竞争厂商的长期均衡

在长期中，厂商所有的生产要素投入都是可变的，厂商可以通过对全部生产要素投入量的调整即调整生产规模来实现利润最大化。

前面我们分析了一个企业在短期均衡时的五种情况，其实我们可以把它们归结为三种状态：有超额利润、有亏损、收支相抵。在这三种短期均衡状态中只有一种是长期均衡的。无论是亏损还是有经济利润，都会引起行业的总供给的变化，从而影响到市场的均衡价格，使得厂商不会在这两种状态下保持长期的均衡。

行业总供给的变化表现在两个方面：一方面表现为厂商对生产规模的调整。当厂商获得超额利润的时候它会增加生产要素的投入，扩大企业的生产规模，反之，则缩小生产规模；另一方面，表现为厂商退出所在行业或者是其他行业的厂商进入该行业，使得行业内的厂商数量发生变动。

完全竞争厂商的长期均衡就是通过这两个方面的调整而实现的，下面我们就结合这两方面的因素对完全竞争厂商的长期均衡进行分析。超额利润会鼓励其他行业的厂商进入这一行业和本行业内的厂商扩大生产规模，而亏损则引起厂商退出这个行业或缩小生产规模。纯粹偶然的原因引起的暂时的利润与亏损不会引起厂商数量或规模的变动，但某些可以预见到的未来的利润与亏损会引起变化。一个有超额利润的行业能吸引新企业进入，一个有经济亏损的行业会使原有企业退出。只有既无经济利润又无经济亏损的行业才不会有厂商数量或生产规模的变动。因此，超额利润和亏损是厂商做出进入或退出决策以及调整生产规模的信号。厂商数量和生产规模的变动对价格与利润有什么影响呢？厂商数量和规模的变动的直接影响是行业的供给曲线移动。如果行业内的厂商可以获得超额利润，会吸引更多的厂商进入某一行业，或使行业内的厂商扩大生产规模，该行业的供给曲线向右方移动，整个行业的供给就会增加，市场价格就会下降，一直到使单个厂商的超额利润消失为止。相反，如果行业内的厂商是亏损的，将会迫使部分厂商退出这个行业，或迫使行业内的厂商缩减生产规模，行业的供给曲线向左方移动，即供给减少。供给减少会使得产品的市场价格上升，最终将使厂商的亏损消失。最后，由于行业中的每一个厂商都处在一种正常利润的状态，行业内厂商的进入和退出或者生产规模的调整也就停止了。这个行业内的完全竞争厂商此时便处于一种长期均衡状态。可以用图 6-5 来说明这一过程（为简便起见，只说明厂商数量的调整对长期均衡的影响）。

为分析方便起见，我们假定某完全竞争行业中所有的厂商完全相同，即每一个厂商的生产成本和它所面临的需求状况完全相同。图 6-5（b）中的 LMC 曲线和 LAC 曲线分别为该行业中单个厂商的长期边际成本曲线和长期平均成本曲线，d_1、d_2、d_3 分别代表单个厂商在三个不同的市场价格水平下所面临的需求曲线。而图 6-5（a）则表示行业的供求状况及对产品市场均衡价格的决定。

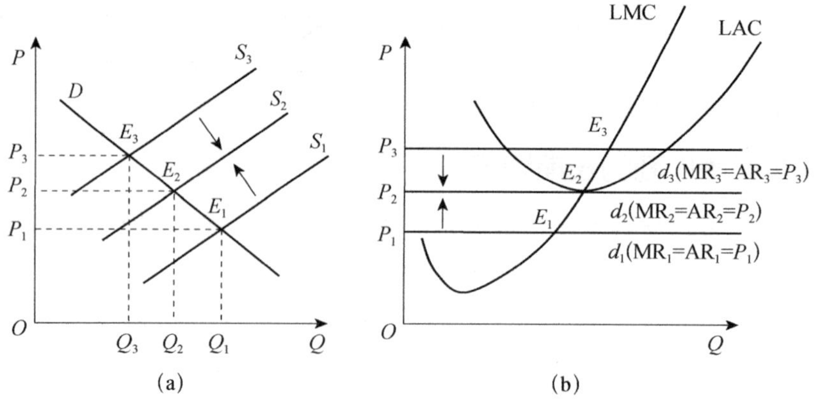

图 6-5　完全竞争厂商的长期均衡

在长期内，当市场均衡价格为较高的 P_3 时，此时对应的单个厂商所面临的需求曲线为 d_3，根据 MR＝LMC 的利润最大化的均衡条件，单个厂商在 E_3 点实现短期均衡，并获得超额利润。此时新厂商会因超额利润的刺激而加入该行业生产，这将导致行业供给增加，供给曲线 S 向右下方移动，即从 S_3 移至 S_2，如图 6-5（a）所示。并导致市场均衡价格从 P_3 下降到 P_2，相应的，单个厂商所面临的需求曲线也会向下移动即从 d_3 移至 d_2。

相反，当市场价格为 P_1 时，此时对应的单个厂商所面临的需求曲线为 d_1。根据 MR＝LMC 的利润最大化的均衡条件，厂商在 E_1 点实现短期均衡，厂商在短期内亏损。此时行业中原有的部分厂商将会退出行业，这使得行业的供给减少，供给曲线 S 向左上方平移，即从 S_1 移至 S_2，如图 6-5（a）所示。从而导致市场均衡价格从 P_1 上升到 P_2。相应的，单个厂商所面临的需求曲线也会向上移动即从 d_1 移至 d_2。

不管是哪种情况，单个厂商所面临的需求曲线最终将运动到图 6-5 中 d_2 曲线的位置。d_2 曲线与 LAC 曲线的最低点 E_2 相切，LMC 曲线也经过该点，这一点就是厂商 MR＝LMC 的均衡点。在 E_2 上，单个厂商在长期内既无利润也没有亏损，即经济利润为零。此时，行业内的厂商数目没有必要也不会发生变化，于是单个厂商实现了长期的均衡。我们看到，完全竞争厂商的长期均衡点出现在 LMC 曲线的最低点，由此可以得到完全竞争厂商长期均衡的条件为：P＝MR＝LMC＝LAC，其中，MR＝AR＝P，此时，单个厂商的经济利润为零。

五、对完全竞争市场的评价

根据对完全竞争市场厂商短期和长期均衡的分析，可以认为，在完全竞争的市场条件下，价格机制可以充分发挥其“看不见的手”的作用，调节整个经济的运行。

通过这种调节可以实现：第一，社会供给与需求相等，使资源得到最优配置，生产者的生产不会有不足或过剩，消费者的需求也得到了充分满足。第二，在长期均衡时所达到的平均成本处于最低点，表明可以通过完全竞争与资源的自由流动，使生产要素的效率得到最有效的发挥。第三，平均成本最低决定了产品的价格也是最低的，这对消费者是有利的。从以上来看，完全竞争市场是理想的市场结构类型。

但完全竞争市场也有其缺点，主要表现在：第一，各厂商的平均成本最低并不一定是社会成本最低。第二，产品无差别，这样，消费者的多样化需求很难得到满足。第三，完全竞争市场上生产者的规模相对都很小，这样，它们没有能力去实现重大的科学技术突破，从而不利于科学技术发展和科技创新。第四，在实际经济生活中，完全竞争的情况是很少的，而且，一般来说，竞争也必然引起垄断。应该指出，对完全竞争市场的分析，为我们对其他市场的分析提供了一个理论基础。

第三节　完全垄断市场

一、完全垄断市场或厂商所面临的需求曲线和收益曲线

（一）需求曲线（*D*/*d*）

完全垄断条件下，市场上只有一家企业，这家企业垄断整个市场的全部市场份额，即别的企业都不能提供这家企业的产品，企业和行业合二为一，企业就是行业，行业就是企业。因此垄断厂商所面临的需求曲线就是整个市场的需求曲线，这是垄断厂商的重要特征。一般来说市场的需求曲线都是向右下方倾斜的，垄断市场或厂商所面临的需求曲线向右下方倾斜，斜率为负，销售量与价格呈反比关系。因此，完全垄断厂商是价格的制定者，可以通过减少销售量来提高市场价格，也可以通过提高销售量来降低市场价格。这一点与完全竞争市场上厂商是价格的接受者是不同的。完全垄断市场的需求曲线和完全垄断厂商所面临的需求曲线如图 6-6 所示。

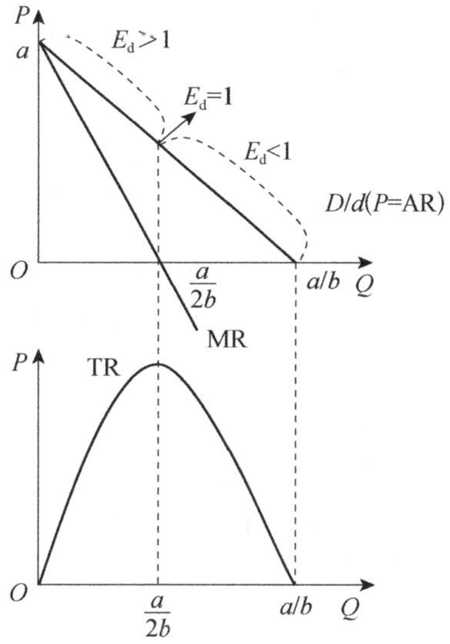

图 6-6　完全垄断市场和厂商的需求曲线、总收益、平均收益和边际收益曲线

（二）收益曲线（TR、AR、MR）

根据前面对厂商的总收益和平均收益的关系的论述，我们可以知道任何市场类型中都有 P=AR，所以完全垄断厂商的平均收益曲线与需求曲线重合。所以 AR 曲线和厂商的需求曲线都是向右下方倾斜的，如图 6-6 所示。

另外我们知道边际收益的公式是：$\mathrm{MR}(Q)=\Delta\mathrm{TR}/\Delta Q$，当 ΔQ 变化很微小时，$\mathrm{MR}=\lim\limits_{\Delta Q\to 0}\dfrac{\Delta\mathrm{TR}}{\Delta Q}=\dfrac{\mathrm{dTR}}{\mathrm{d}Q}$，并且 MR 曲线在 AR 曲线的下方。为了理解好这一点，我们假定完全垄断厂商所面临的需求曲线是直线，即垄断厂商的需求函数是线性函数，通过一些简单的数学变换就可以确定 MR 的函数形式，进而确定 MR 曲线的位置。具体分析如下。

假设完全垄断厂商的需求函数形式为：$P=a-b\times Q$（这是需求函数 $Q=f(P)$的反应函数），其中 a、b 为常数，a、$b>0$，则完全垄断厂商的总收益函数和边际收益函数分别为：$\mathrm{TR}(Q)=PQ=(a-bQ)\times Q=aQ-bQ^2$，所以，我们可以对总收益函数求 Q 的一阶导数，

得出 $MR(Q)=a-2bQ$。然后根据 MR 的函数形式可以得出图 6-6 所示的 MR 曲线。从图 6-6 中，我们可以得知 MR 曲线在纵坐标轴上的截距与完全垄断厂商所面临的需求曲线相同，都为 a，在横轴上的截距是完全垄断厂商所面临的需求曲线在横轴上截距的一半，一个为 $a/(2b)$，一个为 a/b。

由于 $TR(Q)=aQ-bQ^2$，这个函数形式是我们初等数学中的抛物线形式，我们可以知道当对称轴为 $a/(2b)$时，TR 达到最大值。

故而总收益与边际收益关系如下：当边际收益大于零时，总收益上升；等于零时，总收益达最大值；小于零时，总收益下降。

（三）在完全垄断条件下，需求价格弹性与边际收益的关系

完全垄断厂商的边际收益不仅与价格相关，还与需求价格弹性相关。现在我们假设完全垄断厂商的需求函数为：$P=P(Q)$，则 $TR(Q)=P(Q)Q$，需要注意的是：这里的市场价格不是不变的，它是可以根据销售量的变化而变化的。

则 $MR(Q)=dTR(Q)/dQ=P(Q)+QdP(Q)/dQ=P(Q)[1+\dfrac{dP(Q)}{dQ}\times\dfrac{Q}{P}]=P(Q)(1-1/E_d)$，式中的 $E_d=-\dfrac{dP(Q)}{dQ}\times\dfrac{Q}{P}$ 为需求价格弹性。

结合边际收益的函数形式和图 6-6，我们可以得出以下结论：

- 当需求富有弹性时，即 $E_d>1$ 时，则 $MR>0$，富有弹性的需求曲线意味着产量的增加将使总收益增加。
- 当需求缺乏弹性时，即 $E_d<1$ 时，则 $MR<0$，缺乏弹性的需求曲线意味着产量的增加将使总收益减少。
- 当需求具有单位弹性时，即 $E_d=1$ 时，则 $MR=0$，此时完全垄断厂商的总收益达到最大。

阅读材料 6：铁路部门的垄断定价还能掌握多久

近 20 多年的中国季节性大迁徙——“春运”，已成为中国特色。“春运”市场提供了世界上罕见的爆发性最大的商机。国家铁道部为了缓解春运的高峰，在春运期间火车票的价格上涨，有关人士解释，涨价是为了“削峰平谷”，以达到“均衡运输”的目的，但我们看到的是涨价后，铁路并没有减少乘客，达到“均衡运输”的目的。因为对于中国大多数老百姓而言，出门坐火车是首选交通工具，无论火车票涨不涨价，该回家的还得回家，涨价根本无法削峰平谷，只能是让铁路部门狠狠赚一笔。

据北京一家报社报道，节前 15 天，北京西站和北京东站客票收入增长了 50%，收入近 3 亿元，只是在 15 天取得的。春节给了铁路部门一个极为厚重的大礼包。有舆论指责，这是“垄断行业大发横财”。我们的政府意识到了这个问题，对垄断性企业的垄断利润进行干预，我们可喜地看到在 2007 年的春运铁道部已经明确春运期间不涨价。

二、完全垄断厂商的短期均衡

完全垄断厂商可以通过调整产量和价格来实现利润最大化。与完全竞争市场类似，完全垄断厂商利润最大化时的产量也是由产品的需求状况和成本状况共同决定的。其利润最大化条件为 MR＝SMC，这也是完全垄断厂商短期均衡的条件。在短期里，完全垄断厂商由于各种原因，例如，既定规模成本过高，或面对的市场需求较小等，可能导致短期里盈亏平衡甚至亏损，不一定总是获得垄断利润。在这里，我们主要研究完全垄断厂商获得超额利润、获得正常利润（收支相抵）、完全垄断厂商亏损但继续生产这三种情形。

（1）获得超额利润时的短期均衡

根据厂商利润最大化原则，完全垄断厂商按照 MR＝SMC 的原则确定产量水平 Q_1，在 Q_1 产量水平上，我们可知虚线 ABQ_1 与需求曲线相交于点 A，故而价格为 OD，与 SAC 曲线相交于点 B，故而短期平均总成本为 OC，显然 $OD>OC$ 即 P=AR＞SAVC，即总收益大于总成本，所以厂商存在超额利润。超额利润为矩形 $ABCD$ 的面积，如图 6-7 所示。

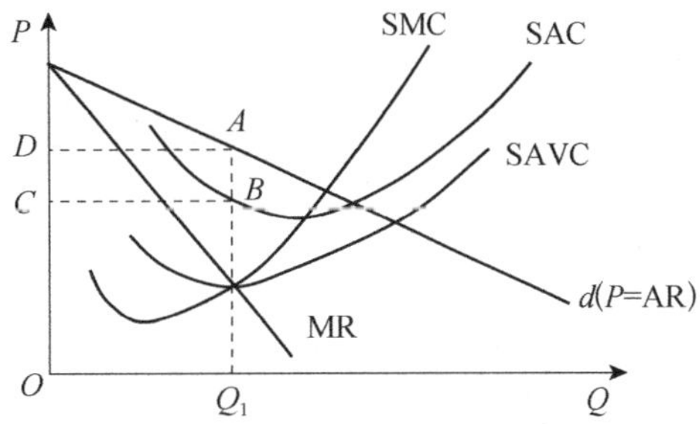

图 6-7 短期均衡之一：完全垄断厂商获得超额利润

（2）获得正常利润的短期均衡

我们依然是按照厂商利润最大化原则 MR＝SMC 来确定产量水平，我们可知均衡产量为 Q_2，由于此时的完全垄断厂商所面临的需求曲线和边际收益曲线的位置发生了变化，所以当 MR 曲线与 SMC 曲线相交时，所确定的产量水平为 Q_2，在这一产量水平上完全垄断厂商的需求曲线和短期平均总成本曲线正好相切，故而平均收益等于平均成本即 AR=SAC，所以完全垄断厂商的 TR 等于 TC，厂商的经济利润为零，只获得正常利润，如图 6-8 所示。

（3）完全垄断厂商亏损但继续生产的短期均衡

同样，我们依然按照利润最大化原则 MR＝SMC 行事，则我们确定的均衡产量水平为 Q_3，此时完全垄断厂商所面临的需求曲线处于短期平均总成本曲线以下，在 Q_3 产量水平上，我们可知虚线 ABQ_3 与需求曲线相交于点 B，故而价格为 OC，与 SAC 曲线相交于点 A，故而短期平均总成本为 OD，显然 $OC<OD$ 即 P=AR<SAVC，即总收益小于总成本，所以厂商存在亏损。亏损大小为矩形 $ABCD$ 的面积。

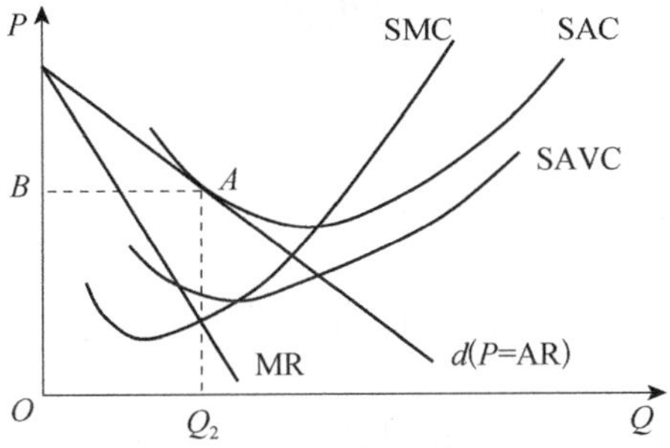

图 6-8 短期均衡之二：完全垄断厂商获得正常利润

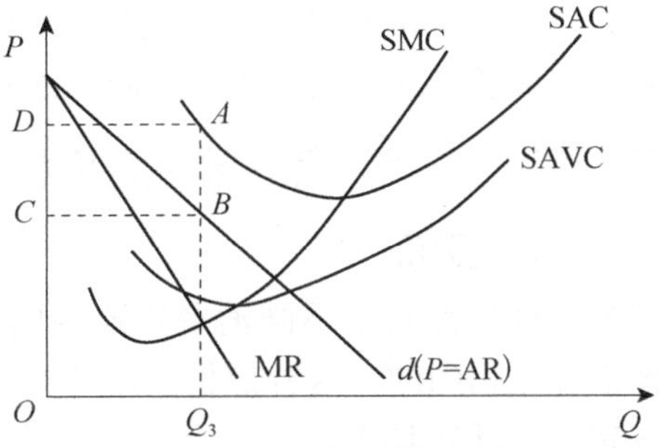

图 6-9 短期均衡之三：完全垄断厂商亏损但继续生产

但是此时完全垄断厂商所面临的需求曲线处于短期平均可变成本曲线以上，即处于短期平均成本曲线与短期平均可变成本曲线之间，因此完全垄断厂商能够继续进行生产，所获得的总收益在补偿了全部可变成本的基础上，最大限度地补偿了部分固定成本。如果完全垄断厂商的需求曲线处于短期平均可变成本曲线以下的话，厂商将会选择停止生产。

从上面的分析可以看出，完全垄断厂商短期均衡的条件是：MR＝SMC。

三、完全垄断厂商的长期均衡

在完全垄断条件下，长期中不会有新的厂商进入该市场，原因在于其他行业的厂商想加入该行业几乎是不可能的，原因在于，完全垄断厂商设立了无法逾越的壁垒。所以完全垄断厂商可以通过生产规模调整来实现长期利润最大化，也即完全垄断市场长期均衡形成过程中不存在厂商数量的调整。

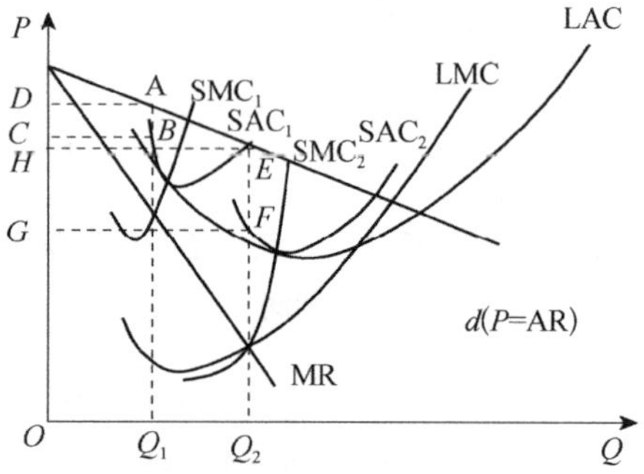

图 6-10　垄断厂商的长期均衡

完全垄断厂商的长期均衡有三种情形：一是如果完全垄断厂商短期内获得超额利润，长期内只要需求状况不发生变化，通过调整生产规模，厂商可以获得更大的超额利润；二是如果完全垄断厂商短期内存在亏损，厂商通过对生产规模的调整，可以扭亏为盈；三是如果完全垄断厂商短期内存在亏损，厂商通过对生产规模的调整依然亏损，厂商将选择退出市场。我们以第一种情况为例来分析完全垄断厂商长期均衡的形成过程，如图 6-10 所示。

假定完全垄断厂商目前的生产规模为 SAC_1、SMC_1，在 SMC_1＝MR 所确定的产量水平 Q_1 上，完全垄断厂商实现了短期的利润最大化。其超额利润为矩形 *ABCD* 所表示的面积。

但是从长期看，这并不是最优的生产规模。由于长期中，其他厂商不能进入，完全垄断厂商可以通过规模调整实现更大的利润。完全垄断厂商将会把产量调整到 MR＝LMC＝SMC_2 所确定的产量水平 Q_2 上，此时对应的生产规模为 SAC_2、SMC_2。对应的总利润为矩形 *EFGH* 所表示的面积，此时的总利润大于短期内所获得的总利润。从图 6-10 中可以看出在 Q_2 产量水平上，MR 曲线、LMC 曲线、SMC 曲线交于一点，这表明厂商利润最大化原则 MR＝MC，不仅在短期内得到满足，而且在长期内也得到满足，所以完全垄断厂商的长期均衡条件是：MR＝LMC＝SMC。

四、完全垄断厂商的单一定价和价格歧视

（一）单一定价

完全垄断厂商对于不同消费者购买同一产品确定了相同的价格，即销售的每一单位产品价格都是相同的。这种定价策略称为单一定价。

在完全垄断市场上，完全垄断厂商实现利润最大化的关键是确定一个合理的价格。我们知道，由于垄断企业控制了一个市场的全部供给，完全控制了市场，所以，可以通

过改变产量来决定价格，既可以减少产量提高价格，也可以增加产量降低价格。但完全垄断厂商在定价时必须考虑市场需求，因为需求也是决定价格的重要因素之一。完全垄断厂商可以提高价格，但消费者可以拒绝购买，这样也就无法实现利润最大化。在市场上，消费者用自己的货币“选票”影响价格的决定。在实行单一定价时，垄断企业可以采用高价少销，也可以采用低价多销。采用哪一种定价取决于利润最大化目标，并受需求与供给的双方制约。

一般来说，当某种产品需求缺乏弹性时，垄断企业采用高价少销是有利的，也可以实现“谷贱伤农”。当某种产品需求富有弹性时，垄断企业采用低价多销是有利的。这时可以实现薄利多销。

（二）价格歧视

在垄断市场上还有另一种定价策略——价格歧视。价格歧视指的是同样的商品向不同的消费者收取不同的价格。例如，如果电力部门（自然垄断者）向所有用电户收取相同的价格就是单一定价。如果电力部门向工业用户收取高价，向居民用户收取低价，同样的一度电就有两种不同的价格，这就是价格歧视。价格歧视可以实现更大的利润，其基本原则是对需求富有弹性的消费者收取低价，而对需求缺乏弹性的消费者收取高价。这样，需求富有弹性的消费者在低价时会增加需求量，总收益增加，需求缺乏弹性的消费者在高价时不会减少需求量，总收益也增加。例如，在电力的例子中，工业用户对电的需求极为缺乏弹性，价格高也无法减少用电量，但是居民用户对电的需求富有弹性（可以用煤气等替代品），价格低可以增加用电量，这样，利润就更多了。

一般根据价格差别的程度把价格歧视分为三种类型：

第一，一级价格歧视，又称完全价格歧视。这就是，假设垄断者了解每一消费者为了能购进每一单位产品所愿付出的最高价格，并据此来确定每一单位产品的价格。完全价格歧视就是每一单位产品都有不同的价格。例如一个医术高超的医生对每个患者收取不同的医疗费就是这种情况。在这种情况下，消费者剩余就全部转变为垄断者获得的超额利润。

第二，二级价格歧视。这就是，完全垄断厂商了解消费者的需求曲线，把这种需求曲线分为不同的段，根据不同购买量确定不同的价格。例如，电力部门对一定量电力（比如说 1～100 度）实行一种价格，对再增加的电力（比如说 101～200 度）实行另一种价格。这种情况下，完全垄断厂商可以把部分消费者剩余转变为超额利润。

第三，三级价格歧视。这就是，垄断企业对不同市场的不同消费者实行不同的价格。例如，电力部门对工业用电与居民用电实行不同的价格。这种情况下，就可以在实行高价格的市场上获得超额利润，即把这个市场上的消费者剩余变为超额利润。在现实中，一级价格歧视比较罕见，常见的是二级价格歧视与三级价格歧视。

与单一定价相比，价格歧视获得的利润更多，但为什么垄断者并不能普遍采用价格歧视呢？因为实行价格歧视必须有两个条件：第一，实行价格歧视的商品要不能转售。如果商品可以转售，价格歧视就没有意义了，因为低价购买者可以把这种商品再转手卖出去而获利，企业就得不到好处。第二，要能用一个客观标准把消费者分为需求缺乏弹性者和需求富有弹性者。不同消费者对同一种商品的需求弹性不同是客观存在的，问题在于用一种客观而具有可操作性的方法把这两类消费者分开。

阅读材料 7：麦当劳连锁店的折扣券

麦当劳连锁店一直采取向消费者发放折扣券的促销策略。他们对来麦当劳就餐顾客发放麦当劳产品的宣传品，并在宣传品上印制折扣券。为什么麦当劳不直接将产品的价格降低？

回答是折扣券使麦当劳公司实行了三级差别价格。麦当劳公司知道并不是所有的顾客都愿意花时间将折扣券剪下来保存，并在下次就餐时带来。此外，剪折扣券意愿与顾客对物品支付意愿和他们对价格的敏感相关。富裕而繁忙的高收入阶层到麦当劳用餐弹性低，对折扣券的价格优惠不敏感，不可能花时间剪下折扣券并保存随时带在身上，以备下次就餐时用。而且折扣券所省下的钱他也不在乎。但低收入的家庭到麦当劳用餐弹性高，他们更可能剪下折扣券，因为他的支付意愿低，对折扣券的价格优惠比较敏感。笔者对麦当劳连锁店进行了真实的调查，发现来麦当劳消费者平均有十个顾客就有一个没有带折扣券，假定每天来麦当劳就餐的顾客有 500 人，就有 50 人没有享受折扣，如果折扣是 3 元，那么麦当劳就从中得到超额收入 150 元。

五、对完全垄断市场的评价

许多经济学家认为完全垄断对经济社会是不利的，这是因为：

第一，生产资源的浪费。这就表现为，与完全竞争相比，价格高，而产量低，如图 6-11 所示。

在图 6-11 中，综合了完全竞争市场与完全垄断市场的长期均衡状况。通过对图中两个市场长期均衡的比较可以看出，在完全竞争市场上，均衡产量为 OQ_J，均衡价格为 OP_J，而且当均衡产量为 OQ_J 时，长期平均成本为最低点；在垄断市场上，均衡产量为 OQ_L，均衡价格为 OP_L，当均衡产量为 OQ_L 时，长期平均成本并不是最低点。$OQ_J > OQ_L$，$OP_J < OP_L$，说明在垄断市场上，均衡产量低于完全竞争市场，而均衡价格高于完全竞争市场，而且长期平均成本无法达到最低水平。所以，完全垄断市场上，资源浪费，经济效率低于完全竞争市场。

第二，社会福利的损失。完全垄断企业实行价格歧视，消费者所付出的价格高，消费者剩余就减少了。这种减少则是社会福利的损失，因为社会总福利等于消费者剩余加上生产者剩余，如图 6-12 所示。图 6-12 中，完全竞争市场上，价格为 OP_C，产量为 OQ_C，这时消费者得到的消费者剩余为$\triangle DBP_C$。在垄断市场上，价格为 OP_M，产量为 OQ_M，消费者剩余是$\triangle DAP_M$。在$\triangle DBP_C$ 中，ACP_CP_M 这个四方形所代表的消费者剩余转变为垄断企业的超额利润，而$\triangle ABC$ 所代表的是由于垄断存在所引起的纯社会福利的损失。这一部分消费者没有得到，完全垄断企业也没有得到，是由于资源浪费而形成的纯社会福利的损失。

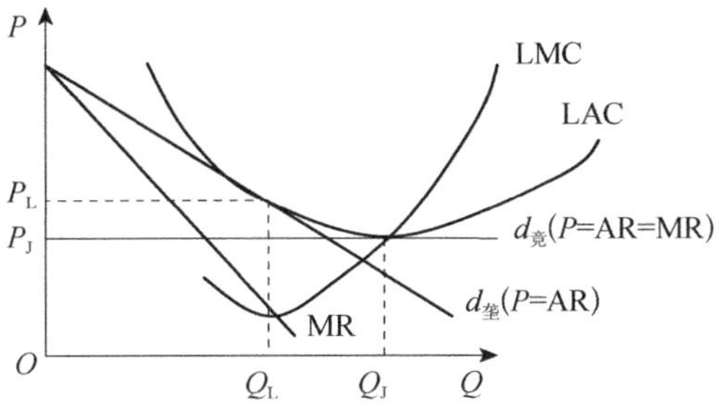

图 6-11　完全竞争市场与垄断市场的比较

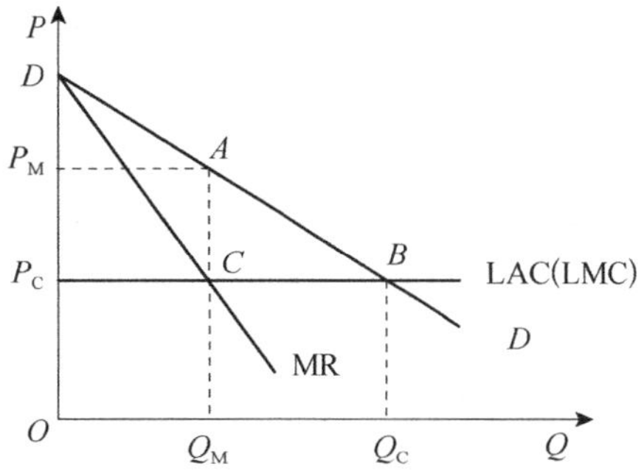

图 6-12　完全垄断市场上的社会福利损失

但是，任何事物都有两面性。许多经济学家认为，完全垄断也有其有利的一面。首先，在一些行业可以实现规模经济，例如，自来水行业只有在一家企业时才能实现平均成本最低：这种情况属于规模经济引起的自然垄断。其次，完全垄断企业可以以自己雄厚的资金与人才实力实现重大的技术突破，有利于技术进步。例如，AT&T（美国电话电报公司）曾长期垄断美国电信行业。这当然有效率损失，但 AT&T 以自己的资金创办了贝尔实验室。这个实验室自成立以后一共获得了万余项专利、11 次诺贝尔奖、4 次计算机图灵奖、9 次美国国家科学奖。它在半导体、通信、电视、超导等方面的突破性贡献深深影响着我们的生活。最后，尽管在一国内是垄断的，有效率损失，但在国际上有竞争力，有利于一国的世界竞争力的提高。美国政府批准波音公司与麦道公司合并正是出于这种考虑。这两家公司合并为波音公司后，在美国商用大型客机市场上是完全垄断者，但这种合并有利于美国波音对欧洲空中客车公司的竞争。

完全垄断的是是非非一直是经济学家争论的话题，现实中既有打破垄断，又有加强垄断。看来，在哪个行业垄断利大于弊，在哪个行业垄断弊大于利，还要进行具体分析。

第四节　垄断竞争市场

在现实中符合完全竞争或垄断的严格条件的市场是极为罕见的，现实中的市场则主要是介于完全竞争和完全垄断之间的市场结构，我们称之为垄断竞争和寡头垄断的市场。这一节我们主要讲解垄断竞争的知识。

一、垄断竞争市场需求曲线和厂商所面临的需求曲线和收益曲线

（一）需求曲线

由于垄断竞争厂商生产的是有差别的产品，因而对该产品都具有一定的垄断能力，和完全竞争的厂商只是被动地接受市场的价格不同，垄断竞争厂商对价格有一定的影响力。比如，垄断竞争厂商如果将它的产品的价格提高一定的数额，则习惯于消费该物品的消费者可能不会放弃该物品的消费，可能是因为该消费者对该垄断厂商所生产的产品具有一定的偏好，该产品的需求不会大幅度下降。但若厂商大幅度提价的话，由于存在着大量的替代品，消费者就可能舍弃这种偏好，转而购买该商品的替代品。因此，垄断竞争厂商所面临的需求曲线相对于完全竞争厂商而言要更陡峭一些，即更缺乏弹性，而

相对于垄断厂商来讲需求曲线要更平缓一些，即更富有弹性。

由于在垄断竞争行业中厂商生产的产品都是有差别的替代品，因而市场对某一厂商产品的需求不仅取决于该厂商的价格－产量决策，而且取决于其他厂商对该厂商的价格－产量决策是否采取对应的措施。比如一个厂商采取降价行动，如果其他厂商不降价，则该厂商的需求量可能上升很多，但如其他厂商也采取降价措施，则该厂商的需求量不会增加很多。这样在分析垄断竞争厂商的需求曲线时，就要分两种情况进行讨论。

（1）需求曲线 d

需求曲线 d 表示在垄断竞争生产集团中的单个厂商改变产品价格，而其他厂商的产品价格保持不变时，该厂商的产品价格与销售量之间的对应关系。因为在市场中有大量的企业存在，因而单个厂商会认为自己的行动不会引起其他厂商的反应，于是它便认为自己可以像垄断厂商那样，独自决定价格。这样，单个厂商在主观上就有一条斜率较小的需求曲线，称为主观需求曲线。

（2）需求曲线 D

需求曲线 D 表示在垄断竞争生产集团中的单个厂商改变产品价格，而其他所有厂商也使产品价格发生相同变化时，该厂商的产品价格和销售量之间的关系。在现实中，一个垄断竞争厂商降低价格时，其他厂商为了保持自己的市场，势必也会跟着降价，该厂商因而会失去一部分顾客，需求量的上升不会如厂商想像的那么多，因而还存在着另外一条需求曲线，称之为客观需求曲线或比例需求曲线。

在图 6-13 中，垄断竞争厂商的主观需求曲线为 d_1，厂商最初的产量为 Q_1，最初的价格为 P_1，因而位于主观需求曲线上的 A 点。当该厂商将产品的价格由 P_1 下调至 P_2 后，按照其主观需求曲线 d_1，厂商预期其销售量将提高至 Q_2。但是，由于该厂商降价时，其他厂商也将采取同样的措施即也会把产品价格由 P_1 下调至 P_2，以维护自己的市场占有率，因此，该厂商的销售量实际只有 Q_3，即介于 Q_1 和 Q_2 之间。同时，厂商的主观需求曲线就会做出相应的调整，即从 A 点沿着 D 需求曲线平移至 H 点。

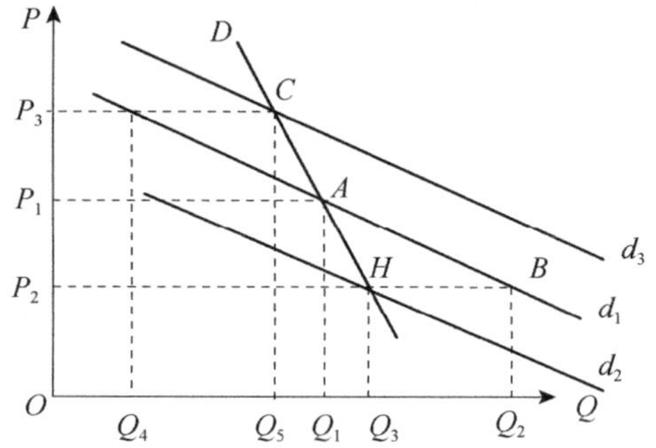

图 6-13　垄断竞争厂商所面临的需求曲线

相反，如果厂商将它的价格由 P_1 提高至 P_3，厂商按照主观需求曲线 d_1 会预期自己的需求量将降低至 Q_4，但由于其他厂商也同样采取提价措施即也会把产品价格由 P_1 上升至 P_3，该厂商需求量的下降并不像预期的那么多，实际的需求量为 Q_5。同时，厂商的主观需求曲线也将随之调整即从 A 点沿着 D 需求曲线平移至 C 点。

（3）需求曲线 d 与需求曲线 D 的关系

当所有厂商同样调整价格时，整个市场价格的变化会使单个垄断竞争厂商需求曲线 d 沿着需求曲线 D 上下移动。需求曲线 d 表示单个厂商改变价格时预期的产量，而需求曲线 D 表示单个厂商在每一价格水平实际面临的市场需求量或销售量，所以需求曲线 d 与需求曲线 D 相交，意味着垄断竞争市场的供求平衡状态。客观需求曲线 D，更缺乏弹性，所以更陡峭一些，主观需求曲线 d 弹性较大，较平坦些。

（二）收益曲线

由于垄断竞争厂商的平均收益 AR 总是等于该销售量的价格 P，因此平均收益曲线就是垄断竞争厂商所面临的需求曲线。由于垄断竞争厂商所面临的需求曲线向右下方倾斜，则平均收益曲线也是向右下方倾斜的，且两线重合。平均收益递减，则边际收益必定也是递减的，并且小于平均收益。所以与完全垄断厂商类似，垄断竞争厂商的边际收益 MR 曲线也位于平均收益 AR 曲线之下，而且较平均收益 AR 曲线更为陡峭。

二、垄断竞争厂商的短期均衡

垄断竞争厂商在短期内会通过调整它的产量和价格来实现它的利润最大化目标。如图 6-14 所示，SMC 是代表垄断竞争厂商的边际成本曲线，d_1 是垄断竞争厂商的主观需求曲线，D 是垄断竞争厂商的客观需求曲线。假定垄断竞争厂商一开始处于 A 点即主观需求曲线和客观需求曲线相交于此，表明市场是均衡的，此时均衡产量是 Q_0，均衡价格为 P_0。厂商为了实现利润最大化，会按照 $MR_1=MC$ 的原则来调整其价格和产量，即沿着主观需求曲线调整至 B 点，此时价格是 P_1，产量为 Q_1。由于在行业中的其他厂商也面临着相同的情况，每个厂商都在假定其他厂商不改变产量和价格的条件下根据自己的利润最大化原则降低了价格。于是，当其他厂商都降低了自己产品的价格时，代表性厂商实际的需求量不能增加到 Q_1，而只能是 Q_0 和 Q_1 之间的一点 C，需求量只有 Q_2。厂商的主观需求曲线也要修正为 d_2，边际收益曲线也相应调整至 MR_2。这样该厂商在 P_1 的价格下无法实现最大利润，必须进一步做出调整。按照厂商利润最大化的条件 $MR_2=SMC$，厂商将会把价格进一步降低至 P_2，厂商预期自己的需求量将会增加至 Q_3。但是由于其他厂商采取同样的行动，该厂商的需求量实际只能沿着客观需求曲线 D 增加到 Q_4，厂商在 P_2 价格下仍无法实现最大利润。以此类推，厂商的价格还需做出进一步的调整，其主观需求曲线也将沿着客观需求曲线不断移动。

这样一直调整下去，最后的结果是主观需求曲线与客观需求曲线的交点和垄断竞争厂商的边际收益曲线与垄断竞争厂商的短期边际成本曲线的交点在一条垂直的直线上，如图 6-15 中的 A 点和 B 点。

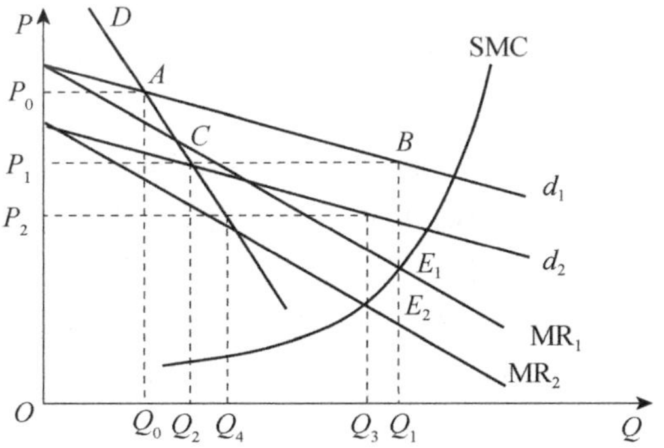

图 6-14 垄断竞争厂商在短期内的生产调整过程

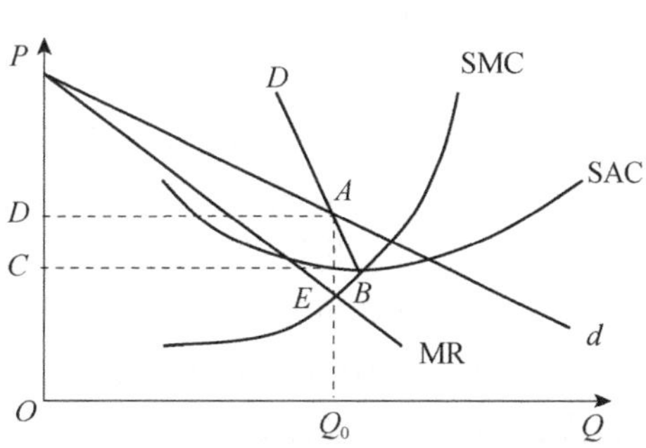

图 6-15 垄断竞争厂商的短期均衡

垄断竞争厂商实现短期均衡时的利润如图 6-15 中四边形 $ABCD$ 的面积。当然，和垄断厂商、完全竞争厂商一样，垄断竞争厂商也可能获得超额利润，也可能超额利润为零或者正常利润，甚至是亏损，经济利润为负。这主要取决于厂商所面临的需求曲线与其平均成本曲线的位置，如果厂商的平均成本曲线位于需求曲线之上，也就是说，厂商的平均成本太高或者需求太低，则厂商在短期内无论如何调整其价格和产量，都无法摆脱亏损的命运。

三、垄断竞争厂商的长期均衡

在长期内，垄断竞争厂商可以通过扩大或缩小其生产规模来与其他企业进行竞争，也可以根据自己能否获得超额利润来选择是进入还是退出一个行业。

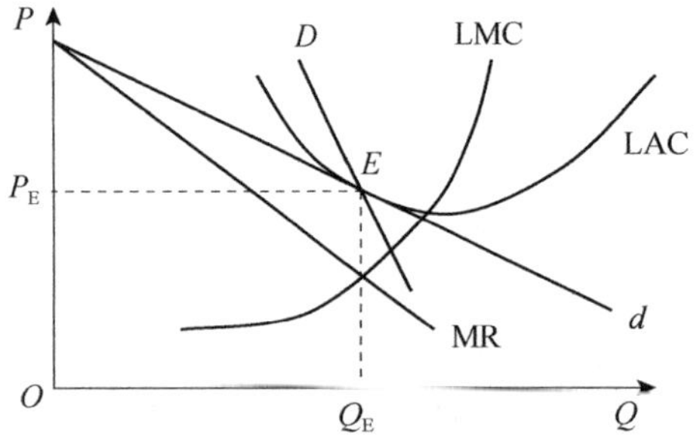

图 6-16 垄断竞争厂商的长期均衡

假设垄断竞争厂商在短期内能够获得超额利润，在长期内所有的厂商都会扩大生产规模，也会有新的厂商进入该行业进行生产，在市场总的需求没有大的改变的情况下，垄断竞争厂商的市场份额将减少，虽然主观需求曲线不变，但客观需求曲线将向左下方移动，从而厂商的产品的实际需求量低于利润最大化的产量。厂商为了实现长期均衡必须降低其价格提高其产量来适应这种变化，从而主观需求曲线和客观需求曲线都会向左下方移动。这一过程会一直持续到行业内没有新的厂商进入，也没有企业愿意扩大生产规模为止，此时厂商的经济利润为零。厂商实现长期均衡时的所处状态如图 6-16 所示。

在长期均衡时，厂商的主观需求曲线 d 与长期平均成本曲线 LAC 相切于 E 点，客观需求曲线 D 也与 d 和 LAC 曲线相交于 E 点，此时厂商的均衡产量 Q_E，满足厂商利润最大化的要求 MR=LMC=SMC。而此时的 P=AR=LAC，所以厂商的经济利润为零。

如果考虑行业内厂商亏损，厂商退出行业或者减少产量的过程，与上述的分析过程类似，只不过两条需求曲线的移动方向相反而已，最终均衡的结果都是主观需求曲线与 LAC 曲线相切，经济利润为零。从长期均衡的条件看，垄断竞争厂商与完全竞争厂商相同，但实际上却存在着很大不同，其差别在于：

其一，完全竞争厂商 d、AR、MR 曲线三线合一。垄断竞争厂商 d、AR 重合，且向右下方倾斜，并且 MR＜AR。

其二，在完全竞争市场处于长期均衡时，完全竞争厂商所面临的需求曲线与长期平均成本曲线相切于其最低点。在垄断竞争市场处于长期均衡时，垄断竞争厂商所面临的需求曲线不是相切于其长期平均成本的最低点，一般来说处于长期平均成本的左边。

其三，在完全竞争市场处于长期均衡时，其均衡价格低于垄断竞争下的均衡价格，且 P=LMC；而垄断竞争市场处于长期均衡时，其均衡价格低于完全竞争下的均衡价格，价格较高，而且 P＞LMC。

其四，在完全竞争市场处于长期均衡时，它的均衡产量要高于垄断竞争市场处于长期均衡时的均衡产量。

第五节 寡头垄断市场

寡头垄断市场又称寡头市场，指由少数几家大型厂商控制某种产品供给的绝大部分乃至整个市场的一种市场结构。寡头垄断是介于垄断竞争与垄断之间的一种市场结构，比较靠近完全垄断市场。寡头厂商之间生产的产品可以是同质的，如我们在钢铁、水泥、石油、有色金属、塑料、橡胶等行业中所看到的那样；而在有些行业，产品则是有差别的，如汽车、飞机、家用电器、铁路运输、电信服务业等。

一、寡头市场的特点

寡头垄断市场运行的特征是：每家寡头垄断厂商首先要推测其竞争对手的决策，然后根据利润最大化原则确定自己的决策，相互之间利害关系极为密切，具有较强的相互依存关系。寡头垄断厂商数量是很不易确定的，它与垄断竞争的界限并不以厂商数量为标准，主要取决于寡头垄断厂商之间的关系。在寡头垄断下，厂商相互注视对手的行动（价格、产量、广告开支等），并估计和注视自己采取行动后竞争双方的反应。寡头垄断市场的特征如下所示：

（1）厂商数目屈指可数，消费者众多，厂商在一定程度上控制产品价格和绝大部分的市场份额。

（2）产品差别可有可无。寡头垄断厂商提供的产品可以是相同的，也可以是有差别的。由此可分为无差别寡头垄断市场和有差别寡头垄断市场。

（3）存在较大的进入或退出的障碍，其他厂商无法顺利地进入该行业。一种可能性是这些寡头行业存在规模经济，使得大规模的生产占有强大的成本优势和产量优势，大企业不断发展壮大，而小企业则无法生存，最终形成少数几个厂商竞争的局面；另一种可能性是有时寡头厂商之间相互勾结，构筑进入或退出的壁垒，阻止其他厂商进入；还有就是，寡头垄断厂商为了减少其竞争压力，也会采用收购、兼并一些小企业等形式来减少厂商的数目。在有的行业，寡头市场的形成则直接由于政府的产业政策所导致。比如，我国国家的中石油、中石化企业。

（4）寡头垄断之间相互依存关系极为强烈，双方或多方均是反应后再决策，而在产量和价格上没有“确定的均衡”。由于市场中厂商的数目较少，每个厂商在市场中都占有一个很大的份额，对市场都有举足轻重的影响力。一个厂商的价格和产量变动，不仅影响到它自己的市场份额和所得利润，而且会直接影响到其他厂商的市场份额和利润，因而厂商所做的价格－产量决策也很容易遭到其竞争对手的报复。所以，寡头厂商在做出决策时必须把其竞争对手可能采取的对策或行为考虑进去，而竞争对手的可能对策又是难以推测的。正因为如此，既无法推导出寡头垄断厂商的有规律的供给曲线，而且无法确定寡头垄断厂商的有规律的需求曲线。这一点和其他厂商非常不同。

由于寡头垄断厂商在进行决策时必须考虑到其他厂商的可能对策，而其竞争对手的策略又是千变万化的，竞争对手如何反应是它事前所无法准确预计的，因此，寡头垄断厂商的决策具有重要的不确定性。所以，寡头厂商的价格－产量决策过程就是该寡头厂商与其他寡头厂商之间相互博弈的过程，价格的确定实际上也是一个博弈的过程。我们知道，完全竞争厂商是价格的被动接受者，而垄断厂商则是价格的主动制定者，但寡头厂商则只能是“价格搜寻者”。正是由于寡头厂商之间价格决策的不确定性，厂商之间往往尽力避免打“价格战”。在寡头行业中除价格竞争之外，更经常进行的是非价格竞争，比如广告竞争、品牌竞争、服务竞争等。

阅读材料 8：一次违法的通话

寡头市场上，厂商之间有相互勾结起来获取更好利益的强烈激励。下段是 20 世纪 80 年代两个航空公司总裁之间的电话谈话。1983 年 2 月 24 日的《纽约时报》报道了这段谈话的内容。罗伯特 · 克兰达尔是美洲航空公司的总裁，霍华德 · 帕特南是布拉尼夫航空公司的总裁。

克兰达尔：我觉得我们像基督说的罪过一样在这里拼个你死我活，而一分钱也没挣到，是很愚蠢的。

帕特南：你有什么高见吗？

克兰达尔：有，我有个建议。提高你的机票价格 20%，明天一早我也提高我的。

帕特南：罗伯特，我们……

克兰达尔：你能赚更多的钱，我也是。

帕特南：我们不能谈定价问题！

克兰达尔：噢，霍华德。我们想谈什么就谈什么。

谈话结束后，帕特南把这段谈话录音带交给了司法部，司法部立即对克兰达尔提出起诉。

二、寡头垄断厂商均衡

根据上面的分析我们可以知道，寡头垄断厂商的均衡价格和均衡产量很难确定，要想建立寡头垄断厂商的均衡模型就显得异常困难，至今无法找到寡头垄断厂商一般性短期均衡点和长期均衡点。

（一）寡头垄断市场价格决定的特点

寡头垄断市场价格决定的界限在于：最高价格等于完全垄断下的垄断价格，最低价格高于完全竞争市场长期均衡时的竞争价格。但价格确定方式往往不是由市场供求关系直接决定的，而是以下面几种方式确定：一是寡头垄断者通过价格同盟来制定；二是由寡头垄断者的默契形成；三是由一家最大的寡头垄断厂商先行定价，其他寡头垄断跟随定价。这些被称为操纵价格。一般地说，这种价格一旦形成，不会轻易变动，以避免寡头垄断厂商双方在价格战中两败俱伤。

（二）寡头垄断市场的两种均衡模型

为克服这一难题，经济学家通常假定：在给定其对手的行为以后，每个厂商都采取它能采取的最好的策略（这样达成的均衡称为纳什均衡）。下面我们就来分析寡头垄断的几个模型，包括：古诺模型、斯威齐模型。

（1）古诺模型

古诺模型是由法国经济学家奥古斯丁·古诺于 1838 年最早提出，如图 6-17 所示。它研究的是一个双寡头垄断市场。古诺以“拥有两个零边际成本的矿泉水市场”为例，提出如下假定：两个寡头厂商 A 和 B 生产同一种产品；厂商产量为独立变量，每个厂商产量总和会影响市场价格；每个寡头垄断厂商均以实现利润最大化为目的，以对方产量维持前一时期水平为前提，来决定自己每一时期的产量；两家厂商面临相同的需求曲线。

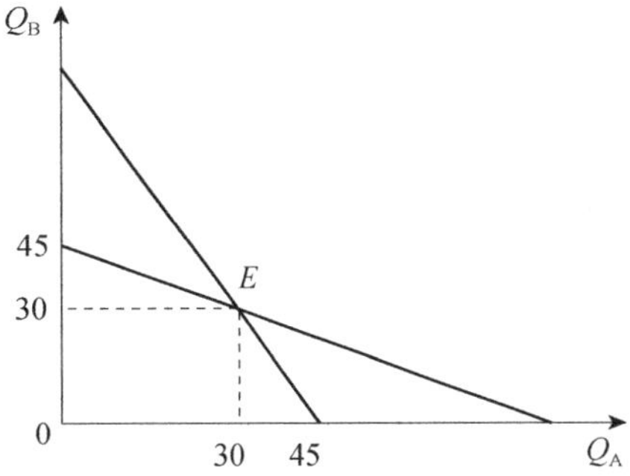

图 6-17　古诺模型

假设 A 厂商和 B 厂商所生产的产量分别为 Q_A 和 Q_B，市场需求函数为：$P=90-Q$。由于市场供给量是 Q_A+Q_B，所以需求函数也可以写成：$P=90-Q_A-Q_B$。由于成本为零，厂商 A 的利润可以写成：$\pi_A=PQ_A=(90-Q_A-Q_B)Q_A=90Q_A-Q_AQ_B-Q_A^2$。假定厂商 B 的产量不变，则厂商 A 要实现利润最大化，必须要满足一阶偏导条件：$\dfrac{\partial\pi}{\partial QA}=90-Q_B-2Q_A=0$，可以求出：$Q_A=45-0.5Q_B$。该式称为厂商 A 的反应函数。它表示了在厂商 B 的各种产量水平上，厂商 A 在最大利润原则下所要生产的产量组合。也可以说，对于厂商 B 的每一个产量 Q_B，厂商 A 都会做出最优反应，确定自己能够带来最大利润的产量 Q_A。同样的方法，可以求得厂商 B 的反应函数为：$Q_B=45-0.5Q_A$。

可以看出，只要一个厂商变动产量，另一个厂商也必须跟着变动自己的产量。所以市场实现均衡时就意味着两家厂商的产量引起对方的反应是相容的，这时两个厂商都没有变动产量的意愿。所以上述两个反应函数必须同时成立。将两个反应函数联立，即可解得厂商的均衡解为：$Q_A=Q_B=30$。

由于市场总容量是 90，也就是说，两个厂商均衡的产量都是市场容量的 1/3，两个寡头垄断厂商的总产量实际只有市场总容量的 2/3。剩余的 1/3 的市场容量是寡头垄断的市场所无法满足的，因而可以看做是寡头垄断给社会所造成的损失。推而广之：寡头厂商提供产量=市场容量×1/（厂商数目+1）。

（2）斯威齐模型

斯威齐模型是美国经济学家保罗·斯威齐于 20 世纪 30 年代所建立的。由于寡头垄断厂商之间价格战的结果往往是两败俱伤，竞争的双方利润都趋向于零。所以在寡头垄断市场上，产品的价格往往比较稳定，厂商比较喜欢采用非价格竞争方式，即便采用价格战的方式也是非常慎重的。寡头厂商不愿轻易地变动产品价格，价格能够维持一种比较稳定的状态的情况，被称之为价格刚性。斯威齐模型就是解释在寡头垄断市场上出现的这种价格刚性现象。

斯威齐首先假定：当一个寡头厂商降低价格时，其他厂商会跟着降价；当一个寡头厂商提高价格时，其他厂商会保持价格不变。做这样的假定的原因是，当一个厂商降低它的产品的价格时，其他厂商如果不跟着降价，那么其他厂商的市场份额就会减少，从

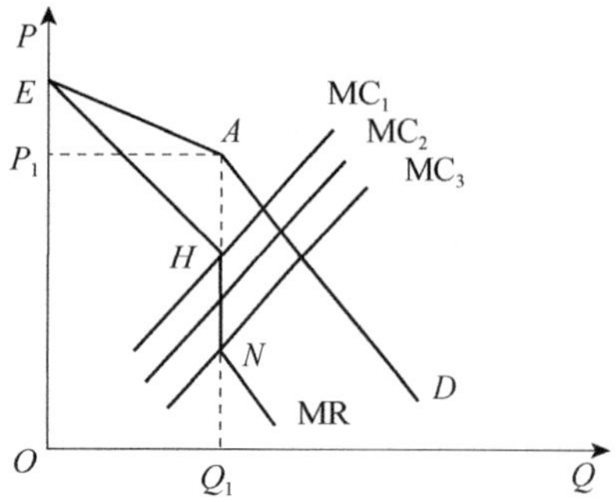

图 6-18　弯折的需求曲线

而产量下降，利润下跌；而当一个寡头厂商提高它的产品价格时，如果其他厂商价格保持不变，那么提价的厂商的一部分市场份额将会自动被其他厂商瓜分，从而其他厂商的产量会上升，利润会增加。所以需求曲线称呈现弯折的形状，称为弯折的需求曲线。斯威齐模型的具体形式如图 6-18 所示。

假定厂商原来处于 A 点，即产量为 Q_1，价格为 P_1。按照斯威齐的假定，厂商提价的时候，其他厂商价格不变，因而厂商的需求量将会下降很多，即产品富有弹性，相当于图中 AE 段的需求曲线；当厂商降价时，其他厂商的价格也下降，因而厂商的需求量不会增加很多，从而产品是缺乏弹性的，相当于图中 AD 段。与需求曲线相对应的边际收益曲线也标在图 6-18 中，可以看出，在 H 点与 N 点之间，边际收益曲线有一个较大的落差。如果厂商的边际成本为 MC_2 所代表，厂商的产量和价格分别将是 Q_1 和 P_1；如果厂商边际成本提高至 MC_1，厂商的产量和价格仍然是 Q_1 和 P_1；如果厂商的边际成本降低到 MC_3，厂商的利润最大化的产量和价格仍然不变。由此可见，厂商的成本即使在一个很大的范围内发生变动，只要是在 H 和 N 之间，厂商的产量和价格仍将保持稳定。

虽然斯威齐模型有助于说明寡头垄断市场的价格刚性现象，但也有很多的经济学家提出了批评意见。这些批评主要集中在两点：第一，如果按照斯威齐模型，寡头垄断市场应该具有比完全垄断市场更为刚性的价格，但是实证的结论与此正好相反；第二，斯威齐模型只是解释了价格一旦形成，则不易发生变动，但这个价格是如何形成的，却没有给出说明。

三、博弈论的应用

（一）博弈论的含义

当存在利益冲突的竞争时，竞争的结果不仅依赖于某个参与者的抉择、决策和机会，而且也依赖于竞争对手或其他参与者的抉择。由于竞争结果依赖于所有局中人的抉择，每个局中人都试图预测其他人的可能抉择，以确定自己的最佳对策。

博弈论考虑游戏中的个体的预测行为和实际行为，并研究它们的优化策略。表面上不同的相互作用可能表现出相似的激励。此外，博弈论也应用于数学的其他分支，如概率论、数理统计和线性规划等。

博弈论的基本概念包括：参与人、行为、信息、策略、收益、结果、均衡。

（二）博弈论在经济学中发展

博弈论（*The Game Theory*）又称游戏理论、对策论，博弈论方法应用于经济学，正在引起现代经济学一系列的发展和突破。对博弈问题比较系统密集的研究是从 20 世纪初期开始的，博弈论是数学家们研究的课题，主要是一种数学的而非经济学的理论。

1944年冯·诺依曼和摩根斯坦出版了《博弈论和经济行为》一书，极大地促进了博弈论与经济研究之间的联系，使得博弈论找到了经济学这个最好的用武之地、思想源泉和实验领域。博弈论的第一个研究高潮出现在20世纪的40年代末和50年代初，期间纳什提出了“纳什均衡”的概念以及证明纳什均衡存在的纳什定理，它们成为现代经济分析的出发点和关键的分析概念。20世纪50年代中后期一直到70年代也是博弈论发展历史中产生重要理论成果的阶段，塞尔腾提出了“子博弈完美纳什均衡”和“颤抖手均衡”的概念；海萨尼提出了分析不完全信息博弈问题的标准方法以及“贝叶斯纳什均衡”的概念。这个时期产生的博弈论成果还有很多，在此不一一列举。正是因为有了这一阶段博弈论研究的繁荣发展，才有20世纪80、90年代博弈论的成熟和对经济学的博弈论革命。80、90年代是博弈论走向成熟的时期，博弈论的理论框架及与其他学科之间的关系逐渐完整和清晰起来。博弈论正是在这个时期开始受到经济学家真正广泛的重视，并被看做重要的经济理论和经济学的核心方法，开始贯穿几乎整个微观经济学、产业组织理论，同时在环境、劳动、福利、国际经济学等学科中也开始占有越来越重要的地位，由于博弈论在经济学中应用最广泛，最成功，而且经济学和博弈论的研究模式是一样的，就强调个人理性，也就是在给定的条件下追求利益的最大化。因此，1994年诺贝尔经济学奖授予了三位博弈论专家。

（三）博弈论在现代经济生活中的运用

经典的博弈论案例“囚徒困境模型”在现代经济生活中有着广泛而深刻的应用。比如，我们经常会遇到各种各样的价格大战，家用电器大战、服装大战、机票打折大战等。

按照囚徒困境模型，各个厂家都将选择降价作为自己的优势策略。因为别的厂家如果不降价，我选择降价将会获得更多的市场份额；别的厂家如果降价，我只有跟着降价才能维持本来的市场份额。最后，博弈的结果是各个厂家谁都没有多少钱赚。再如，在遗失钱物时，遗失人和拾得人的心态其实也就像这两个囚徒，前者希望不给任何报酬能失而复得，后者怕得不到报答干脆占为己有，博弈的结果通常是遗失物被拾得人侵占。“囚徒困境博弈”准确地抓住了人性的真实一面——相互防范、背叛与彼此的不信任，以及这种心理对合作的破坏作用。

但是，在现实生活中，我们巴不得囚徒之间以及各个厂家之间不能合作。因为我们不愿意看到危险的罪犯通过合作逃脱了法律的制裁或者是几个大企业联合起来形成对行业的垄断，导致我们不能享受合理的价格。在现实生活中，我们也期待遗失人和拾得人能更多地为对方的利益着想，从而提升整个社会的道德水准。当我们试图阻挠或者促进“囚徒”之间的合谋，希望通过法律或者道德维系良好的社会秩序时，我们必须了解什么样的途径可以破解“囚徒困境”，并且正视人们正当的逐利心态在博弈过程中的影响。比如：很多发达国家往往利用法律的形式对垄断行为进行严格的限制。反垄断法的实施阻挠了企业之间的价格合谋，并且激励企业改善管理，开发技术，努力以较低的成本生产质量较好的产品，提高企业的市场竞争力。

“智猪博弈模型”是博弈论中另一个经典的模型。这个经典模型揭示了市场竞争中大企业与小企业之间的关系。研究开发，为新产品做广告，对大企业是值得的，对小企业则得不偿失。小企业应把精力花在模仿上，或等待大企业用广告打开市场后出售廉价产品，而大企业应当以主动的态度来开拓市场。一个理性的企业，就应该像“智猪”一样，选择自己的优势策略。在欧佩克中，各个成员的生产能力各不相同。同属一个同盟的大成员和小成员，他们应该选择遵守协议还是选择作弊多生产石油呢？假设以沙特阿拉伯和科威特为例。沙特阿拉伯选择遵守协议也是出于纯粹的自利心理。假如它有一个较低的生产数量，则市场价格攀升，欧佩克全体成员的边际利润上扬。如果它的产量只占欧佩克总产量一个很小的份额，它自然很难发现价格上扬对自己的好处。如果它占的份额很大，它将占有上扬的边际利润的大部分好处，因此牺牲一些产量也是值得的。智猪博弈模型给了竞争中的弱者（小猪）最佳策略的启发。但是对于社会而言，由于小猪未能参加竞争，小猪搭便车式的社会资源配置并不是最佳状态。为使资源有效配置，避免“小猪躺着大猪跑”的现象，游戏规则的设计就非常关键了。规则的核心指标是：每次落下的食物数量和踏板与投食口之间的距离。如果改变核心指标，会出现什么样的现象呢？改变方案一：减量方案。投食仅是原来的一半分量。结果是大猪和小猪都不去踩踏板了。因为无论谁去踩，对方都会把食物吃完，所以谁都不会有踩踏板的动力了。这个游戏规则的设计抑制了竞争，显然是失败的。结果是小猪大猪都会去踩踏板，反正对方不会一次性把食物吃完。这个规则的成本相当高（每次提供双份食物），而且竞争也不强烈，效果也不好。改变方案二：减量加移位方案。投食仅为原来的一半分量，但同时将投食口移到踏板附近。结果大猪和小猪都拼命抢着踩踏板，多劳多得，每次的收获刚好消费完。这个游戏的规则是最好的，成本不高，但收获最大。在现实生活中，公司的激励制度设计就必须充分利用智猪博弈的策略。如果公司的奖励力度太大，又是持股，又是期权，公司职员各个都成了百万富翁，成本高不说，员工的积极性并不一定很高；如果奖励力度不大，而且见者有份（不劳动的小猪也有），一度十分努力的大猪也不会有动力了；最好的激励机制就是——奖励并非人人有份，而是直接针对个人（如业务按比例提成），这样既节约了公司的成本，又消除了“搭便车”现象，能够实现有效的激励。

（四）博弈论对经济学研究的不足

第一是参与人的理性假设，而现实生活中并不是所有的参与经济行为的人都是理性的，即使是理性的也不能保证所有时刻都理性。第二，趋利性。博弈论研究中的博弈参与人都是趋利的。在这里，参与人指的是博弈中进行自利行为选择的决策主体，趋利是指在决策过程中参与人要么最大化自己的利益，要么最大化集体的利益，即局中人的决策是两个极端，由于参与人是理性的假设，使得决策双方都追求自身利益的最大化，这不可避免地产生双方利益的冲突。第三，边际性。博弈分析主要是建立在边际分析基础上的，无论是边际分析还是超边际分析，都没有脱离边际分析的框架。有时候局中人的对策和支付函数受多种因素的影响，并且有些因素并不能纯粹用数学来表达，经济学家在研究博弈中的个体行为时，总是“由下而上”的。即先研究个人在给定的约束条件下的自利决策行为，然后再研究这些个体决策的交互作用产生的后果以及对全社会的影响。然而，这种博弈分析方法有其局限性，它要求博弈双方地位的对等和博弈过程中游戏规则的制定。而在现实中，情况并非如此。

关键概念

市场结构	完全竞争	完全垄断	垄断竞争
寡头垄断	价格歧视	古诺模型	斯威齐模型

知识小结

1. 微观经济学以市场竞争程度的强弱为标准把市场划分为 4 个类型：完全竞争市场、完全垄断市场、垄断竞争市场和寡头垄断市场。

2. 完全竞争又称纯粹竞争，是指一种竞争不受任何阻碍和干扰的市场结构。在完全竞争市场上，一种商品的市场价格是由整个行业的需求与供给决定的。市场对个别厂商产品的需求曲线是一条由既定市场价格出发的水平线。在短期内，完全竞争厂商实现均衡的条件是边际收益等于边际成本，即 MR=SMC，在式中 MR=AR=P，在短期均衡时厂商可获得最大利润，可以利润为 0，也可以蒙受最小亏损。完全竞争厂商实现长期均衡的条件是边际成本等于平均成本、等于长期边际成本、等于长期平均成本，即 MR=AR=P=LMC=SMC=SAC=LAC。

3. 完全垄断市场又称垄断市场，是指整个行业的市场完全处于一家厂商所控制的状态，即一家厂商控制了某种产品的市场。在完全垄断市场上，垄断厂商是市场上唯一的卖者，它可以通过调整向市场供给的产量来改变市场的价格，因此，整个行业的需求曲线也就是垄断厂商的需求曲线，是一条向右下方倾斜的曲线。在完全垄断市场上，厂商按它既定的市场价格出售产品，所以，每一单位产品的价格也就是它的平均收益，即平均收益等于价格，平均收益曲线与需求曲线重合。完全垄断厂商的短期均衡条件是 MR=SMC。垄断厂商在短期均衡点上可以获得最大利润，可以是利润为 0，也可以蒙受最小损失。在完全垄断条件下，垄断厂商的长期均衡条件是边际收益等于短期边际成本和长期边际成本，即 MR=SMC=LMC。在短期内，垄断厂商无法调整全部生产要素，因此不一定能实现利润最大化。但在长期内，垄断厂商可以通过调整全部生产要素的投入来调整产量，在高价少销和低价多销中进行选择，以使所达到的产量实现利润最大化。

4. 垄断竞争市场是指一种既有垄断又有竞争，既不是完全竞争又不是完全垄断的市场结构。垄断竞争条件下，厂商的需求及收益与完全垄断市场基本相同，垄断竞争厂商的需求曲线是一条向右下方倾斜的曲线。边际收益曲线与平均收益曲线也必然是一条向右下方倾斜的曲线，而且平均收益曲线与需求曲线是重合的。垄断竞争市场上实现短期均衡的条件是：MR=SMC。垄断竞争市场上实现了短期均衡时，厂商可能有超额利润、利润为 0 或亏损。但亏损时，他一定是蒙受最小的损失。垄断竞争市场上实现长期均衡时，边际收益等于长期边际成本，平均收益等于长期平均成本。即 MR=LMC，AR=LAC。

5. 寡头垄断市场是指少数几家厂商控制绝大部分某种产品的产量和销售量，瓜分了某种产品市场的全部或绝大部分份额的市场结构。在寡头垄断条件下，市场价格往往不是由市场供求关系决定的，主要是由少数寡头垄断者通过协议或默契来制定的。

6. 对于寡头垄断厂商的长期均衡的分析有两个模型：一是古诺模型；二是斯威齐模型。

思考作业题

一、单项选择题

1. 根据完全竞争市场的条件，下列哪个行业最接近完全竞争行业（　　）。

A. 自行车行业　　B. 玉米行业

C. 糖果行业　　D. 服装行业

2. 在 MR=MC 的均衡产量上，厂商（　　）。

A. 得到最大利润　　B. 亏损

C. 亏损最小　　D. 若获利润则利润最大，亏损则亏损最小

3. 完全竞争厂商的短期供给曲线应该是（　　）。

A. SMC 曲线上超过停止营业点的部分

B. SAC 曲线最低点的右侧曲线部分

C. SMC 曲线上超过收支相抵点部分

D. SMC 曲线的上升部分

4. 当一个完全竞争行业实现长期均衡时，其中的每个厂商都（　　）。

A. 实现了正常利润　　B. 经济利润为零

C. 行业中没有任何厂商进出　　D. 以上说法都对

5. 在垄断厂商的长期均衡产量上可以有（　　）。

A. P 大于 LAC　　B. P 小于 LAC

C. P 等于最小的 LAC　　D. 以上情况都有可能存在

6. 垄断竞争厂商短期均衡时（　　）。

A. 厂商一定能获得超额利润

B. 厂商一定不能获得超额利润

C. 只能得到正常利润

D. 获取超额利润、发生亏损及获得正常利润三种情况都可能发生

7. 假如一个完全竞争厂商的收益不能弥补可变成本，为了减少损失，它应该（　　）。

A. 减少生产　　B. 增加生产　　C. 提高价格　　D. 停止生产

8. 垄断竞争厂商长期均衡时必然有（　　）。

A. 价格大于长期成本

B. 在均衡点上，主观需求曲线上的弹性大于客观需求曲线上的弹性

C. 资源在广告中浪费

D. 边际成本等于客观需求曲线中产生的边际收益

9. 寡头垄断厂商的产品是（　　）。

A. 同质的　　B. 有差异的

C. 既可以是同质的又可以是有差异的　　D. 以上都不对

10. 在（　　）项下一个完全竞争厂商处于短期均衡。

A. SAVC＝SMC　　B. SAC＝SMC

C. P＝MR　　D. P＝SMC

二、多项选择题

1. 在完全竞争市场上，厂商的市场需求曲线（　　）。

A. 大于平均收益曲线　　B. 等于平均收益曲线

C. 大于价格线　　D. 等于价格线

2. 垄断竞争厂商处于长期竞争均衡时，其产量满足（　　）。

A. MR＝LMC　　B. MR＝LAC　　C. AR＝LMC　　D. AR＝LAC

3. 在完全竞争条件下，超额利润存在将导致（　　）。

A. 单个厂商的产量增加　　B. 单个厂商的产量减少

C. 单个厂商的产量不变　　D. 行业的产量增加

E. 行业的产量减少

4. 在完全竞争的条件下，市场价格处于厂商的平均成本的最低点，则厂商将（　　）。

A. 获得最大利润　　B. 不能获得最大利润

C. 亏损　　D. 获得正常利润

E. 无法确定厂商的利润状况

5. 在完全竞争市场上，厂商在短期内的供给曲线向上倾斜的原因是由于（　　）。

A. 价格越高，利润越大　　B. 产量越大，总成本越大

C. 产量越大，平均成本越大　　D. 产量越大，边际成本越大

E. 边际产量递减规律

三、判断题

1. 完全竞争是指一种竞争不受任何阻碍、干扰和控制的市场结构。（　　）

2. 在完全竞争市场上，任何一个厂商都可以成为价格的决定者。（　　）

3. 垄断企业可以根据获取利润的需要在不同销售条件下实行不同的价格。（　　）

4. 垄断竞争市场的长期均衡条件是：MR＞MC。（　　）

5. 由于寡头之间可以进行勾结，所以，他们之间并不存在竞争。（　　）

四、问答题

1. 完全竞争市场的特征是什么？

2. 完全竞争市场的短期均衡和长期均衡的条件是什么？

3. 完全垄断市场的特征是什么？

4. 完全垄断市场的短期均衡和长期均衡条件是什么？

5. 垄断竞争市场的特征是什么？

6. 寡头垄断市场的特征是什么？

7. 寡头垄断市场的产量和价格如何决定？

五、计算题

1. 已知某完全竞争行业中的单个厂商的短期成本函数为 $STC=0.1Q^3-2Q^2+15Q+10$。

试求：（1）当市场上产品价格 P=55 时，厂商的短期均衡产量和利润；（2）当市场价格下降为多少时，厂商必须停止生产；（3）单个厂商的短期供给函数。

2. 假设某完全竞争行业有 100 个相同的厂商，每个厂商的成本函数为：STC=$0.1Q^2+Q+10$。

试求：（1）完全竞争市场的供给函数；（2）假设市场需求函数为 $Q=4000-400P$，市场的均衡价格和均衡产量。

3. 已知垄断者的成本函数为 TC=$6Q+0.05Q^2$，产品的需求函数为 $Q=360-20P$。

试求：（1）利润为最大化时的销售价格、产量和利润；（2）假如政府限定一个最高售价以诱使垄断者在该价格下提供的产量为最大，求解此规定的最高限价、垄断者提供的产量和赚得的利润。

第七章　生产要素市场理论

学习目标

1. 掌握生产要素的含义与种类；
2. 掌握生产要素的需求与供给，以及生产要素的价格如何决定；
3. 掌握工资、利息、地租和正常利润是如何形成和决定的；
4. 理解洛伦茨曲线和基尼系数。

导读案例：中国的收入分配状况

中国社会科学院经济研究所收入分配课题组从 20 世纪 80 年代后期，一直对个人收入分配变化趋势进行追踪研究，分别于 1988 年、1995 年、2002 年展开三次全国范围的住户调查，得出如下结论。

1. 中国城乡收入差距世界最高

从 1994 年开始城乡之间收入差距出现了下降的趋势，但是从 1997 年起又逐步扩大。2001 年城市居民的人均收入几乎是农村居民的 3 倍。2002 年全国的基尼系数相对于 1995 年上升了大概两个百分点。如果把非货币因素考虑进去，中国的城乡收入差距是世界上最高的。

2. 城乡收入差距仍在扩大

从 1995 年到 2002 年，城镇内部的基尼系数的上升幅度最大，农村的基尼系数反而有所下降，然而城乡之间的收入差距却在扩大，城乡之间人均收入比率由 1995 年的 2.8 提高到 2002 年的 3.1。

3. 高收入人群收入超常增长

全国收入差距的扩大并不是表现为低收入人群收入状况的恶化，而是表现为高收入人群收入的超高速增长。值得欣慰的是，农村的低收入人群组的状况都有某种程度的改善。

4. 落后地区收入差距最为明显

从城乡之间收入差距的相对贡献率来看，西部地区最高，高达 58.3%，而东部地区最低，37%。也就是说，越是相对落后的地区，城乡之间的收入差距越加明显。

第一节　生产要素与生产要素市场概述

一、生产要素

西方经济学家对于生产要素的研究经历了不同的阶段。英国古典经济学家威廉·配第曾经说过，劳动是财富之父，土地是财富之母，从而确认了劳动和土地是从事生产活动的最基本的要素。

随着社会经济的发展，资本在生产中的作用越来越大。因此，19 世纪上半期，法国经济学家萨伊把威廉·配第的生产两要素论拓展为劳动、土地与资本三要素论。

20 世纪初，企业家才能受到了越来越大的重视，英国经济学家进一步提出了劳动、土地、资本和企业家才能四大要素论。现代流行的是四大要素论。

我们通常将生产要素分为两大类：中间生产要素（或者叫中间产品）和原始生产要素。原始生产要素的所有者是消费者，消费者提供原始生产要素的目的是为了实现效用最大化，中间生产要素的所有者是厂商，厂商提供中间生产要素的目的在于利润最大化。在经济学中原始生产要素包括劳动、资本、土地和企业家才能，具体可参见第四章第一节。

中间生产要素是指厂商生产出来又投入到生产过程中去的中间产品，这类生产要素的所有者是厂商，厂商提供中间生产要素的目的是实现利润最大化。对某一个企业来说是中间产品的东西，对另一个企业来讲可能就是最终产品。比如，棉布对于服装厂来讲是中间产品，但它对于棉布厂来讲就是产品。而对于产品的供求及价格决定问题，我们在价格理论的各章中已经讲过。所以本章主要研究原始生产要素的供求问题，而对中间产品的问题不予论述，如不特别指明的话，我们所说的生产要素指的都是原始生产要素。

二、生产要素市场

（一）生产要素市场的分类

生产要素市场同商品市场一样，都是由需求和供给两方面组成的，而且都分为完全竞争市场和不完全竞争市场。所不同的是，在商品市场，通常假定买方为完全竞争市场，只有卖方才分为完全竞争市场和不完全竞争市场；而在生产要素市场中，则买卖双方都可以为完全竞争市场和不完全竞争市场。

（二）生产要素市场的特点

（1）生产要素市场的供求主体与商品市场的供求主体不同

在商品市场中，企业是商品的供给者，居民是商品的需求者。而在生产要素市场中，企业是生产要素的需求者，居民是生产要素的供给者。与此相对应的是，商品的货币价值是企业的收入和居民的支出，生产要素的价格是企业的成本和居民的收入。

（2）企业对生产要素的购买，一般只获得使用权

这与消费者对最终产品的购买权不同，消费者通常可以获得所有权。因此生产要素的价格只代表其使用价格，因为一般来说，消费者只是出售生产要素的服务，例如，劳动者只是提供劳动能力的服务，并不出售劳动者本身和劳动能力，劳动者对其本人和依附在他身上的劳动能力是拥有所有权的。我们知道原始生产要素分为劳动、土地、资本和企业家才能四种，对应的工资、地租、利息、正常利润则分别表示了它们的使用价格。确定了生产要素的价格，也就确定了生产要素所有者的收入水平。因此生产要素的价格与收入分配属于同一范畴的问题，生产要素价格确定理论也就成为分配理论的主要内容。

（3）生产要素市场的需求是派生的需求

所谓派生的需求又称引致需求，是指人们并不直接需要某种生产要素，而是因为它能生产出人们所需要的某种商品而产生了对它的需求。例如，由于人们需要粮食，导致人们产生了对耕地的需求。生产要素市场的这一特点要求我们，在对生产要素的均衡进行分析时，必须把生产要素市场和产品市场结合起来考虑。

（4）生产要素市场的需求是联合需求

在为企业生产某种产品时，需要多种生产要素配合使用。各种生产要素的配合不仅有质的规定性，还有一定的数量比例。因而，在讨论生产要素的需求及其价格时，还要考虑联合需求对生产要素价格的影响。

第二节　生产要素价格的决定

一、生产要素的需求

（一）影响生产要素需求的因素

第一，市场消费者对产品的需求及产品的价格。这两个因素影响产品的生产与厂商的利润，从而也就要影响生产要素的需求。一般而言，市场对某种产品的需求越大，该产品的价格越高，则生产这种产品所用的各种生产要素的需求也就越大。反之，亦然。同样，市场上某种产品的价格越高，厂商产品的供给量则越大，自然会加大对生产要素的需求。反之，亦然。

第二，生产技术水平状况。生产的技术水平状况决定了对某种生产要素需求的大小。如果技术是资本密集型的，则对资本的需求量大；如果技术是劳动密集型的，则对劳动的需求量大。

第三，生产要素的价格。各种生产要素之间有一定程度的替代性，如何进行替代在一定范围内取决于各种生产要素本身的价格。厂商一般要用价格低的生产要素替代价格高的生产要素，从而生产要素的价格本身对其需求就有重要的影响。

第四，生产要素的边际生产力。生产要素的边际生产力是指厂商每增加一单位生产要素投入所增加的生产力。它有两种表示方式：一种是用实物形式表示，表现为生产要素投入的边际产量。另一种是用价值形式表示，表现为边际产量的价值或边际收益量。

第五，生产要素的需求弹性和可替代程度。对生产要素的需求还取决于它本身的需求弹性。生产要素需求的弹性，取决于使用该生产要素生产商品的需求弹性。商品需求越富有弹性，则该生产要素的需求弹性越大。因为当商品富有弹性时，商品需求量变动比率大于商品价格变动的比率。只要商品价格降低，商品需求量就有较大比例的增加，生产这种商品的生产要素的需求量，也随着商品的增加而同比例增加。生产要素的需求弹性还取决于其他生产要素替代它的程度。如果某种生产要素替代品的价格越低、质量越好，则该生产要素的需求弹性就越大，从而该生产要素的需求量就会大量减少。

（二）厂商使用（需求）生产要素的原则

为了便于研究，我们假设生产要素市场和商品市场都是完全竞争的。在这种情况下，厂商在完全竞争的商品市场上只能按照商品市场价格进行产量的调整，在生产要素市场上也只能按照要素市场价格购买生产要素。但是我们知道，厂商不管是购买生产要素还是生产销售产品他的目的都是为了获得最大化的利润，所以厂商使用生产要素的原则是利润最大化，即要素的“边际收益”等于要素的“边际成本”。

现在我们假设完全竞争厂商使用的生产要素是劳动 L，则短期生产函数为 $Q=Q(L)$，则厂商的收益函数为 $TR=Q(L)\times P$，因为在完全竞争产品市场中产品的价格是固定不变的，所以在这里我们为了求得要素的边际收益，应该对以 L 为自变量求取厂商收益函数的一阶导数即 $VMP=\frac{dTR}{dL}=\frac{dQ(L)}{dL}\times P=MP\times P$，它表示完全竞争厂商增加一单位劳动投入量所增加的收益，在公式中 VMP 叫做边际产品价值，其实就是要素的边际收益，MP 是产品的边际产量或者是要素的边际产品，P 是完全竞争市场产品价格。需要注意的是产品的边际收益和要素的边际收益的区别：产品的边际收益通常是针对产量 Q 而言的，而要素的边际收益或要素的边际产品价值是针对要素（劳动 L）投入量而言的。相同的是它们都是边际量。根据以前的知识我们可知边际产量（MP）的递减规律，又因为产品价格为正的常数，所以 VMP 要素的边际产品价值也有递减的特征，如图 7-1 所示。

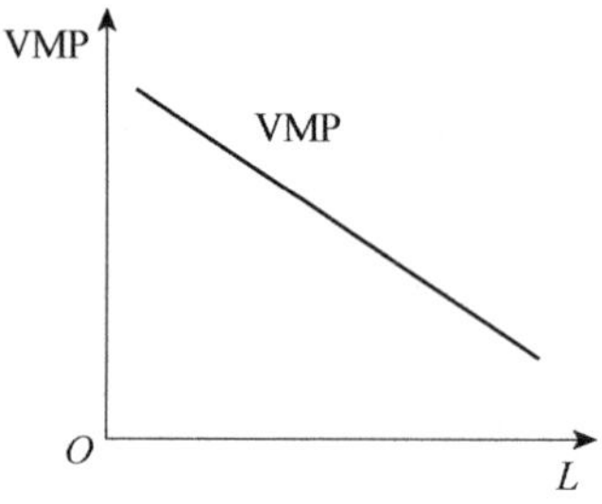

图 7-1　厂商使用要素的边际收益

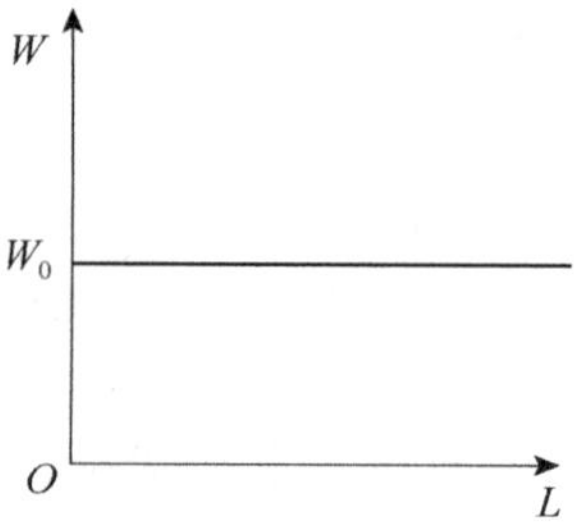

图 7-2　厂商使用要素的边际成本

下面我们来谈谈生产要素的边际成本。我们可知成本函数为 $C=C(Q)$，假设我们这里只考虑劳动这种生产要素，它的价格即工资为 W，在这里生产要素市场是完全竞争的，所以要素的价格是不变的，则使用劳动要素的成本 $C=WL$。那么成本函数对 L 的一阶导数 $\frac{dC}{dL}$ 恰好等于劳动的价格即劳动的边际成本等于劳动的价格，$\frac{dC}{dL}=W$，它表示完全竞争厂商增加一单位劳动投入量所增加的成本，如图 7-2 所示。需要注意的是产品的边际成本和要素的边际成本的区别：产品的边际成本通常是针对产量 Q 而言的，而要素的边际成本是针对要素（劳动 L）投入量而言的。

所以，在完全竞争条件下，厂商使用要素的原则可以表示为 $VMP=W$ 或 $MP\times P=W$。

（三）生产要素的需求曲线

根据厂商使用要素的原则，我们分析可以得出要素的边际产品价值曲线与要素的需求曲线将完全重合，如图 7-3 所示。当要素价格为 W_1 时，通过 $VMP=P\times MP(L)=W$，我们可知有相对应的 L_1 来满足厂商使用要素的原则，在图形上则表示

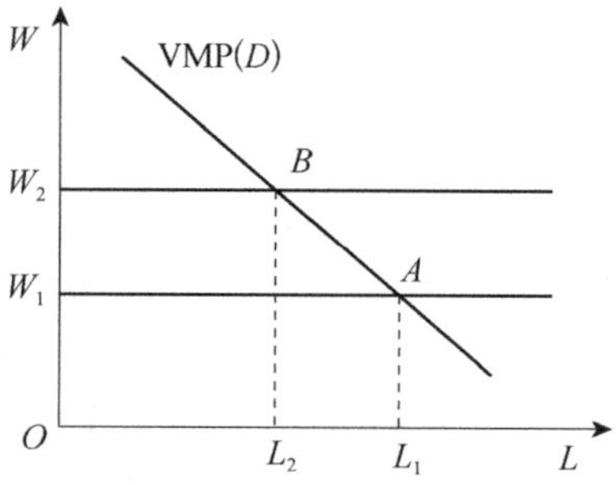

图 7-3　完全竞争厂商的要素需求曲线

为 VMP 曲线与 W_1 曲线相交于 A 点，当要素价格为 W_2 时，则有相对应的 L_2 来满足厂商使用要素的原则，在图形上则表示为 VMP 曲线与 W_2 曲线相交于 B 点，由这样无数多的点便组成了一条完全竞争厂商对生产要素的需求曲线，是一条向右下方倾斜的曲线，而这些点恰好也在要素的边际产品价值曲线上。

生产要素市场需求曲线也是一条向右下方倾斜的曲线，但不是简单的水平相加厂商的生产要素需求曲线。

二、生产要素的供给

（一）影响生产要素供给的因素

生产要素的供给，就是指居民户在一定的时间内，每一价格条件下愿意而且能够供应的生产要素量。影响生产要素供给量的主要因素有以下几个方面：

第一，市场对产品的需求及其产品价格的高低。如果市场对产品的需求量大，厂商要扩大生产规模，生产要素的供给就会增加；反之，市场对产品的需求量小，厂商就要缩小生产规模，生产要素的供给就会减少。如果产品的价格高，厂商要扩大生产规模，生产要素的供给就会增加；如果产品的价格低，厂商就要缩小生产规模，生产要素的供给则会减少。

第二，生产要素价格的高低。生产要素本身的价格，与供给定理一致——生产要素价格与其供给量呈同方向变动。生产要素价格上升，则生产要素的供给增加；生产要素价格下降，则供给量减少。

第三，人口的规模与结构。人口规模大，劳动力数量多，劳动力质量高，那么劳动力这种生产要素的供给量就较为充分；反之，则会出现劳动力供给短缺的现象。在人口结构方面，如果是年轻型人口，则劳动力供给较充分，如果属老年型人口，则劳动力供给短缺。

第四，居民收入水平的高低。居民的收入水平较高，会增加对资本和自然资源的占有量，从而使生产要素供给量增加；反之，则减少生产要素的供给量。

第五，生产要素的稀缺和替代程度。如果生产要素缺乏，必然使其供给量减少；反之，则会增加生产要素的供给。生产要素替代程度高，会增加其供给量；反之，则会减少生产要素的供给量。

（二）要素供给者供给生产要素的原则

在这里我们主要研究原始生产要素拥有者供给生产要素的原则。因为中间生产要素的所有者它提供生产要素的目的是使利润最大化。它的供给行为在以前的产品市场知识章节中分析过。原始生产要素供给者有一共同特点：拥有的要素数量在一定时期内总是既定不变的。例如，消费者拥有的时间一天只有 24 小时，其可能的时间供给不可能超过这个数。又例如消费者拥有的土地也是固定的，比如说 10 公顷，则他可能的土地供给也只有这么多。

由于资源是固定的，消费者只能将其拥有的全部资源的一部分（当然，这部分可以小到 0，也可能大到等于其资源总量）作为生产要素提供给市场。全部既定资源中除去供给市场的生产要素外，剩下的部分可称为“保留自用”（或简称为“自用”）的资源。

消费者在一定的要素价格水平下，将其全部既定资源在“要素供给”和“保留自用”两种用途上进行分配，以获得最大效用。那么，怎样分配才能使效用达到最大呢？为了获得最大效用必须满足：作为“要素供给”的资源的边际效用要与作为“保留自用”的资源的边际效用相等。

为什么呢？可以先假设要素供给效用小于保留自用效用，这时会将原来供给的资源转移到保留自用上去，从而增大总的效用，因为减少一单位要素供给所损失的效用要小于增加一单位保留自用资源所增加的效用。反之，如果要素供给的边际效用大于保留自用效用，这时会将原来保留自用的资源转移到要素供给上去，从而增大总的效用。

（三）厂商所面临的生产要素供给曲线和市场的供给曲线

（1）厂商所面临的生产要素供给曲线

完全竞争市场厂商面对的生产要素供给曲线如下：在完全竞争市场上，单个厂商无论购买多少生产要素都难以对市场价格产生影响。因为它的购买量只占市场全部供给量的一个很小比例。换言之，由完全竞争市场的性质决定，市场供给曲线对单个厂商具有完全弹性，其弹性系数无穷大。在由总供求决定的价格水平上，对单个厂商而言，供给曲线为平行于横轴的水平线。

（2）生产要素市场的供给曲线

生产要素市场的供给曲线在性质上有别于单个厂商所面临的供给曲线，如果说，单个厂商面对的供给曲线是完全有弹性的，则市场的供给曲线并不具有完全的弹性。因为当所有厂商的需求总和在一起时，就不可能在既定的价格上购买到它们所需要的任何数量的生产要素。换言之，当生产要素需求的整体水平发生变化时，市场价格就会改变。或者说，市场总供给曲线并不是一条水平线。

具体来分析，生产要素市场的供给曲线主要有以下几种情况：

第一，具有正斜率的生产要素市场供给曲线，即向右上方倾斜的供给曲线。通常中间投入或中间产品的供给就呈此种趋势，表明产量可随价格的上升而增加，因为中间投入是由厂商提供的，如图 7-4 所示。

第二，供给量不随生产要素价格提高而增加。例如，作为原始投入的土地、矿产等，其供给弹性为零，如图 7-5 所示。

第三，对某些生产要素而言，当价格上涨时，其供给量增加，而超过到一定限度后，反而减少。例如，劳动、珍稀艺术品等，就是如此，供给曲线呈向后弯曲状，如图 7-6 所示。

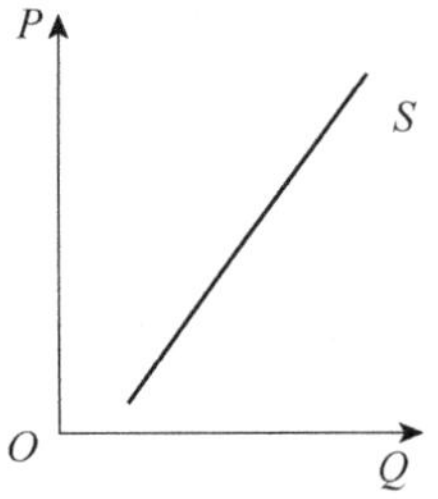

图 7-4 斜率为正的生产要素供给曲线

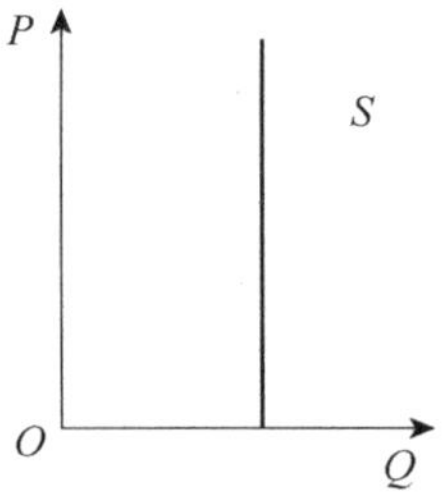

图 7-5 弹性为零的生产要素供给曲线

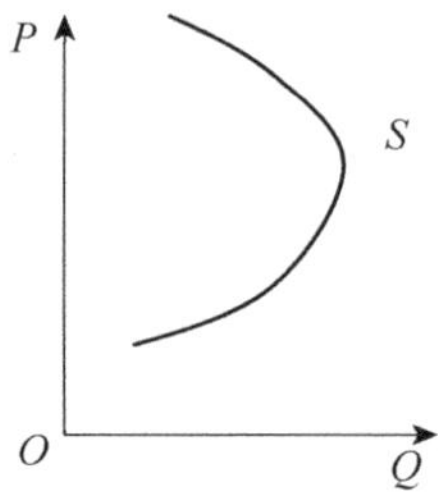

图 7-6 弯曲状的生产要素供给曲线

三、生产要素的供求均衡

与商品市场上市场均衡状态的形成一样，当生产要素的供给曲线与需求曲线交于一点 E 点时，就达到了市场均衡状态，如图 7-7 所示。此时，E 点所对应的价格 P_0，是生产要素市场的供给量与需求量相等时的价格，即生产要素的均衡市场价格。E 点所对应的生产要素使用量 Q_0，是该生产要素的均衡使用量。如果要素市场价格高于 P_0，要素的供给量就会大于需求量，要素价格必然会下降，一直下降到 P_0；如果要素市场价格低于 P_0，供给量就会小于需求量，要素价格就会上升，一直上升到 P_0。

对于个别厂商来说，它将根据市场上既定的要素价格水平即要素的边际成本，遵循要素的边际收益等于要素的边际成本的原则，来确定自己对该生产要素的需求量 q^*，使利润达到最大化。因此，个别厂商的均衡需求量 q^*，是由该厂商面临的生产要素供给曲线和需求曲线共同决定的，如图 7-8 所示。

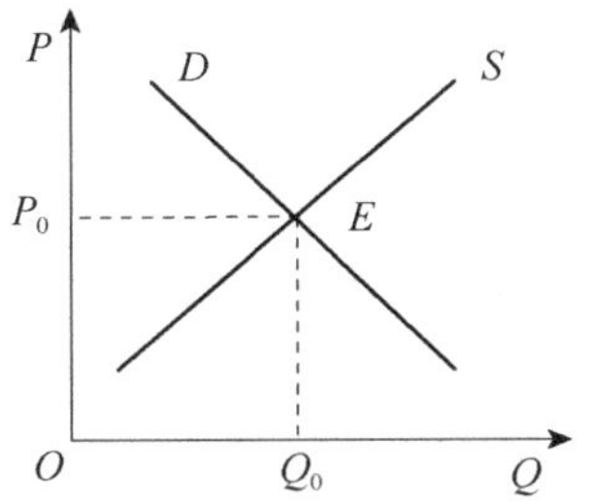

图 7-7 生产要素市场的均衡图

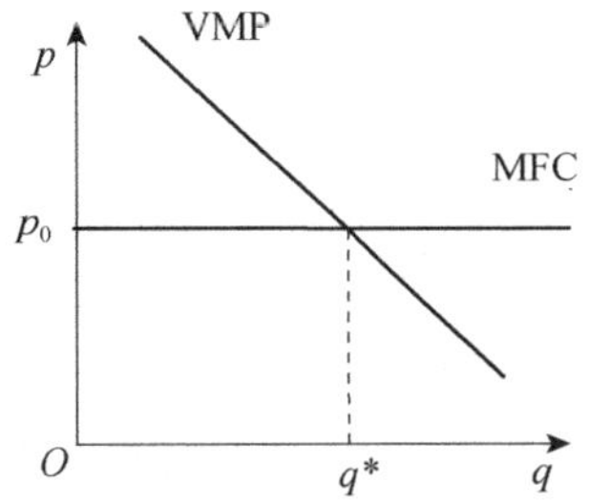

图 7-8 个别厂商使用生产要素的均衡

第三节 工资、利息、地租理论

一、工资的决定

（一）工资和工资分类概述

工资是厂商使用劳动生产要素所支付给劳动者的报酬，是劳动服务的价格，是劳动力市场需求和供给均衡时的价格。一般用工资率来表示，即单位劳动时间的工资。

根据分类标准的不同，工资可以分为不同的种类。

（1）计时工资和计件工资

计时工资以工作时间作为计算标准；计件工资是以工作所完成的合格产品件数或作业量为计算标准。

（2）货币工资和实物工资

货币工资一般是以纸币或信用货币为支付手段的；实物工资则以实物为支付手段。

（3）名义工资和实际工资

名义工资是指以货币数量表示的工资，也是未经价格修正的货币工资，它不能确切反映出工资的实际水平。实际工资是指劳动者用货币工资实际购买到的各种商品和劳务的数量。实际工资水平的高低不仅取决于名义工资的高低，还取决于物价水平的高低。如果名义工资不变，物价上涨，或者名义工资的提高赶不上物价上涨的速度，则实际工资就会下降。

（二）完全竞争劳动力市场中工资的决定

（1）劳动的需求

根据前面的内容的介绍，我们可知厂商使用劳动生产要素的原则取决于劳动的边际收益等于劳动的边际成本。如果厂商购买劳动时产生的边际成本小于边际收益的话，厂商将增加对劳动的需求，反之，则减少对劳动的需求。例如，某厂商增加 1 单位劳动的边际产量是 2 件产品，每件产品的边际收益为 5 元，则劳动的边际产品价值为 10 元，也就是说，该厂商增加 1 单位劳动能增加 10 元收益。假定该厂商增加 1 单位劳动支付的工资在 10 元以下，那么这对厂商来说是合算的，厂商会考虑雇佣。假定工资在 10 元以上，对厂商来说就是不合算的，厂商就不会雇佣了。表现在图形上，厂商对劳动的需求曲线是一条向右下方倾斜的曲线，即厂商对劳动的需求与劳动服务的价格——工资呈负相关的关系，与劳动的边际产品价值曲线是重合的。如图 7-9 所示，W 表示工资，L 表示劳动需求量，D 表示劳动的需求曲线。在这里厂商对劳动的需求曲线和市场的需求曲线都是向右下方倾斜的。

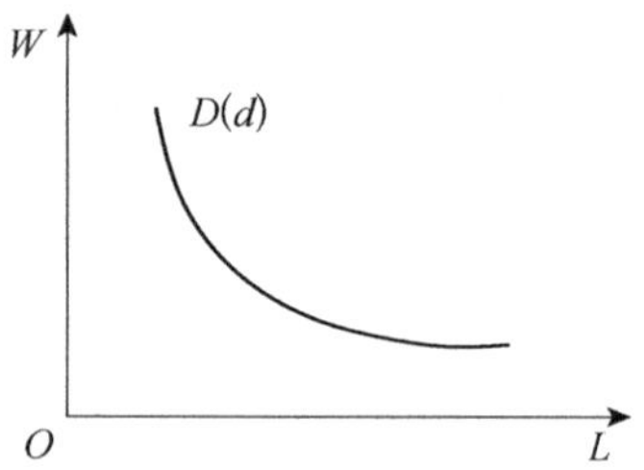

图 7-9　劳动的需求曲线

（2）劳动的供给

劳动的供给主要取决于劳动的成本。这种劳动的成本包括两类：一类是实际成本，即维持劳动者及其家庭生活必需的生活资料的费用，以及培养、教育劳动者的费用；另一类是心理成本，劳动是以牺牲闲暇的享受为代价的，劳动会给劳动者心理上带来负效用，补偿劳动者这种心理上负效用的费用就是劳动的心理成本。

劳动的供给有自己的特殊规律。工资的变化对劳动供给会产生替代效应与收入效应。一般来说，当工资增加时，劳动供给会增加，但工资增加到一定程度后如果再继续增加，劳动供给不但不会增加，反而会减少。这是因为，工资提高后，人们会增加劳动时间以替代部分休闲时间，即原先的休闲时间会减少，这是替代效应。

同时，工资提高使人们的收入增加，这样人们会增加对休闲或“闲暇”这种特殊商品的消费，也就是享受更多的非劳动时间，从而表现为劳动供给的减少，这是收入效应。工资提高产生的替代效应大于收入效应时，劳动供给会增加；反之，劳动供给会减少。如图 7-10 所示，s 为单个消费者的劳动供给曲线。当工资提高时，劳动供给增加；但工资提高到一定的水平后，工资再提高反而会导致劳动供给减少。这是因为高工资使消费者的物质生活和收入水平达到一定程度后，消费者会追求“闲暇”的增加。这时的工资的收入效应大于替代效应。这时的供给曲线称为“向后弯曲的供给曲线”。

但是尽管许多单个消费者的劳动供给曲线可能会向后弯曲，但是劳动的市场供给曲线却不一定也是如此。因为在劳动力市场中，较高的工资水平上，现有的工人也许提供较少的劳动，但是高工资也会吸引新的工人进来，因而总的市场劳动供给一般还是随着工资的上升而上升的，即市场的劳动供给曲线仍然是向右上方倾斜的。如图 7-11 所示，S 为市场的劳动供给曲线。

（3）均衡工资的决定

劳动的市场需求和劳动的市场供给两股力量相互作用，共同决定均衡工资。在图形上反映，就是劳动的市场供给曲线 S 与劳动的市场需求曲线 D 相交于市场均衡点 E 点，此时所对应的均衡工资为 W_0，均衡劳动数量为 L_0，均衡工资水平会随着需求曲线和供给曲线的变化而变化，如图 7-12 所示。

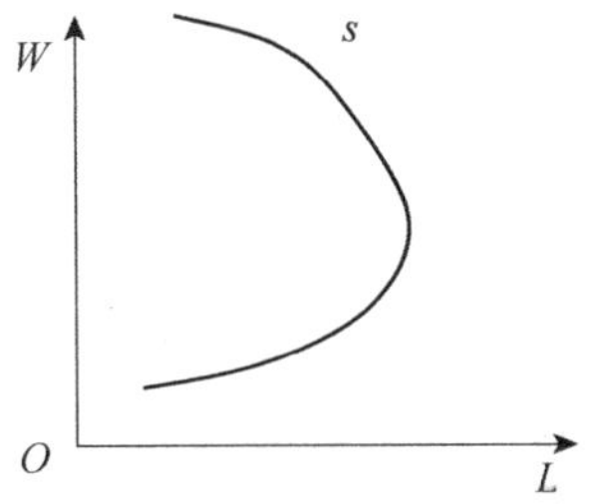

图 7-10　单个消费者的劳动供给曲线

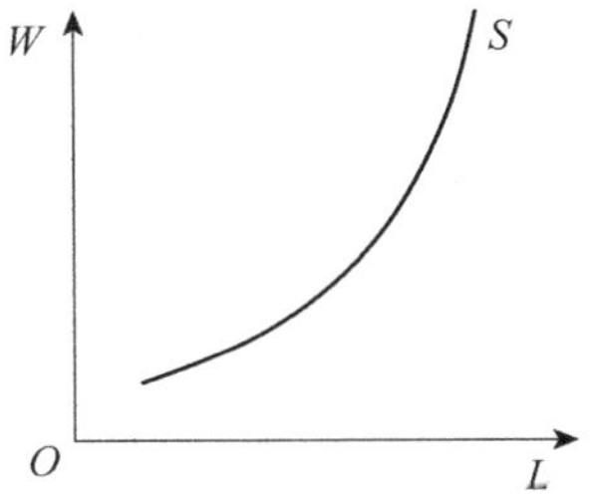

图 7-11　市场的劳动供给曲线

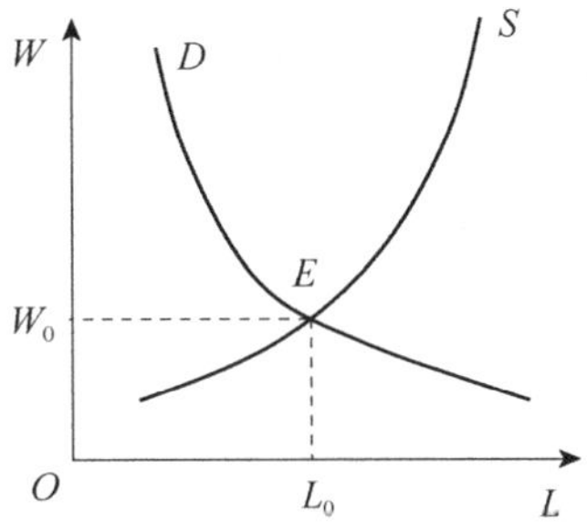

图 7-12　均衡工资的决定

（三）不完全竞争劳动力市场中工资的决定

不完全竞争劳动力市场是指劳动市场存在着不同程度的垄断，这种垄断可以是劳动者对提供劳动的垄断，即卖方垄断，也可以是厂商对劳动购买的垄断，即买方垄断。在不完全竞争的市场情况下，工资可能会高于或低于劳动的边际产品价值。

（1）工会

工会既可以是按行业组织的，也可以是跨行业的全国性组织。在一个经济社会中，企业、工会和政府是并行的组织。工会在工人与厂商协商工资方面发挥着重要作用。经济学中认为工会是垄断组织，对劳动力市场有控制作用，因此，劳动市场就是一种不完全竞争的市场。工会对工人工资的影响主要体现在以下三个方面：

第一，通过谈判来提高工资标准。首先，确立最低工资制度，工会组织通过对政府施加压力，迫使政府建立最低工资法，保障工人获取最基本的劳动报酬。工会还可以使用罢工等手段与厂商进行谈判来提高工资标准，在这一点上，工会与厂商形成力量抗衡并促使工人与厂商达成提高工资的集体协议。

第二，限制劳动供给。在劳动需求不变的情况下，工会可以通过减少劳动供给达到提高工资的目的，但是这种做法通常会减少就业。工会减少劳动供给的方法主要有：迫使政府确立相关的年龄退休制度，迫使政府通过限制移民入境法案来减少外来劳动力，限制使用童工并实行长期学徒制度，提高行业的就业资格标准（如教师、会计师等），减少劳动者工作时间的法律，阻止非工会会员的劳动力被雇用或拒绝接受新会员。

第三，增加劳动需求。厂商扩大生产可以促使劳动需求量增加，为此，工会组织会通过议会或其他活动来采取保护关税、阻止进口、扩大出口贸易的保护主义措施，达到保护和提高本国（或本地区）产品生产份额的目的。从这个角度来说，工会组织与厂商的目标是一致的。此外，工会还可以组织会员学习或培训，激励士气并让工人参与管理等措施来提高会员的劳动生产率，达到增加社会需求的目的。工会对工人工资影响程度的大小取决于多方面因素，如劳资双方的力量对比、政府干预程度、社会的态度与支持程度等。但从历史的角度来看，工会组织在维护工人权益方面发挥巨大的作用。

（2）差异工资

不同国家、地区、行业、岗位、群体和个人之间的工资是有差异的，并且是十分明显的，经济学中通常从以下几个角度来分析工资差异的原因：

第一，补偿性工资差异。不同的工作负效用不同，为吸引人们进入条件比较艰苦、负效用比较大的工作领域，企业需要支付较高的工资进行补偿，即用于抵消或补偿工作的非货币性差异的工资水平的差别。例如，美国建筑工人的小时工资大致是平均工资水平的 3 倍，除了工会的作用，建筑工人较繁重的体力劳动和比较艰苦的工作环境是这种工资差的重要原因。同样，在野外、高温、高热环境中工作的工人，相应地也应该取得较高水平的工资。

第二，生产率工资差异。生产率工资差异是由于人们的劳动质量和劳动准备的差异造成的。例如，科学院院士的工资高于餐厅服务员，这是因为，院士的劳动是一种高质量的复杂劳动，而服务员的劳动是一种相对简单的劳动。一个人要成为院士，要经过多年的正规教育和在职训练，在此期间，他要支付学费并放弃工资收入，还要付出普通人没有付出的辛苦努力，较高的工资收入是对其较高劳动质量的承认，也是对其机会成本的回报。高质量劳动力的形成需要付出高成本，高工资就是对其付出的补偿。但是，受过同等教育并有同样经历的两个人，其工资水平也不是完全一样的。例如，同样是理发店的理发师，一个理发师的理发技巧和服务更受顾客的欢迎，因而获得比另一个理发师更高的工资。

第三，非竞争性工资差异。现实生活中的劳动市场是非完全竞争的市场，由于不完全信息、不完全劳动流动性、市场分割、非竞争群体等非竞争性因素的存在，也会导致工资的差异。由于不完全信息的存在，一个人不可能了解所有企业愿意为他支付的工资水平，因此，他所接受的工资未必是与他的能力相对应的最高工资。工资即使是充分的，由于南方人到北方去找工作，或者西部人到东部去找工作都会面临着户口、住房、环境、人文、生活习惯、地区差异等许多问题，这种劳动力的缺乏流动性也会导致工资差异。此外，劳动市场按职业分割为若干子市场，不同的子市场需要不同的知识和技术，而熟练劳动力的培养需要大量的时间与金钱的投入，这就给工作的转换造成了困难。例如，大学教授的工资快速上升，但护士无法在短时间内使自己成为一个合格的大学教授，从而限制了劳动力在各市场间的自由转移，也就造成了行业工资水平的差异。最后，男性与女性、黑人与白人、宗教信仰与国籍等因素，使人们形成若干非竞争群体，习惯、偏见、歧视与制度等因素会导致非竞争群体之间的工资差异。

第四，特殊的工资差异。某些人天赋异禀或拥有非凡的才能，并在特定的环境中获得十分高的收入，如电影明星和欧洲足球运动员，他们可能在短时间内得到几百万甚至上千万美元的收入，除了他们的天赋和后天的努力之外，媒体的宣传和公众的偏好也是他们获得特别的高收入的重要原因。

阅读材料 1：漂亮的收益

美国经济学家丹尼尔·哈莫米斯与杰文·比德尔在 1994 年第 4 期《美国经济评论》

上发表了一份调查报告。根据这份调查报告，漂亮的人的收入比长相一般的人高 5%左右，长相一般的人又比丑陋一点的人收入高 5%～10%。为什么漂亮的人收入高?

经济学家认为，人的收入差别取决于人的个体差异，即能力、勤奋程度和机遇的不同。漂亮程度正是这种差别的表现。

个人能力包括先天的禀赋和后天培养的能力，长相与人在体育、文艺、科学方面的天才一样是一种先天的禀赋。漂亮属于天生能力的一个方面，它可以使漂亮的人从事其他人难以从事的职业（如当演员或模特)。漂亮的人少，供给有限，自然市场价格高，收入高。漂亮不仅仅是脸蛋和身材，还包括一个人的气质。在调查中，漂亮由调查者打分，实际是包括外形与内在气质的一种综合。这种气质是人内在修养与文化的表现。因此，在漂亮程度上得分高的人实际往往是文化高、受教育高的人。两个长相接近的人，也会由于受教育不同表现出来的漂亮程度不同。所以，漂亮是反映人受教育水平的标志之一，而受教育是个人能力的来源，受教育多，文化高，收入水平高就是正常的。

漂亮也可以反映人的勤奋和努力程度。一个工作勤奋，勇于上进的人，自然会打扮得体，举止文雅，有一种朝气。这些都会提高一个人的漂亮得分。漂亮在某种程度上反映了人的勤奋，与收入相关也就不奇怪了。

最后，漂亮的人机遇更多。有些工作，只有漂亮的人才能从事，漂亮往往是许多高收入工作的条件之一。就是在所有的人都能从事的工作中，漂亮的人也更有利。漂亮的人从事推销更易于被客户接受，当老师会更受到学生热爱，当医生会使病人觉得可亲，所以，在劳动力市场上，漂亮的人机遇更多，雇主总爱优先雇用漂亮的人。有些人把漂亮的人机遇更多，更易于受雇称为一种歧视，这也不无道理。但有哪一条法律能禁止这种歧视？这是一种无法克服的社会习俗。

漂亮的人的收入高于一般人。两个各方面条件大致相同的人，由于漂亮程度不同而得到的收入不同。这种由漂亮引起的收入差别，即漂亮的人比长相一般的人多得到的收入称为“漂亮贴水”。

收入分配不平等是合理的，但有一定限度，如果收入分配差距过大，甚至出现贫富两极分化，既有损于社会公正的目的，又会成为社会动乱的隐患。因此，各国政府都在一定程度上采用收入再分配政策以纠正收入分配中较为严重的不平等问题。

二、利息的决定

（一）利息与利息率概述

利息是厂商在一定时期内使用资本品或者借贷资本所支付的代价，或者说是资本所有者在一定时期内因让渡资本使用权而承担风险所获得的报酬。在这里需要注意两点：一是这里的借贷资本或者资本品可以指货币，也可以指实物，但是它们必须用于生产循环周转当中，即它们必须投入到生产过程中，成为生产资本或商品资本，而不是用于生活消费之用；二是利息一般用利息率来表示，而不是用货币的绝对数量来表示。例如，一台价值为 10000 元的机器设备被使用一年后所带来的收益是 1000 元，那么该机器设备的年利率为 1000/10000×100%=10%。可以用公式表示如下：

$$r=Z/P \tag{7-1}$$

其中，r 是利息率，Z 是使用资本一年所带来的收益，P 是资本本身的价值或者是购买价格。

（二）资本的需求与供给以及利息的决定

（1）资本的需求

根据前面对资本品或借贷资本的解释，我们可知厂商借贷资本是用于扩大再生产，追求利润最大化，然而消费者借贷资金是用于生活消费的。厂商借贷资本或资本品的原则是要求资本的边际收益等于资本的边际成本，这样资本的需求曲线不管从单个厂商而言还是从整个市场而言都是向右下方倾斜的。即资本的需求量与利息率存在反方向的关系，利息率越低，厂商对资本的需求则越大，反之则越小，如图 7-13 所示。

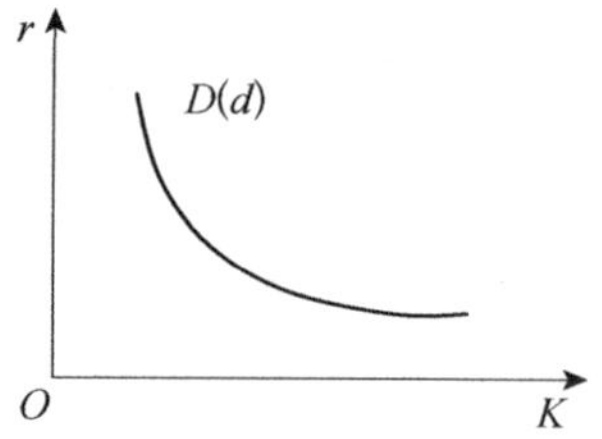

图 7-13　资本的需求曲线

（2）资本的供给

如果资本的供给是来源消费者的话，就会涉及资本在要素供给和自我用途中进行分配。一般而言，利息率较高时，消费者将更多地放弃现有消费者，加大储蓄量，加大供给量，反之则减小，但由于存在收入效应和替代效应的作用，由消费者提供的资本供给曲线也会有像劳动供给曲线类似的向后弯曲的情形出现；如果资本的供给是来源厂商的话，主要提供包括资金、未分配利润、公积金以及机器设备等，一般而言，利息率比较高时，厂商将会储蓄更多，反之减少；如果资本的供给是来源政府或者银行的话，它们主要来源于其增加或减少货币供给量的权力。政府出于货币政策的需要，调节货币量的供给来稳定经济促进国民经济的发展。当社会经济中的利息率过高时，投资支出会减少，政府为了促进投资就会增加货币量的供给；反之，则减少货币量的供给。

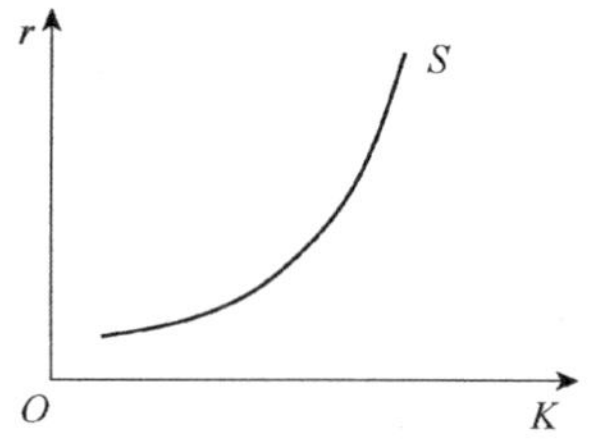

图 7-14　资本的供给曲线

综上所述，资本供给量与利息率之间呈正比例的关系，即利息率上升，资本的供给量也上升，反之则下降，如图 7-14 所示。

（3）均衡利息率的决定

均衡利息率是由资本的供给曲线和资本的需求曲线的交点决定的，如图 7-15 所示，D 代表资本的需求曲线，S 代表资本的供给曲线，R_0 为均衡利息率，K_0 为均衡资本数量，E 点为资本的供求均衡点。

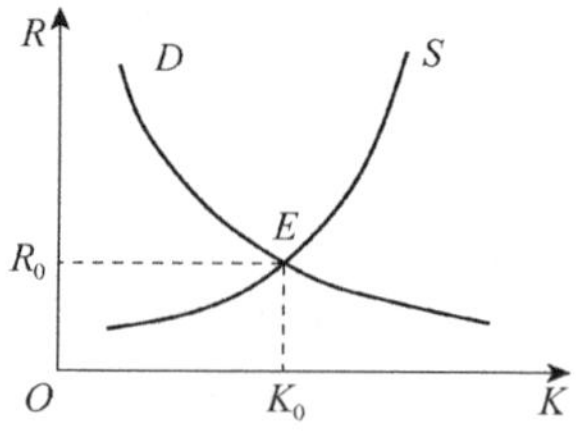

图 7-15　资本的供求均衡

三、地租的决定

（一）地租概述

土地这种生产要素在经济学中被泛指一切自然资源，它具有两个特性：一是土地的地理位置是固定不能移动的；二是土地的数量即供给量是固定的。地租是让渡土地使用权的价格或租金。地租是由土地的供给曲线和土地的需求曲线相互作用而形成的。

（二）土地的需求与供给以及地租的决定

土地的需求决定于土地的边际生产力。我们知道，随着社会对土地需求量的增加，人们只能使用越来越贫瘠的土地，因而土地的边际生产力递减，即每增加 1 单位土地使用所增加的收益是递减的。地租越高，对土地的需求越少；地租越低，对土地的需求越多。土地的需求曲线，和其他生产要素的需求曲线一样，呈现为一条向右下方倾斜的曲线。

一个国家或一个地区，在一定时期内利用的土地总是一个有限的量，这是因为土地不能移动、不可再生。这样，土地的供给曲线是一条与横轴垂直的直线，即无论地租怎样变动，土地供给是个固定的量，如图 7-16（a）所示，横轴代表土地数量，纵轴代表地租率即单位土地的租金。S 曲线为土地供给曲线，D 曲线为土地需求曲线。

土地需求曲线 D_1 与供给曲线 S 相交于 E_1，相应的地租率为 R_1。如果社会对土地的需求增加，需求曲线从 D_1 移动至 D_2，则地租率上升至 R_2。由此可见，土地供给固定时，地租的高低取决于对土地的需求，与需求同方向变化。所以，一个国家和地区，随着经济发展、人口增加，对土地的需求增加，地价和房价会有增长的趋势。

从一个行业或一个企业的角度看土地的供给，则供给量是可变的，会随着地租的变化而变化。比如，农田用来生产蔬菜的收益高于生产粮食时，原本种植粮食的土地会转用于生产蔬菜；当土地用来建筑住宅产生较高的收益、获得较高的地租时，用以种植的土地会逐步转用于房产开发。图 7-16（b）表示一个行业或一个地区的土地供求曲线，土地的供给曲线不再垂直于横轴，而是向右上方倾斜，即土地供给随着地租的上涨而增加，随着地租的下降而减少。土地的供给曲线与需求曲线相交于 E 点，相应的均衡地租为 R_e。

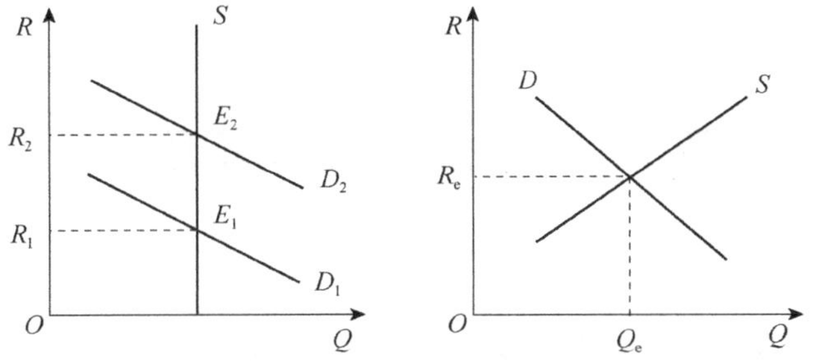

（a）土地市场的均衡　　（b）个别行业土地市场的均衡

图 7-16　土地市场和个别行业土地市场的均衡

（三）级差地租

同样面积的土地，由于肥沃程度不同，农作物的收成会很不一样；同一个矿山，随着开采年份的推移，矿藏由富到贫，产量会很不相同；都是住宅建筑，由于交通条件不同，交通便利地段的房价要比交通相对不便利地段的房价高得多。厂商租用不同等级的土地，向土地所有者支付的地租是不同的，经济学把这种由于土地贫瘠程度和地理位置不同而引起的地租称为级差地租。让我们来看级差地租是怎样形成的。

一般来说，对土地的使用，会根据土地上产品的需求情况，从优至劣依次进行。最先使用的是相对优等的土地，随着经济发展和人口增加，对土地上生产的产品的需求增加，倘若供给不变，产品价格就会上升。价格上升驱动产品生产厂商租用劣等土地，以增加产品供给。在这种情况下，租用优等土地的厂商由于成本消耗低于劣等土地产品的平均成本，能够获得超额收益。这一超额收益由于土地经营者争相租用优等土地，最终会落到土地所有者手中，形成级差地租。

在市场经济条件下，即使使用劣等土地也要支付一定的代价，否则土地所有者宁可让土地闲置。这种使用任何一种等级的土地都要支付的地租，经济学称为绝对地租。级差地租是使用高等级土地而支付的高于绝对地租的地租，随着新的土地的开发和利用，级差地租有逐步上升的趋势。

阅读材料 2：经济地租与准地租

例如，劳动市场上有 A、B 两类工人各 100 人，A 类工人素质高，所要求的工资为 200 元，B 类工人素质低，所要求的工资为 150 元。如果某种工作 A、B 两类工人都可以担任，那么，企业在雇佣工人时，当然先雇佣 B 类工人。但在 B 类工人不够时，也不得不雇佣 A 类工人。假设某企业需要工人 200 人，他就必须雇佣 A、B 两类工人。在这种情况下，企业必须按 A 类工人的要求支付 200 元的工资。这样，B 类工人所得到的收入就超过了他们的要求。B 类工人所得到的高于 150 元的 50 元收入就是经济地租。其他生产要素所有者也可以得到这种经济地租。

由此可见，经济地租属于长期分析，而准地租属于短期分析。经济地租是对某些特定要素来说的，而经济利润是对整个厂商来说的。厂商存在经济利润，并不意味着其要素也存在经济地租。一种要素在短期中存在准地租，也不意味着长期中存在经济利润。

资料来源：梁小民：《微观经济学纵横谈》

第四节　洛伦茨曲线和基尼系数

一、洛伦茨曲线

生产要素价格的决定理论是分配论的一个重要组成部分，但是除此之外，还有收入分配的不平衡程度等内容。为了研究国民收入在国民之间的分配，美国统计学家洛伦茨提出了著名的洛伦茨曲线。洛伦茨曲线是用来衡量社会收入分配（或财产分配）平均程度的曲线。他首先将一国总人口按照收入由低到高排队，然后考虑收入最低的任意百分比人口所得到的收入百分比，例如，收入最低的 20%的人口，它所占总收入的比例为 6%。如果把社会家庭按其收入分为 5 个等级，它们各占人口总数的 20%，每一等级的收入分布情况见表 7-1。

表 7-1　收入分配资料

家庭收入等级	占家庭总数的百分比（%）	累计的家庭百分比（%）	占家庭总收入的百分比（%）	累计收入百分比（%）
1	20	20	6	6
2	20	40	12	18
3	20	60	17	35
4	20	80	24	59
5	20	100	41	100

将表 7-1 收入分配资料中的数据画成图形，见图 7-17。

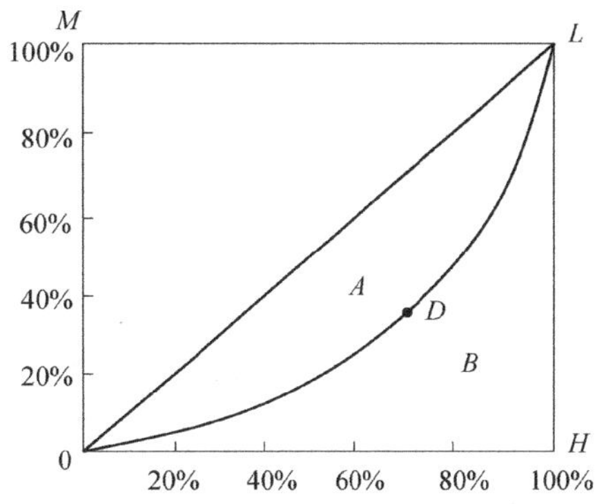

图 7-17　洛伦茨曲线

横轴 *OH* 代表人口百分比，纵轴 *OM* 代表收入百分比。*OL* 为 45° 线，在这条线上，每 20%的人口得到 20%的收入，表明收入分配绝对平等，叫做绝对平等线。折线 *OHL* 表示收入绝对不平等，叫做绝对不平等线。根据表中所反映的实际收入分配情况的洛伦茨曲线处在绝对平等和绝对不平等这两个极端之间，它衡量收入的相对不平衡，即洛伦茨曲线与 *OL* 越接近，收入分配就越平等；洛伦茨曲线与 *OHL* 越接近，收入分配越不平等。显而易见，该曲线的弯曲程度具有重大意义。一般来说，它反映了收入分配的不平等程度。弯曲程度越大，收入分配程度越不平等；反之亦然。

二、基尼系数

一般来说，一个国家的收入分配，既不是完全不平等，也不是完全平等，而是介于两者之间；相应的洛伦茨曲线，既不是折线 *OHL*，也不是 45° 线 *OL*，而是像图 7-17 那样向横轴凸出，尽管凸出的程度有所不同。收入分配越不平等，洛伦茨曲线就越向横轴凸出，从而它与完全平等线 *OL* 之间的面积越大。因此，可以将洛伦茨曲线与 45° 线 *OL* 之间的部分 *A* 叫做“不平等面积”；当收入分配达到完全不平等时，洛伦茨曲线成为折线 *OHL*，*OHL* 与 45° 线 *OL* 之间的面积（*A*+*B*）就是“完全不平等面积”。不平等面积与完全不平等面积之比，称为基尼系数，是衡量一个国家贫富差距的标准。

设 G 为基尼系数，则 $G=A/(A+B)$（$0\leqslant G\leqslant 1$）若 $A=0$，则 $G=0$，收入分配绝对平等；若 $B=0$，则 $G=1$，收入分配绝对不平等。说明基尼系数越小，收入分配越平均；基尼系数越大，收入分配越不平均。

关键概念

生产要素	土地	劳动	资本	企业家才能
工资	地租	准地租	经济地租	利息
利润	正常利润	超额利润	洛伦茨曲线	基尼系数

知识小结

1. 一般来说，生产要素可以分为四种：一是劳动；二是土地；三是资本；四是企业家才能。消费者是生产要素的提供者、所有者，厂商是生产要素的需求者。生产要素的需求有以下几个特点：一是派生性或者引致性；二是联合性。厂商使用生产要素的原则是要素的“边际收益”等于要素的“边际成本”。

2. 生产要素的价格也是由供求关系决定的，生产要素的供给与需求的状况决定了生产要素的价格。

3. 企业对劳动的需求主要取决于劳动的边际产品价值等于劳动的边际成本。

4. 工资的变化对劳动供给会产生替代效应与收入效应。工资提高产生的替代效应大于收入效应时，劳动供给会增加；反之，劳动供给会减少。这时的供给曲线称为“向后弯曲的供给曲线”。

5. 工会影响工资的方式主要有三种：增加对劳动的需求、减少劳动的供给和最低工资法。

6. 土地的供给是固定的，土地的市场供给曲线就是一条与横轴垂直的线，但是，单个行业的土地供给曲线是向右上方倾斜的。

7. 衡量一个社会收入分配平等或者不平等的常用工具是洛伦斯曲线和基尼系数。

思考作业题

一、单项选择题

1. 利息是使用（　　）生产要素的价格。

A. 土地　　B. 劳动　　C. 企业家才能　　D. 资本

2. 一笔货币资本为 900 万元，利息率为 10%，其在 1 年内提供生产性服务的报酬为（　　）万元。

A. 9　　B. 90　　C. 900　　D. 0.9

3. 土地供给的价格弹性（　　）。

A. 等于零　　B. 无穷大　　C. 小于 1　　D. 等于 1

4. 下列说法中正确的是（　　）。

A. 经济地租属于长期分析，而准地租属于短期分析

B. 经济地租是对某些特定要素而言的，而经济利润则是对单个厂商而言的

C. 一种要素在短期内存在准地租，并不意味着长期中也存在经济利润

D. 厂商存在经济利润，则其要素存在经济地租

5. 西方经济学中把供给固定不变的一般资源的服务价格叫做（　　）。

A. 地租　　B. 租金　　C. 准租金　　D. 经济租金

6. 收入分配绝对不平均时，基尼系数为（　　）。

A. 1　　B. 0　　C. <1　　D. >1

7. 洛伦茨曲线离绝对不平均线越近，表明收入或财产分配越（　　）。

A. 平等　　B. 绝对平等　　C. 相对不平等　　D. 不平等

二、多项选择题

1. 经济学中将生产要素分为（　　）。

A. 劳动　　B. 资本　　C. 土地　　D. 企业家才能

E. 利息

2. 完全竞争的生产要素具有的特征是（　　）。

A. 完全信息　　B. 自由进入或退出
C. 每个经济单位都是价格接受者　　D. 某一生产要素是同质的
E. 某些生产要素是同质的

3. 差异工资主要有（　　）。
A. 补偿性工资差异　　B. 生产率工资差异
C. 非竞争性工资差异　　D. 特殊的工资差异
E. 职业的工资差异

4. 劳动的供给与其他产品的供给不同，它由（　　）等因素决定。
A. 劳动力的训练和质量　　B. 劳动力的年龄和性别
C. 劳动者对劳动的偏好　　D. 劳动者对休闲的偏好

5. 闲暇是以（　　）等来估价的。
A. 劳动　　B. 休息　　C. 娱乐　　D. 家庭活动

三、判断题

1. 从劳动供给方面说，劳动的供给曲线是一条向后弯曲的曲线。（　　）
2. 劳动供给取决于工资变动所引起的替代效应。（　　）
3. 土地的供给曲线是一条与横轴平行的线。（　　）
4. 超额利润是企业家才能得到这种特殊生产要素的报酬。（　　）
5. 洛伦茨曲线是用来描述一国社会收入分配（或财产分配）平均程度的曲线。（　　）
6. 贫困率是指经过转移支付调整后，收入低于贫困线的家庭占家庭总数的比例。（　　）

四、简答题

1. 劳动的供给曲线是如何确定的？为什么？
2. 洛伦茨曲线和基尼系数是如何体现收入分配的平等程度的？

五、计算题

假定对劳动的市场需求曲线为 $D_L=-10W+150$，劳动的供给曲线为 $S_L=20W$，其中 S_L、D_L 分别为劳动市场供给、需求的人数，W 为每日工资，问：在这一市场中，劳动与工资的均衡水平是多少？

第八章　市场失灵与政府干预

学习目标

1. 掌握市场失灵的含义和表现形式；
2. 理解垄断的定义，垄断产生的原因，对垄断实行的价格管制、产量管制等；
3. 理解公共物品的定义与特点，了解公共物品的价格和产量如何决定；
4. 掌握外部性的定义与特征，以及如何解决外部性问题，理解科斯定理的内涵；
5. 了解信息不对称的含义、逆向选择与道德风险的内涵。

导读案例：什么是市场失灵

20 世纪初的一天，列车在绿草如茵的英格兰大地上飞驰。车上坐着英国经济学家庇古（A.C.pigou）。他一边欣赏风光，一边对同伴说："列车在田间经过，机车在田间经过，机车喷出的火花（当时是蒸汽机）飞到麦穗上，给农民造成了损失，但铁路公司并不用向农民赔偿。这正是市场经济的无能为力之处，称为'市场失灵'"。

将近 70 年后的 1971 年，美国经济学家乔治·斯蒂（G.J.Stigler）和阿尔钦（A.A.Alchian）同游日本。他们在高速列车（这时已是电气机车）上见到窗外的禾苗，想起了庇古当年的感慨，就问列车员，铁路附近的农田是否受到列车的损害而减产。列车员说，恰恰相反，飞速奔驰的列车把吃稻谷的飞鸟吓走了，农民反而受益。当然，铁路公司也不能向农民收"赶鸟费"。这同样是市场经济所无能为力的，也称为"市场失灵"。

在前面的章节中，我们了解到微观经济学部分主要分析了在以单个经济单位为主体（消费者和厂商）的完全竞争市场上，资源通过市场机制和价格机制（"看不见的手"）的自发作用可以实现最优配置，实现厂商的经营目标——利润最大化和实现消费者效用最大化。然而，在现实经济生活中，市场机制经常表现出许多自身不能克服的缺陷，从而无法使资源达到最优化配置，出现市场失灵的现象。

在这里，市场失灵的主要表现在以下方面：一是市场主体不能或不能很好地提供公共物品；二是市场中的垄断因素的存在阻碍了生产要素的自由流动，降低资源配置的效率；三是市场本身无法正当地解决外部因素对经济带来的各种影响；四是信息不完全也会阻碍市场经济有效运转；五是市场经济中的价格机制无法兼顾社会的非市场目标，缩小贫富差别。

所以大部分经济学家都认为，为了矫正由于市场失灵而导致的不能优化配置资源的缺陷，就必须采取政府干预，从而使经济社会接近完全竞争的市场结构，在全社会范围内实现更有效的资源配置。

本章将从垄断、公共物品、外部性和信息不对称以及各相对应的政府微观干预政策方面进行论述。

第一节　垄断

一、垄断和低效率

（一）垄断的定义

垄断的定义有狭义和广义之分。狭义的垄断是指一家企业控制一个行业或市场的全部销售量，并且没有替代品，即只存在唯一卖者的市场类型。这里所说的是完全垄断，它是市场类型中的一个极端，现实生活中是很难找到的；广义的垄断是指一个或几个企业控制一个行业或市场的全部或大部分供给的情况。这种情况在现实生活中较普遍地存在，一般说的垄断都是这种情况即接近于完全垄断的寡头垄断。

（二）垄断所带来的低效率

垄断的存在，产生了一系列弊病，给社会带来损失，主要表现为资源浪费和社会福利的损失。如图 8-1 所示，为了说明垄断所带来的低效率，我们把完全垄断与完全竞争相比较。假定某垄断行业和完全竞争行业的长期平均成本 LAC 和长期边际成本 LMC 是不变的，则长期平均成本和边际成本曲线为一条与横轴平行的直线 P_CB。而且假设完全垄断行业和完全竞争行业的需求曲线都为 D，则在完全竞争的市场结构下，根据利润最大化原则 P_C=MR=LMC，这里的 MR 为完全竞争厂商的边际收益，得出均衡点为 B 点，得出长期均衡的产量为 OQ_C，价格为 OP_C。而在完全垄断市场的情况下，根据利润最大化原则 MR=LMC，这里的 MR 为完全垄断厂商的边际收益，垄断厂商必将产量定于长期边际成本与边际收益相等的点上，即图中 C 点，此时，垄断产量为 OQ_M，垄断价格为 OP_M。我们可以得出，不论是完全垄断还是完全竞争厂商，长期均衡的经济利润都为零，它们二者的效率效果分析如下。

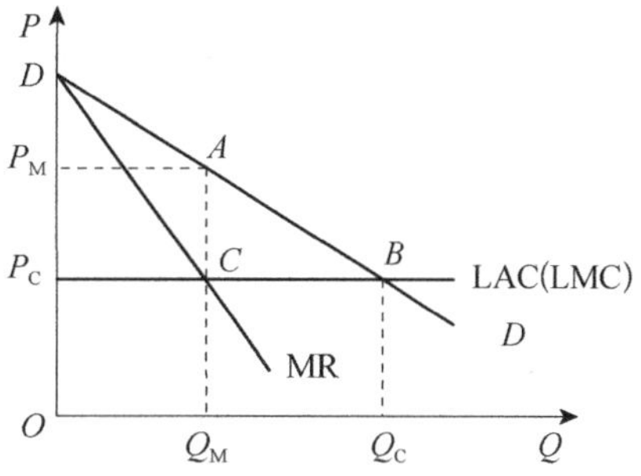

图 8-1　垄断的低效率

第一，垄断情况下的产量 OQ_M 远远小于完全竞争条件下的产量 OQ_C，而价格 OP_M 却远远高于完全竞争条件下的均衡价格 OP_C，因而存在着资源浪费。这种资源浪费有两个表现：一是垄断厂商本身效率低，靠高垄断价格维持其生存，浪费了其手中所掌握的资源；二是高价格会扰乱市场价格规律，造成资源配置不当。

第二，由于产量减少，存在垄断利润，消费者付出了高代价，因而消费者剩余减少。在完全竞争条件下，消费者剩余为$\triangle DBP_C$的面积所代表的价值；而在垄断条件下，消费者剩余只剩下$\triangle DAP_M$ 面积所代表的价值。其中四边形 ACP_CP_M 为厂商所获得的垄断利润，即使政府可以通过税收将垄断利润收回，但$\triangle ABC$ 面积所代表的损失却是无法收回的。所以，$\triangle ABC$ 代表了社会福利总损失或由于垄断所带来的产量低下对社会造成的总损失。可见，消费者剩余是在完全竞争条件下，按照市场均衡价格交换的结果，没有社会福利损失；而消费者剩余由于垄断的存在使得市场价格背离均衡价格，造成消费者剩余的损失。

（三）垄断的其他弊端

垄断的存在还可能造成以下一些弊病：

第一，管理松懈。在现实中，那些不必经过激烈竞争就能赚很多钱的公司常常缺乏尽可能降低成本的动力，它们不会像其他公司那样，力图追求成本最小。这种由于缺乏竞争压力而表现出来的厂商低效率称为管理松懈。

第二，出现寻租行为。垄断厂商为了谋求垄断地位或阻止竞争，可能会将他们享有的额外利润花费在一些非生产性的活动上，如支付游说费或者为保护专利而支付诉讼费。当垄断厂商把资源用于获得或维持其垄断地位或阻止竞争者进入市场时，社会将受到损失。垄断厂商所获得的额外利润被称为垄断租金，那些通过在某一行业获得垄断地位或维持垄断地位而获得和保持现存垄断租金的行为称为寻租。

第三，垄断还可能造成政治权力的过分集中。

如上所述，在存在垄断的情况下，竞争所带来的效率大大削弱。垄断厂商可以对商品的价格实行控制，商品的价格不能真正反映市场供求的情况并随着供求的变化而变化，市场的调节将会失灵。

阅读材料 1：我国哪些行业应破除垄断

国家统计局中国经济景气监测中心日前会同中央电视台和《中国财经报道》对北京、上海、广州三城市的 700 余位居民进行了调查。结果显示：电信、邮政、铁路和电力等部门应破除垄断。哪些行业应破除垄断呢？79.9%的居民认为是电信行业，52.8%的居民认为是铁路部门，47.5%的居民认为是邮电行业，45.8%的居民认为是电力部门。另外，认为是公交、航空、金融、保险的居民分别占 37.9%、29.6%、24.1%和 14.6%。

国家统计局有关专家表示，必须坚定不移地对电信、铁路、邮政、电力等垄断行业进行改革和重组，通过使同一业务经营主体的多元化，非国有资本包括外国资本进入基础设施和公用事业领域，企业财产组织形式的改造与现代企业制度的建设等，创造开放和竞争格局，以适应我国社会主义市场经济迅速发展的要求，应对加入 WTO 后的严峻挑战。

多数居民认为现在的电费价格偏高。电力是不是一种商品？调查显示，85.8%的居民认为电力也是一种商品，只有 11.1%和 3.2%的居民分别表示不是和不清楚。同时，相对于自己的收入水平，55.8%的居民认为现在的电费价格偏高，41.6%的居民认为合适，只有 1.6%的居民认为偏低。既然电力也是一种商品，作为这种商品生产者的电力部门就必须遵守和适应市场经济的发展规律，在提高产品质量和服务水平的同时，根据市场的变化和信息，灵活地制定和调整其价格，这样才能使电力资源得到有效的配置。否则，改革滞后，使其价格偏离电力价值、服务水平和人民的收入状况，不仅不利于保障消费者的利益，也不利于电力行业竞争力的提高和长远的发展。

现在绝大多数居民赞成采取价格听证会制度，多数群众对电力行业垄断和电力价格不满的重要原因，是电力部门的电力生产成本和定价规则缺乏公开性。电力价格听证会的宗旨是为了了解电力成本构成情况，其目的是增加电力价格的透明度，提高电力部门定价的科学性和合理性。据调查，74.2%的消费者赞成对电力定价采取价格听证会，只有21.6%和3.7%的居民分别表示无所谓和反对。所以，一方面，电力部门要根据消费者的需求，按照有关程序，对电力定价采取价格听证会，使消费者了解电力成本和利润，科学合理地制定电价；另一方面，价格听证会制度还是一个新生事物，需要在实践中进一步规范和完善。同时，作为垄断行业的电力行业，根本的问题是进行改革和重组，破除垄断和垄断价格。

资料来源：《中国财经报道》

二、政府对垄断的管制

（一）制定和实施反垄断法律

政府对垄断市场和垄断企业的管制通常采用制定和实施反垄断法或反托拉斯法的方法。西方很多国家都不同程度地制定了反垄断法，其中，最为突出的是美国。19世纪末和20世纪初，美国企业界出现了第一次大兼并。正如列宁在《帝国主义论》中指出的那样，结果形成了一大批经济实力雄厚的大企业，这些大企业被叫做“垄断”厂商或托拉斯。美国的汽车、钢铁、化学工业等基本上都属于垄断行业。垄断的形成和发展，深刻地影响到美国社会各个阶层和阶级的利益。从1890年到1950年之间，美国国会通过一系列法案来反对垄断，其中包括谢尔曼法、克莱顿法、联邦贸易委员会法、罗宾逊—帕特曼法、塞勒—凯弗维尔法等，统称反托拉斯法。

（1）谢尔曼法（1890年）。这是美国国会制定的第一部反垄断法，该法规定：凡以托拉斯形式订立契约、实行合并或阴谋限制贸易的行为，均属违法，旨在破除州际商业和贸易的任何一部分的垄断或阻止试图垄断、联合或共谋犯罪。违反该法的个人或组织，将受到民事的或刑事的制裁。这部法律的中心思想是“大企业是坏事”，这几乎是当时立法者的普遍信念。今天，人们对这部法律的理解就是为了保护竞争，防止和反对形成大的垄断企业。到目前为止，该法仍是美国政府反对垄断化的重要武器。

（2）克莱顿法（1914年）。这是美国国会制定的第一部反托拉斯法。由于谢尔曼法规定得比较笼统，美国国会又制定了克莱顿法，它是对谢尔曼法的补充。当时，政府已经认识到，托拉斯的问题不仅仅有规模问题，还有非法经营问题，因而明确规定下列做法属非法经营：一是搭配售货或者是捆绑销售，是指买者如要向卖者购买某种商品，必须同时要向他购买另一种物品，这种做法不利于竞争。二是连锁董事会，它是指在两个或两个以上的相互竞争的公司的董事会中，大部分成员是共同的。这种董事会有可能协调公司间的经营活动，以挤垮其他竞争企业。三是公司之间相互持有股票，因为相互持股会严重削弱竞争，产生垄断。

（3）联邦贸易委员会法（1914年）。联邦委员会法授权建立一个联邦贸易委员会作为负责执行各项反托拉斯法律的行政机构。这些年来，委员会除了执行克莱顿法，其职责范围包括：搜集和编纂情报资料、对商业组织和商业活动进行调查、对不正当的商业活动发布命令阻止不公平竞争。还在许多方面扩大了自己的权力，比如经常了解审查企业活动、组织一些专题讨论，以便统一看法。

（4）罗宾逊—帕特曼法（1936 年）。它是美国 1936 年颁布的反托拉斯法，是克莱顿法第二条的修正案。其目的是要消除不公平的价格竞争或者说是价格歧视。禁止卖者对同样的货物以不同的价格卖给不同的买者，除非是由于成本不同。禁止卖者对不同的买者按不同的比率付给广告和推销津贴。这一修正案的颁发，使美国反托拉斯法在内容上更加完整，禁止限制性商业行为的效力得到了加强，对促进美国商业的正常发展有一定的积极作用。

（5）塞勒—凯弗维尔法（1950 年）。它是美国第一个处理公司合并问题的专门性反托拉斯立法，是美国反托拉斯法的重要组成部分。该法规定，不管什么情况，都不允许在大的企业之间进行合并，也不准大公司与同行业中的小公司合并，还不准小企业与中等规模企业合并。企业在合并以前，必须先把合并计划交给联邦贸易委员会和司法部批准。若企业未经批准擅自合并，司法部可以对它提起诉讼。美国反托拉斯的执行机构是联邦贸易委员会和司法部反托拉斯局。前者主要反对不正当的贸易行为，后者主要反对垄断活动。对犯法者可以由法院提出警告、罚款、改组公司甚至判刑。

虽然西方国家在形式上存在反垄断法，但执行起来却并不十分认真和彻底。同时，反垄断法在近些年也受到越来越多的批评。这些批评主要有：第一，反垄断法对国际竞争不利。在当今世界，各国的跨国公司以其巨大的财力、物力、人力以及技术创新和产品研发能力在世界市场上竞争。在此情况下，如果国内垄断受到限制，不能形成实力强大的大公司、大企业，不仅谈不上国际竞争，恐怕连国内市场也保不住。第二，反垄断法对促进技术进步不利。根据了解和分析，只有规模巨大的企业才能进行重大的开发研究，例如贝尔实验室，中小企业则没有这种能力。如果国内垄断受到限制，则企业开发能力受到削弱。基于以上原因，使得西方的企业合并浪潮屡次出现，生产的规模越来越大，越来越集中。

（二）对自然垄断的管制

对于垄断所采取的另一种可供选择的矫正手段是对垄断企业实行管制。管制的措施主要包括价格管制或价格和产量的双重控制、税收或补贴以及国家直接经营。

（1）价格管制

价格管制或价格和产量的双重管制一般适用于自然垄断行业。所谓自然垄断行业是指整个行业中，规模经济在很大范围内存在，以至于相对市场需求而言，随着产量的增加，企业的平均成本逐渐减少。在自然垄断行业，如果政府硬性规定多家企业并存，将不符合节约的原则，原因在于该市场只能允许一家企业的存在，或者由它来提供绝大部分产品，例如，自来水公司；如果政府任其自由发展，完全垄断企业将限产提价，导致前述垄断弊端。因此政府需要对自然垄断实行价格管制，即规定其最高限价。

价格管制通常有两种形式：一是边际成本定价；二是充分成本定价。前者以企业的边际成本曲线和市场需求曲线的交点作为定价依据，后者以长期成本曲线与市场需求曲线的交点作为定价的依据。

在图 8-2（a）中，如果没有价格管制，企业根据利润最大原则，即 MR＝LMC 来确定自己的最优产量 Q_1，并按这一产量来制定价格 P_1。在这样的长期均衡下，产量是低下的，造成了社会损失；技术使用也是低下的，造成了资源浪费。因此政府有必要实施管制。如果用边际成本定价法，就是把价格确定为 LMC 与需求曲线 D 的交点 E 点。这时的产量为 Q_2，价格为 P_2。这个价格水平低于企业自己根据利润最大化原则确定的价格水平 P_1，但高于企业的长期平均成本 LAC，因此，企业仍可以获得垄断利润。

在图 8-2（b）中，如果按边际成本定价法，把价格确定为 P_1，由于 P_1 低于企业的长期平均成本 LAC，企业将会亏损。这时政府可以给予企业补贴以使企业能继续经营下去，也可以采用充分成本定价法，重新确定最高限价。即将价格确定为长期平均成本曲线 LAC 与需求曲线 D 的交点 E 点对应的价格 P_2。由于按价格 P_2 出售商品，企业可收回全部成本，经济利润为零，故称为充分成本定价法。

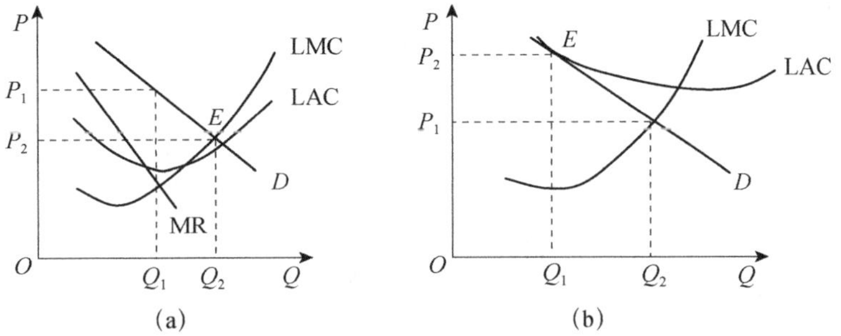

图 8-2 价格管制

有时仅仅实行价格管制还不行，因为企业能自主决策，它可能按价格等于边际成本的原则来确定产量，从而使产量不等于市场需求量。因此在实行价格管制的同时有必要对产量也进行管制，即规定自然垄断企业向市场提供产品的下限，这样可以防止自然垄断企业减少产品供应量或者任意增加、减少产品供应量，保证产品的稳定供给。

（2）政府经营

对于垄断行业，政府还可以采取直接经营的方式来解决由于垄断造成的市场失灵。由于政府经营的目标不在于利润最大化，所以可以按照边际成本或平均成本决定价格，以便部分地解决由于垄断所产生的产量低和价格高的低效率问题。例如，英国和日本都曾对铁路部门实行国有化管理，由国家直接经营。

第二节 公共物品

一、公共物品及其特征和分类

（一）公共物品的定义

公共物品（*Public Goods*）指的是由政府提供的具有非排他性和非竞争性的物品，如道路、公路、桥梁、国家安全、公共教育、疾病控制等。

（二）公共物品的特征

公共物品具有两大特征：

第一，非排他性。对于私人物品来说，一个人能否使用这种物品，取决于他是否支付了价格。如果他支付这种物品的价格，他就可以拥有这种物品的所用权，并使用这种物品，并且排除了别人购买和使用这种物品的可能性。这种特点叫排他性。而公共物品具有非排他性。不论一个人是否支付这种物品的价格，他都可以使用这种物品。因为如果采取收费方式限制任何一个消费者使用，都是非常困难的，甚至是不可能的，因此任何一个消费者都可以免费使用公共物品。例如，国家安全就是一种公共物品。不管人们是否为此缴纳了赋税，他们都可以受到保护；再如，不管人们是否对环保工程做出贡献，每个人都得益于清洁的空气。

第二，非竞争性。我们假定公共物品的产量水平是既定的，额外增加一个人的消费，不会引起生产成本的增加，也不会使得自己在享受公共物品的同时影响别人的收益，即社会的边际成本等于零。这就是说，尽管更多的人得到了公共物品的服务，但社会并没有因此而付出额外的成本。这种消费者之间不具有竞争关系的性质叫做非竞争性。例如，在不拥挤的条件下，多一个人或少一个人过一座桥，并不会带来社会边际成本的增加或减少。因此，对于过桥人来说，他们不存在竞争的关系，不会由于有一个人要过桥，另一个就不能过桥；再如，某个人打开电视广播观赏时，不会影响其他人收听。与公共物品不同，私人物品是具有竞争性的。如果某人已经使用了某物品，例如，某一停车位，则其他人就不能同时再使用这个停车位了。

竞争性和排他性之间没有必然联系，有竞争性不一定有排他性，有排他性也不一定有竞争性。必须指出，由政府提供的具有非排斥性和非竞争性，才是公共物品。有的物品尽管是由政府提供的，但不具有非排斥性和非竞争性，不是公共物品。例如，政府在街头建立的电话亭，人们要支付费用才能打电话，而且一个人在打电话时另一个就不能再打。这样的物品就不是公共物品。另外，有的物品尽管具有非竞争性，但不是由政府提供的，也不是公共物品。例如，私人集资的桥梁，人们过桥要支付一定的费用，尽管多一个人过桥没有带来额外成本。

（三）公共物品的分类

实际上，不同公共物品的非排他性和非竞争性是不同的。根据非竞争性与非排他性的程度，公共物品又被进一步划分为纯公共物品、准公共物品和公共资源。

①纯公共物品（*Pure Public Goods*）。纯公共物品的特点是既非排他性又非竞争性。这就是说，不能排除人们使用这种公共物品，而且，一个人享用这种公共物品时并不减少另一个人对它的享用。例如，国防就是纯公共物品。一旦国家遭受外敌入侵，政府军队奋起反抗、保卫国家，就不可能排除任何一个人不享有国防的好处。而且，当一个人享受国防的好处时，他并不减少其他任何一个人的好处。

②准公共物品（Quasi-*Public Goods*）。又称为半公共物品，其特点是具有一定的竞争性，但可以是排他的，有人也把它叫做“俱乐部物品”。例如，医疗卫生、交通、教育、文娱等，不付费就不能享受服务，可以做到排他。在消费额不饱和以前或者没有超过临界点，增加消费者不会增加成本，所以不具有竞争性，但在消费额饱和以后，却具有竞争性。

③公共资源（*Public Resource*）。公共资源的特点是具有一定的竞争性但无法排他。例如，海洋中的鱼是一种竞争性物品。当一个人捕到鱼时，留给其他人捕的鱼就少了。

但这些鱼并不是排他性物品，因为几乎不可能对渔民所捕到的鱼收费，但是容易形成公共资源悲剧。

阅读材料 2：什么是公地悲剧

1968 年英国加勒特·哈丁教授（Garrett Hardin）在《*The tragedy of the commons*》一文中率先提出“公地悲剧”理论模型。

他说，作为理性人，每个牧羊者都希望自己的收益最大化。在公共草地上，每增加一只羊会有两种结果：一是获得增加一只羊的收入；二是加重草地的负担，并有可能使草地过度放牧。经过思考，牧羊者决定不顾草地的承受能力而增加羊群数量。于是他便会因羊只的增加而收益增多。看到有利可图。许多牧羊者也纷纷加入这一行列。由于羊群的进入不受限制，所以牧场被过度使用，草地状况迅速恶化，悲剧就这样发生了。

公地作为一项资源或财产有许多拥有者，他们中的每一个都有使用权，但没有权力阻止其他人使用，从而造成资源过度使用和枯竭。过度砍伐的森林、过度捕捞的渔业资源及污染严重的河流和空气，都是“公地悲剧”的典型例子。之所以叫悲剧，是因为每个当事人都知道资源将由于过度使用而枯竭，但每个人对阻止事态的继续恶化都感到无能为力，而且都抱着“及时捞一把”的心态加剧事态的恶化。公共物品因产权难以界定（界定产权的交易成本太高）而被竞争性地过度使用或侵占是必然的结果。

在现实中，纯公共物品是少数，多数都是准公共物品，但在一定条件下可以转化。例如，电视本来具有非排他性和非竞争性，但通过有线频道可以做到排他使用，因而也成为可收费的准公共物品。报纸在家里是私人物品，在办公室报夹里是准公共物品，而在街头的读报栏中又成了纯公共物品。此外，不同国家对公共物品的界定标准也有不同。例如，教育对于高福利国家从小学到大学可能都是义务的，而在其他国家则可能只实行从小学到初中的义务教育。

二、公共物品的供求分析——公共物品的最佳产量的确定

为了更好地理解公共物品的最佳产量的确定，我们先来回顾一下私人物品最佳产量的确定。在这里，我们假定整个社会只有两个消费者 A 和 B。如图 8-3（a）所示，d_A 是消费者 A 对某种私人物品的需求曲线，d_B 是消费者 B 对该种私人物品的需求曲线，该物品的供给曲线为 S。由于所讨论的是私人物品，故将两条个人需求曲线 d_A 和 d_B 水平相加即得到市场的需求曲线 D。市场需求曲线 D 和供给曲线 S 的交点决定了该私人物品的均衡数量 OQ_0 和均衡价格 OP_0。我们知道，供给曲线代表了每个产量（供给量）水平上的边际成本，需求曲线代表了每个产量（需求量）水平上的边际收益。故当供给量为 OQ_0 时，边际成本为 Q_0H。而当价格为 OP_0 时，消费者 A 和 B 的需求量分别为 OC 和 OF，再根据需求曲线 d_A 和 d_B，相应的边际收益为 CE 和 FG。由于 $CE=FG=Q_0H$，即每个消费者的边际收益均等于边际成本，故均衡数量 OQ_0 就是该种私人物品的最佳产量。

让我们再来看公共物品最佳产量的确定。公共物品的需求不能由个人需求相加而

来，这是因为公共物品是由所有社会成员共同消费的，每个人的消费量是相同的，也就是说每一个消费者的消费量与总消费量相等。因此，要确定消费者愿为一定数量的公共物品支付多大的费用，必须把个人支付的价格加总，也就是必须把个人对此公共物品的需求曲线垂直相加，而不是水平相加。如图 8-3（b）所示，d_A 和 d_B 分别代表消费者 A 和 B 对某种公共物品的需求曲线，*S* 代表供给曲线，d_A 和 d_B 垂直相加得到的 *D*，代表该公共物品的市场需求曲线。*OR* 代表公共物品的总量，单个消费者 A 和 B 所消费的公共物品量都等于总量 *OR*。虽然两个消费者 A 和 B 所消费的公共物品数量是相同的，但他们所愿意支付的价格却不同，依照两者的需求曲线 d_A 和 d_B，消费者 A 愿意支付的价格为 *OL*，而消费者 B 愿意支付的价格为 *ON*。因此，当该公共物品的消费量为 *OR* 时，消费者 A 和 B 所愿意支付的价格总额为 *OT*，即 *OT*=*OL*+*ON*。

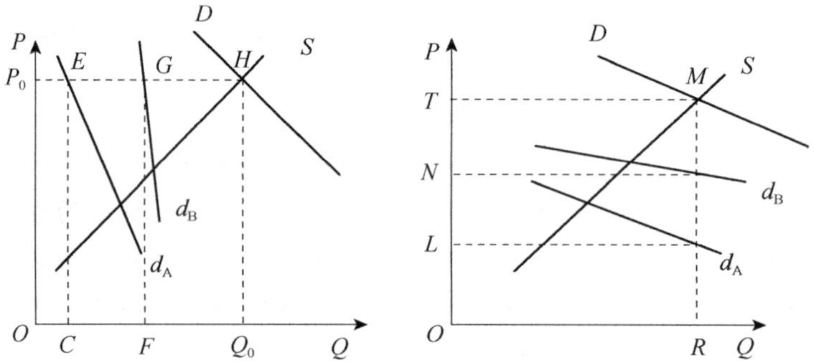

（a）私人物品最佳产量的确定　　（b）公共物品最佳产量的确定

图 8-3　私人物品和公共物品最佳产量的确定

有了公共物品的市场需求曲线和市场供给曲线以后，公共物品的均衡数量就很容易被决定，它就是市场供求曲线交点 *M* 所对应的 *OR*。*OR* 既代表着该公共物品的均衡数量，也代表着该公共物品的最佳产量。这里的最佳产量，是指边际社会收益等于边际社会成本时的产量。这里，社会从额外一单位公共物品中所得到的边际社会收益等于每个消费者的边际收益之和，即 *OT*=*OL*+*ON*，而此时额外一单位产品的边际社会成本为 *RM*，在 *OR* 产量水平上，*OT* 刚好等于 *RM*，所以 *OR* 必然是该公共物品的最佳产量。

我们已从理论上分析了公共物品的最优产量决策，但在现实生活中，社会拥有的成员越多，要想了解众多社会成员的边际收益情况是很困难的，所以社会对公共物品的提供量就越低于社会的最佳数量。所以，在资本主义国家，除非社会愿意依赖公民来提供公共物品，否则政府就必须在这方面进行干预，以便努力保障公共物品能够达到适当的数量。而这些公共物品产量的决策，往往又由政府部门来估计，可能会导致公共物品的过度供应或供应不足。因此，公共物品的产量并不像理论分析那样可以达到最佳的境界。比较一下私人物品和公共物品最佳产量的决定方法，可以看出，基本上都是遵循边际收益等于边际成本的原则。但是，它们也存在着不同点：私人物品的最佳产量决策的标准是每个消费者的边际收益等于边际成本；而公共物品的最佳产量决策标准是所有消费者的边际收益之和等于边际成本，即边际社会收益等于边际社会成本。

阅读材料 3：为什么鲸鱼会有灭绝的危险

一个美国人平均每年消费牛肉 73 磅、猪肉 59 磅、鸡肉 63 磅，但是谁也没有听说过这种消费可能导致对牛、猪或鸡的灭绝的担忧。相对而言，没有多少美国人吃鲸肉；然而在日本等一些国家，鲸肉被视为佳肴。1986 年，由于担心鲸可能灭绝，一项暂停商业猎杀鲸鱼的国际法规出台。为什么同样一个市场系统可以保证产出足够的牛、猪和鸡，却偏偏威胁到某些种类例如鲸的生存呢?

经济学家从财产权着手进行分析。农民拥有他所养殖的食用牲畜，将这些动物视为自己的财产，因此觉得有必要好好照看它们，增加存栏数量。与此相反，鲸鱼不属于任何国家或个人，换言之，它是世界共有的财产。于是，一方面大家都知道捕鲸可以赚大钱，不少人蜂拥而上；另一方面，保护和繁殖鲸类则由于缺乏直接经济利益而无人问津。这个模式称为"共有财产的悲剧"。如果一样东西属于大家，例如海洋，每个人都有经济上的激励去加以开发利用，却没有人有经济上的激励去保护。结果可能是鲸从海洋中消失。

当然，不仅鲸面临这样的问题，在美国，共有草原上著名的美洲野牛濒于灭绝就是另外一个例子。要解决这一问题，许多情况下需要全社会联合起来，制定经济激励或法规保护资源，避免过度开发而导致破坏。

有时甚至法规也不足以产生作用。就在限制商业捕鲸法规通过的 1986 年，某些国家似乎一夜之间出现了研究动物的热情，急切希望对鲸加以"研究"。1987 年，日本宣布增加其"科研用鲸"的数量，几乎是该国原有商业消费量的一半！同时，在日本的高额悬赏吸引下，本身并不属于鲸类消费国的冰岛也跃跃欲试，准备将其大部分的"科研用鲸"制成冻肉运往日本。

资料来源：美国斯蒂格利茨《经济学》小品与案例

三、公共物品的成本—效益分析

公共物品的生产和消费问题不能由市场上的个人决策来解决，因此，必须由政府来承担提供公共物品的任务。政府如何来确定某公共物品是否值得生产以及应该生产多少呢？在这里，西方经济学家经常提到的一个重要方法是成本—效益分析。所谓成本—效益分析，就是将一项公共建设项目所产生的收益的现值加以估计，然后再将它与预期所需支出的成本相比较，以求出该项目计划可能产生的全部收益与全部成本的比率，然后将各个项目的比率加以比较，决定取舍，做出决策。当收益和成本的比率大于 1 时，说明应该建设此项目；而当此比率小于 1 时，说明此项目不值得建设。这一比率越大，就越值得投资兴办。在政府举办公共工程的预算资金有限的情况下，就更应慎重选择最值得建设的项目进行投资。成本—效益分析有助于制订政府预算计划工作，决定哪些项目该建，哪些项目不该建。但是由于不少公共物品（如教育）的收益难以用价格来衡量，导致很多预算项目难以用成本—效益分析的方法来简单地加以确定，因此，政府在决定是否生产某一公共物品时，可以采用其他的方法来决定。

第三节 外部性

在我们讨论的微观经济理论，其中有个隐含的假设：单个消费者或者生产者的经济行为对社会上其他主体的福利没有影响，即不存在外部性。但是现实生活中处处存在外部性，例如环境污染、汽车废气、噪音污染、公共场所吸烟等。经济社会存在外部性，那么市场价格机制即“看不见的手”在配置资源时，就达不到帕累托最优状态。

如何有效地解决外部性给经济社会带来的影响是一个重要的、世界性的话题，下面我们简单地阐述外部性的有关理论。

一、外部性的含义及其类型和后果

（一）外部性的含义

在介绍外部性的定义之前，首先介绍几个概念：一是私人成本是指个体进行某项经济活动时所支付的费用；二是社会成本则是全社会为这项活动需要支付的费用，包括从事该项经济活动的私人成本加上这一活动给其他经济单位施加的成本；三是私人利益是指个体进行某项经济活动时所获得的利益；四是社会利益则是全社会从这项活动所得到的利益之和，包括从事该项经济活动的所获得的私人利益加上这一活动给其他经济单位带来的利益。

这里假定私人成本与社会成本是一致的。但现实经济社会中，不满足这一假定条件的现象并不少见。例如，造成附近河流污染的企业并未支付这一污染的成本——足够抵偿污染的费用，但污染却影响了人们的健康和生活，增加了人们的医疗费用和其他费用的支出，而且社会为使河水变清需要支付一定的费用。河流受污染本身就是社会的一种牺牲和代价。在这种情况下，企业的生产成本（私人成本）小于社会成本，或者说企业的私人收益大于社会收益。此时，我们把这种当某个经济主体在进行经济行为时所付出的私人成本小于该经济行为给社会造成的社会成本的现象称为“外部不经济”，或者称为“负外部性”。当然也存在私人成本大于社会成本，或者说私人收益小于社会收益的情况。例如：新技术的研发、新专利的发明等。此时我们把当某个经济主体在进行经济行为时所得到的私人收益小于该经济行为给社会带来的社会收益的现象称为“外部经济”，或者称为“正外部性”。

（二）外部性的类型

外部性可以分为外部经济和外部不经济两种类型。但是如果根据经济活动的主体是生产者还是消费者，外部经济也可以分为生产的外部经济和消费的外部经济；外部不经济也可分为生产的外部不经济和消费的外部不经济。

（1）生产的外部经济

当一个生产者采取的经济行动对他人产生了有利的影响，而自己却不能从中得到报酬时，便产生了生产的外部经济。例如：果园主扩大果树的种植面积会使养蜂者受益，养蜂者无须向果园主付费。在果树授粉期，养蜂者同样使果园主受益，果园主也无须向养蜂者付费。再如：企业为生产对职工进行培训，提高了职工的技术素质，而当这些职工今后可能转到其他企业工作，该企业并不能从其他单位索回培训费用或其他形式的补偿。因此，该企业从培训职工中得到的私人利益就小于该活动的社会利益。

（2）消费的外部经济

当一个消费者采取的经济行动对他人产生了有利影响，而自己却不能从中得到补偿时，便产生了消费的外部经济。例如：保持自己的衣着整洁、住宅周围环境的美化、自家庭院中花草的培植，对社会当然也是有益的。再如：家庭成员的教育消费为社会培养了合格的公民。

（3）生产的外部不经济

当一个生产者采取的行动使他人付出了代价而未给他人以补偿时，便产生了生产的外部不经济。例如：企业的生产活动造成的污染。再如：因生产的扩大可能造成交通拥挤及对风景的破坏等。

（4）消费的外部不经济

当一个消费者采取的行动使他人付出了代价而又未给他人以补偿时，便产生了消费的外部不经济。例如，吸烟者对周围人群的健康造成危害，但并未为此支付任何东西；再如，在公共场所随地吐痰、乱扔垃圾等。

上述各种外部性在现实生活中无所不在、无时不在。尽管对每一个生产者或消费者而言，他造成的外部经济或外部不经济对整个社会也许是微不足道的，但累加起来，所产生的总效果将是巨大的。

（三）外部性造成的后果

外部性是否会造成后果，关键在于私人成本与社会成本、私人利益和社会利益之间的大小关系比较。我们可用图 8-4 给予说明。

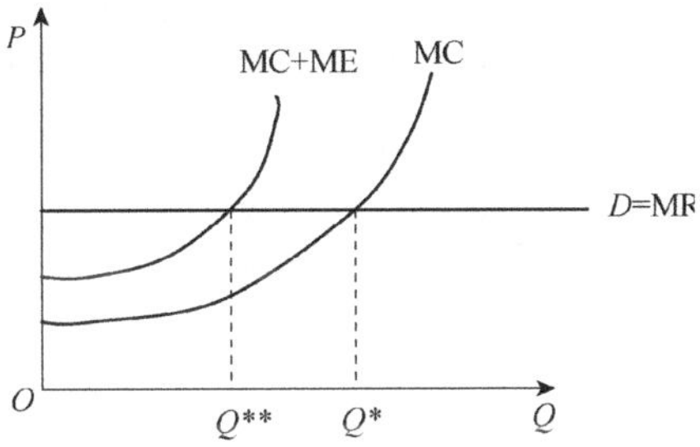

图 8-4 外部不经济导致资源配置失调

在图 8-4 中，由于存在着外部不经济（如环境污染），所以社会的边际成本曲线 MC+ME（其中 MC 为私人的边际成本，ME 为边际外部成本）高于私人的边际成本曲线 MC。完全竞争的厂商为了追求利润最大化，按照私人边际收益等于私人边际成本的原则，将产量定在 Q^*处，而社会为了追求社会收益最大化，根据社会边际收益等于社会边际成本的原则，将产量确定在 Q^{**}处。从图 8-4 可以看出 $Q^*>Q^{**}$，因此，外部不经济造成产品生产过多，超过了帕累托最优状态所要求的水平 Q^{**}。

如果生产某种产品是外部经济的，则在完全竞争条件下，该产品的产量就会低于使社会达到最佳状况的数量，因为生产者不愿增产。例如技术扩散，这样会使得其他厂商的成本得到降低。

不论存在外部经济还是外部不经济，资源配置都没有达到帕累托最优状态。在外部经济的情况下，产量小于帕累托最优状态下的产量；在外部不经济的情况下，产量超过了帕累托最优状态下的产量。

二、解决外部性问题的方法

（一）管制

政府可以通过规定或禁止某些行为来解决外部性。例如，把有毒的化学物质倒入供水区中是一种犯罪。在这种情况下，社会的外部成本远远大于排污者的收益。因此，政府制定了禁止这种行为的命令与控制政策。

但是，在大多数污染的情况下，事情并不这么简单。尽管宣布了一些环境保护主义的目标，但要完全禁止有污染的活动是不可能的。例如，实际上各种形式的交通运输，例如，汽车会带来一些废气。然而，要让政府禁止所有运输方式肯定是不明智的。因此社会不是要完全消除污染，而是要评价成本与收益，以便决定允许哪种污染与允许污染多少。环保部门是政府机关，其任务就是提出并实施保护环境的管制。

环境管制可以采取多种形式。例如，环保部门规定工厂可以排放的最高污染水平；再如，环保部门要求企业采用某项减少排污的技术等。

（二）征税和补贴

对于造成外部不经济的企业，国家应该征税，其数额应该等于该企业给社会其他主体造成的损失，从而使该企业的私人成本恰好等于社会成本。例如，在生产污染情况下，政府向污染者收税，其税额等于治理污染所需的费用。而对于造成外部经济的企业，国家则可给予其补贴，使得企业的私人利益与社会利益相等。无论何种情况，只要政府采取措施使得私人成本等于社会成本，私人利益等于社会利益，则资源配置便可达到帕累托最优状态。征税和补贴的效果是否理想，关键在于政府是否能够得到足够的信息，准确地制定征税和补贴标准，使补贴和征税与相关的外部性正好一致。

经济学家对税收作为解决污染的一种方法的偏爱通常大于管制，因为税收可以以较低的社会成本减少污染。为了说明其原因，让我们思考一个例子。假设有两个工厂——造纸厂和钢铁厂，每家工厂每年向河中倾倒 500 吨黏稠的废物。环保部门决定，要想减少污染量，提出了两种解决方法：①管制：环保部门可以告诉每家工厂把每年的排污量减少为 300 吨；②税收：环保部门可以对每个工厂每排出一吨废物征收 5 万元的税收。管制规定了污染水平，而税收给工厂所有者一种减少污染的经济激励。大多数经济学家偏爱税收。他们认为，在减少污染总量上，税收和管制的方法同样有效。环保部门可以通过把税收确定在适当的水平上，而达到它想达到的任何污染水平。税收越高，减少的污染也越多。实际上，如果税收足够高，工厂将完全关门，污染减少为零。

经济学家偏爱税收的原因是它减少污染更有效率。管制要求每个工厂减少等量污染，但等量减少并不一定是清洁水质的最省钱的方法。可能的情况是，造纸厂减少污染的成本比钢铁厂低。如果是这样的话，造纸厂对税收的反应是大幅度地减少污染，以便少交税；而钢铁厂的反应是减少的污染少，交的税多。实际上，税收规定了污染权的价格。正如市场把物品分配给那些对物品评价最高的买者一样，税收把污染权分配给那些减少污染成本最高的工厂。无论环保部门选择的污染水平是多少，它都可以用税收以最低的总成本达到这个目标。

经济学家还认为，征税对环境更有利。在命令与控制的管制政策下，一旦工厂达到了 300 吨污染物的目标就没有理由再减少排污。与此相比，税收激励工厂去开发更清洁的技术，因为更清洁的技术可以减少工厂不得不支付的税收量。

阅读材料 4：什么是庇古税

庇古税就是通过对产生负外部性的生产者征收税收或对产生正外部性的生产者给予补贴，从而使得外部性内在化的修正性税。它由英国经济学家阿瑟·庇古在 1928 年提出。例如，对造成污染的造纸厂和钢铁厂就要征税，对带来正的外部性的产业，例如教育、卫生和医疗等，就给予补贴。

当存在外部性时，靠市场机制、靠完全竞争市场是难以保证资源的最优配置。在这种情况下，私人成本与社会成本不再一致，整个经济表现出低效率。庇古认为，自由竞争的市场机制本身不能克服外部性带来的低效率，必须由政府来进行适当的干预。通过向那些私人成本大于社会成本（正外部性）的厂商提供补贴、向那些私人成本小于社会成本（负外部性）的厂商征收税收，使得私人成本等于社会成本，就能实现资源的最优配置和经济活动的高效率。庇古税及其理论是克服市场失灵的各种理论中较有影响的一种理论。

（三）可交易的污染许可证

现在我们假设，尽管经济学家提出了建议，环保部门仍采用管制，并规定每个工厂每年要把排污量减少到 300 吨。在管制实施并且两个工厂都遵守之后的某一天，两个企业来到环保部门提出一个建议。钢铁厂想增加其排污量 100 吨。造纸厂同意，如果钢铁厂付给造纸厂 500 万元，造纸厂就再减少等量的污染，结果就是，钢铁厂的排污量为 400 吨，而造纸厂的排污量为 200 吨，两个工厂的总排污量也为 600 吨。环保部门应该允许两个工厂进行这种交易吗？从经济效率的观点看，允许这种交易是一种好政策。这个交易必然使这两个厂所有者的状况变好，因为它们是自愿对此达成一致的。而且，这种交易没有任何外部影响，因为污染总量仍然是相同的。因此，通过允许造纸厂把自己的排污权出卖给钢铁厂可以提高社会福利。

同样的逻辑也适用于任何一种排污权从一个企业转移给另一个企业。如果环保部门允许进行这些交易，实际上它就创造了一种新的稀缺资源：污染许可证。交易这种许可证的市场将最终形成，而且，这种市场将由供求因素支配。看不见的手将保证这种新市场有效地配置排污权。只有以高成本才能减少污染的企业将愿意为污染许可证付出最高的价格，那些以低成本可以减少污染的企业也愿意出卖它们所拥有的许可证。

虽然，用污染许可证减少污染看起来与用征税完全不同，但实际上这两种政策有许多共同之处。在这两种情况下，企业都要为污染进行支付。在征税时，排污企业必须向政府交税。在采用污染许可证时，排污企业必须为购买许可证进行支付。征税和污染许可证都通过使企业排污要付出成本而把污染的外部性内在化。

（四）企业合并

合并企业是解决外部性问题，改进资源配置效率的另一种方法。

以造纸和养鱼为例。造纸厂生产一定数量的纸，同时产生了一定数量的污染物流入河中，渔场位于河流的下游，受到造纸厂排出的污染物的不利影响。如果通过某种产权的分配，使造纸厂和渔场同属一个公司，那么造纸给养鱼所增加的成本仍然是该公司的内部成本，合并使得外部性内部化了。公司在决定造纸产量时，不能不考虑污染成本。为了最大化利润，公司必然考虑外部经济效应，协调造纸和养鱼两项业务的决策。这种协调会带来帕累托状态的改进。

事实上，现在许多企业已经使互相影响生产的单位之间的外部性内部化了。比如，渔场同时种植水生作物；出于使苹果花粉受精的目的，苹果园养蜜蜂也是十分普遍的事情。

（五）规定财产权

在许多情况下，外部性之所以导致资源配置失当，是由于财产权不明确。财产权是法律规定的对某一资源的所有及其使用方法。如果财产权界定是明确的，那么通过市场交易解决外部性问题是可行的。

例如，某条河流上游的企业排放污染物使下游用水者受到损害。如果假定河流下游用水者对一定水质的河水拥有明确的财产权，当下游水质下降到特定质量以下，这一地区的人们就可以对企业破坏水质行为提出诉讼，要求企业赔偿因水质污染给他们带来的损失。如果这时双方进行谈判协商的成本不是太大，上游企业便会同下游用水者协商，将这种权利从他们那里买过来，然后再让河流受到一定程度的污染；同时遭到损害的下游用水者也会使用他出售污染权而得到的收入来治理河水。结果是市场交易本身使得污染问题得到解决。总之，由于污染者为其外部不经济支付了代价，故其私人成本与社会成本之间不存在差别。

阅读材料5："小狗经济"威胁"斑马经济"

在非洲的大草原上人们可以看到这样的景象：三条小鬣狗能吃掉一匹大斑马，其秘诀在于八个字——分工明确、合作紧密。大家分工明确，各司其职，才产生了分工的优势，产生了合作的能量，最重要的是产权清晰。

浙江台州和温州可以说是典型的"小狗经济"。台州市有上千家摩托车零部件生产企业，这些企业基本都是家族式的，或者就是家庭工厂。张家生产A部件，李家生产B螺丝，这上千家独立核算、自负盈亏、机制灵活、动力很强的家庭企业组合而成了一个大型摩托车生产集团。结果，台州市的摩托车生产成本比内地许多大型摩托车生产企业低30%左右。如果说台州经济是"小狗经济"，那么内地由大型企业所支撑的经济则是"斑马经济"。这两者之间的本质区别是用市场交易关系来替代企业内部的股权合作关系和内部管理关系。人与人之间的经济合作关系有三种：一种是雇佣关系，A投资办工厂，而且把工厂办得很大，其他人都到工厂内打工，听从老板的统一指挥和管理。A与其他人之间就是雇佣关系和内部管理关系。另一种是合作关系，上述这些人，有钱的出钱，有技术的出技术，有管理能力的出管理，有营销网络的出营销网络，所有这些都经评估后折合成一定的股份，大家共同办成一家股份公司，这样，大家就是一种合伙关系。第三种是买卖关系，甲生产A部件，乙生产B部件，丙生产C部件，大家在市场上交易，最后形成一个完整的产品。

按照第三种方式进行合作的"小狗经济"的好处就是原动力装置比较多；按照第一

种方式进行合作只有一架原动力装置。比如，如果台州只有一个大型摩托车企业，所有的零部件都在这个企业生产，除了一个老板之外，台州所有的人都给这个老板打工，都听从这个老板的管理，对于其他人来说，天塌下来有老板一个顶着，不关我什么事。而"小狗经济"的特点是，生产摩托车的老板有 1000 个，即有一千架原动力装置，每时每刻都有 1000 个人特别操心。这就是"小狗经济"充满活力的原因。

现代企业理论认为，企业是一系列契约的组合，是个人之间交易产权的一种方式。比如，资金所有者拥有资金所有权，劳动者拥有劳动力的所有权，大家在一起创办企业，实际上是在企业内部进行不同所有权的交易。

那么产品市场与要素市场哪个交易成本更低，或者说，市场交易关系与企业内部的管理关系，哪个成本更低呢？这取决于很多因素。其中一个重要因素就是人们的道德水平和自律水平。我出钱，你出力，我们一起办企业，即我当老板，你打工，实际上是用我的货币资本与你的人力资本进行交换。但我的货币资本在明处，你的人力资本在暗处。我投入了多少货币资本是可清点的，而你投入了多少人力资本是不可清点的，需要通过管理让你好好干，让你把人力资本贡献出来。但要做到这一点很难。管理成本很高，即在企业内部进行人力资本和非人力资本的产权交易，其交易成本很高。而在一个上千条"小狗"组成的经济结构中，大企业中每一个零部件车间都变成了一个甚至几个、几十个独立的企业，上个零部件生产单位与下个零部件生产单位之间，不是统一管理和内部协调关系，而是自我管理和市场交易关系。在这里，每个小老板的激励机制和约束机制都是来自两个方面：一是市场竞争，二是产权明晰和自负盈亏。

这一变化的后果是，产品的零部件由内配转化为外配，由垄断性配套转化为竞争性配套。一般认为，企业在内配与外配的关系上有两种战略：一种战略，所有的环节从头到尾，如企业的产品设计、每个零部件的生产、每道工序的加工、产品的销售等，所有这一切都由自己独立完成；另一种战略，即在产品生产和经营的若干个环节上，企业只生产一个或几个环节，把所有资金和全部精力都投入到这一个或几个环节上，把这几个环节做精做透，成本做得很低，批量做得很大，其他环节由别人做。目前，世界上许多大型汽车企业自己所生产的零部件一般不到 30%，70%以上的零部件采取全世界最佳采购的方法。

目前有些地区把不相关的七八个或几十个企业合并在一起，自称组建成"航空母舰"。这种所谓的大集团，说起来好听，资产规模几亿甚至几十亿，职工几千甚至上万，涉及的产业几十个，但竞争力很差。以这种大集团为主体的经济我们把它称为"斑马经济"。但是"小狗经济"也有缺陷。由于企业的规模普遍不大，难以创品牌，难以建市场网络。

因此，凡是发展"小狗经济"的地方，都要扶持若干龙头企业，这种龙头企业不是政府造出来的，而是在竞争中自己成长起来的，政府对这种自己成长的龙头企业需要做一些锦上添花的工作，使这些龙头企业由小狗变成大狗，再变成老虎。

三、科斯定理

上述解决外部性问题的最后一种办法，即规定财产权的政策，一般也称为科斯定理。

（一）科斯定理概述

科斯是位著名的英国经济学家，1951 年移居美国，后成为芝加哥大学教授，在 1960 年发表《社会成本问题》一文。他认为，如果不考虑外部性，就谈不上实现资源配置的帕累托最优状态。要解决这个问题，关键在于把环境的使用权作为一种财产权，并且应把这种财产权明晰化，这样，在某项生产活动产生外部不经济时，就可以明确地判定是谁给谁造成了损害，受损害的一方就有权获得相应的赔偿。科斯认为，只要交易成本为零，则法定财产权的分配，并不妨碍社会经济达到帕累托最优状态，也就是使资源配置达到最有效率的状态。这些观点被人们称为科斯定理，已成为现代西方产权理论的核心内容，科斯本人也在 1991 年获得诺贝尔经济学奖。

假定有一湖泊，周围住着 10 户人家，他们都需要以湖水作为饮用水；湖边还有一家造纸厂，要向湖中排放污水。于是造纸厂的生产活动就造成了外部不经济，它排放的污水使湖水的水质变坏，不能饮用了。假定这 10 户人家因饮用这种受污染的水而遭受的损害可以用货币来衡量，且这种损害是每户 10 万元，那么这 10 户人家受到总损失就是 100 万元。为了避免这种损失，再假定存在着两种治理污染的办法：一种是给造纸厂安装一套污水处理系统，使污水经过处理后再排放入湖，从而不会使湖水的水质变坏。假设这种污水处理系统需 20 万元支出。另一种办法是给这 10 户人家每家安装一个湖水净化器，使受污染的湖水经处理后符合饮用标准，若每个湖水净化器要 4 万元，那么这 10 户人家就总共需要支出 40 万元。两种办法一比较，就可以看出，给造纸厂安装污水处理系统是比较经济的，也就是说，这种方法消除污染的成本最低。按照科斯定理的含义，不论把使用湖泊的产权给了造纸厂还是给这 10 户居民，只要交易成本为零，市场机制会自动找到最经济的处理方法。为什么会如此呢？假定法定的湖泊使用权给了造纸厂，那造纸厂就会认为向湖泊排放污水是它的权利，它自然不会为处理污水而多花 20 万元，于是这 10 户居民就要考虑：与其自己每家花 4 万元装一个湖水净化器，不如大家拼凑 20 万元给造纸厂安装一套污水处理系统来得合算。于是这 10 户人家就会互相商量，达成一致意见后，再和造纸厂商量，并说服它，由这 10 户人家给造纸厂安装一套污水处理系统。相反，要是法定的湖泊使用权给了这 10 户人家，那他们绝不会同意造纸厂污染湖水的，他们会向造纸厂提出赔偿损失的要求，于是造纸厂就要考虑：与其赔偿 10 户人家的 100 万元的损失，不如自己花 20 万元安装一套污水处理系统来得合算。

（二）科斯定理的局限性

科斯定理在理论上和实践上存在一些局限性。

①资产的财产权是否能够明确地加以规定。科斯定理的一个前提是明晰的产权，但是，由于环境与生态资源多属于公共财产（如生物多样性、臭氧层、大气、公海等），根本无法做到明晰产权，即使明晰了产权，除了当代人以外的受害者也无法亲自维护自身的利益。按照科斯定理的说法，在发生这类涉及后代人权益的环境问题时，应该由当代人和后代人共同协商加以解决，而后代人现在还没有出生。况且有的资源的财产权即使在原则上可以明确，但由于不公平问题、法律程序的成本问题等也变得实际上不可行。

②在现实生活中交易成本不可能等于零。就拿上面的例子来说，这 10 户人家互相

商量，以及他们和造纸厂协商，都需要时间、精力和费用，这就是所谓的“交易费用”。在有交易费用的情况下，市场机制是否能自动地找到最佳的解决方案，是很值得怀疑的。

③交易双方在协商中采取的策略性行为。这也是科斯定理难以应用的另一个主要限制因素。在上面的例子中，该湖泊使用权在造纸厂，那 10 户人家和造纸厂商量，愿意出 20 万元安装污水处理系统时，造纸厂出于策略上的考虑，就有可能提出额外的要求，比如要这 10 户人家另外再付 10 万元给造纸厂作为“申请手续费”。这 10 户人家虽然被敲诈了 10 万元，但 30 万元的支出仍比他们各家自己安装湖水净水器的 40 万元低，因此他们还是会支付这 30 万元的。但这样一来，市场交易就没能导致只花 20 万元治理污染的最佳方案。此外还应该指出，分配产权会影响收入分配，而收入分配的变动可以造成社会不公平，引起社会动乱。在动乱的情况下，就谈不上解决外部性问题了。

不管怎么说，科斯的研究开辟了一个把法律和经济学相结合起来的新领域，提出了一条发挥市场机制作用来处理外部经济效果的新思路，这对于产权理论的发展，对于环境经济学的发展都产生了很大的影响。在人们面临日益严重的环境保护任务的时候，在人们更多地考虑“经济可持续发展”的问题的时候，科斯的观点还是值得人们认真研究的。

第四节 信息不对称

一、信息不对称的概念

信息不对称是指市场交易的各方所拥有的信息不对等，买卖双方所掌握的商品或服务的价格、质量等信息不相同，即一方比另一方占有较多的相关信息、处于信息优势地位，而另一方则处于信息劣势地位，例如，二手汽车市场、保险市场、劳动力市场等。对信息不对称理论的研究做出了杰出贡献的经济学家，有美国的经济学家乔治·阿克劳夫、迈克尔·斯宾塞和约瑟夫·斯蒂格利茨。

阅读材料 6：信息不对称与市场规制

新古典经济理论的基础是完全竞争市场，这个市场有四大假设：第一，有众多的买主和卖主，没有任何市场参与者能决定市场的价格和产量；第二，买卖双方自由进出市场；第三，产品是同质的；第四，买卖双方的信息是完全对称的。西方经济学家证明，在完全竞争的市场中，资源能够得到最优配置，并能实现社会福利的最大化。然而现实中，完全满足上述假设的市场几乎是不存在的。于是经济学家们为了使理论解释更符合实际，不断突破上述假设，进行新的研究。如研究不符合前三条假设的垄断市场、寡头竞争和不完全竞争市场，这大大促进了经济学的发展。但第四条假设的突破是三位诺贝尔经济学奖得主在 20 世纪 70 年代才完成的。他们关于信息不对称的研究突破信息完全的假设，从而极大地推进了经济学体系的完善和解释现实的能力的提高。

资料来源：http://www. Itshantou.com，2007 年 12 月 20 日

阅读材料 7："从南京到北京，买的不如卖的精"

俗话说"从南京到北京，买的不如卖的精"这其中的道理就是信息不对称。中国古代有所谓"金玉其外，败絮其中"的故事，讲的是商人卖的货物表里不一，由此引申比喻某些人徒有其表。在商品中，有一大类商品是内外有别的，而且商品的内容很难在购买时加以检验。如瓶装的酒类，盒装的香烟，录音、录像带等。人们或者看不到商品包装内部的样子（如香烟、鸡蛋等），或者看得到、却无法用眼睛辨别产品质量的好坏（如录音、录像带）。显然，对于这类产品，买者和卖者了解的信息是不一样的，卖者比买者更清楚产品实际的质量情况。这时卖者很容易依仗买者对产品内部情况的不了解欺骗买者。如此看来，消费者的地位相当脆弱，对于掌握了"信息不对称"武器的骗子似乎毫无招架之术。

为消除因信息不对称造成消费者对产品的不信任，精明的商家想了很多办法。在大商场某一生产鸭绒制品的公司开设了一个透明车间，当场为顾客填充鸭绒被，消除了生产者和消费者之间的信息不对称所导致的不信任。

二、信息不对称导致的市场失灵行为

（一）逆向选择

当存在市场信息不对称时，会引起逆向选择。逆向选择是指信息不对称情况下，拥有信息少的一方做出不利于另一方的选择。这种逆向选择不利于另一方，也会不利于整个市场的交易活动。在市场上表现为市场的一方不知道市场另一方的商品的类型或质量时，市场中大量劣货排挤好货并最终占领市场的过程。例如，在旧车市场上，卖者知道车的真实质量，而买者不知道。这样卖者就会以次充好，买者也不傻，尽管他们不能了解旧车的真实质量，只知道车的平均质量，愿意按平均质量出中等价格，这样一来，那些高于中等价的上等旧车就可能会退出市场。接下来的情况是，由于上等车退出市场，买者会继续降低估价，次上等车会退出市场；发展的最后结果是，市场上成了破烂车的展览馆，极端的情况下会一辆车都难以成交。现实的情况是，社会成交量小于实际均衡量，这个过程称为逆向选择。

这个例子尽管简单，但给出了逆向选择的基本含义：第一，在信息不对称的情况下，市场的运行可能是无效率的，因为在上述模型中，有买主愿出高价购买好车，市场"看不见的手"并没有将好车从卖主手里转移到需要的买主手中。市场调节下供给和需求总能在一定价位上满足买卖双方意愿的传统经济学的理论失灵了。第二，这种"市场失灵"具有"逆向选择"的特征，即市场上只剩下次品，也就是形成了人们通常所说的"劣币驱逐良币"效应。传统市场的竞争机制导出的结论是——"良币驱逐劣币"或"优剩劣汰"；可是，信息不对称导出的是相反的结论——"劣币驱逐良币"或"劣剩优汰"。逆向选择理论深刻地改变了我们分析问题的角度，可以说给人们提供了逆向思维的路径，会加深对市场复杂性的认识，由此能改变很多被认为是"常识"的结论。

由于信息不对称在市场中是最普遍存在的最基本事实，所以，这也能解释为什么假冒伪劣产品充斥市场。这是因为交易双方的信息不对称，即一方隐藏了信息。逆向选择的理论也说明如果不能建立一个有效的机制遏止假冒产品，会使假冒伪劣泛滥。

（二）道德风险

在信息不对称的情况下会发生道德风险。道德风险就是拥有信息多的一方以自己的信息优势来侵犯拥有信息少的一方的利益，实现自己利益的可能性。在保险市场上存在道德风险（事后的信息不对称）。保险公司与投保人之间的信息不对称，保险公司难以确切地知道投保人的真实情况和行为。保户在与保险公司签订合约时，存在着隐藏行为，导致了道德风险。一旦人们和保险公司签订了保险合约，他们往往不再像以往那样仔细看管家中的财产了，当出门的时候，他可能不再像没有保险以前那样仔细地检查煤气是否关好，因为现在屋子着火了，他将获得保险公司的赔偿。作为极端的例子，有人甚至自己故意造成火灾来骗取保费。

由于信息不对称，逆向选择和道德风险普遍存在，一方面造成交易市场的萎缩，另一方面也导致社会资源的严重浪费，影响了资源的配置效率。

（三）委托—代理问题

在现实生活中委托—代理关系非常普遍，如雇主和雇员、股东和经理、医院和医生、当事人和律师等。在这些例子中，前者是“委托人”，后者是“代理人”。在平时，委托人会委托代理人处理与自己有关的一些事务，并支付相应的报酬。但是代理人的利益往往与委托人的利益不一致，有时甚至是完全不相同的，因此，对委托人来说一个至关重要的问题就是如何确保代理人按自己的要求行事，真正维护自己利益。这就是委托—代理问题，也就是由于委托人不能确知代理人的行为而产生的问题。比如，在一个企业内部也存在委托—代理关系，企业所有者是委托人，企业的雇员包括经理与工人都是代理人。委托人的目标是实现利润最大化；代理人有代理人的目标，例如，经理可能追求企业规模的扩张以扩大自己对企业的控制，工人可能为了追求工资收入的最大化，或在工资既定的情况下追求闲暇时间的最大化。由于作为委托人的企业所有者与作为代理人的经理或工人所追求的目标不同，而且委托人和代理人所掌握的信息是不对称的（由于对代理人的监督成本很大，实际上也很难做到，只有代理人本人知道他自己工作努力的程度，而委托人不知道代理人的行为），在这种情况下，经理能不能尽心尽力地经营，工人能不能全心全意地工作，会不会出现在追求他们自己的目标时以企业所有人的利益为代价，是委托人不能完全知晓的。如果一旦出现代理人为追求他们自己的目标以企业所有人的利益为代价时，企业所有人利益就受到损害，从而加大了企业所有人的生产成本，减少经济利润。一旦出现了委托—代理问题，不仅使委托人的利益受到影响，而且还会使社会资源的效率受到损害，引发更深层次的社会问题。

阅读材料 8：委托人给代理人带的“金手铐”

在现代企业制度的公司里，有钱的人（大股东）并不直接经营公司，而聘请总经理直接进行经营，这就出现了企业委托—代理信息不对称普遍存在的道德风险问题，经营者比所有者更了解公司的实际经营状况，为了避免经营者损害所有者的利益就需要设计出一种公平合理能实现委托人和代理人实现“双赢”的制度。

1996 年诺贝尔获得者英国的剑桥大学的詹姆斯·莫里斯教授和美国哥伦比亚大学教

授威廉姆·维克里两人，设计出有效的机制对代理人进行激励，使其能够在符合委托人的利益的前提下行事。使代理人在追求个人利益最大化的同时，实现委托人利益的最大化。其中股权激励制是国际上通行的一种好办法，特别是国外迅速发展起来的股票期权，它被喻为是“金手铐”。所谓“金”是指对代理人来说确实有巨大的吸引力，美国IMB 公司的总裁由于工作努力并取得成功，挽救濒临倒闭的公司，从而获得公司的股票期权 6000 万美元。

三、解决信息不对称的相关对策

（一）政府干预

市场机制不能够解决所有的信息不完全和不对称问题。在这种情况下，政府就有必要在信息方面进行调控。信息调控的目的主要是保证消费者和生产者能够得到充分和正确的市场信息，即增加市场“透明度”，以便他们能够做出正确的选择。例如保护消费者方面，常见的政府措施包括这样一些规定：发行新股票或新债券的公司必须公布公司的有关情况，产品广告上不得有不合乎实际的夸大之辞，某些产品必须有详细的使用说明书，香烟包装上必须标明“吸烟有害健康”的字样等。而因非对称信息而出现的老年人健康保险市场的逆向选择，问题的严重性远比旧车市场严重得多。人的生命健康毕竟比人的通常欲望的满足要重要得多。老年人需要健康保险，但这类为老年人所需要的东西却无法通过市场调节而获得。在老年人健康保险领域或与此相类似的职工医疗保险领域所出现的市场失灵也通常需要政府干预。例如，政府可以出资解决老年人的健康保险。与此问题类似，政府、企业、个人可以共同出资对个人进行医疗保险，以消除这一领域的逆向选择。

（二）向市场发送信号

卖者以某种方式向买者传递产品质量信息以消除因非对称信息而产生的逆向选择问题，称为向市场发送信号。向市场发送信号的概念由斯潘思首先建立。斯潘思最初用一个模型分析了劳动力市场发送信号的问题。这一模型的要旨是劳动者的受教育水平（用受教育的年限、获得的文凭来表示），可以作为劳动力卖者向其买者发送的有关劳动力质量的市场信号，劳动力买者根据这一信号区分高质量的劳动与低质量的劳动，并把它作为支付劳动报酬的依据。

卖者向买者发送市场信号不仅仅限于劳动力市场，在其他具有非对称信息特征的市场也存在。事实上存在非对称信息的市场，可以通过某些有效的制度安排或有效措施的实施来消除因非对称信息而产生的逆向选择问题，而无须政府的干预。以我们上述的旧车市场为例，次品充斥市场是因为购买者并不确知旧车的质量，因而只愿出较低的价格购买旧车。这导致卖者只愿拿次品出售。如果出售者能够向购买者发送某些有关产品质量信号，使购买者能够确知其旧车的质量，则不会产生旧车市场的逆向选择问题。例如，美国加州的“柠檬法”要求：如果旧车出售后在一年内因同一问题修理了 4 次，或放置修车行至少 30 天，旧车经销商必须购回此车，并在再次出售前修好，贴上“柠檬法购回”的标签以告知新的买主。发送信号的方式，就产品市场日常所见的，不外乎以下几种方式：

①广告宣传。卖方可以通过报刊、广播、电视、展览、招贴、信函等方式进行宣传，让买方了解自己产品的功能，说服买者进行购买。由于虚假广告很容易被买方拆穿而受到投诉，买方宁可相信广告具有一定真实性。

②产品凭证。卖方也可以通过质量凭证显示自己的产品质量。例如，商标品牌、产品等级、功能说明、权威认证等，都能将自家产品与其他产品区别开来。

③质量鉴定。卖方承诺，可由独立权威机构进行鉴定，若有质量问题，加倍罚款，以显示产品质量的可靠性。如市场上随处可见公平秤、验钞机以及文物、珠宝等质检中心。

④售后服务。卖方在售出产品时做出承诺，凡不符合质量要求者，可以退货、包换、保修。由于这些售后服务的预期成本往往高于保证质量的新增成本，可以在很大程度上消除买方对质量的担心。

⑤分类合同。卖方按质论价，根据不同质量确定不同价格，或者允许买方在购物时首付部分货款，使用产品、证实质量合格后再全部付清，否则不再付款。根据投保者不同的风险程度确定不同的保费率，也是保险市场常用的分类合同。

（三）设计合理合约

由委托—代理问题而导致的效率损失不可能通过政府的干预解决，而需要通过设计有效的激励措施加以解决。解决委托—代理问题最有效的办法是实施一种最优合约。最优合约是委托人花费最低限度的成本而使得代理人采取最有效率的行动实现委托人目标的合约。如果委托人能够无成本地监督代理人的行动，并且代理人不需要承担收入的风险，则最优合约可以实现。由于委托人与代理人所掌握的信息是不对称的，而且监督行为不是无成本的，因此，最优合约很难实现。

在最优合约不能实现的情况下，只能采取次优合约。次优合约是一种利益共享、风险共担合约。这种合约是在一定的约束下寻求委托人期望利润最大的合约。这些约束主要有两条：第一，该合约应该使代理人为委托人工作所得到的效用至少与他从事其他最佳的工作所获得的效用一样；第二，该合约应该使代理人的努力程度与委托人对其所希望的努力程度保持一致，因此需要对代理人的努力给予补偿。所以，激励代理人努力工作是要花费成本的。但是，在收益既定的条件下，只要委托人所选择的导致代理人努力工作的次优合约的成本小于委托人所选择的导致代理人采取最有效行动的最优合约所产生的成本，委托人就应该选择次优合约。

关键概念

市场失灵	公共物品	私人物品	外部性	正外部性
负外部性	庇古税	价格管制	信息不对称	道德风险
逆向选择	政府失灵	产量管制	科斯定理	竞争性
排他性				

知识小结

1. 市场失灵是由于经济生活中存在垄断、外部性、公共物品、信息不对称，使市场机制在许多场合不能导致资源的有效配置问题。市场失灵表明政府在一定规则下的适度干预是必要的。政府的微观经济政策是为了保护经济个体的利益、更好地发挥市场效率、促进社会福利目标的实现。

2. 垄断：一家企业控制一个行业或市场的全部销售量，并且没有替代品，即只存在唯一卖者的市场类型，给全社会带来了诸如价格高、产量低等弊端。政府通过出台反垄断法、价格管制、产量管制以及价格和产量双重管制等方式来降低垄断所带来的低效率。

3. 外部性是由买者和卖者之间的交易，直接影响第三者时所产生的。外部性分为外部经济（正外部性）和外部不经济（负外部性），不管生产行为还是消费行为都存在外部性。

4. 外部性问题可以通过政府管制、税收和补贴、可交易的许可证、企业合并、产权界定等方式，使其在一定程度上予以克服。

5. 科斯定理：如果财产权是明确的并且可以无成本（交易成本很小）地进行协商和交易，则无论最初的财产权属于谁，市场总会有效地配置资源并解决外部性问题。

6. 在考虑经济中的各种物品时，根据排他性和竞争性这两个特点将物品分成私人物品、公共物品、公共资源、半公共物品等类型。

7. 公共物品：既无竞争性又无排他性。就是说，不能排除人们使用一种公共物品，而且，一个人享用一种公共物品并不减少另一个人对它的享用。但是，政府可以潜在地解决这个问题。如果政府确信，总收益大于总成本，它就可以提供公共物品，并用税收为它支付，这可以使每个人的状况变好。

8. 公共资源：有竞争性但无排他性。包括公共的草地、清洁的空气和拥挤的道路。由于不能向使用公共资源的人收费，他们往往会过度地使用公共资源。因此，政府努力限制公共资源的使用。

9. 成本—收益分析：目的在于帮助政府机构对各种工程开支做出合理的决策。如果一个政府机构用于某类工程的开支是固定的，那么要使社会收益最大化，就应该选择那些收益成本比率最高的工程。如果其总预算是可变的，那么要使社会收益最大化，它就应接受所有收益成本比率超过 1 的工程。虽然成本—收益分析背后的基本理论是比较简单的，但由于对每个工程的收益和成本进行度量十分困难，这一理论的应用往往并不容易。

10. 信息不对称：市场交易的各方所拥有的信息不对等，买卖双方所掌握的商品或服务的价格、质量等信息不相同，即一方比另一方占有较多的相关信息，处于信息优势地位，而另一方则处于信息劣势地位。信息不对称会产生逆向选择和道德风险两种不好的后果。

思考作业题

一、单项选择题

1. 市场失灵是指（　　）。

A. 在私人部门和公共部门之间资源配置不均

B. 市场过程不能产生任何有用成果

C. 市场机制对资源的高效率配置被破坏

D. 收入分配不平等

2. 说垄断会造成低效率的资源配置是因为产品价格（　　）边际成本。

A. 大于　　B. 小于

C. 等于　　D. 上述情况都存在

3. 对自然垄断的管制通常使价格等于（　　）。

A. 边际收益　　B. 边际成本

C. 平均收益　　D. 平均成本

4. 某一经济活动存在外部不经济是指该活动的（　　）。

A. 私人成本大于社会成本　　B. 私人成本小于社会成本

C. 私人利益大于社会利益　　D. 私人利益小于社会利益

5. 某人的吸烟行为属于（　　）。

A. 生产的外部经济　　B. 消费的外部经济

C. 生产的外部不经济　　D. 消费的外部不经济

6. “搭便车”现象是对（　　）的一种现象的比喻。

A. 社会福利问题　　B. 公共选择问题

C. 公共产品问题　　D. 市场失灵问题

7. 当厂商的生产污染了环境，而又不负担其成本时，（　　）。

A. 其边际成本变低　　B. 其平均可变成本变低

C. 其平均总成本变低　　D. 以上全对

8. 一个市场上，如果一种商品相对社会最优产量来说，处于供给不足状态，这说明存在（　　）。

A. 正外部经济效应　　B. 信息不完全

C. 负外部经济效应　　D. 逆向选择

二、多项选择题

1. 公共产品具有的特征是（　　）。

A. 外部性　　B. 排他性　　C. 竞争性　　D. 非排他性

E. 非竞争性

2. 市场在非对称信息的情况下，会出现的情况有（　　）。

A. 逆向选择　　B. 道德风险　　C. 负外部效应　　D. 委托—代理

E. “搭便车”现象

3. 政府对外部效应的调节包括（　　）。

A. 政府管制
B. 政府与私人部门竞争
C. 政府的外部效应内在化，即庇古税和补贴
D. 政府承办各类企业
E. 明确法定所有权，并且可以自由地交换
4. 不完全信息的解决方法中不需政府干预的是（　　）。
A. 声誉　　B. 市场信号　　C. 管制　　D. 征税、补贴
E. 保证
5. 根据物品的非竞争性和非排他性的特点，下列属于公共物品的是（　　）。
A. 食品、日用品　　B. 环境、空气　　C. 不收费的道路　　D. 免费的西湖景区
E. 矿产资源

三、判断题

1. 正外部性是一种归市场上买者的外部利益，而负外部性是一种归市场上卖者的外部成本。（　　）
2. 没有内在化的负外部性的市场引起的均衡量小于最优量。（　　）
3. 如果市场引起负外部性，那么，庇古税就将使市场向更有效率的结果变动。（　　）
4. 根据科斯定理，外部性总是要求政府为了使外部性内在化而干预。（　　）
5. 公共物品既有竞争性又有排他性。（　　）
6. 公有资源既无竞争性也无排他性。（　　）
7. 在现代经济社会中既存在市场失灵，也存在政府失灵，所以依靠市场机制和发挥政府宏观调控作用同等重要。（　　）

四、问答题

1. 什么叫市场失灵？哪些情况会导致市场失灵？
2. 什么是外部效应？外部效应有哪几种情况？
3. 公共物品有什么特点？这种特点怎样导致公共物品生产上市场失灵的？
4. 市场在非对称信息的情况下，会出现哪几种情况？
5. 政府可以从哪几个方面解决垄断的市场失灵问题？
6. 政府可以采取哪些方法解决外部效应导致的市场失灵？
7. 提高公共部门的效率可以从哪几方面入手？
8. 解决信息不对称的办法有哪些？

第九章　国民收入核算理论

学习目标

1. 掌握国民生产总值和国内生产总值的内涵与区别；
2. 理解其他国民收入的定义，以及与国内生产总值的关系；
3. 掌握国民收入核算的三种方法；
4. 理解名义国民收入与实际国民收入，国民收入核算体系的缺陷；
5. 掌握国民收入循环模型与恒等式。

导读案例：20 世纪最伟大的发现之一

美国著名的经济学家保罗·萨缪尔森说："GDP 是 20 世纪最伟大的发现之一。"没有 GDP 这个发明，我们就无法进行国与国之间经济实力的比较、贫穷与富裕的比较，我们就无法知道我国的 GDP 总量排在全世界的第六位，低于美国的 9 倍、日本的 5 倍；没有 GDP 我们也无法知道我国人均 GDP 在 2003 年已超过 1000 美元，低于美国和日本的 40 多倍；没有 GDP 这个总量指标我们无法了解我国的经济增长速度是快还是慢，是需要刺激还是需要控制。因此 GDP 就像一把尺子、一面镜子，是衡量一国经济发展和生活富裕程度的重要指标。

GDP 如此重要，所以我们必须首先搞清楚到底什么是 GDP。美国经济学家曼昆在他的风靡世界的《经济学原理》中指出，国内生产总值（GDP）是在某一既定时期一个国家内生产的所有最终物品和劳务的市场价值。曼昆认为，准确理解 GDP 的要点是：①GDP 是按照现行的市场价格计算的；②GDP 包括在市场上合法出售的一切物品和劳务，例如你购买了音乐会的票，票价就是 GDP 的一部分；③只算最终产品，不包括中间环节；④GDP 是一个国家之内的，例如外国人暂时在中国工作，外国人在中国开办企业。他生产的价值是中国 GDP 的一部分。如果你要判断一个人在经济上是否成功，你首先要看他的收入，高收入的人享有较高的生活水平。同样的逻辑也适用于一国的整体经济。当判断经济富裕还是贫穷时，要看人们口袋里有多少钱。这正是国内生产总值（GDP）的作用。

GDP 同时衡量两件事：经济中所有人的总收入和用于经济中物品与劳务产量的总支出。GDP 既衡量总收入又衡量总支出的秘诀在于这两件事实际上是相同的。对于一个整体经济而言，收入必定等于支出。这是为什么呢？一个经济的收入和支出相同的原因就是一次交易都有两方：买者和卖者。如你雇一个小时工为你做卫生，每小时 10 元，在这种情况下小时工是劳务的卖者，而你是劳务的买者。小时工赚了 10 元，而你支出了 10 元。因此这种交易对经济的收入和支出做出了相同的贡献。无论是用总收入来衡量还是用总支出来衡量，GDP 都增加了 10 元。由此可见，在经济中，每生产一元钱，就会产生一元钱的收入。

资料来源：保罗·萨谬尔森、威廉·诺德豪斯，《经济学》（第 16 版），北京：机械工业出版社，1998

从本章开始将简要介绍宏观经济学的基本理论。宏观经济学把总体国民经济活动作为研究对象，它所研究的是总体经济中的总量指标。在各种总量指标中，衡量一个经济活动的基本总量是国民生产总值或国内生产总值。因此，阐明以国民生产总值或国内生产总值为主的国民收入核算理论与方法是学习宏观经济学的前提。需要指出的是，衡量总产出或总收入的国民生产总值、国民收入等概念有着不同的含义，但是在以后各章的宏观经济理论分析中，这些概念在核算意义上的区别是不须强调的。

阅读材料 1：我国国民经济核算的发展过程

国际上曾经同时存在过两大国民经济核算体系，一个是产生于苏联、东欧高度集中的计划经济国家的物质产品平衡表体系，简称 MPS；另一个是产生于西方发达市场经济国家的国民账户体系，简称 SNA。中国国民经济核算的历史实际上是从前者向后者过渡的历史。具体来说，中国国民经济核算历史经历了三个阶段：MPS 体系的建立和发展阶段（1952—1984 年），MPS 体系与 SNA 体系并存阶段（1985—1992 年），在 SNA 体系下的发展阶段（1993 年至今）。

资料来源：山东统计信息网

第一节　衡量国民收入的主要总量指标

一、国内生产总值

国内生产总值（简称GDP）是衡量一个国家经济运行水平时最常使用的总量指标之一，用来说明一个国家的经济实力或评价一国的经济增长速度，因此对国内生产总值的核算便成为国民收入核算中的重要内容。

（一）国内生产总值的概念

国内生产总值是指经济社会在某一既定时期内（通常为一年，但也可以为一个季度），在一个国家（或地区）之内运用生产要素生产的所有最终产品与劳务的市场价值的总和，或是这一国家（或地区）所有单位所创造的附加价值的总和。平时人们所说的国民收入往往就是指国内生产总值。

（二）核算国内生产总值时应注意的几个方面

为了准确把握国内生产总值的本质特征，在理解、核算国内生产总值时应注意以下几个方面：

①GDP 是指最终产品和劳务市场价值的总和，各种最终产品和劳务的市场价值是用

这些最终产品和劳务的市场价格乘以产量得出来的，其核算基础是这些产品与劳务的市场价格和产量。GDP 要把经济社会中种类繁多的各种最终产品和劳务的市场价值加总起来用以衡量一国经济活动的总体价值，其中，这些最终产品和劳务的市场价格通常表示了人们愿意为其付出的货币的数量；这些最终产品和劳务的产量反映了全国总资源转化为最终产品和劳务的数量。所以在衡量 GDP 时，一般以市场价格与产量的乘积来衡量最终产品及劳务的市场价值。

②GDP 一般仅指市场活动导致的市场价值，对于一些家务活动、自给自足生产等非市场活动，则不计入 GDP 中。

③计算 GDP 时，应避免对中间产品价值的重复计算。在 GDP 的定义中就已明确指出，GDP 是最终产品和劳务价值的总和。这里所说的最终产品是与中间产品相对的一个概念，其划分并不在于产品物质形态上存在差别，而在于购买者购买产品的目的。如果购买者对产品的购买是为了自己消费的需要，这种产品便是最终产品；反之，若购买者是要将购买的产品投入生产过程之中进行生产其他产品或用来销售，这种产品便是中间产品。可见，在现实中有众多的产品既可能是最终产品，也可能充当中间产品。如果在计算 GDP 时不能有效地将中间产品剔除在外，就会造成中间产品的价值在 GDP 中被多次重复计算。

例如，农民种植小麦，在市场上出售给面粉厂，得到 100 元的收入；面粉厂将小麦磨成面粉，以 200 元的价格出售给食品厂；食品厂用这批面粉制成面包出售给消费者，得到 300 元，则这 300 元中已经包括了小麦和面粉的价值。若以最终产品的角度来计算 GDP，显然数额应为 300 元；但如果不能剔除中间产品，而将小麦与面粉的价值也计入 GDP，其数额就会达到 600 元。可见，计入中间产品的价值会造成 GDP 的虚增，难以真实地反映出该国的经济运行水平。由于多数产品既可充当最终产品，也可充当中间产品，若要在核算 GDP 时准确将其加以区分便非常困难。在实践中，往往不去计算最终产品的价值，而是通过对各单位生产的附加价值加总求和来计算 GDP，以此避免对中间产品价值的重复计算。采用这种方法，我们只需要把每个生产阶段产品增加的价值计入 GDP 中。

在上例中，若假定农民种植小麦的投入品价值可以忽略不计，则小麦的售价 100 元便可以被认为是在小麦生产阶段中农民创造的附加价值；而在面粉生产阶段，面粉厂以 100 元购进小麦，以 200 元出售面粉，其间创造的附加价值也是 100 元（200 元−100 元）；而食品厂创造的附加价值也是 100 元（300 元−200 元）。将整个生产过程三个生产阶段创造的附加价值相加，GDP 为 300 元（100 元+100 元+100 元），与这一生产过程的最终产品——面包的市场价值相等，如表 9-1 所示。

表 9-1　最终产品和中间产品的价值

生产阶段	产品价值	中间产品成本	附加值
小麦	100	—	100
面粉	200	100	100
面包	300	200	100
总计	600	300	300

需要注意的是，如果某种中间产品在生产中暂时未被使用，从而成为企业的存货时，该中间产品可以暂时被当做最终产品，其价值被计入 GDP。在日后该中间产品被投入使用时，再将其价值从真正的最终产品价值中扣除。

④GDP 中也必须包括劳务的价值。在 GDP 中，除了包括当期生产的、作为最终产品的价值外，还包括当期提供的劳务的价值，如医生、律师、教师、清洁工、演员及其他社会成员因对社会提供了服务而收取的报酬。

⑤在 GDP 中，只应包括本期产出的市场价值。GDP 有特定的考察期间，它应由该期间内一国各单位所创造的附加价值构成。应该注意的是，有一些交易是在当期完成的，但交易的产品却是在以前生产的，诸如过去积压的产品在当期出售、已故著名书画家的作品在当期拍卖等都属于这种情况。不论这类交易在总交易量中占有多大的比重，其交易的产品本身的价值都不能计入本期 GDP，只有交易过程所创造的新增价值——如买卖房屋的经纪人费用、拍卖行因提供了拍卖服务所收取的费用等才可以计入本期的 GDP。

⑥GDP 衡量的是一定时期之中，在一个国家（或地区）的地域范围之内所创造出的价值。如果一个中国企业在美国进行投资，该企业在美国所创造的价值要计入美国的 GDP，而不能计入中国的 GDP；反之，国外资本在中国进行投资所创造的价值则要计入中国的 GDP，而不能计入其母国的 GDP。

⑦GDP 是流量，而不是存量。流量是一定时期内发生的变量，存量是一定时间点存在的变量。例如，全国在 2009 年这一年内新增的人口数为流量，截至 2009 年 12 月 31 日全国的人口数为存量。对于 GDP 而言，它衡量的是一年度或一季度内生产最终产品和劳务的市场价值，所以是流量。

二、国民生产总值

国民生产总值（简称 GNP）是指某国国民所拥有的全部生产要素在一定时期内生产的最终产品和劳务的市场价值的总和。与 GDP 概念不同的是，它是一个国民概念。即只要是本国公民，不管是在国内还是在国外生产的最终产品和劳务，都计入本国的 GNP 中。例如，一个在美国工作的中国公民（如姚明）的收入要计入中国的 GNP 中，同时也应计算在美国的 GDP 中。一个在中国工作的美国公民的收入，计入中国的 GDP 中，不计入美国的 GDP，但要计入美国的 GNP。

具体来说，国民生产总值和国内生产总值之间的关系可以用下面的两个公式表示。

国民生产总值=国内生产总值+国内居民在国外投资所得收入和劳务收入−国外居民在本国投资所得收入和劳务收入

国内生产总值=国民生产总值+国外居民在本国投资所得收入和劳务收入−本国居民在国外投资所得收入和劳务收入

因此，当一国的 GDP 大于 GNP 时，说明本国公民从外国获得的收入小于外国公民在本国获得的收入；相反，GDP 小于 GNP，则说明本国公民从外国获得的收入大于外国公民在本国获得的收入。

国内生产总值（GDP）与国民生产总值（GNP）都是反映宏观经济的总量指标，它们既有联系又有区别。

①国民生产总值和国内生产总值都是以本国货币计算的当年所有最终产品和提供劳务的市场价值的加总，都只包括当年生产的最终产品和提供的劳务。例如：2004 年某单位竣工的一处房产，2005 年该单位将该处房产销售给最终用户，该处房产应当计入 2004 年的国民（内）生产总值，而不是计入 2005 年的国民（内）生产总值。由于国民生产总值和国内生产总值都是以当年最终产品和劳务价格计算的，因此，这两个经济指标都会受到当年通货膨胀的影响。

②国民生产总值是"国民"概念，国内生产总值是"领土"概念；国民生产总值是"收入"概念，国内生产总值是"生产"概念。在经济封闭的国家或地区，国民生产总值等于国内生产总值；在经济开放的国家或地区，国民生产总值等于国内生产总值加上国外净要素收入。这里的国外净要素收入指的是国内居民在国外投资所得收入和劳务收入减去国外居民在本国投资所得收入和劳务收入。

目前，世界上大多数国家都使用 GDP 作为对一国国民收入的基本测量指标。一方面，因为 GDP 比 GNP 较易衡量，因本国公民在国外的净收入的数据很难收集，也是不足的；另一方面 GDP 相对于 GNP 来说是衡量国内就业潜力的更好的指标，因为外国投资者在本国投资办厂，解决的是本国的就业问题。

阅读材料 2：GDP 不是万能的，但没有 GDP 是万万不能的

从 GDP 的含义到它的计算方法不难看出，GDP 只是用来衡量那些易于度量的经济活动的营业额，不能全面反映经济增长的质量。

美国罗伯特·肯尼迪（美国总统约翰·肯尼迪之弟）说："GDP 衡量一切，但并不包括使我们的生活有意义的东西。"这句话就是他在竞选总统的演说中对 GDP 这个经济指标的批评。他不是经济学家，但他的这段话颇受经济学家的重视。

越来越多的人包括非常著名的学者，对 GDP 衡量经济增长的重要性产生了怀疑。斯蒂格利茨曾经指出，如果一对夫妇留在家中打扫卫生和做饭，这将不会被列入 GDP 的统计之内，假如这对夫妇外出工作，另外雇人做清洁和烹调工作，那么这对夫妇和佣人的经济活动都会被计入 GDP。说得更明白一些，如果一名男士雇佣一名保姆，保姆的工资也将计入 GDP。如果这位男士与保姆结婚，给保姆不发工资了，GDP 就会减少。

需要进一步指出的是，国内生产总值其中所包括的外资企业虽然在我们境内从统计学的意义上给我们创造了 GDP，但利润却是汇回他们自己的国家的。一句话，他们把 GDP 留给了我们，把利润转回了自己的国家，这就如同在天津打工的安徽民工把 GDP 留给了天津，把挣的钱汇回了安徽一样。看来 GDP 只是一个"营业额"，不能反映环境污染的程度，不能反映资源的浪费程度，看不出支撑 GDP 的"物质"内容。在当今中国，资源浪费的亮点工程、半截子工程，都可以算在 GDP 中，都可以增加 GDP。

上述分析不难看出目前在评价经济状况经济增长趋势及社会财富的表现时，使用最为广泛的国民经济核算所提供的 GDP 指标，不能完全反映自然与环境之间的平衡，不能完全反映经济增长的质量。这些缺陷使传统的国民经济核算体系不仅无法衡量环境污染和生态破坏导致的经济损失，相反还助长了一些部门和地区为追求高的 GDP 增长而破坏环境、耗竭式使用自然资源的行为。可以肯定的是，目前 GDP 数字里有相当一部分是靠

牺牲后代的资源来获得的。有些 GDP 的增量用科学的发展观去衡量和评价，不但不是业绩，反而是一种破坏。我们要加快发展、加速发展，但不能盲目发展。尽管 GDP 存在着种种缺陷，但这个世界上本来就不存在一种包罗万象、反映一切的经济指标，在我们现在使用的所有描述和衡量一国经济发展状况的指标体系中，GDP 无疑是最重要的一个指标。正因为有这些作用，所以，GDP 不是万能的，但没有 GDP 是万万不能的。

三、其他的国民收入指标

按照国内生产总值核算体系，国民收入核算指标除了包括国内生产总值外，还包括国内生产净值、国民收入、个人收入和个人可支配收入。

（一）国内生产净值（NDP）

要反映在一个国家境内一定时期内新生产的物品和劳务的价值，则应该采用国内生产净值的指标。当资本设备被用来生产产品时，资本设备会发生消耗或贬值。由于最终产品价值并未扣去资本设备消耗的价值，因此，国内生产总值 GDP 还不是净增加值。在 GDP 中，如把消耗的资本设备价值即资本折旧扣除后，就得到了国内生产净值，即为 NDP。所以国内生产净值是指在一个国家境内一定时期内新增加的物品和劳务的价值，它等于国内生产总值减去折旧后的余额。即：

NDP＝GDP−折旧

（二）国民收入（NI）

国民收入是指在社会产品的生产过程中生产要素所有者应得的报酬的总和，即工资、利息、租金、利润的总和。国民收入与国内生产净值的关系大致为：

NI＝国内生产净值−企业间接税+对企业的补贴

所谓间接税是指税收负担不由纳税者本人承担的税，即这种税收的负担可以转嫁出去，如企业的营业税、货物税。企业间接税不是居民提供生产要素服务后应得的收入，所以应该把它从国民生产净值中减去。对企业的补贴是政府对由于国家政策所造成的企业的亏损的补贴，虽不列入最终产品和劳务的价格，但却成为了生产要素所有者的收入，因此它是对生产要素所有者应得收入所受损失的一种补偿。

（三）个人收入（PI）

个人收入是指个人在纳税之前实际得到的收入，原因在于虽然未分配的利润是生产要素所有者应得到的收入，但是它被公司保留起来以用于增加生产要素所有者将来的收入，个人没有得到它，所以在计算个人收入时应该把它从国民收入中减去。同理，企业交纳的利润税，个人也没有得到，也应该把它从国民收入中减去。但是，政府给予个人的福利补贴和支付出个人的公债利息，虽然不属于国民收入（生产要素的报酬），却是个人得到的收入，所以应该加上这部分转移支付。因此，从国民收入中减去公司未分配利润、企业的利润税，加上政府的转移支付，就得到个人收入。用公式表示如下：

PI＝国民收入−未分配的利润−企业交纳的利润税+政府的转移支付

（四）个人可支配收入（DPI）

个人收入不能全归个人支配，因为要缴纳个人所得税。个人缴纳所得税后的收入，被称为个人可支配收入。用公式表示如下：

DPI＝个人收入−所得税=消费+储蓄

可支配收入是个人实际上可以支配的，用于消费和储蓄的收入。

此外，国内生产总值或国内生产净值反映一个国家的总体经济实力。如果要反映一个国家的生活水平和生产率水平，还需要采用人均国内生产总值。人均国内生产总值等于国内生产总值除以该国人口的比值。人均国内生产总值越高，表示该国生活水平越高。

表 9-2　某国 2002 年 GDP 数据资料　　单位：10 亿元

国内生产总值		7247.7
加　来自国外的要素净支付	−10.2	
等于　国民生产总值		7237.5
减　折旧	825.8	
等于　国民生产净值		6411.7
减　间接税	595.9	
其他	−16.6	
等于　国民收入		5799.2
减　公司留存利润	373.8	
社会保障缴款	660.2	
加　政府和企业向个人的转移支付	1022.6	
利息调整	313.4	
等于　个人收入		6101.0
减　个人所得税	794.6	
等于　个人可支配收入		5306.4

四、名义 GDP 与实际 GDP 以及 GDP 折算指数

（一）名义 GDP 与实际 GDP

在宏观经济学中，用当前市场价值即当期的市场价格乘以当年的生产量来衡量的变量被称为名义变量。故而名义 GDP 是指在一定时期内以当期价格计算的产出的价值。如 2010 年的名义 GDP 是以 2010 年的市场价格来计算的该年所生产的产品的市场价值。一般来说，一国名义 GDP 的变动，主要由两个因素造成：一是所生产的物品和劳务的数量的变动；二是所生产的物品和劳务的市场价格的变动。

为了把宏观经济变量中的价格变动因素剔除，只研究最终产品和劳务的数量变化，一种常用的方法是用不变价格来衡量经济变量，即用以前某一年（称为基期）的价格为基准，衡量经济变量的数值。在宏观经济学中，以不变价格衡量的 GDP 被称为实际的 GDP。例如，如果把 2009 年作为基期，那么 2010 年（报告期）的实际 GDP 是指 2010 年生产出来的全部最终产品和劳务乘以 2009 年的价格计算出来的价值。

由于价格变动，名义 GDP 并不反映实际产出的变动。因此，如不特别说明，以后说

的产出均指实际产出。出于同样的考虑，以后所说的消费支出、投资支出和政府购买支出等，也均指实际量。

（二）GDP 折算指数

由于实际经济变量中剔除了价格变化的因素，那么经济中价格变化情况如何衡量？假定某一年的名义 GDP 增加了，但该年的实际 GDP 没有变动。直观上容易理解，这时名义 GDP 的增加一定是由于经济中价格增加导致的，如表 9-3 所示为中国 1991—2005 年的名义 GDP 与实际 GDP，以 1991 年为基期计算。这一考虑就引出了 GDP 折算系数的定义。

所谓 GDP 在第 t 年的折算系数指的是第 t 年的名义 GDP 与第 t 年的实际 GDP 的比率，即：

$$\text{GDP 折算系数} = \text{名义 GDP} / \text{实际 GDP} \times 100\%$$

表 9-3　中国 1991—2005 年的名义 GDP 与实际 GDP　单位：亿元

年份	名义 GDP	实际 GDP
1991	21826	21826
1992	26937	26937
1993	35260	27088
1994	48108	32681
1995	59811	36627
1996	70142	39044
1997	77653	39553
1998	83024	39217
1999	88189	38703
2000	98000	39670
2001	108068	40391
2002	119096	40804
2003	135174	42093
2004	159587	45143
2005	183956	47205

资料来源：《2006 年中国统计年鉴》，国家统计局，2006 年 7 月

阅读材料 3：“绿色 GDP”警示中国经济

2004 年 3 月 5 日，在十届全国人大二次会议的政府工作报告中，温家宝总理提出，我国要积极实施可持续发展战略，按照统筹人与自然和谐发展的要求，做好人口、资源、环境工作，2004 年国民经济的增长目标为 7%左右。

众所周知，刚过去的 2003 年，我国国民生产总值增长率为 9.1%。此前几年，中国经济年均增长也超过了 8%。中国今年为何调低了经济增长速度？全国政协委员、北京大学可持续发展研究中心主任叶文虎教授认为，这与中央政府重视可持续发展有直接关

系，表现出了我国调整经济增长方式的决心和行动。

叶文虎教授介绍，“可持续发展”亦称“持续发展”，即“满足当代人的需要，又不对后代人满足其需要的能力构成危害的发展”。这一定义得到广泛的认同，并在 1992 年联合国环境与发展大会上取得共识，可持续发展问题成为世界各国普遍关注的问题。为了量化可持续发展的经济指标，1993 年联合国有关统计机构正式出版的《综合环境与经济核算手册》SEEA 中，提出了生态国内产出 EDP 的概念，EDP 就是“绿色 GDP”，即从现行 GDP 中扣除环境资源成本和对环境资源的保护服务费用。

叶文虎教授说，现有的经济核算和统计方法中，没有把环境的投入（包括自然资源的投入、生态系统的投入和环境容易的投入）计算在内，因此得出的经济数据是不准确的，远远高于实际。我国各省市、各部门乃至全国公布的 GDP 数字中，存在着很大的误差，很可能使我们对全国的经济形态得出偏高、偏乐观的估计。在这样的 GDP 数字上所做的政策决策，很可能会发生较大的偏差。为了从根本上缓解经济发展和保护环境之间的矛盾，为了促进企业、行业乃至全社会生产力的更新和发展，我们必须尽快推行“绿色 GDP”制度，摒弃不将环境投入计入成本的现行的 GDP 的核算和统计制度。绿色 GDP 指标，实质上代表了国民经济增长的净正效应。绿色 GDP 占 GDP 的比重越高，表明国民经济增长的正面效应越高，负面效应越低，反之亦然。据统计，1985 年至 2000 年，中国 GDP 年均增长率 8.7%。但如果扣除损失成本和生态赤字，这期间中国的“真实国民财富”仅为名义财富的 78.2%。这意味着，中国 GDP 的实际年均增长率只有 6.5%。

还有学者提出更惊人的观点。中国社会科学院李培林认为，中国的人口密度是世界平均值的 3 倍，国土严重超载；人均自然资源是世界平均值的约 1/2；人均水资源量只有 2500 立方米，是世界人均水量的 1/4。同时，单位产值的矿产资源消耗与能源消耗却是世界平均值的 3 倍；单位产值的废物排放量是世界平均值的数倍，而单位面积的污水负荷量是世界平均数的 16 倍多；中国工人的劳动生产率约为发达国家的 1/35。通过这种测算，中国的绿色 GDP 增长是负数。

第二节　国民收入核算的三种方法

由于GDP是目前衡量一国（或地区）经济发展水平的最常用的指标，我们可以从不同的角度、用不同的方法对GDP进行核算，以描述该国经济运行的状况。

一、支出法

支出法又被称为产品支出法、产品流动法、最终产品法。它根据最终产品和劳务的不同流向或者根据购买最终产品和劳务的支出角度，从社会对产品的使用角度出发，将当期购买最终产品和劳务所支出的市场价值加总，得出当期最终产品和劳务流动量的总和，并将其作为当期生产的最终产品和劳务价值的总和，即当期的 GDP。如果分别以 Q_1，Q_2，Q_3，…，Q_n 表示最终产品与劳务的数量，以 P_1，P_2，P_3，…，P_n 表示各种最终产品与劳务的市场价格，则以支出法计算 GDP 的计算公式是：

$$GDP = P_1 \cdot Q_1 + P_2 \cdot Q_2 + P_3 \cdot Q_3 + \cdots + P_n \cdot Q_n \tag{9-1}$$

支出法通常被作为宏观经济研究中计算 GDP 的最有用的方法，在进行实际计算时，它一般要将以下几类支出相加在一起。

（1）个人消费支出（C）

这部分包括了个人或家庭对所有最终产品和劳务的支出，它又可以分为三部分内容：一是居民户对耐用消费品的购买；二是对非耐用消费品的购买；三是对包括房屋租金与教育在内的劳务的支出。一般认为，耐用消费品与非耐用消费品的划分标准应体现在使用时间是否超过一年，然而有些商品在划分时确实存在困难，此时只能加以硬性规定。例如，服装鞋帽类商品一律被视为非耐用消费品，而房屋、汽车、家电等则被视为耐用消费品。

需要注意的是，在个人消费支出中，极易被忽略的是那些并非以货币直接从市场上购买的最终产品和劳务，如农民所消费的、由自己生产的各种农产品。

另外特别需要注意的是，个人住宅建筑支出不在个人消费支出 C 计算范围内。

（2）私人国内总投资（I）

投资通常被理解为资本形成，指对能在将来生产更多最终产品和劳务的物品的购买，表现为一个国家（或地区）当期发生在厂房、设备及各种存货（包括半成品的存货）等方面的数量变动。私人国内总投资一般就是指这种物质资本存量的变动，它不包括对债券、股票等的购买。在此，还应注意以下三个问题。

①私人国内总投资包括净投资与重置投资两部分，重置投资即折旧，是为更换磨损、报废的存量资本而发生的投资；净投资则是总投资减去重置投资后的部分，它可以被视为新的生产能力的形成。

②一些学者提出，如果更广义地将投资理解为使经济的生产能力有所提高的所有当前活动，那么，包括教育在内的人力资本投资也应包括在这部分内容之内。

③在这里，我们把个人住宅建筑投资支出计入私人投资支出范围内的，原因在于私人住宅和厂房、设备都是属于使用期限较长、磨损期较长的物品。

④厂商当年生产出来的产品没有销售出去的部分，我们称之为存货投资，即相当于厂商自己掏钱将这一部分没有销售出去的产品买下。

（3）政府购买（G）

这部分内容中应包括各级国家和政府对产品和劳务进行购买所发生的全部货币支出，诸如政府对各种办公用品的购买，对各种国防物资的采购，对道路、桥梁、医院、学校等公共工程项目的建设，对政府雇员的薪金支出及各种用于公务的支出等都应包括在其中，这些支出有个共同的特点是都属于生产性支出。

需要指出的是，除这些项目之外，政府总支出中还有相当数额的支出属于转移性支出，如社会保险救济金、失业救济金等。它们不能作为政府购买计入 GDP，原因在于接受这笔支出的居民和企业并没有对政府提供价值相当的最终产品或劳务，这一转移过程本身也没有发生产品的消耗。转移支出的发生相当于政府将自己持有的购买力转移给了一些特定的居民户和企业，它改变了某些家庭的家庭收入状况和企业的财务状况，但社会总生产量并没有发生相应的变化。实际上，这部分转移支出被居民户和企业用来进行各种最终产品和劳务的消费和投资支出，它已被包括在个人消费支出和私人国内总投资支出之中。

（4）净出口（$X-M$）

净出口即一个国家在一定时期内所发生的进出口净额，简单地说，就是出口额减去进口额；具体地说，以当期外国人购买的本国国内生产的物品的价值减去当期国内购买的外国物品的价值。要说明的是，GDP 为当前期间内一个国家所生产的最终产品及劳务价值的总和，但其总产品除了在国内被用于个人消费、投资或被政府购买外，还有一部分被国外购买，在前三个项目中得不到体现，因此应在前三项的基础上加上出口额。同时，由于在前三项中本国经济单位购买的产品里都有部分进口产品包含在内，所以必须将这些由国外所创造的价值扣除在外，以准确计算出本国所创造的价值。由此可以得出按支出法计算 GDP 的第四部分内容：加上出口（X），减去进口（M），即为净出口（$X-M$）。

综上所述，若以 C 表示个人消费支出，I 表示私人国内总投资支出，G 表示政府购买支出，（$X-M$）表示净出口，则从最终产品和劳务的使用者角度出发可以得出以下公式：

$$\mathrm{GDP}=C+I+G+(X-M) \tag{9-2}$$

使用支出法核算 2004—2007 年中国的 GDP 的构成见表 9-4。

表 9-4 支出法核算 2004—2007 年中国的 GDP 的构成 单位：亿元

年份	居民消费支出		政府消费支出	资本形成总额		净出口	总计
	农村居民	城镇居民		固定资产	存货		
2004	17550.6	46282.9	23199.4	65117.7	4050.7	4079.1	160280.4
2005	19228.2	51989.3	26605.2	77304.8	3341.5	10223.1	188692.1
2006	21106.7	59370.2	30118.4	90150.9	4251.1	16654.0	221651.3
2007	92458.0		35874.0	105224.2	5026.6	23187.3	261770.1

注：本表按当年价格计算。

资料来源：国家统计局网站

二、收入法

收入法又被称为成本法、生产要素法、要素收入法或要素支付法。它根据最终产品和劳务的市场价值应与生产这些最终产品和劳务所使用的生产要素的报酬之和相等，将经济社会内各生产要素取得的收入相加，从而计算出当前期间内一个国家的最终产品和劳务的价值总和。在采用收入法计算 GDP 时，一般包括以下项目。

（1）工资

工资指税前工资，是因工作而取得的报酬的总和，既包括工资、薪水、津贴，也包括各种补助或福利项目，如雇主依法支付的雇员的社会保险金、养老金等内容。这是 GDP 中数额最大的组成部分。

（2）租金

在租金收入中，既包括个人出租房屋、土地而得到的租金收入、专利所有人的专利使用费收入，还包括使用自有房屋、土地等的估计租价。

（3）净利息

净利息是个人及企业因进行储蓄而在本期内发生的利息收入与因使用由他人提供的贷款而在本期发生的利息支出之间的差额，不包括在以前发生但在本期收入或支付的利息，也不包括政府公债利息等转移性支出。

（4）非公司企业收入与公司税前利润

因为国家对公司与非公司企业在税收等方面有不同的规定，因此，必须对这两类企业的利润、收入分别进行考察。非公司企业是独资企业与合伙企业的总称，其收入就是企业所有人的个人收入；公司税前利润是公司经营所取得的全部收入，其中包括即将向国家缴纳的公司所得税、将要分配给股东的股息、以企业存款形式留存的企业未分配利润、对存货及折旧要进行的调整。

以上四大项目分别是针对劳动、土地、资本、企业家才能四类生产要素所支付的报酬，即生产要素收入的总和，但它与一个国家最终产品和劳务的市场价值在金额上仍存在差别。其中最主要的原因是在最终产品和劳务的价格中，除包括生产要素报酬之外，还包括了其他一些费用。所以，若要准确核算 GDP，就要在要素收入的基础上再加上以下两项：企业间接税和资本折旧。

（5）企业间接税

企业间接税包括营业税、消费税、进口关税等多个税种，其共同特征是生产企业可以在向政府缴纳税金的同时，通过对商品或劳务加价的方式，将税赋转嫁给消费者。因此，商品与劳务的价格中已含有企业的间接税，若要准确计算商品与劳务的市场价值，就必须将这部分税额与要素收入相加。

（6）资本折旧

这部分费用与企业间接税一样不属于生产要素的收入，但由于资本折旧已被分摊在商品与劳务的价格之中，所以，在计算 GDP 时也要加上资本折旧。根据对以上各项目的分析，可以得出收入法计算 GDP 的公式：

GDP＝工资+租金+净利息+非公司企业收入与公司税前利润+企业间接税+折旧 （9-3）

使用收入法核算美国 2002 年 GDP 的构成及其比重见表 9-5。

表 9-5 收入法核算美国 2002 年 GDP 的构成及其比重

国内生产总值的构成金额	金额/10 亿美元	百分比/%
工资、薪水和津贴	4427	57.98
净利息	425	5.57
个人租金收入	146	1.91
企业间接税、调整与统计误差	553	7.24
折旧	830	10.87
非公司业主收入	520	6.81
公司税前利润	736	9.64
总计：	7636	100.00

资料来源：保罗·萨谬尔森、威廉·诺德豪斯，《经济学》（第 16 版），北京：机械工业出版社，1998

三、部门法

部门法又被称为生产法，它根据最终产品和劳务由不同的生产部门所提供，通过将各部门创造的附加价值相加的方式，得到整个国家的 GDP。在计算时，最终产品生产部门与服务生产部门都要将中间产品价值扣除，只计算本部门的附加价值；而教育、卫生、政府机关等部门难以计算附加价值，可以用工资收入来说明它们提供的劳务的价值。

使用这种方法计算 GDP，首先要对生产部门做出划分。虽然不同国家的划分方式不尽相同，但一般都包括农林牧渔业、采掘业、建筑业、制造业、运输业、邮电通信与公用事业、商业、金融保险与不动产、服务业、政府服务和国营企业。

从理论上讲，通过生产法、收入法和支出法这三种不同方法计算出的 GDP 是相等的，即生产法计算的 GDP 等于收入法计算的 GDP，也等于支出法计算的 GDP，称为三面等值原则，也就是社会最终产品的生产及收入分配的结果与最终使用应是相等的。

但实际上其结果一般并不相同。通常情况下，要以支出法计算出的 GDP 为标准，若使用收入法与部门法得到的结果与其有差别，就要通过“统计误差”项目加以调整，人为地使三种方法的计算结果取得一致。

四、国民收入核算体系的缺陷

国民收入核算体系衡量国民经济的各个部门和经济主体的收入和支出状况，它能综合地反映一个国家在一定时期的经济发展水平和速度。但是，国民收入核算的结果并不能完全反映一国经济和社会发展的真实状况。其缺陷主要表现在以下几个方面。

（1）不能反映实际产量水平和人民生活福利

比如像家务劳动、自给自足生产等不经过市场交易的活动，GDP 没有反映出来。因此，市场化程度低的国家的 GDP 有被低估的可能。当一国经济总量增长时，人民的健康、卫生、教育等福利状况，以及贩毒走私、偷税漏税等地下非法活动都难以得到反映。

（2）不能反映经济增长的方式和质量

例如，很多国家的经济增长长期处于高投入、高消耗、低效益的外延粗放型增长，甚至有的国家则主要依靠庞大的军火生产的投入来实现经济总量的高增长，这些都无法在国民收入核算中体现出来。GDP 衡量的是生产活动所创造的增加值，至于生产效益如何，产品能否销售出去，报废、积压、损失多少，真正能用于扩大再生产和人民生活消费的有效产品是多少，GDP 难以体现。

（3）不能反映社会为经济增长所付出的代价

人们在追求 GDP 增长的同时，忽视了环境污染、生态破坏、资源耗竭等对人类生活质量和生存空间的严重影响，也忽视了收入分配不公、贫富差距扩大带来的严重社会问题。针对上述缺陷，从 20 世纪 70 年代以来，许多经济学家先后提出对 GDP 的修改和补充。托宾和诺德豪斯提出了经济福利标准，认为家庭主妇的劳动应计入 GDP，并扣除环境污染等造成的损失。萨缪尔森也提出了用纯经济福利来衡量经济发展带来的实际收入或实际福利，并从 GDP 中扣除交通拥挤、环境恶化等影响人们生活水平的因素。如何更好地衡量经济福利，仍是探讨中的问题。

（4）各个国家的 GDP 不具有可比性

各国运用的国民收入核算方法不一，即使用同一种国民收入核算方法，因各国商品化程度的差异、各国统计资料缺乏完备性，加之各国计价货币在换算上存在着困难（由于官方汇率的存在以及汇率难以达到均衡水平），这些都加大了不可比性。

阅读材料 4：萨缪尔森的“纯经济福利”概念

萨缪尔森提出“纯经济福利”的概念，其内容是，在 GDP 的基础上，减去那些不能对福利做出贡献的项目（如超过国防需要的军备生产）、对福利有负面作用的项目（如污染、环境破坏和对生物多样性的影响），同时加上那些对福利做出了贡献而没有计入的项目（如家务劳动和自给性产品）及闲暇的价值（用所放弃的生产活动的价值作为机会成本来计算）。

资料来源：http://finance.sina.com.cn

第三节　国民收入流量循环模型

西方经济学者认为，要进行国民收入的核算，首先必须弄清楚国民经济运行中最终产品、劳务与货币的连续不断的循环运动。从国民经济运行的角度看，参与国民经济运行的有企业、居民户、政府和对外经济四个经济部门。我们的分析从简单的两部门经济出发，研究国民经济流量循环与国民经济总量的一些恒等关系，进而研究三部门、四部门经济的流量循环及国民收入核算的恒等关系。

一、两部门经济循环模型

在两部门的模型中，经济活动的主体是企业和居民户。企业是指最终产品和劳务所有生产经营者的总和；居民户是指生产要素提供者的总和，也是所有消费者的总和。两部门国民经济循环模型假设是：一个社会只有两个经济部门，即企业和居民户；居民户当年的收入全部用于个人消费，没有储蓄和投资。在这种简单的经济模型中，一年内的生产（或收入）与消费（或支出）之间的循环流动如图 9-1 所示。

如图 9-1 所示，实线表示货币资金的流向，虚线表示产品、劳务和要素的流向。企业和居民户的关系是：居民户向企业提供劳动、资本、土地和企业家才能等生产要素；企业向居民户支付工资、利息、租金和利润等报酬。这种交易形成生产要素市场。居民户因提供生产要素而得到的全部收入是国民收入。居民户和企业还存在另一种关系：企业购得生产要素以后，生产出最终产品和劳务并销售给消费者，作为消费者的居民户用出售生产要素所得到的收入去购买最终产品和劳务。这种交易便形成产品市场。居民户所得到的全部收入是总收入；企业所生产的全部最终产品和劳务的价值是总产出。从国民经济核算的角度来说，总收入必定等于总产出。由于居民户将全部收入用于消费支出，即储蓄为零。那么，最终产品市场上产品和劳务的价格总额等于总消费支出，这样可以得到国民收入核算恒等式，即：总收入＝总产出＝总支出。

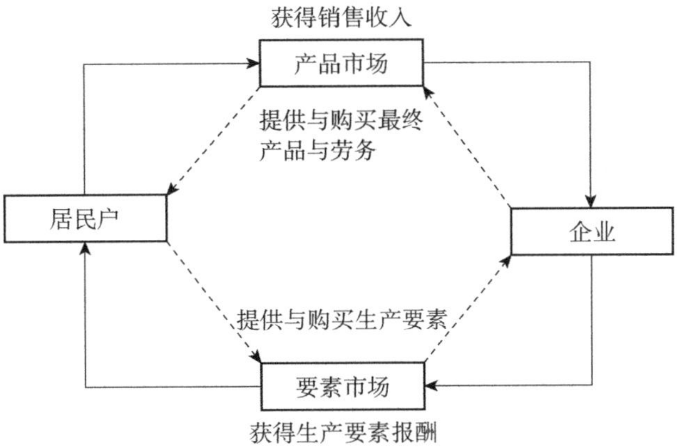

图 9-1 两部门国民收入循环流动模型

如用 AI 代表国民总收入，Y 代表国民总产出，AE 代表总支出。当全部收入都用于消费时，AE＝C，C 代表消费支出。上述恒等式可以表示为：AI＝Y＝AE。

这里有一个问题必须说明：以上我们指出企业销售产品总额正好等于居民的总收入，即工资、利息、地租和利润之和，那么企业在生产中所消耗的能源、机器、设备、原材料等部门的价值如何补偿呢？对于这个问题，应该这样理解：居民户向企业购买的是最终产品而不是中间产品，而能源、原材料等作为中间产品是不计入国民收入的，中间产品的流动只在企业内部进行；至于机器设备等的补偿，则是用投资来解决的。这一点在进一步引入储蓄与投资以后再加以分析。

现在我们进一步设想，如果居民户不把全部收入都用于消费，而是将其中的一部分用于储蓄，这样就减少了对产品和劳务的需求量，企业将有一部分产品与劳务销售不出去。企业将会减产，减少对生产要素的购买，最终会引起居民户收入的减少。所以储蓄是收入循环渠道中的循环流量的漏出。但是，如果企业可以通过金融机构获得贷款进行投资从而来扩大对生产设备的购买或增加存货需求，把居民户因储蓄而剩余下来的产品购买下来，则社会的总支出仍然等于总产出。因此，企业投资是对国民经济循环流量的注入。如果企业进行的投资正好等于储蓄，国民经济可在原有水平上保持平衡，如图 9-2 所示。

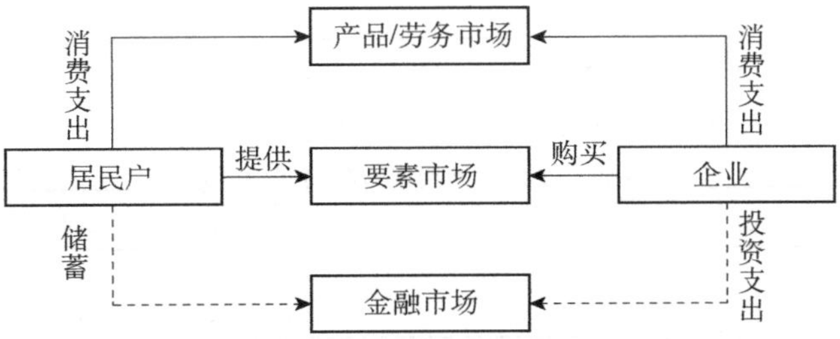

图 9-2 加上储蓄的两部门经济循环

在产品与劳务市场上，消费支出由居民户支付给企业；在生产要素市场上，要素收入形成居民户的收入，由企业支付给居民户；通过金融市场，企业通过直接融资和间接融资手段对居民户的储蓄进行短、中、长期货币资金融通，在将货币资金转化为对企业的投资。

这样，在两部门经济中，从使用国民总收入角度来看被分解为消费支出（C）和储蓄（S）；从国民总支出的角度来看被分解为消费支出（C）和投资支出（I）。于是就有：AI＝C+S；AE＝C+I；AI＝AE；C+S＝C+I；I＝S。

这样就得出两部门经济的恒等关系：I＝S。必须明确：上述储蓄和投资的恒等关系是根据储蓄和投资的定义得出的。根据定义，国民生产总值等于消费加投资，国民总收入等于消费加储蓄，国民生产总值又等于总收入。这样，才有了储蓄＝投资的恒等关系。这种恒等关系就是两部门经济中的总供给（C+S）和总需求（C+I）的恒等关系。只要遵循这些定义，储蓄和投资一定相等，而不管经济是否处于充分就业、是否处于通货膨胀、是否处于均衡状态。

然而，这一恒等式决不意味着人们意愿的或者说事前计划的储蓄总会等于企业想有的或者说事前计划的投资。在实际经济生活中，储蓄主要由居民户进行，投资主要由企业进行，个人储蓄动机和企业投资动机也不相同，这就会形成计划储蓄和计划投资的不一致，形成总需求和总供给的不均衡，引起经济的收缩和扩张。分析宏观经济均衡时所讲的投资等于储蓄，是指计划投资等于计划储蓄，或者说事前投资等于事前储蓄时，才能形成经济的均衡状态，这和储蓄—投资恒等不是一回事。这里讲的储蓄和投资恒等，是从国民收入会计核算角度看，事后的储蓄和事后的投资总是相等。

二、三部门经济循环模型

如果加上政府部门的话，两部门经济就扩大为三部门经济。在三部门经济中，政府经济职能是通过税收与政府购买支出和转移支付支出来实现的，并通过政府的收支与居民户和企业发生经济联系。政府税收来自居民户和企业，这会减少居民户和企业的消费和储蓄以及对商品和劳务的购买，使生产和收入下降。所以，政府税收 T 也是对国民经济循环流量的漏出。政府支出分为两大类：一类是政府的商品和劳务的购买，这是政府的直接购买，又叫购买支出 G；另一类是政府单方面的无偿的资金支付，即转移支付 Tr，如失业救济、社会保险等。政府的购买支出和转移支付，均会增大商品与劳务的循环流量。因此，政府支出也是对国民经济循环流量的注入。三部门经济循环模型如图 9-3 所示。

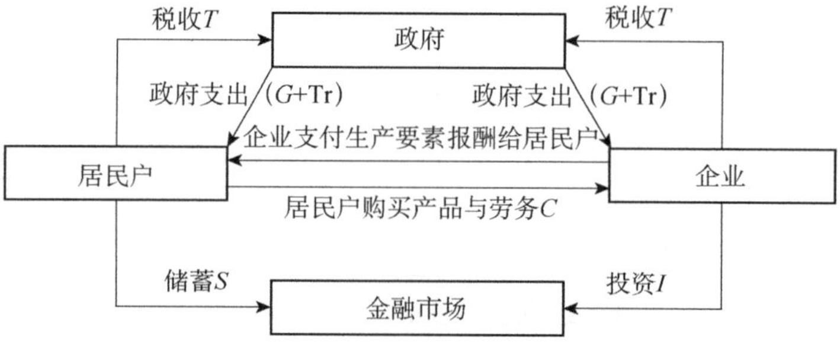

图 9-3　三部门国民收入循环流动模型

与两部门经济相比该模型图多出了税收（T）和政府支出（G+Tr）。在企业、居民户、政府三部门经济中，总收入表现为用于消费的收入 C、用于储蓄的收入 S 和用于纳

税的收入 T，则总收入＝消费+储蓄+税收，即 $AI=C+S+T$；总支出表现为消费支出 C、投资支出 I 和政府购买 G（注：其中政府转移支付支出的部分已经化为消费支出和投资支出的部分内容），则总支出＝消费+投资+政府购买，即 $AE=C+I+G$。根据国民收入核算的恒等式 $AI=AE$，则 $C+I+G=C+S+T$，即 $I+G=S+T$。

三部门经济的恒等关系：$I+G=S+T$。

三、四部门经济循环模型

四部门经济是指由居民户、企业、政府和国外经济部门四个主体组成的经济。国外经济部门的经济活动是通过进出口来进行的。进口（M）是国外经济部门对国内的供给，是一种“外供”，是本国居民、企业和政府用收入购买外国的商品和劳务，这会减少对本国的商品和劳务的需求，导致社会总产出的减少，因而进口属于漏出。出口（X）是国外经济部门作为国内产品和劳务的需求者对国内的需求，是一种“外需”，是外国需求者用其收入购买本国产品，促使本国生产的增加，因此，出口是国民经济循环中的注入。如果进口等于出口，则意味着国民经济的外贸平衡。四部门经济的国民收入的循环流动模型可用图 9-4 来表示。

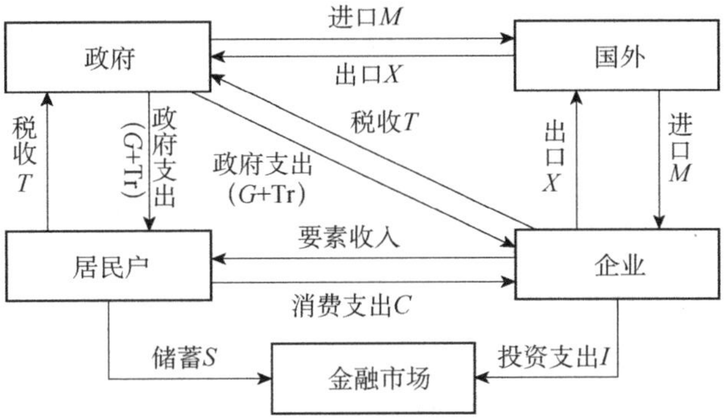

图 9-4 四部门国民收入循环流动模型

与三部门经济循环模型图相比，四部门经济循环模型多了进出口的市场价值的流动和循环。

在四部门经济中，国民收入分为四个部分：消费、储蓄、税收和进口。消费（C）是指用来购买国内最终产品和劳务的收入；储蓄（S）是国民收入中没有用于购买产品和劳务及其纳税的那一部分收入；税收（T）是政府从居民户和企业得到的那一部分收入；进口（M）是国民总收入中用于购买国外产品和劳务的部分。因此，总收入＝消费+储蓄+税收+进口，用公式表示为：$AI=C+S+T+M$。

在四部门经济中，总支出也可分为四个部分：消费支出（C）、投资支出（I）、政府支出（G）、出口（X）。因此，总支出＝消费支出+投资支出+政府支出+出口，用公式表示为：$AE=C+I+G+X$。

根据国民收入核算的基本恒等式：总收入＝总支出，即 $AI=AE$，那么 $C+S+T+M=C+I+G+X$，让上等式的左右两端同时减去消费支出 C，便得出 $S+T+M=I+G+X$。

四部门经济中的恒等关系：$S+T+M=I+G+X$。

关键概念

国内生产总值	最终产品	中间产品	支出法
收入法	国内生产净值	国民收入	个人收入
个人可支配收入	实际国内生产总值	名义国内生产总值	GDP 折算指数

知识小结

1. 宏观经济学的研究对象是整个经济社会的总体经济。核算国民收入是研究宏观经济学的基础和全体。国民收入主要包括六个总量指标：国民生产总值（GNP）、国内生产总值（GDP）、国内生产净值（NDP）、国民收入（NI）、个人收入（PI）和个人可支配收入（DPI），其中最为核心的概念是国内生产总值和国民生产总值。

2. 国民生产总值（简称 GNP）是指某国国民所拥有的全部生产要素在一定时期内生产的最终产品的市场价值的总和。而国内生产总值（简称 GDP），为经济社会在某一既定时期内（通常为一年，但也可为一个季度），在一个国家（或地区）之内运用生产要素生产的所有最终产品与劳务的市场价值的总和，或是这一国家（或地区）所有单位所创造的附加价值的总和。

3. 名义 GDP 是指用当年的市场价格与当年生产产量相乘所得的国内生产总值，而实际 GDP 是指用基期的市场价格与当年生产产量相乘所得的国内生产总值。GDP 折算系数＝名义 GDP / 实际 GDP×100%，它可用来计算通货膨胀率。

4. 在国民经济核算体系中有从不同的角度计算国内生产总值的方法，主要三种：支出法、收入法和部门法。支出法从最终产品和劳务的需求或支出角度出发，把一定时期内购买各项最终产品和劳务的支出加总，计算出该年内生产出的最终产品和劳务的市场价值；收入法是从获得要素收入的角度出发，把生产要素在生产过程中所得到的各种收入相加；部门法按提供产品与劳务的各个部门的新增加的产值来计算国内生产总值。这种计算方法反映了国内生产总值的来源，所以又称生产法。

5. 国民收入核算体系有一定的缺陷，体现在以下方面：一是不能反映实际生产产量和社会总福利；二是不能很好地反映一国或一个地区的经济增长方式和质量；三是忽略收入分配不公、收入差距等现实问题等。

6. 两部门经济循环模型的恒等关系：$I=S$；三部门经济循环模型的恒等关系：$I+G=S+T$；四部门经济循环模型中的恒等关系：$S+T+M=I+G+X$。

思考作业题

一、选择题

1. GDP 一般包括（　　）。

A. 当年生产的物质产品和劳务　　B. 上年的存货
C. 本国公民创造的全部价值　　D. 当年销售掉的全部最终产品和劳务
2. 下列产品中应计入当年国内生产总值的是（　　）。
A. 当年生产的面包　　B. 去年生产而在今年出售的衣服
C. 一幅古画　　D. 当年卖出的二手房
3. 下列产品或劳务中不能计入当年国内生产总值的是（　　）。
A. 农民自种自吃的菠菜　　B. 用来生产汽车的钢铁
C. 家政工人的劳动　　D. 当年生产的衣服
4. 下列产品中是最终产品的有（　　）。
A. 汽车用燃料油　　B. 居民用燃料油
C. 工厂用电　　D. 彩色显像管
5. “棉布是中间产品”这一命题（　　）。
A. 一定是对的　　B. 可能是对的也可能是错的
C. 一定是错的　　D. 无法判断
6. 一国的国内生产总值小于国民生产总值，说明该国公民从国外取得的收入（　　）外国公民从该国取得的收入。
A. 大于　　B. 小于　　C. 等于　　D. 可能大于也可能小于
7. 国内生产总值与国内生产净值之间的差额是（　　）。
A. 所得税　　B. 直接税
C. 间接税　　D. 折旧
8. 一国某年的名义 GDP 为 1500 亿美元，当年的实际 GDP 为 1200 亿美元，则 GDP 折算指数等于（　　）。
A. 125%　　B. 150%
C. 100%　　D. 180%
9. 假设 1992 年的名义 GDP 为 3600 亿美元，并且假设从 1990 年到 1992 年，价格水平上升了 20%，那么，以 1990 年价格衡量，1992 年的 GDP 为（　　）。
A. 3000 亿美元　　B. 3200 亿美元
C. 3400 亿美元　　D. 3600 亿美元
10. 按支出法，应计入私人消费的是（　　）。
A. 耐用消费用品支出　　B. 私人购房支出
C. 政府购买支出　　D. 进口支出
11. 下列属于地下经济活动的是（　　）。
A. 做家务　　B. 法律咨询
C. 赌博　　D. 旅游

二、判断题

1. 国民收入核算中最重要的是计算国民收入。（　　）
2. 个人收入就是个人可支配收入。（　　）
3. 国内生产总值与国内生产净值的差额是公司未分配利润。（　　）
4. 政府发放的失业救济金，属于政府的转移支付。（　　）

5. 国内生产总值的最终产品是指有形产品。(　　)
6. 从理论上讲，按支出法、收入法和生产法所计算出的 GDP 是一致的。(　　)
7. 如果两个国家的生产总值相同，那么，他们的生活水平也就相同。(　　)
8. 私人住宅建筑支出是被看做耐用消费品支出而不是投资支出的一部分。(　　)
9. 无论是从政府公债得到的利息还是从公司债券得到的利息都应该计入国民生产总值。(　　)
10. 无论是商品数量还是商品价格的变化都会引起实际国民生产总值的变化。(　　)

三、简答题

1. 什么是 GDP？怎样全面理解 GDP？
2. 中间产品和最终产品的区别是什么？
3. 简述支出法和收入法是如何核算国内生产总值的。
4. 为什么要同时核算名义国内生产总值和实际国内生产总值？
5. 为什么政府转移支付支出不包括在政府购买支出之内？

四、计算题

1. 根据表 9-6 的资料，回答以下问题。

表 9-6　计算题 1 题

生产阶段	产品价值	中间产品成本	增值
小麦	100	—	
面粉	120		
面包			30
合计			

（1）最终产品面包的价值是多少？
（2）如不区分中间产品和最终产品，按各个阶段的产值计算，总产值为多少？
（3）各个生产阶段的增值和是多少？
（4）重复计算即中间产品的成本是多少？

2. 根据支出法的原理，填写表 9-7。

表 9-7　计算题 2 题

国内生产总值	4070	固定投资	640
1. 私人消费支出	2600	存货投资	10
耐用品	360	3. 政府购买支出	800
非耐用品		4. 净出口	20
劳务	1340	出口	
2. 私人国内总投资		进口	360

3. 假设某国生产五种产品，它们在 2000 年和 2002 年的产量和价格如表 9-8 所示，试计算。

表 9-8 计算题 3 题

产品	2000 年产量	2000 年价格 / 美元	2002 年产量	2002 年价格 / 美元
A	25	1.5	30	1.6
B	50	7.5	60	8.0
C	40	6.0	50	7.0
D	30	5.0	35	5.5
E	60	2.0	70	2.5

（1）2000 年和 2002 年的名义国内生产总值各是多少？

（2）如果以 2000 年作为基期，则 2002 年的实际国内生产总值为多少？

（3）计算 2000—2002 年的国内生产总值折算指数？

第十章　国民收入决定理论

学习目标

1. 理解均衡产出的概念，形成均衡国民收入的条件；
2. 掌握消费函数、储蓄函数和投资函数，消费函数与储蓄函数的关系；
3. 掌握两部门经济均衡国民收入的决定，理解三部门经济均衡国民收入的决定；
4. 掌握乘数的内涵和投资乘数的计算，理解政府购买乘数、政府转移支付乘数、税收乘数和平衡预算乘数，了解影响乘数效应的因素；
5. 理解产品市场的均衡，掌握 IS 曲线以及移动，理解货币供给，掌握货币需求，理解货币均衡，掌握 LM 曲线，理解 IS-LM 模型；
6. 理解总需求和总需求曲线，理解总供给和总供给曲线，了解 AD-AS 模型。

导读案例：凯恩斯总需求理论

凯恩斯认为，在短期中决定经济状况的是总需求而不是总供给。这就是说，由劳动、资本和技术所决定的总供给，在短期中是既定的，这样，决定经济的就是总需求。总需求决定了短期中国民收入的水平。总需求增加，国民收入增加；总需求减少，国民收入减少。

18 世纪初，一个名叫孟迪维尔的英国医生写了一首题为《蜜蜂的寓言》的讽喻诗。这首诗叙述了一个蜂群的兴衰史。最初，蜜蜂们追求奢侈的生活，大肆挥霍浪费，整个蜂群兴旺发达。后来它们改变了原有的习惯，崇尚节俭，结果蜂群凋敝，终于被敌手打败而逃散。

这首诗所宣扬的“浪费有功”在当时受到指责。英国中塞克斯郡大陪审团委员们就曾批判它为“有碍公众视听的败类作品”。但在 200 多年之后，这部当时声名狼藉的作品却启发凯恩斯发动了一场经济学上的“凯恩斯革命”，建立了现代宏观经济学和总需求决定理论。

总需求理论的提出在经济学中被称为一场“革命”（凯恩斯革命）。它改变了人们的传统观念。例如，如何看待节俭。在传统观念中，节俭是一种美德。但根据总需求理论，节俭就是减少消费。消费是总需求的一个重要组成部分，消费减少就是总需求减少。总需求减少则使国民收入减少，经济衰退。由此看来，对个人来说是美德的节俭，对社会却是恶行。这就是经济学家经常说的“节约的悖论”，“蜜蜂的寓言”所讲的也是这个道理。

凯恩斯重视消费的增加。1933 年当英国经济处于萧条时，凯恩斯曾在英国 BBC 电台号召家庭主妇多购物，称她们此举是在“拯救英国”。在《通论》中他甚至还开玩笑地建议，如果实在没有支出的方法，可以把钱埋入废弃的矿井中，然后让人去挖出来。已故的北京大学经济系教授陈岱孙曾说过，凯恩斯只是用幽默的方式鼓励人们多消费，并非真的让你这样做。但增加需求支出以刺激经济则是凯恩斯本人和凯恩斯主义者的一贯思想。

那么，这种对传统节俭思想的否定正确与否呢？还是要具体问题具体分析。生产的目的是消费，消费对生产有促进作用，这是人人都承认的。凯恩斯主义的总需求分析是针对短期内总需求不足的情况，在这种情况下刺激总需求当然是正确的。一味提倡节俭，穿衣服都“新三年旧三年缝缝补补又三年”，纺织工业还有活路吗？这些年当我国经济面临需求不足时政府也在努力寻求新的消费热点，说明这种理论不无道理。

当然，这种刺激总需求的理论与政策并不是普遍真理。起码在两种情况下，这种理论并不适用。其一是短期中当总供给已等于甚至大于总需求时再增加总需求会引发需求拉动的通货膨胀。其二是在长期中，资本积累是经济增长的基本条件，资本来自储蓄，要储蓄就要减少消费，并把储蓄变为另一种需求——投资需求。这时提倡节俭就有意义了。

凯恩斯主义总需求理论的另一个意义是打破了市场机制调节完善的神话，肯定了政府干预在稳定经济中的重要作用。战后各国政府在对经济的宏观调控尽管走过一些弯路，但总体上还是起到了稳定经济的作用。战后经济周期性波动程度比战前小，而且没有出现20世纪30年代那样的大萧条就充分证明了这一点。

世界上没有什么放之四海而皆准的真理。一切真理都是具体的、相对的、有条件的。只有从这个角度去认识凯恩斯主义的总需求理论才能得出正确的结论。其实就连“蜜蜂的寓言”这样看似荒唐的故事中不也包含了真理的成分吗？

名人名言：供给创造其自身的需求——“萨伊定律”的核心思想；需求会创造自己的供给；总需求决定总供给，即总需求决定国民收入水平——“凯恩斯定律”的核心思想。

国民收入决定理论是整个宏观经济学的核心理论、中心理论。本章首先从均衡产出和均衡国民收入的角度，分析简单的国民收入决定模型（主要分析两部门、三部门经济的均衡国民收入的决定），得出一个经济社会中的产品市场的简单的均衡条件，并对形成总需求的消费函数（储蓄函数）和投资函数进行阐述，寻找出总需求与均衡国民收入之间的关系即产品市场均衡，得出 IS 曲线，并分析 IS 曲线的移动。我们知道经济学中的市场分为产品市场、货币市场、劳动市场和国际市场，所以我们必须分析货币市场均衡的情况。这部分内容，我们先从货币需求和货币供给入手，得出 LM 曲线，并分析 LM 曲线的移动。最后从产品市场和货币市场同时达到均衡的角度，寻求国民经济总体达到均衡的条件即 IS-LM 模型。在上述的分析中，假定总供给是不变的。但是在现实生活中，不是这样的，所以还必须分析经济社会的总供给以及变化，得出 AD-AS 模型，来说明总需求和总供给的变化会引起均衡国民收入和价格水平发生怎样的变化。

第一节　简单的国民收入决定模型

一、简单国民收入决定模型的假设条件

我们对国民收入决定的讨论将从最简单的两部门经济的国民收入决定模型开始。我们除假定经济社会中只有厂商与居民户两个经济部门之外，为简化分析，还需做出如下假设：

①假设此时的经济社会没有发生技术进步和技术创新，这样的话，经济社会将会存在充分就业的国民收入或者说潜在的国民收入，即资源得到充分利用后的国民收入。

②假设社会上的各种资源远未得到充分利用，随着社会总需求的增加，会有更多的资源投入使用，由于总供给是不变的，所以暂不考虑社会总供给对生产扩大、国民收入增加的制约。

③假设货币市场上的货币供求关系不变、利息率既定，社会总投资量不会对生产过程和产量决定产生任何影响，即我们可以暂时将产品市场看作是一个完全独立于货币市场而存在的分割的市场。

④由于资源供给充足，也由于货币供求不变，我们可以假设产品市场上的价格水平是稳定的，厂商愿意在既定的价格下出售任何数量的产品，同时不用考虑经济社会的通货膨胀现象对产出、就业造成的影响。

⑤在对模型进行最初研究的时候，假设社会上的投资是自发投资，其水平与国民收入水平无关，表现为一个常量，即我们最初只考虑总需求中的消费支出的变化对国民收入的影响。

二、均衡国民收入形成的原理

在国民收入核算中，由需求或支出方面计算出来的总支出可以代表总需求；由收入方面计算出来的总收入可以代表总供给。这是因为由于各种生产要素得到的收入是他们创造的价值的衡量。均衡国民收入具有两个特点：第一，它是指总需求和总供给相等时的国民收入；第二，它是一个稳定的国民收入水平。换言之，在其他条件不变的情况下，随着时间的推移，均衡国民收入将保持不变。

在两部门经济循环模型中，即：总支出 AE=总需求 AD$=C+I$；总收入 AI=总供给 AS$=C+S$。在国民收入会计核算中，总支出与总收入总是相等的。由 $C+I=C+S$ 可以得出 $I=S$，这意味着私人部门的投资支出必须等于私人部门的储蓄。在国民收入核算中，这永远成立。原因是这里的私人投资支出指的是实际投资支出，这里的储蓄也指的是实际储蓄。其中实际投资包括计划投资（意愿投资）与非计划投资（非意愿投资）。意愿投资包括固定投资和意愿存货投资；非意愿投资是指非意愿存货投资，即存货的意外变动。换言之，国民收入核算中的总需求指的是实际总需求。这时的国民收入水平并不一定是稳定的。在经济繁荣时期，厂商为了保持对市场的均衡供货，意愿存货可能会随着最终销售而变动，非意愿存货相应减少；相反，在经济萧条时期，意愿投资可能会随

着最终销售减少，非意愿存货相应增加。非意愿存货的变动会改变产出水平。只有厂商的非意愿存货投资等于零时，即计划投资等与实际投资时，国民收入才会实现一个稳定的均衡水平。换言之，均衡国民收入决定过程中的总需求指的是意愿总需求，而非实际总需求。

我们可知当总需求水平与总供给水平一致时，经济社会将会达到均衡状态。由于我们已假设社会总供给不会对社会生产形成制约，它可以在任何水平上与总需求相等，所以可以认为一个国家国民收入水平的高低取决于该国的总需求水平。

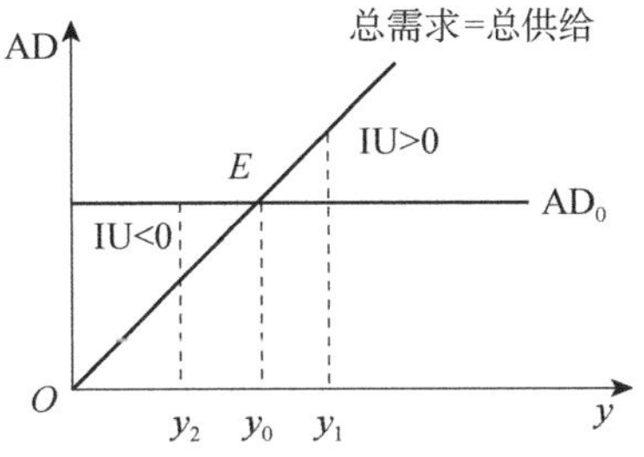

图 10-1 总需求水平决定国民收入

如图 10-1 所示，纵轴表示社会总需求，横轴表示社会总产量，也就是社会总供给是该社会的国民收入，图中的 45° 线上的任何一点都能满足总需求等于总供给这一条件，使国民收入实现均衡。如果暂时抛开社会总需求会随国民收入的变化而发生变动的现实，假设目前社会总需求是一个不变的常量 AD_0，则在图中它表现为一条平行于横轴的水平线。显然图中的 *E* 点就是均衡点，此时相应的国民收入为 y_0。可以设想，如果社会上的产出量不是 y_0 而是 y_1，则此时的产出明显超过了社会上的需求，有相当多的产品无法售出，造成厂商的产品积压即非意愿存货投资支出 IU 大于零，迫使厂商在日后的生产中削减产量。反之，若社会产出为 y_2，则因社会需求大于此时的产量，厂商的产品会销售一空，甚至使正常的库存规模无法维持即非意愿存货投资 IU 小于零，这自然会促使厂商增加产量。可见，只有在 *E* 点上厂商的产量恰好被全部售出，市场上既没有产品的积压，也没有产品的缺少，因而厂商不会对产量做出调整，y_0 不会发生任何变化。这种稳定不变的状态正是经济学中的“均衡”状态。此时我们给出一个概念——均衡产出或收入，它指的是在经济社会总能提供与总需求相一致的供给的前提下，与总需求相等的产出。

三、消费函数与储蓄函数

消费支出是社会总需求或总支出的重要组成部分，影响消费的因素很多，而收入则是其中最重要的一个。如果诸如消费者偏好、商品价格等众多其他因素保持不变，则消费与收入同方向变化。例如，收入水平较高的家庭和国家，其消费水平要高于收入水平较低的家庭和国家。

凯恩斯认为，存在一条基本心理规律：随着收入的增加，消费也会增加，但是消费的增加不及收入增加的多。

我们可以通过消费函数来说明消费与收入之间的关系。若以 *C* 表示消费、以 *Y* 表示收入，在这里的 *C* 和 *Y* 是没有剔除价格变动的实际消费和实际收入。则消费函数：

$$C=C(Y)=a+bY,\ 0<b<1 \qquad (10\text{-}1)$$

式中，*a* 表示自发的消费，即收入为零时人们为了生存的需要而进行的最基本消费，它往往通过动用以往的储蓄、向他人借款或出售自有财产等方式来实现；*b* 则是一个小于 1 的正数，说明随着收入的增加，消费也会有所增加。

由于人们的收入除用于消费外，还有一部分被用于储蓄，我们可以根据消费函数推导出说明储蓄与收入关系的储蓄函数。若以 S 表示储蓄，则储蓄函数为：

$$S=Y-C=S(Y)=Y-a-bY=-a+(1-b)Y \quad (10\text{-}2)$$

显然，因为 $0<b<1$，所以 $0<(1-b)<1$。在其他条件不变的情况下，储蓄也与消费一样，随着收入的增加而增加。一旦出现收入为零的情况，储蓄便为 $-a$，这种情形被称为负储蓄。

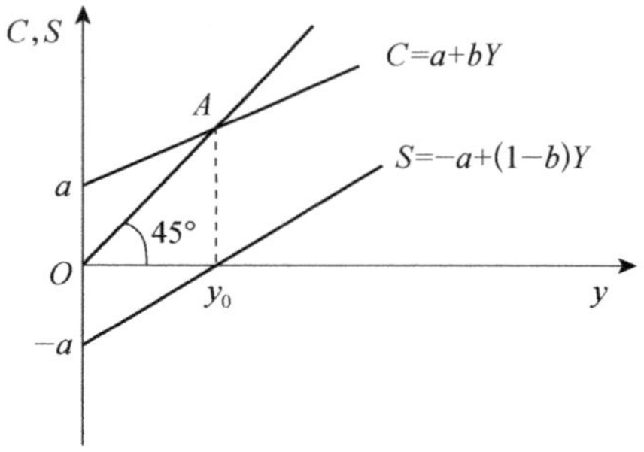

图 10-2　线性消费函数与储蓄函数曲线

由于我们假定消费和收入之间存在线性关系，那么储蓄与收入之间的关系也是线性的，即消费函数和储蓄函数的图形均为直线，如图 10-2 所示。

如图 10-2 所示，消费与储蓄都是收入的递增函数。当收入为零时，消费额为 a，相应的储蓄额便是 $-a$；若收入等于 y_0，此时收入与消费相等，说明消费者的收入刚好能支付所有消费开支，储蓄也就相应地等于零；在收入超过了 y_0 之后，人们的收入除用于消费之外还有剩余，这剩余的部分便形成了人们的储蓄。

（一）消费倾向与储蓄倾向

（1）平均消费倾向与平均储蓄倾向

平均消费倾向（APC）指的是在任一收入水平下，消费支出与收入的比值；平均储蓄倾向（APS）指的是在任一收入水平下，储蓄与收入的比值。

从几何意义上来说，平均消费倾向（APC）是消费曲线上任意一点与原点之间的连线的斜率；平均储蓄倾向（APS）是储蓄曲线上任意一点与原点之间的连线的斜率。

用公式表示如下：

$$\text{APC}=C/Y=a/Y+b \quad (10\text{-}3)$$

$$\text{APS}=S/Y=-a/Y+(1-b) \quad (10\text{-}4)$$

又因为 $Y=C+S$，所以 $\text{APC}+\text{APS}=C/Y+S/Y=1$。

（2）边际消费倾向与边际储蓄倾向

边际消费倾向（MPC）指的是增加的消费与增加的收入的比值；边际储蓄倾向（MPS）指的是增加的储蓄与增加的收入的比值。也就是当收入增加 1 元时，消费与储蓄各增加了多少。

从几何意义上来说，边际消费倾向（MPC）是消费曲线上任意一点的切线的斜率；边际储蓄倾向（MPS）是储蓄曲线上任意一点的切线的斜率。

若分别以 ΔC 表示消费的增量，ΔS 表示储蓄的增量，ΔY 表示收入的增量，用公式表示如下：

$$\text{MPC}=\Delta C/\Delta Y=b\Delta Y/\Delta Y=b \quad (10\text{-}5)$$

如果收入增量和消费增量均为极小时，上述公式可以写成：

$$\text{MPC}=\mathrm{d}C/\mathrm{d}Y=\mathrm{d}(a+bY)/\mathrm{d}Y=b \quad (10\text{-}6)$$

$$\text{MPS}=\Delta S/\Delta Y=(1-b)\Delta Y/\Delta Y=1-b \quad (10\text{-}7)$$

如果收入增量和消费增量均为极小时，上述公式可以写成：

$$MPS=dS/dY=d[-a+(1-b)Y]/dY=1-b \quad (10\text{-}8)$$

我们也可以很容易知道，$MPC+MPS=\Delta C/\Delta Y+\Delta S/\Delta Y=b+(1-b)=1$。

（3）首先我们从公式上可知 APC＞MPC，APS＜MPS；其次从图形上我们可知 APC 和 MPC 都是随着收入的增加而递减，APS 和 MPS 都是随着收入的增加而增加。

（4）研究边际消费倾向、边际储蓄倾向的现实意义

凯恩斯宏观经济理论的一个重要观点是：如果政府不采取适当的调节措施，社会总需求就会处于较低的水平，使国民收入水平也较低。而一般而言，消费在一国的总需求中占据了大半的比重，总需求水平偏低的重要原因之一就是社会消费需求不足。通常情况下，随着人们收入的增加，消费也有所增加。如果增加的消费 ΔC 恰好等于增加的收入 ΔY，即 MPC＝1，说明不论产量怎样增加都会被增加的消费所吸收，厂商所有的产品都能在市场上出售，不会发生厂商意想不到的存货增加，未来便不会发生产量的缩减。然而在实际生活中，随着收入的增加人们确实会增加消费，但由于心理上的原因，大家一般只用增加的收入中的一部分来增加消费，即 $0<\Delta C<\Delta Y$，0＜MPC＜1。这就意味着厂商增加的产量不能全部被社会上的消费所消化，其剩余产品的价值恰好等于人们的储蓄。如果这个经济社会可以成功地将储蓄转化为投资，则厂商的剩余产品能在市场上作为投资品售出，厂商的生产还能像过去一样正常地进行。然而一旦储蓄不能全部转化为投资，剩余、积压产品的出现便会迫使厂商缩小生产规模，国民收入也将随之下降。可见，消费需求相对于不断增长的收入而言是不足的，而且一般认为边际消费倾向随收入的增加而递减，这就使得经济运行中存在生产规模收缩、收入下降的危险。

阅读材料 1：中美消费倾向比较——决定消费倾向的因素

据估算，美国的消费倾向，即消费支出在可支配收入中的比例，约为 0.68，而中国的消费倾向是 0.48。有人解释引起这种差别的是消费观念。美国人崇尚享受，今天敢花明天的钱；中国有节俭的传统，一分钱要掰成两半花。在经济学家看来，消费观念属于伦理道德的范畴，由经济基础决定。所以，不能用消费观念去解释这种差别，而要从经济的角度分析不同消费观念的经济原因。

正如消费函数理论所指出的，消费主要取决于收入，但这种收入并不是现期收入，而是一生的收入或持续三年以上的固定持久收入。决定一生的收入或持久收入的是未来收入的预期。这就是说，人们的收入预期越稳定，消费支出越多。相反，即使现在收入水平高，但如果未来预期收入不确定性高，那么，人们也不敢增加消费，而要把部分收入储蓄起来，以防患于未然。

美国是一个成熟的市场经济，这些年来经济强劲增长，这就使人们对未来收入的增加有信心，相信未来预期收入会随经济增长而增加。在克林顿执政时期，美国经济繁荣，股市价格上升，消费倾向从长期以来一直稳定的 0.676 上升到 0.68 就说明了这一点。中国是个转型中国家，计划经济下的“铁饭碗”打破了。人们普遍对未来有一种不确定的心态。一些企业倒闭，部分工人失业，机关等事业单位调整，也会有人暂时失去工作，即使现在收入高的，对未来的收入也没有十分把握。一切都在变，未来会怎么样，许多人心中没底。正是这种心态制约了人们的消费支出。消费信贷已开始实行，但

绝大多数消费者不敢问津。在面对未来的收入不确定时，有多少人敢借钱去买车、旅游或办婚事呢？

人们对未来收入的预期在很大程度上还取决于整个社会的社会保障体系。美国的社会保障体系完善，覆盖面广且水平较高。失业有失业津贴，老年人有养老金，看病有医疗保险或政府医疗援助，低于贫困线之下有贫困津贴，多子女、单亲家庭有补贴，孩子上大学可以容易地得到奖学金或贷款。这一切在相当大程度上解除了人们消费的后顾之忧，花起钱来当然大方了。转型中的中国原有计划体系下的社会保障体系不适用了，新的社会保障体系还没有完全建立起来。现有的社会保障体系，一是覆盖面不够广，二是总体水平低。社会保障要适合我们的国情，以现有的国力难以迅速扩大和提高。与社会保障配套的私人保险也不完善。所有这些都制约了消费支出。在人们要考虑到未来养老、医疗、孩子上学等问题的情况下，消费倾向低也是正常的，而且难以在短期内提高。

一国的消费倾向低，还与收入分配格局相关。在总收入与人均收入既定时，收入分配越平等，消费倾向越高。经济学家早就发现，就个人而言，消费倾向实际与收入是反方向变动的。高收入者的消费倾向低，而低收入者的消费倾向高。这样，一个社会收入分配差别越大，消费倾向就越低。这是因为，高收入者得到了社会的大部分收入，而这些收入又有大部分被他们储蓄起来了，低收入者尽管消费倾向高，但收入太少，这样，整个社会消费倾向就低。假设一个社会 20%的富人占有 80%的收入，消费倾向为 0.2，其他人占有 20%的收入，消费倾向为 0.7，这个社会的消费倾向为 $0.8\times0.2+0.2\times0.7=0.16+0.14=0.30$。如果另一个社会 20%的富人占有 20%的收入，消费倾向为 0.2，其他人占有 80%的收入，消费倾向为 0.7，则消费倾向为 $0.2\times0.2+0.8\times0.7=0.6$。

经济学家们早已注意到这一问题。富人消费倾向高于穷人是古典学派的假设，凯恩斯根据这一点把收入平等化作为增加消费的政策之一。英国经济学家琼卜·罗宾逊根据这一假设提出，经济增长以储蓄率提高为条件，而提高储蓄率就要扩大收入分配不平等。应该说近年来中国收入分配不平等加剧，其不平等程度已超过美国。更重要的是，无论收入的两极如何悬殊，只要有一个庞大的中等收入阶层，社会的消费倾向也是较高的。这个阶层是重要的消费者。美国社会有一个庞大的中等收入阶层。中国一方面收入不平等加剧，另一方面还没有形成庞大的中等收入阶层。这样，富人消费倾向低，中低收入者占的比率小。消费倾向自然不会高。

所以说，中国消费倾向低不是因为节俭的传统，而是贫穷。穷而要活下去，只有节俭。不能开源只有节流。一个国家有什么传统是经济基础决定的，节俭是中国长期落后贫穷的结果，说不上是什么美德。生产本来是为了消费，如果一味节俭，发展生产是为了什么呢？

这些年经济增长不如以前，失业人数（包括农村富余劳动力）增加。许多人都感到需求不足，尤其是消费需求不足，是一个重要原因。许多报刊也在呼吁人们打破传统的节俭消费观，寻找新的消费热点，想方设法增加消费贷款，多次降息，但效果并不理想。其原因就是没有从根本上解决问题，只有发展生产、增加就业机会、提离收入水平、建立完善的社会保障体系、创造一个庞大的中等收入阶层，才是增加消费的正路。当然，这些做法不能立竿见影。增加消费，提高消费倾向绝非是朝夕的事。别忘了美国的消费倾向从 0.676 提高到 0.68，仅仅 0.004 个百分点也走过了漫长的路程。

（二）使用消费函数决定两部门经济的均衡国民收入

我们假设在这个两部门经济模型中社会总需求只由消费需求和投资需求两部分构成，在这里我们暂时将投资看做自发计划投资（用 I_0 来表示），其数额是不受收入水平和利率水平影响的常量。所以可以得出总需求：

$$AD=C+I=a+bY+I_0 \quad (10\text{-}9)$$

式中：a 与 I_0 分别表示经济社会的自发消费量与自发计划投资量，都是与收入无关的常量，所以可以将它们合并为 AD_0（$AD_0=a+I_0$），从而将上式变为：

$$AD=AD_0+bY \quad (10\text{-}10)$$

这个函数说明，社会总需求中有一部分是自发总需求，但也有一部分随着社会收入水平的提高而增加。

由于均衡国民收入指的是与总需求或计划总支出相等的收入。所以我们可以得出：$AD=C+I=a+bY+I_0=Y$，进而得出均衡国民收入的公式如下：

$$Y=(a+I_0)/(1-b) \quad (10\text{-}11)$$

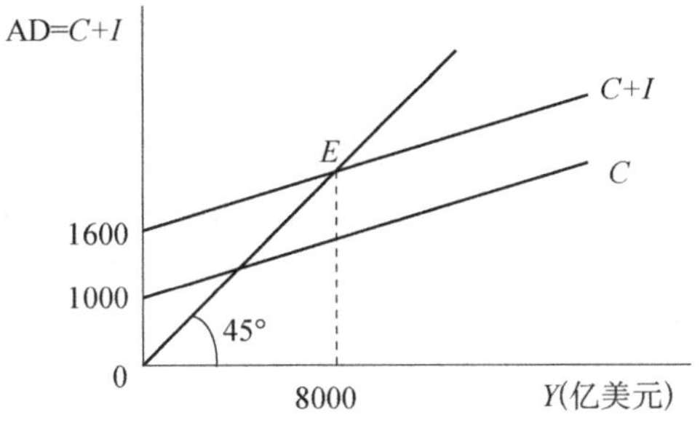

图 10-3　使用消费函数来决定均衡国民收入

此式为两部门经济国民收入的均衡条件。

假定消费函数 $C=1000+0.8Y$，自发计划投资量始终为 600 亿美元，则均衡国民收入 $Y=(a+I_0)/(1-b)=(1000+600)/(1-0.8)=8000$ 亿美元。

我们用图 10-3 来表示均衡国民收入的决定。

在图 10-3 中，横轴表示国民收入，纵轴表示总需求或是消费加投资，消费曲线 C 加上自主计划投资量 I_0 便得到计划总支出曲线。当计划总支出曲线与 45° 线相交时，E 点为均衡点，对应的为均衡国民收入 8000 亿美元。

（三）使用储蓄函数决定两部门经济的均衡国民收入

根据前面的分析我们可以得知，当计划储蓄等于计划投资时，两部门国民经济达到均衡，形成均衡国民收入。由于储蓄函数为 $S=S(Y)=-a+(1-b)Y$，投资为自主计划投资 I_0，所以 $S=I$，即 $-a+(1-b)Y=I_0$，得出 $Y=(a+I_0)/(1-b)$。依照上面的例子，我们可知 $S=-1000+0.2Y$，$I_0=600$，即 $600=-1000+0.2Y$，得出 $Y=8000$ 亿美元。

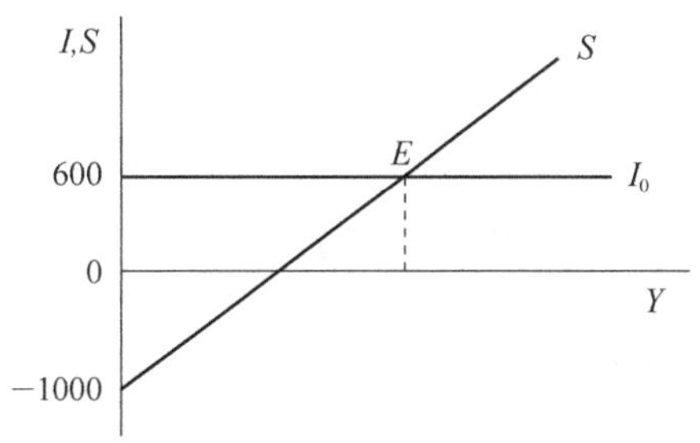

图 10-4　使用储蓄函数来决定均衡国民收入

下面我们用图 10-4 来表示当计划储蓄等于计划投资时如何决定均衡国民收入。

四、投资乘数理论

现在我们接着讨论前面的例子，刚开始经济社会的自主计划投资量 I_0 为 600 亿，消费函数 C=1000+0.8Y，储蓄函数 S=−1000+0.2Y，根据总需求等于总供给或者与总需求（计划总支出）相等的均衡产出条件我们得出两部门经济的均衡国民收入 Y 为 8000 亿。现在我们让自主计划投资 I_0 增加到 700 亿，得出自主计划投资量的增量 $\Delta I=I_2-I_1$=700−600=100 亿，此时我们计算出来的均衡国民收入为 8500 亿，可知均衡国民收入的增量 $\Delta Y=Y_2-Y_1$=8500−8000=500 亿。我们发现当自主计划投资量增加了 100 亿，却引起了均衡国民收入增加了 500 亿。如果我们用 k_I 来表示均衡国民收入的增量与自主计划投资量增量的比值，那么这 k_I 便叫做投资乘数。

此时，k_I=均衡国民收入的增量/自主计划投资量增量=$\Delta Y/\Delta I$=500/100=5。

下面我们来分析为什么自主计划投资量增加 100 亿，均衡国民收入会增加 500 亿？

假设，边际消费倾向 MPC 是 0.8。当企业用这 100 亿来购买投资品时，生产这些投资品部门就会增加收入 100 亿，并向提供生产这 100 亿投资品的生产要素拥有者（家庭或居民）以工资、利息、利润和租金形式作为报酬，流入生产要素所有者——家庭或居民手中。此时整个经济社会便增加了 100 亿的收入，这是第一次增加。由于边际消费倾向是 0.8，增加的 100 亿的要素收入中会有 80 亿用来购买消费品，20 亿储蓄起来。生产这些消费品部门的收入增加 80 亿，也会以工资、利息、利润和租金形式流入生产要素所有者——居民手中。此时整个经济社会便又增加了 80 亿的收入，这是第二次增加。同样，由于边际消费倾向是 0.8，增加的 80 亿的要素收入中会有 64 亿用来购买消费品，16 亿储蓄起来。生产这些消费品部门的收入增加 64 亿，也会以工资、利息、利润和租金形式流入生产要素所有者——居民手中。此时整个经济社会便又增加了 64 亿的收入，这是第三次增加。这样的过程会不断持续下去，最后使得均衡国民收入增加了 500 亿。用式子表示如下：

$$100+100\times0.8+100\times0.8\times0.8+100\times0.8\times0.8\times0.8+\cdots+100\times0.8^{n-1}$$
$$=100\times[1/(1-0.8)]=500$$

所以，在这里我们可以得出 $k_I=\Delta Y/\Delta I$=1/（1−MPC）=1/MPS=1/（1−b）=1/（1−0.8）=5，从这个式子中我们可以看出，乘数大小与边际消费倾向和边际储蓄倾向有关。当边际消费倾向越大或边际储蓄倾向越小，则乘数越大。

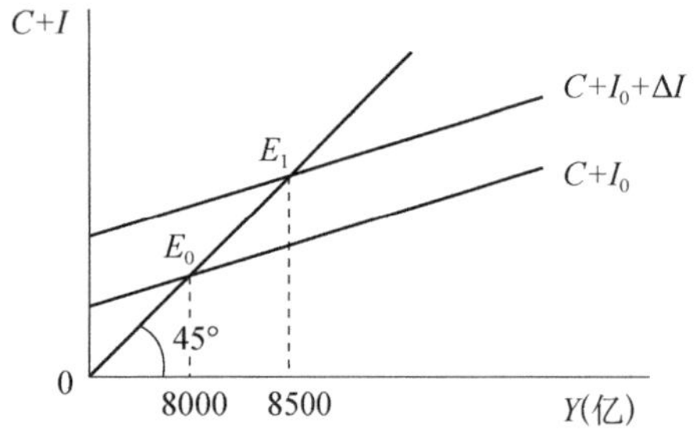

图 10-5　乘数效应

下面我们用图 10-5 来表示投资增加引起均衡国民收入增加的乘数效应。

阅读材料 2：乘数效应的小故事

一群无法无天的小流氓砸碎了一家商店的橱窗，然后逃之夭夭。店主自认倒霉，只好花 1000 元买了一块玻璃换上。这个时候一个经济学家走过来，说恭喜店主。正在窝火的店主见有人说风凉话，气得要揍这个经济学家一顿。经济学家不慌不忙一番解释，居然让店主目瞪口呆。

经济学家这样说，玻璃店老板因为商店橱窗的损失得到 1000 元收入，假设他支出其中的 80%，即 800 元用于买衣服，衣服店老板得到 800 元收入。再假设衣服店老板用这笔收入的 80%，即 640 元用于买食物。食品店老板得到 640 元收入，他又把这 640 元中的 80%用于支出……如此循环下去，你会发现，最初是商店老板支出 1000 元，但经过不同行业老板的收入与支出行为之后，所有人的总收入增加了 5000 元。所以商店的橱窗被打破了是一件可喜可贺的事情。

资料来源：http：//www.hudong.com

五、三部门经济的国民收入决定以及相关乘数

（一）三部门经济的国民收入决定

三部门经济指的是由居民户、企业和政府三个经济主体构成的总体经济。政府在决定三部门经济的均衡国民收入中的作用是重要的，通过调整政府购买支出 G、政府转移支付 Tr、税收 T 来改变经济中总需求和总供给，进而影响均衡国民收入。

由于前面的内容对均衡国民收入形成的原理阐述过。这里我们便直接给出三部门经济中总需求和总供给的构成。如下式所示：

总需求=计划的消费支出+计划的投资支出+计划的政府购买支出

$=C+I+G$

总供给=计划的消费支出+计划的储蓄+计划的净税收（注：净税收指的是总税收减去政府转移支付以后所得的净纳税额）

$=C+S+T$

当总需求与总供给一致时，国民经济便达到均衡。所以可以得出：

$$I+G=S+T \quad (10\text{-}12)$$

现在我们假定：投资为自发计划投资量 I_0，政府购买支出为 G_0，储蓄为$-a+(1-b)$ Yd（注：这里的 Yd 为可支配收入，Yd=$Y-T$），税收为定量税 T（即税收量不随收入的变动而变动）。故而式（10-12）可转化为：

$$I_0+G_0=-a+(1-b)(Y-T)+T \quad (10\text{-}13)$$

则三部门经济的均衡国民收入为：

$$Y=(a+I_0+G_0-bT)/(1-b) \quad (10\text{-}14)$$

例如，假设消费函数为 C=1600+0.75 Yd，自发计划投资量 I_0 为 1000，政府购买支出 G_0 为 2000，定量税 T 为 800，单位均为亿元。这时我们可以将以上数据代入式（10-14），算出三部门经济的均衡国民收入

$$Y=(1600+1000+2000-0.75\times800)/(1-0.75)=16000\text{ 亿元}$$

（二）政府购买支付乘数

接着分析上面的例子，现在我们假设政府购买由原来的 1000 亿增加至 1200 亿，即 $\Delta G=G_2-G_1$=200 亿，此时政府购买支出为 1200 亿，代入式（10-14），此时算出的均衡国民收入为 16800 亿，得出均衡国民收入的增量 $\Delta Y=Y_2-Y_1$=16800−16000=800 亿。即当在边际消费倾向 b 为 0.75 时，政府购买支出增加 200 亿，将导致均衡国民收入增加 800 亿。

所谓政府购买支出乘数（K_G）指的是均衡国民收入的变动对引起这种变动的政府购买支出变动的比值，即政府购买支出增加 1 元，均衡国民收入会增加多少。

$$K_G = \Delta Y/\Delta G=1/(1-\text{MPC})=1/\text{MPS}=1/(1-b)=800/200=1/(1-0.75)=4$$

（三）政府转移支付乘数

前面我们在得出三部门均衡国民收入时，没有考虑政府转移支付。现在有了政府转移支付之后，可支配收入 $\text{Yd}=Y-T+\text{Tr}$，所以均衡国民收入的公式为：

$$Y=(a+I_0+G_0-bT+b\,\text{Tr})/(1-b) \tag{10-15}$$

这里我们先给出政府转移支付乘数 K_{Tr} 的定义，它指的是均衡国民收入的变动对引起这种变动的政府转移支付变动的比值，即政府转移支付增加 1 元，均衡国民收入会增加多少。

下面我们分析政府转移支付乘数 K_{Tr} 的公式，我们假设其他条件不变（注：a、I_0、G_0、T、b 不变），政府转移支付从 Tr_1 增加至 Tr_2 即 $\Delta\text{Tr}=\text{Tr}_2-\text{Tr}_1$，此时的均衡国民收入便由 Y_1 增加至 Y_2。如下式所示：

$$Y_1=(a+I_0+G_0-bT+b\,\text{Tr}_1)/(1-b);$$

$$Y_2=(a+I_0+G_0-bT+b\,\text{Tr}_2)/(1-b)$$

均衡国民收入的增量：

$$\Delta Y=Y_2-Y_1=(b\,\text{Tr}_2-b\,\text{Tr}_1)/(1-b)=b/(1-b)\times\Delta\text{Tr}$$

所以政府转移支付乘数：

$$K_{\text{Tr}}=\Delta Y/\Delta\text{Tr}=b/(1-b)$$

（四）定量税收乘数

定量税收乘数（K_T）指的是均衡国民收入的变动对引起这种变动的定量税收变动的比值，即定量税收增加 1 元，均衡国民收入会增加多少？

同样我们假设定量税收从 T_1 增加至 T_2，即 $\Delta T= T_2-T_1$，此时的均衡国民收入便从 Y_1 增加至 Y_2。如下式所示：

$$Y_1=(a+I_0+G_0-bT_1)/(1-b);$$

$$Y_2=(a+I_0+G_0-bT_2)/(1-b)$$

均衡国民收入的增量：

$$\Delta Y=Y_2-Y_1=(-bT_2+bT_1)/(1-b)=-b/(1-b)\times\Delta T$$

所以定量税收乘数：

$$K_T=\Delta Y/\Delta T=-b/(1-b)$$

在这里我们发现定量税收乘数 K_T 加上政府转移支付乘数 K_{Tr} 刚好等于零。

（五）平衡预算乘数

所谓平衡预算乘数指的是政府购买支出和税收同时增加相同数量时，均衡国民收入变动与政府购买支出或税收变动的比值。

假设，政府购买支出和税收同时增加 200 亿，并且边际消费倾向 b 为 0.75，根据公式我们可知政府购买乘数

$$K_G=1/(1-b)=4$$

定量税乘数

$$K_T=-b/(1-b)=-3$$

所以均衡国民收入变动

$$\Delta Y= K_G\times\Delta G+\times K_T\Delta T=4\times200+(-3\times200)=200$$

此时我们当政府购买支出和税收同时增加 200 亿，均衡国民收入也只增加 200 亿。根据平衡预算乘数的定义，我们可以知道 K_b 为 1。

阅读材料 3：乘数理论的假设条件

1. 一国经济是在未达到充分就业的条件下运行的。如果没有闲置劳动力，投资不能实际发挥作用，随着投资不断支出，货币收入成倍增加，会引起通货膨胀。

2. 必须有一定的存货可以利用。在封闭经济条件下，如果某些产品存货不足，只能用劳动替代资本或抽调其他生产部门的存贷。但是，这两种方式都是有限的。用劳动替代资本仅限于生产设备不足的情况，只要最重要的物资供应不足，乘数的作用就会发生阻碍。如果从消费品部门抽调存货，投资的增加则会引起消费的缩减，从而使就业的增加发生困难。在开放经济条件下，一国在增加投资后，如果发现物资供给不足，便可从国外进口，或减少出口。但如果没有足够的外汇储备，没有把握从国外取得足够的信贷，也无法影响世界市场价格，那么增加投资以后，既不能增加进口，又不能靠减少出口来弥补国内的产品短缺，投资的乘数作用也就发挥不出来。

3. 收入既要分解为储蓄，又要分解为消费。如果将收入全部用于消费，边际消费倾向为 1，投资乘数为无穷大；相反，如果将收入全部用于储蓄，边际消费倾向为零，投资乘数为零。

4. 投资的决定和储蓄的决定互为独立。如果储蓄决定不独立于投资决定，投资增加引起利率上升，促使储蓄增加，消费减少，会部分抵消投资增加收入的作用；相反，投资减少引起利率下降，促使储蓄减少，消费增加，则会部分抵消投资减少收入的作用。

5. 货币供应能适应其需求的变化。在投资运动以货币为媒介的现代经济中，如果货币供应量不足以适应投资和消费支出的增加时，投资和消费的增加就会使货币需求上升，从而促使利率提高。利率的提高又会对以后的投资意愿产生抑制作用，从而影响投资乘数作用。

6. 消费和储蓄水平完全由收入水平决定。如果消费储蓄所依赖的不只是一年的收入，乘数分析就不会很准确。例如消费有时不仅受作用于本年和上年的收入水平，还受作用于预期平均收入水平。在这种情况下，短期内收入的增加所引起的消费的增加就不会很大，乘数也会降低。

7. 不考虑对外贸易的影响。在对外开放条件下，扩大出口所增加的收入中总有一部分用于购买本国产品，这样就会对国民收入和就业的增加起连锁的推动作用。相反，扩大进口，则起减少国内总需求的作用，影响国内收入增加。

8. 投资数量和当时的收入水平以及资本存量的规模无关。

资料来源：http：//wiki.mbalib.com

第二节　IS–LM 模型

一、投资函数

按大众说法，投资指的是购买股票、债券以及其他金融产品之类。但是在经济学中，投资一般是指资本的形成，即社会实际资本的增加，包括购买厂房、设备和存货，新居民住宅的增加。二者的区别在于，前者指财产的使用权或所有权的转移，后者指投资所形成的资本是一种生产要素，能形成生产力，为社会增加更多的产品和劳务。

阅读材料 4：什么是投资

初学宏观经济学的人有时弄不懂宏观经济学家如何以一些新而特殊的方式运用相似的词。一个例子是“投资”这个词。混淆的产生是因为对个人看来像投资的东西对整个经济来说并不是投资。一般规则是经济的投资并不包括仅仅在不同个人之间重新配置资产的购买。当宏观经济学家用投资这个词时，投资是创造新资本。

我们来探讨一些事例。假设两个事件：1. 斯密为自己购买了一所有 100 年历史的维多利亚式房子；2. 琼斯为自己建造了一所全新的现代房子。

这里总投资是什么？是两所房子、一所房子，还是没有？

在一个宏观经济学家看来，这两个交易中只有琼斯的房子算作投资。斯密的交易并没有给经济创造出新房子，它仅仅是对已有房子的重新配置。斯密的购买对斯密是投资，但对出售房子的人是负投资。与此相比，琼斯为经济增加了新房子，她的新房子算作投资。

同样，思考以下这两个事件：1. 盖茨在纽约股票交易所购买了巴菲特 500 万美元的 IBM 股票。2. 通用汽车公司向公众出售了 1000 万美元的股票，并用收入建立了一个新汽车厂。

在这里，1000 万美元是投资。在第一个交易中，盖茨投资于 IBM 股票，而巴菲特是负投资，经济中没有投资。与此相比，通用汽车公司用经济中一部分物品和劳务产出来增加自己的资本存量。因此，它的新工厂算做投资。

资料来源：斯蒂格利茨《经济学》小品与案例，中国人民大学出版社

影响投资的因素有很多，主要的因素有实际市场利率水平、资本的预期收益率和投资风险等。

（一）投资函数

企业进行投资、购买各种资本品的目的是为了在资本品的使用期限内取得高于购买资本品价格的收益。因此，企业是否决定投资在于投资资本品的收益能够高于资本品的价格。换句话说，假设企业购买这些资本品进行投资的款项需要借入，那么如果借入款项的贷款利息率低于投资于这些资本品所产生的预期收益率，企业才愿意借入款项来购买资本品进行生产。

现在我们假设某年名义贷款利息率为 8%，年通货膨胀率为 5%，则实际市场利息率为 3%，一般而言，企业投资购买某项资本品所能获得的预期收益率是稳定的，或者说是既定的，那么企业是否投资就取决于实际市场利息率。当实际市场利息率上升时，企业的投资需求将下降；反之，则上升。投资需求量与实际利息率之间的反方向的关系可以用投资函数来表示：

$$I=I(r) \tag{10-16}$$

这里的 I 为投资需求量，r 为实际市场利息率。假设投资函数为线性函数，则投资函数变为：

$$I=I_0-dr \tag{10-17}$$

这里的 I_0 为自发投资量，$-dr$ 为投资需求量与实际利息率有关的部分。

例：假定 $I=1250-250r$，那么我们可以作出投资需求曲线，如图 10-6 所示。

（二）资本边际效率及其曲线

例：假定某企业投资 30000 美元用于购买一台机器设备，机器设备的使用寿命期限为 3 年，3 年之后报废，没有残值，每年这台机器设备为企业所带来的预期收益分别为 11000 美元、12100 美元和 13310 美元，假设年贴现率为 10%，在这里我们将 3 年的总预期收益（36410 美元）称为终值，机器设备的供给价格（30000 美元）称为现值，那么现值、终值和年贴现率三者之间的关系满足以下的等式：

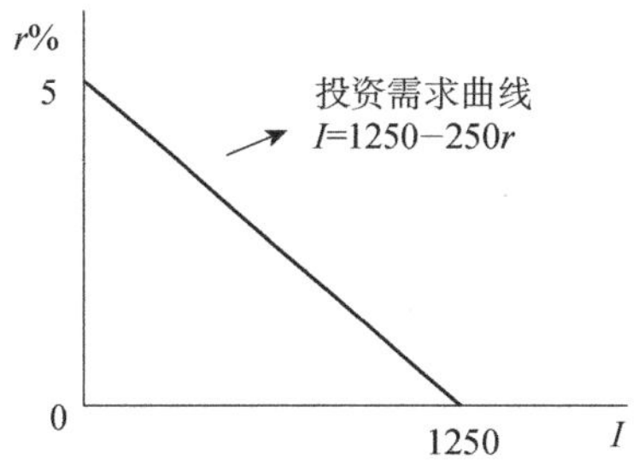

图 10-6　投资函数以及线性投资需求曲线

$$R_0=11000/（1+10\%）+12100/（1+10\%）^2+13310/（1+10\%）^3=30000\text{ 美元}$$

现在我们假定企业购买的机器设备使用寿命期限为 n 年，终止使用只有还有残值为 J，年贴现率为 $r\%$，每年的预期收益分别为 R_1、R_2、$R_3\cdots R_n$，那么就有下面的等式成立：

$$R= R_1/（1+r\%）+R_2/（1+r\%）^2+R_3/（1+r\%）^3+\cdots+R_n/（1+r\%）^n+J/（1+r\%）^n \tag{10-18}$$

此时的年贴现率为资本边际效率。所谓资本边际效率（MEC）是一种贴现率，这种贴现率刚好使得一项资本品的使用期限内的各项收益的现值之和等于这项资本品的供给价格或者重置成本。

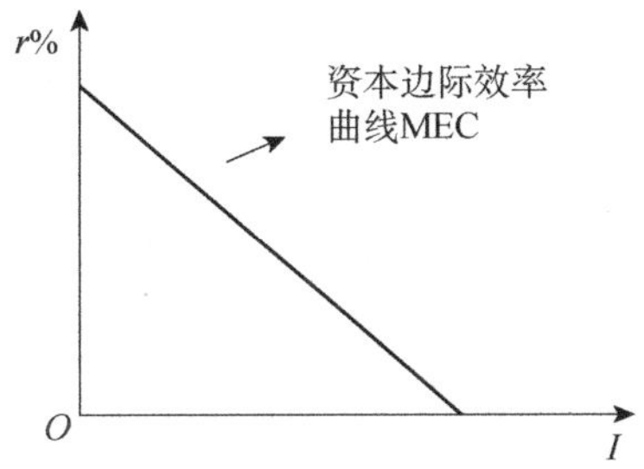

图 10-7　资本边际效率曲线

从式（10-17）我们可以看出，如果 R、J 和各年的预期收益都能估算出来，那么资本边际效率便能计算出来。

我们假定资本品的供给价格不变，资本品的预期收益越高，资本边际效率也越高；反之，则越低。我们的资本边际效率相当于资本品的预期收益率或利润率，如果预期收益率大于实际市场利息率，这项投资于资本品的决定就是可行的，就是值得的。当实际利息率既定时，资本边际效率与投资需求量也是反方向的关系，即资本边际效率曲线是向右下方倾斜的，斜率是负的，如图 10-7 所示。

二、IS 曲线

（一）IS 曲线的定义及图形

IS 曲线是用来说明产品市场均衡的一条曲线，即 IS 曲线上的每一点都是产品市场均衡点，是实际利息率与均衡国民收入组合的轨迹。我们知道，两部门经济中均衡国民收入的决定条件是 $I=S$，均衡国民收入的公式为 $Y=(a+I_0)/(1-b)$。公式中的 I_0 为自发投资量。前面我们分析了投资需求量与实际利息率之间的关系即投资函数，我们可知投资函数为 $I=I_0-dr$，那么两部门经济的均衡国民收入的公式应该变为：

$$Y=(a+I_0-dr)/(1-b) \tag{10-19}$$

在这个模型中 a、I_0、b 为常数，实际利息率 r 为自变量，均衡国民收入 Y 为因变量。

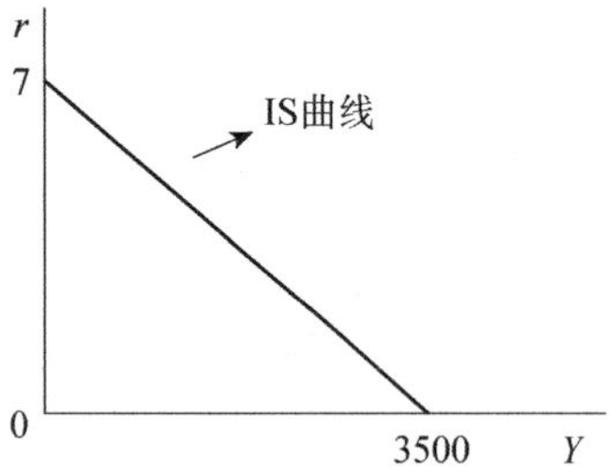

图 10-8　IS 曲线

现在假定 $I=1250-250r$，$S=-500+0.5Y$，根据两部门经济均衡条件 $I=S$ 可得 $Y=3500-500r$，如图 10-8 所示。

从式（10-19）中我们可知，实际利息率与均衡国民收入的关系是负相关、反方向的，即实际利息率越高，均衡国民收入越低；反之，则越高。

（二）IS 曲线的推导

从上面的分析可以看出，在两部门经济中，IS 曲线是由投资等于储蓄这一均衡条件推导出来的，投资函数表明投资需求量与实际利息率的负相关关系，储蓄函数表明储蓄与国民收入之间的正相关的关系。西方学者常常用图 10-9 来描述 IS 曲线的推导过程。

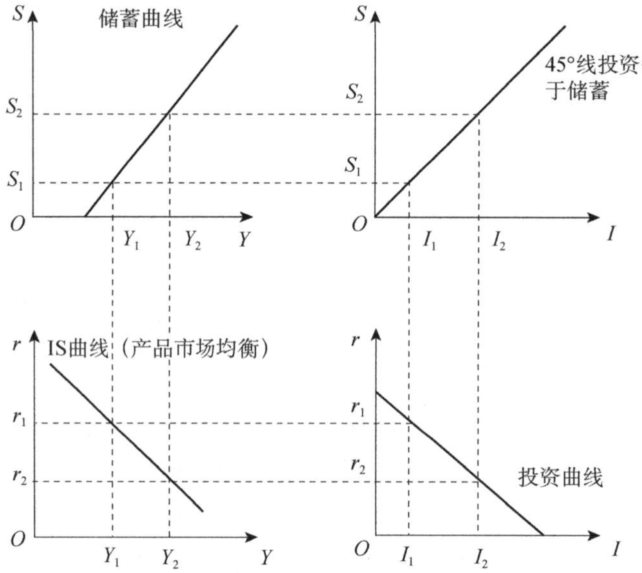

图 10-9　IS 曲线的推导示意图

在图 10-9 中，当实际市场利息率为 r_1 时，投资量便为 I_1。在 45° 线上，由于投资等于储蓄，故有储蓄量为 S_1（$I_1= S_1$），在储蓄曲线有一个 Y_1 与 S_1 对应，此时我们找到一个 r_1 与 Y_1 组合点。当实际市场利息率从 r_1 下降至 r_2 时，便有投资量从 I_1 上升至 I_2，在 45° 线上，投资等于储蓄，故而储蓄量从 S_1 上升至 S_2，那么在储蓄曲线上，便有一个 Y_2 与 S_2 对应，这样我们也找到了一个 r_2 与 Y_2 组合点。如果实际市场利息率不断地变化，那么我们就能找到更多的 r 与 Y 的组合点，把这些组合点连接在一起便形成了 IS 曲线。

（三）IS 曲线的斜率

由于 IS 曲线的纵坐标是实际利息率，横坐标是均衡国民收入，所以我们将 IS 曲线方程变化下，为：$r=(a+I_0)/d-(1-b)\times Y/d$。

从这个表达式可以看出 IS 曲线的斜率的绝对值为 $(1-b)/d$，它取决于边际消费倾向 b 和投资需求量对利息率变动的反应程度 d。当边际消费倾向较大时，IS 曲线的斜率就会较小，因而 IS 曲线较平缓，反之则较陡峭。这是因为边际消费倾向较大，带来乘数较大，从而当利率变动引起投资变动时，国民收入会以较大幅度变动；当投资需求对于利率变动的反应程度较大时，即投资对于利率变化比较敏感时，IS 曲线的斜率就会较小，因而 IS 曲线较平缓。这是因为利率较小变动要求有国民收入较大变动与之相配合，才能使产品市场均衡。

（四）整条 IS 曲线的移动

（1）投资需求变动

如果其他条件不变，而投资者对投资前景乐观，自发性投资水平上升，则在每一利率水平上，投资需求就会增加，IS 曲线相应右移，在每一利率水平上国民收入相应增加，增加的幅度为投资需求增加额乘以投资乘数。

（2）政府支出及税收的变动

如果其他条件不变，而政府实行扩张性财政政策，增加政府支出或减免税额，其作用都类似于增加投资或刺激消费，因此 IS 曲线右移，从而导致均衡收入由 Y_0 增加到 Y_1；反之，如果政府实行紧缩性财政政策，减少政府支出或增加税额，其作用都类似于减少投资或是消费水平下降，因此 IS 曲线左移，从而导致均衡收入由 Y_0 减少到 Y_2，其移动的水平距离分别为政府支出和税额的变动量乘以支出乘数。

（3）净出口额变动

在其他条件不变时，如果净出口增加，其作用相当于增加了自发性支出，因此 IS 曲线右移，从而导致均衡收入由 Y_0 增加到 Y_1；反之，如果净出口减少，则 IS 曲线左移，从而导致均衡收入由 Y_0 减少到 Y_2。其移动的距离为净出口额的变动量乘以相应的出口乘数。

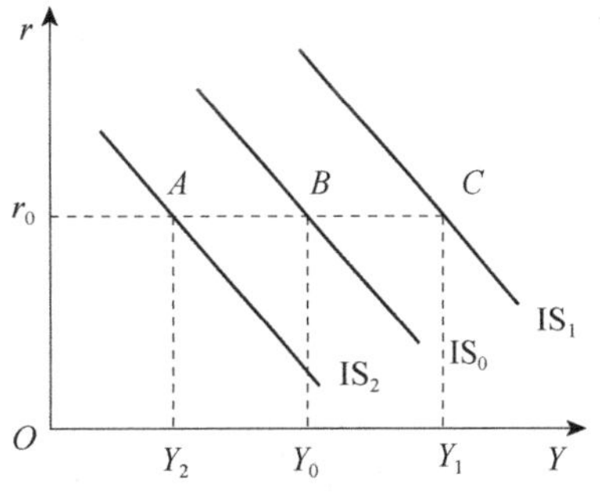

图 10-10　IS 曲线的移动示意图

IS 曲线的移动情况如图 10-10 所示。

三、LM 曲线

（一）货币需求

货币的需求也被称作流动偏好，它指的是人们出于种种原因愿意以现金形式持有的货币。凯恩斯之前的经济学家们只是简单地认为货币的需求受市场利息率的调节，最终能够与货币的供给相一致，实现货币市场的均衡。凯恩斯则对货币的需求进行了更深入的研究，得出了一些全新的结论。

凯恩斯认为，市场利息率对货币需求的调节作用是有限的，其主要原因就是人们产生对货币的需求是出于不同的动机。

①第一种动机是交易动机。凯恩斯认为，不论是个人还是厂商，都要为了随时可能发生的交易而在手中持有一部分货币。对于个人而言，这部分货币往往表现为家庭的日常开支；而对厂商而言，则表现为企业的周转资金。出于这种动机而持有的货币数量与收入水平密切相关，高收入的家庭及个人与规模大、收益好的厂商，为应付交易而在手中保有的货币量较多。因此，交易动机引起的对货币的需求是收入的函数，与收入同方向变动。

②第二种动机是预防动机。这种动机也被称为谨慎动机，说明人们以现金方式持有货币有时是为了应付可能出现的意外事件，而持有货币的数量则取决于每个人对未来发生意外事件的可能性的预测。然而收入水平仍与这部分货币需求密切相关，人的收入越高，以备不时之需的货币持有量就越大。至此，我们已对货币需求的前两种动机进行了分析，并发现人们出于交易动机和预防动机而持有的货币量都是收入的函数，与收入同方向变动。若以 L_1 表示由这两种动机引起的货币需求，以 Y 表示收入，则可以得出这样的关系式：

$$L_1=L_1(Y) \tag{10-20}$$

假定每一单位收入所需要的交易性货币余额为 k，则交易性需求可表示为：$L_1=k\times Y$。

③第三种动机是投机动机。它是指在债券等生息资产的价格上涨到较高水平时，人们认为其价格下降的可能性较大。而若在价格下降后购买债券，人们得到的债券价格上的好处将超过短期内因持有现金而遭受的利息损失。在这种投机心理的驱使下，人们便停止对债券的购买，在手中持有较多的现金，等待更有利的购买时机。显然，债券的价格越高，出于投机动机产生的货币需求便越大。然而债券的价格是随着市场利息率的变化而变化的，当债券价格达到相当高的水平时，说明市场利息率已降到相当低的水平。由此可见，投机动机所造成的货币需求受债券价格水平的影响，实际上也就是受市场利息率的影响，是市场利息率的减函数。市场利息率越高，这部分货币需求越少；反之，利息率越低，这部分货币需求便越多。以 L_2 表示投机动机引发的货币需求，r 表示利息率，则：

$$L_2=L_2(r) \tag{10-21}$$

阅读材料 5："凯恩斯陷阱"

"凯恩斯陷阱"或"流动偏好陷阱"是指人们持有货币的偏好，是由于货币是流动性或者说灵活性最大的资产，货币随时可做交易之用，可应付不测之需，可作投机用，因而人们对货币的偏好就被称为流动偏好。当利率极低时，人们手中无论增加多少货币，都不会再去购买有价证券，都要留在手中，因而流动性偏好趋向于无限大，这时即使银行增加货币供给，也不会再使利率下降。

资料来源：康和平、程长羽，《宏微观经济学》，天津，天津人民出版社，2002

以 h 表示单位利率变化对货币需求量的影响，则货币投机需求函数具体表示为：$L_2=-h\times r$。

若将三种动机引致的货币需求加总，我们便得到了凯恩斯的货币需求函数：

$$L=L_1(Y)+L_2(r)=k\times Y-h\times r \tag{10-22}$$

上式表明：当 L_1 既定，r 越大，L_2 越小，从而 L 也越小；r 越小，则 L 越大。即货币需求与利息率呈反方向变动，如图 10-11 所示。

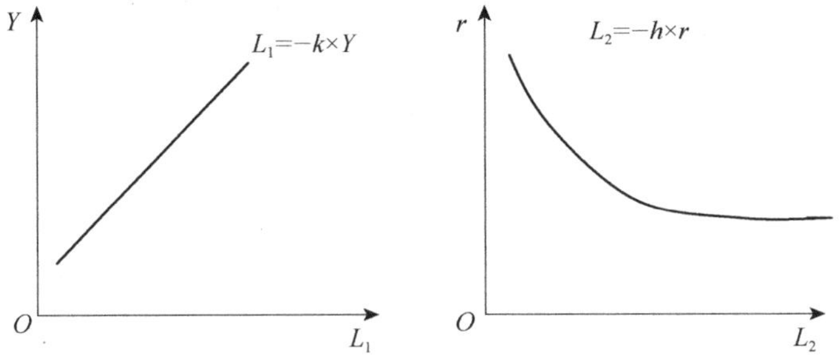

(a) 货币交易性和预防性需求　(b) 货币投机性需求

图 10-11　货币需求曲线

（二）货币供给

货币供给（M）是一个外生经济变量，其大小与利息率的高低无关，它是指一国在某一时点上保持的不属于政府和银行所有的硬币、纸币和银行活期存款的总和，是一个存量概念。货币供给取决于国家的货币政策，由中央银行依据货币政策来控制货币供给量的大小。因此货币供给曲线是一条垂直于横轴的直线。货币供给量是指实际货币供给量，它取决于名义货币供给量与价格水平。用公式表示：$m=M/P$。这里的 M 为名义货币供给量，P 为价格水平。

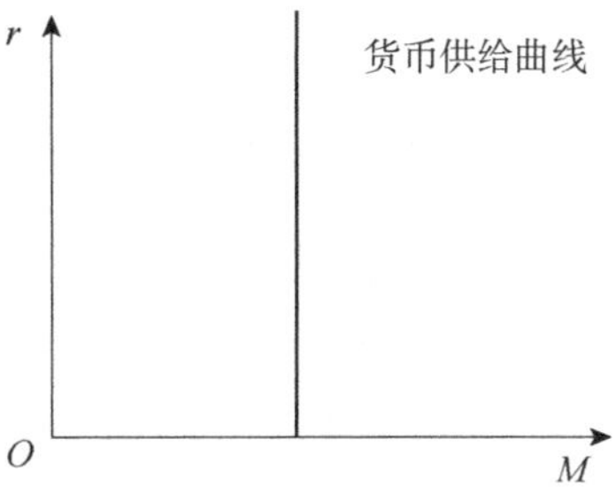

图 10-12　货币供给曲线

（三）均衡利息率的决定

货币供给曲线 M 和货币需求曲线 L 的交点 E 决定了利率的均衡水平 r_E，它表示只有当货币供给等于货币需求时，货币市场才达到均衡状态。如果市场利率水平低于均衡利率，则说明货币需求超过供给，这时人们感到手中持有的货币太少，就会卖出有价证券，证券价格将会下降，也就是说利率水平要上升，对货币需求的减少一直要持续到货币供求相等时为止；相反，当利率高于均衡利率时，说明货币供给超过货币需求，这时人们感到手中持有的货币太多，就会把多余的货币买进有价证券，于是有价证券的价格上升，也就是说利率水平将下降，这种情况也一直要持续到货币供求相等时为止。只

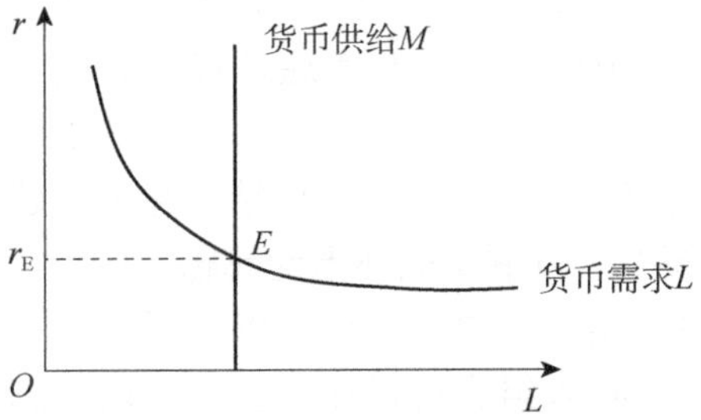

图 10-13　均衡利息率的决定

有当货币供求相等时，利率才不再变动，如图 10-13 所示。

（四）LM 曲线的定义及图形

所谓货币市场均衡指的是货币需求与货币供给相一致的相对静止状态。用公式表示：L（货币需求）$=m$（货币供给）。因为 $L=L_1$（Y）$+L_2$（r）$=k\times Y-h\times r$，而货币供给为 m，其中 $m=M/P$（m 指的是实际货币供给量，M 指的是名义货币供给量，P 指的是价格指数），所以 $m=k\times Y-h\times r$。由于货币供给 M 是外生经济变量，所以当 M 既定时，若国民收入 Y 增加，L_1 便增加，同时就减少了 L_2，这时利息率上升了；反之，当国民收入减少时，L_1 也减少了，同时利息率也需相应减少来提高 L_2，否则就不能保持货币市场均衡。这样说明在货币市场均衡状态下，国民收入与利息率的关系是正相关的。

现在我们把公式 $m=k\times Y-h\times r$ 转化成 $Y=$（hr/k）+（m/k）或 $r=$（kY/h）-（m/h），也可以看出 r 与 Y 的正相关关系，我们把这种关系称为货币市场均衡的 LM 曲线。LM 曲线的斜率是 K/h。

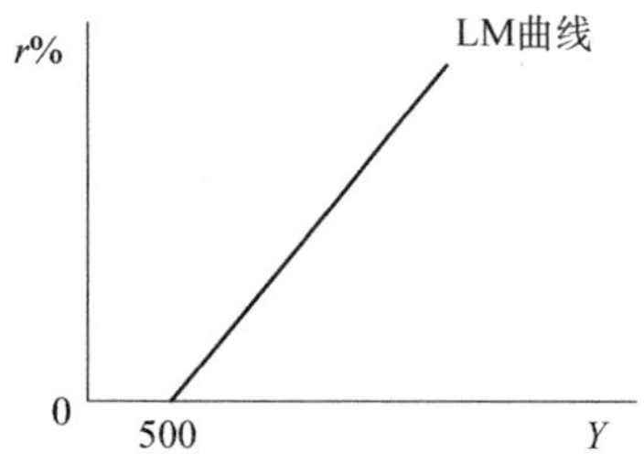

图 10-14　LM 曲线

例：假定货币供给量 m=1250 亿，而货币需求函数 $L=L_1$（Y）$+L_2$（r）$=k\times Y-h\times r=0.5Y+1000-250r$。根据货币市场均衡的条件货币需求 L=货币供给 M，即 $0.5Y+1000-250r=1250$，得出 $Y=500+500r$。本例 LM 曲线如图 10-14 所示。

在 LM 曲线上，任意一点都代表货币市场上国民收入与利息率的组合点，这些组合点使得货币需求量和货币供给量是相等的，即货币市场是均衡的。

四、IS-LM 模型

（一）产品市场和货币市场同时均衡时的均衡利率和均衡国民收入

把 IS 曲线与 LM 曲线结合在一起，就可以得出证明产品市场和货币市场同时实现均衡时，利率与国民收入之间关系的 IS-LM 模型。

凯恩斯认为，最终的均衡收入取决于与总产出相等的总有效需求，而有效需求即计划支出取决于消费支出和投资支出，由于消费倾向在短期比较稳定，因而有效需求主要取决于计划投资支出。而计划投资支出的关键因素是利率，利率又取决于货币数量和流动性偏好及货币需求。可见在产品市场上，要决定收入，必须先决定利率，否则投资水平无法确定。而利率是在货币市场上确定的，在货币市场上，如果不先确定一个特定的收入水平以稳定货币需求，利率就无法确定，而收入水平又是在产品市场上确定的，因此利率的确定又依赖于产品市场。这样，凯恩斯的理论就陷入了循环推论：利率通过投资影响收入，收入又通过货币需求影响利率；或者反过来说，收入依赖于利率，而利率又依赖于收入。凯恩斯的后继者发现了这一循环推论的矛盾，并把产品市场和货币市场结合起来，建立了一个产品和货币市场的一般均衡模型，即 IS-LM 模型，以解决循环推论问题。

从前面的分析得知，在 IS 曲线上，有一系列利率与相应的收入组合可以使得产品市场达到均衡；在 LM 曲线上，又有一系列利率与相应的收入组合可以使得货币市场达到均衡。但能够使得产品市场和货币市场同时达到均衡的利率与收入却只有一个。这一均衡的利率和收入可以在 IS 曲线和 LM 曲线的交点处求得，其数值可以通过求解 IS 和 LM

的联立方程得到。

如图 10-15 所示，IS 曲线和 LM 曲线的交点的横坐标和纵坐标形成了均衡收入和利率。在交点 E 处，实际支出等于计划支出，实际货币供给等于实际货币需求，产品市场和货币市场同时达到均衡。在交点之外的任何一个区域，产品市场和货币市场都不能同时达到均衡。

（二）IS 曲线的移动和 LM 曲线的移动

IS 曲线和 LM 曲线的交点处同时实现了产品和货币市场的均衡，然而，这个均衡不一定是充分就业的均衡。如图 10-16 所示，IS_1 曲线和 LM_1 曲线决定的均衡收入为 Y_1，均衡利息率为 r_1。但充分就业的收入却为 Y_f，在这种情况下，短期之内靠市场的自发调节，无法实现充分就业的均衡，这就需要依靠国家的财政政策或者是货币政策来进行调节。财政政策是通过政府的支出或者是税收的变动来调节国民收入，如果政府增加支出或者减少税收，或者双管齐下，IS_1 曲线将向右上方移动到 IS_2 曲线，达到充分就业的产出水平。货币政策是中央银行通过改变货币供应量来改变利率与收入，当中央银行增加货币供给时，LM 曲线将向右下方移动，同样也可以达到充分就业的产出水平。当然，政府还可以同时采取改变税收、改变政府支出、改变货币供应量来同时实现 IS 和 LM 曲线的移动。

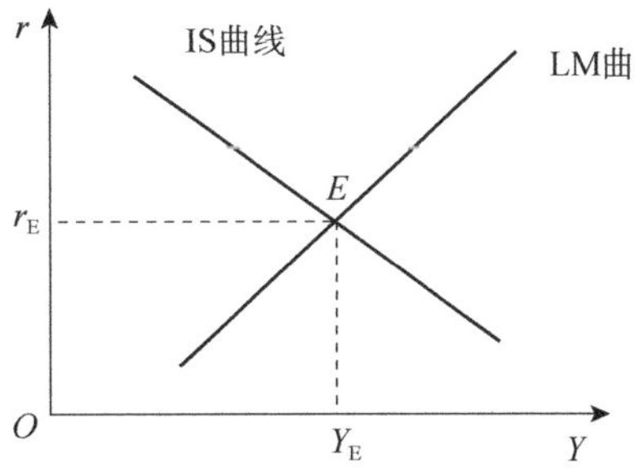

图 10-15 产品市场和货币市场的一般均衡

（1）假定 LM 曲线不变，IS 曲线变动

从图 10-16 中还可以看出，IS 和 LM 曲线移动时，不仅收入会变动，利率也会变动。当 LM 曲线不变时，IS 曲线向右移动不仅会造成收入提高，利率也会随之上升，如图 10-17 所示。这是因为，IS 曲线的右移是由于自发支出（投资、消费或者政府支出）的增加，这种计划支出的增加使得产出和收入增加，收入增加后，货币的交易需求也会增加，由于货币供给不变（LM 曲线的不变意味着实际货币供给不变），人们只能出售有价债券来获取从事交易所需的货币，这就会导致证券价格下跌，利率上升。同理，当 LM 不变时，IS 曲线的左移会导致利率和收入同时下降。

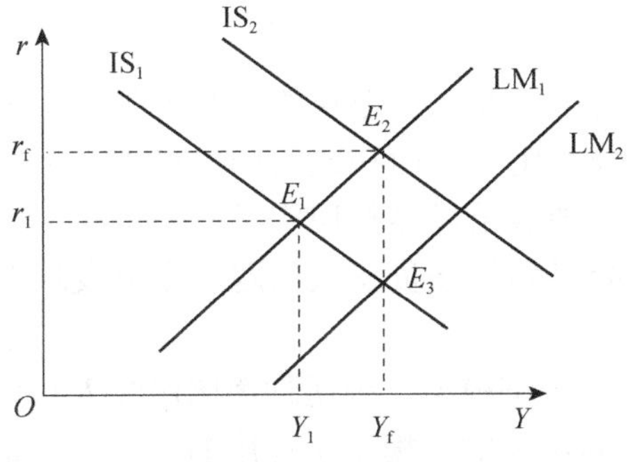

图 10-16 IS 曲线的移动、LM 曲线的移动和新的均衡

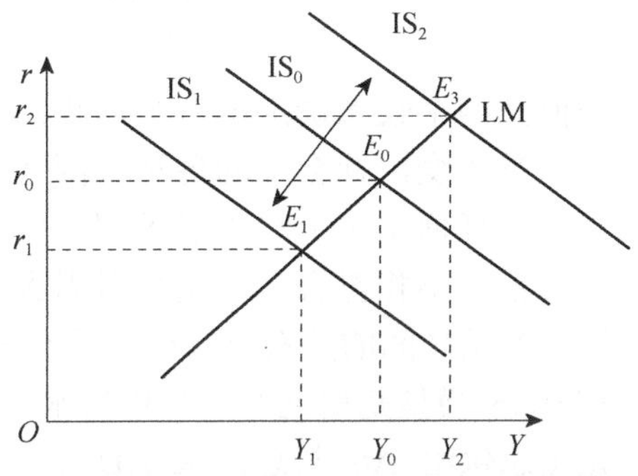

图 10-17 IS 曲线的移动的影响

（2）假定 IS 曲线不变，LM 曲线变动

当 IS 曲线不变而 LM 曲线向右下方移动时，收入提高，利率下跌，如图 10-18 所示。这是因为，LM 曲线的右移意味着货币需求不变而货币的实际供给增加了或者是货币的实际供给不变而货币需求下降了，在产品市场的供求没有发生变化的情况下，货币供给的增加必然导致利率的下跌，利率的下跌刺激消费和投资从而使得收入增加；相反，当 LM 曲线向左上方移动时，利率上升，收入下降。

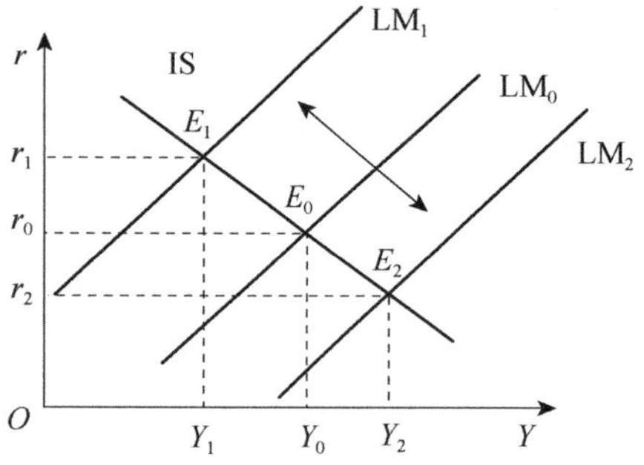

图 10-18　LM 曲线的移动的影响

IS-LM 模型分析了储蓄、投资、货币需求和货币供给是如何影响国民收入和利率的。在政策上，它为政府的宏观经济政策提供了更为具体的选择工具。根据这个模型的性质和特点，国家为实现收入的均衡增长，在利率很低时，可以实行扩张性财政政策；在利率很高时，可以实行扩张性货币政策。同时，在任何情况下，都必须使财政政策与货币政策相配合，既要产品市场均衡，也要货币市场均衡，不能顾此失彼。

阅读材料 6：希克斯、汉森与 IS-LM 模型

由英国经济学家希克斯 1937 年首创、美国经济学家汉森等人完善的 IS-LM 模型一直是主流宏观经济学的主体构件之一。这个模型可以用来分析主要宏观经济变量（国民收入和利率）的决定、产品市场和货币市场失衡的原因以及经济如何由失衡走向均衡，还可以用来分析财政政策调整（移动 IS 曲线）和货币政策调整（移动 LM 曲线）对利率和国民收入水平的影响，以及财政政策和货币政策的效果，并可以用来推导总需求（AD）曲线。20 世纪下半期的大多数计量经济学模型都是以 IS-LM 模型为基础建立起来的，凯恩斯主义者和货币主义者都接受这个模型。

资料来源：方福前，“IS-LM 模型的新发展”，《教学与研究》，2004 年 8 期

第三节　AD-AS 模型

在前面两个收入决定模型中，我们一直将价格水平和社会总供给作为外生变量，假设价格水平不变，社会上的各种资源远未得到充分利用，因而在既定的价格水平下，总供给可以在任何水平上与总需求相一致。但是，这种假设显然与现实经济中价格水平经常变动的情况不相符合，特别是考虑到各国经常会遇到的通货膨胀问题，便会发现对价格水平与产出之间的关系进行研究具有重要意义。

AD-AS 模型是研究产出与价格水平决定的基本经济模型，说明均衡国民收入与价格水平是由总供给 AS 与总需求 AD 的相互作用共同决定的。模型所使用的分析工具是社会的总供给与总需求曲线，它们表面上与微观经济学价格决定理论中所使用的供求曲线非常相似，但在内容上却有相当大的不同。

一、总需求曲线

总需求是经济社会中消费者、企业、政府和国外需求者对产品和劳务的总需求，这一需求总量通常以产出水平来表示。总需求由消费需求、投资需求、政府需求和国外需求构成。影响总需求量的因素有价格水平、可支配收入、对未来的预期、税收、政府购买和货币供给等。在这里最主要的影响因素是价格水平。

总需求曲线是表明产品市场与货币市场同时达到均衡时，总需求与价格水平之间关系的曲线，它表示在某个特定的价格水平下，经济社会需要多高水平的产出，如图 10-19 所示。

在图 10-19 中，横轴代表总产出（国民收入）Y，纵轴代表价格水平 P，总需求曲线 AD 是一条向右下方倾斜的曲线。这说明了经济社会的总需求量与价格水平呈反方向变动，即价格水平越高，总需求量越小，价格水平越低，总需求越大。

我们可以用 IS-LM 模型来解释总需求量与价格水平呈反方向变动的原因。在 IS-LM 模型中，货币供给量是指实际货币供给量，它取决于名义货币供给量与价格水平。当名义货币供给量 M 不变时，实际货币量 m 与价格水平 P 成反方向运动，即价格水平 P 上升，实际货币 m 供给量减少；价格水平下降，实际货币供给量增加。因此，在货币需求不变的情况下，实际货币供给量 m 减少使利息率 r 上升，而利息率上升又使投资减少，总需求减少；反之，实际货币供给量 m 增加使利息率 r 下降，而利息率下降又使投资增加，总需求增加。这样，总需求与价格水平就呈反方向变动。总需求的变动会引起整条总需求曲线的移动。当总需求增加时，总需求曲线向右上方移动，这表明在价格水平既定时，总需求由于其他原因（例如政府支出的增加、税收政策优惠等）而增加了；当总需求减少时，总需求曲线向左下方移动，表明在价格水平既定时，总需求由于其他原因（例如政府支出的减少）而减少了。如图 10-20 所示。

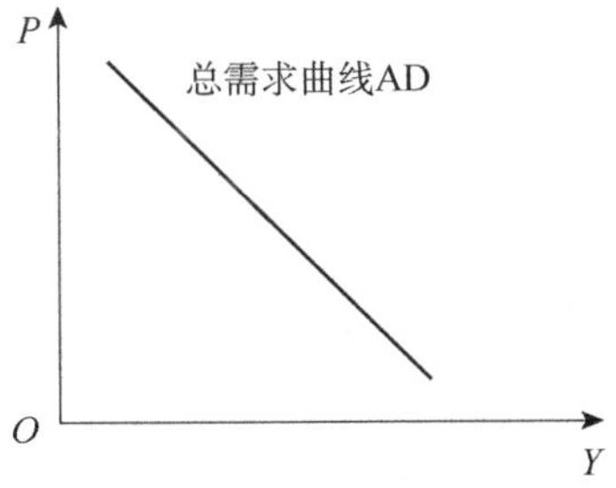

图 10-19 总需求曲线

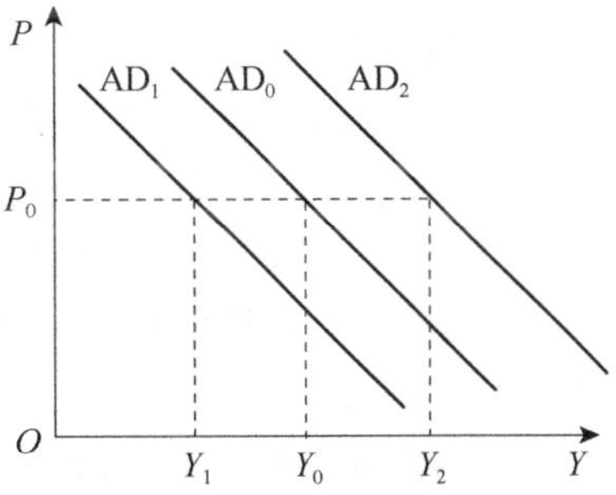

图 10-20 总需求曲线的移动

在图 10-20 中，总需求增加使总需求曲线由 AD_0 移动到了 AD_1，而总需求减少使总需求曲线由 AD_0 移动到了 AD_2。

二、总供给曲线

（一）总供给以及总供给曲线

总供给是经济社会运用生产要素所能提供的总产量或国民收入。总供给曲线是表明产品市场与货币市场同时达到均衡时，总供给量与价格水平之间关系的曲线。它反映了在每一既定的价格水平时，所有厂商愿意提供的产品与劳务的总和。

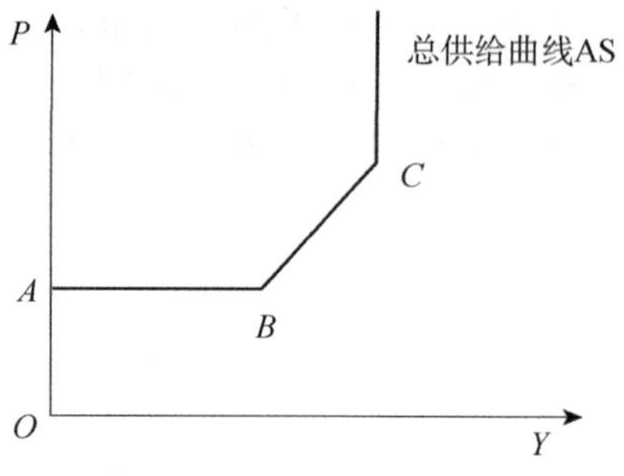

图 10-21　总供给曲线

总供给取决于资源利用的情况。在不同的资源利用情况下，总供给曲线，即总供给量与价格水平之间的关系是不同的。我们可以用图 10-21 来说明总供给曲线的不同情况。

第一种情况：*A*—*B*，这时总供给曲线是一条与横轴平行的线，这表明在价格水平不变的情况下，总供给可以增加。这是因为资源还没有得到充分利用，所以，可以在不提高价格的情况下，增加总供给。这种情况是凯恩斯提出来的，所以这种水平的总供给曲线称为“凯恩斯主义总供给曲线”。

第二种情况：*B*—*C*，这时总供给曲线是一条向右上方倾斜的线，这表明总供给与价格水平同方向变动。这是因为在资源接近充分利用的情况下，产量增加会使生产要素的价格上升，从而成本增加，价格水平上升。这种情况是短期中存在的情况，所以这种向右上方倾斜的总供给曲线称为“短期总供给曲线”。

第三种情况：*C* 点以上，这时总供给曲线是一条垂直线，这表明无论价格水平如何上升，总供给也不会增加。这是因为资源已经得到了充分的利用，即经济中实现了充分就业，总供给已无法增加。在长期中总是会实现充分就业的，因此，这种垂直的总供给曲线称为“长期总供给曲线”。

（二）总供给曲线的移动

在资源条件既定，即潜在国民收入水平既定的条件下，凯恩斯主义总供给曲线和长期总供给曲线是不变的，但短期总供给曲线是可以变动的。可以用图 10-22 来说明短期总供给曲线变动的情况。

在图 10-22 中，总供给曲线向右下方移动，即从 AS_0 移动到 AS_1，表示在价格不变的情况下，由于其他原因（例如技术进步）而引起了总供给增加。总供给曲线向左上方移动，即从 AS_0 移动到 AS_2，表示在价格不变的情况下，由于其他原因（例如资源的减少）而引起了总供给减少。

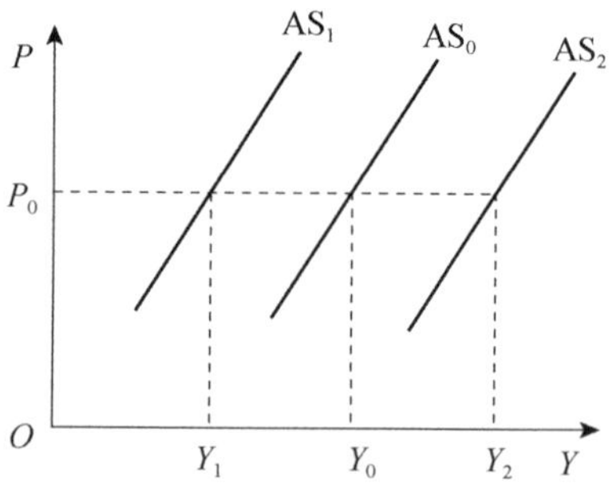

图 10-22　总供给曲线的移动

造成总供给曲线移动的因素有很多，其中最重要的有四点：投入要素价格水平的变动、生产率的变动、劳动和资本供给的变动以及对风险态度的变化。

第一，在其他条件不变的情形下，由于工资、原材料价格、能源价格水平的提高，企业获利的可能性就会降低，如果商品的价格水平不变企业只能以调整产量来适应市场的变化，成本上升，产量下降；相反，成本下降，产量增加。这意味着在同一价格水平，产品供给量的增加或者减少。

第二，在其他条件不变的情形下，生产率提高，则单位投入可以生产更多的产品，这意味着产品的单位成本逐步下降。如果价格水平不变，竞争厂商为占有更多的份额，必然会增加产出量，导致总供给曲线向右移动；反之，则向左移动。

第三，生产要素供给的增加，也会引起总供给曲线的移动，生产要素的增加意味着在价格水平不变的基础上生产能力将会扩大，这必然导致总供给曲线向右移动；反之，如果资源减少，总供给曲线则向左移动。

第四，对风险的感知和承担风险意愿的变化也会导致总供给曲线的移动。生产过程总是伴随着风险，当宏观经济进入衰退期时，风险增加，而厂商承担风险的能力和意愿却在下降。例如，厂商并不清楚衰退将持续多久，也不知道经济的复苏能否恢复到他们生产的特定产品的需求。如果衰退是未预期的或者比预期中的要长，那么厂商将会有超额的存货即超过他们意愿持有的储备，但他们已经为这些产品付出了成本却没能够把产品销售出去收回现金。如果他们继续生产而销售仍停留在低水平上，他们的现金状况将会很快恶化。作为应对措施，厂商将会减少任一价格水平下意愿供给的数量，因此当经济进入衰退期时，厂商愿意供给的数量将会减少，即总供给曲线向左移动。

除了上述三种主要因素外，天灾人祸也会导致总供给曲线的移动。例如，地震和战争期间的大轰炸会极大地减少经济中的资本存量，使得任一数量的劳动所能生产的产品数量都会减少，这将导致总供给曲线向左移动。

三、AD-AS 模型及其运用

AD-AS 模型指的是总需求曲线与总供给曲线相交时，均衡的国民收入和均衡的价格水平是如何决定的，如图 10-23 所示。

（一）总供给不变，总需求移动

下面我们分析在三种不同的总供给曲线下，总需求变动对均衡国民收入和价格水平的影响。

（1）凯恩斯主义总供给曲线

在凯恩斯主义总供给曲线水平线段上，总需求的增加会使国民收入增加，而价格水平却不变；总需求的减少会使国民收入减少，而价格水平也不变。即总需求的变动不会引起价格水平的变动，只会引起国民收入的同方向变动，如图 10-24 所示。

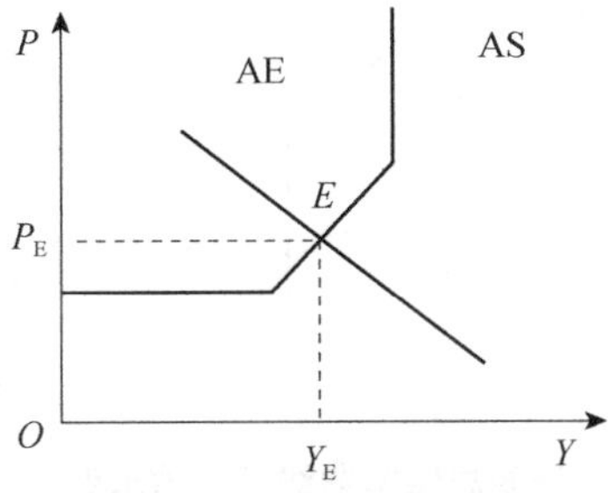

图 10-23　AD-AS 模型

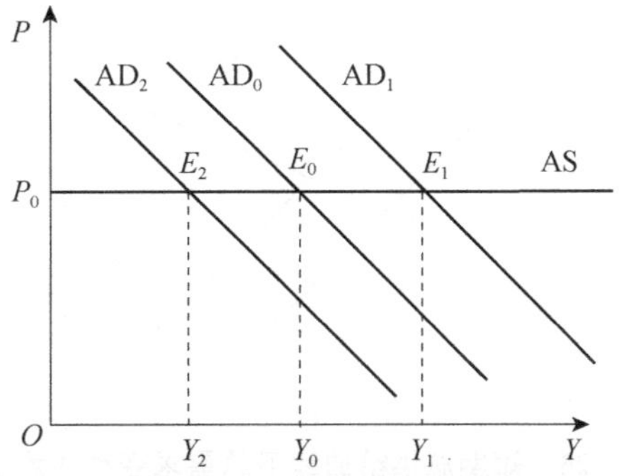

图 10-24　凯恩斯主义总供给曲线下总需求变动对均衡国民收入和价格水平的影响

在图 10-24 中，AS 为凯恩斯主义总供给曲线。AS 与 AD_0 相交于 E_0，决定了国民收入为 Y_0，价格水平为 P_0。总需求增加，即总需求曲线由 AD_0 移动到 AD_1，这时 AD_1 与 AS 相交于 E_1，决定了国民收入为 Y_1，价格水平为 P_0，这就表明了总需求增加使国民收入由 Y_0 增加到 Y_1，而价格水平不变；相反，总需求减少，总需求曲线由 AD_0 移动到 AD_2，这时 AD_2 与 AS 相交于 E_2，决定了国民收入为 Y_2，价格水平仍为 P_0，这就表明了总需求减少使国民收入由 Y_0 减少到 Y_2，而价格水平不变。

（2）短期总供给曲线

在短期总供给曲线向右上方倾斜部分，总需求的增加会使国民收入增加，价格水平也上升；总需求的减少会使国民收入减少，价格水平也会下降。即总需求的变动会引起国民收入与价格水平的同方向变动，如图 10-25 所示。

在图 10-25 中，AS 为短期总供给曲线。AS 与 AD_0 相交于 E_0，决定了国民收入为 Y_0，价格水平为 P_0。总需求增加，即总需求曲线由 AD_0 移动到 AD_1，这时 AD_1 与 AS 相交于 E_1，决定了国民收入为 Y_1，价格水平为 P_1，这就表明总需求增加使国民收入由 Y_0 增加到 Y_1，而价格水平相应地从 P_0 上升 P_1；相反，总需求减少，总需求曲线由 AD_0 移动到 AD_2，这时 AD_2 与 AS 相交于 E_2，决定了国民收入为 Y_2，价格水平为 P_2，这就表明总需求减少使国民收入由 Y_0 减少到 Y_2，而价格水平相应地从 P_0 下降至 P_2。

（3）长期总供给曲线

在长期总供给曲线垂直线段上，由于资源已得到了充分的利用，所以总需求的增加会使价格水平上升，而国民收入不会变动；同样，总需求的减少也只会使价格水平下降，而国民收入不会变动。即总需求的变动会引起价格水平的同方向变动，而不会引起国民收入的变动，如图 10-26 所示。

在图 10-26 中，AS 为长期总供给曲线。AS 与 AD_0 相交于 E_0，决定了充分就业状态下的国民收入为 Y_0，价格水平为 P_0。当总需求增加，即总需求曲线由 AD_0 移动到 AD_1，这时 AD_1 与 AS 相交于 E_1，决定了国民收入为 Y_0，价格水平为 P_1，这就表明总需求增加使价格水平由 P_0 增加到 P_1，而国民收入不变仍为 Y_0；相反，总需求减少，总需求曲线由 AD_0 移动到 AD_2，这时 AD_2 与 AS 相交于 E_2，决定了国民收入不变为 Y_0，价格水平为 P_2，这就表明总需求减少使价格水平由 P_0 减少到 P_2，而国民收入不变仍为 Y_0。

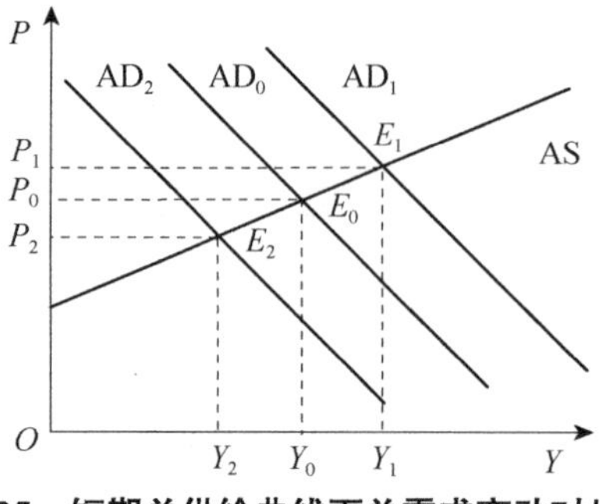

图 10-25　短期总供给曲线下总需求变动对均衡国民收入和价格水平的影响

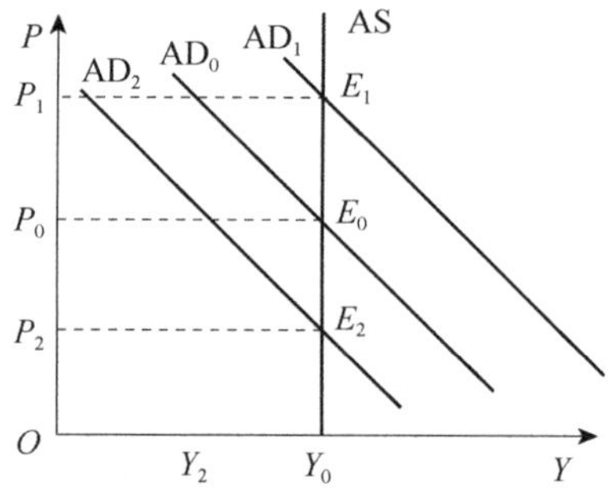

图 10-26　长期总供给曲线下总需求变化对国民收入和价格水平的影响

（二）总需求不变，总供给变动

由于各种原因，短期总供给是会变动的，这种变动会影响国民收入和价格水平的变化。在总需求不变时，总供给的增加，即产量的增加会使国民收入增加，价格水平下降；而总供给的减少，即产量的减少会使国民收入减少，价格水平上升。可用图 10-27 来说明这种情况。

在图 10-27 中，短期总供给曲线 AS_0 与总需求曲线 AD 相交于 E_0，决定了国民收入水平为 Y_0，价格水平为 P_0。当总供给增加时，总供给曲线由 AS_0 移动到 AS_1，此时 AS_1 与 AD 相交于 E_1，决定了国民收入为 Y_1，价格水平为 P_1，这表明由于总供给的增加，国民收入由 Y_0 增加到了 Y_1，而价格水平由 P_0 下降为 P_1；反之，当总供给减少时，总供给曲线由 AS_0 移动到 AS_2，AS_2 与 AD 相交于 E_2，决定了国民收入为 Y_2，价格水平为 P_2，这表明由于总供给的减少，国民收入由 Y_0 减少到了 Y_2，而价格水平由 P_0 上升为 P_2。

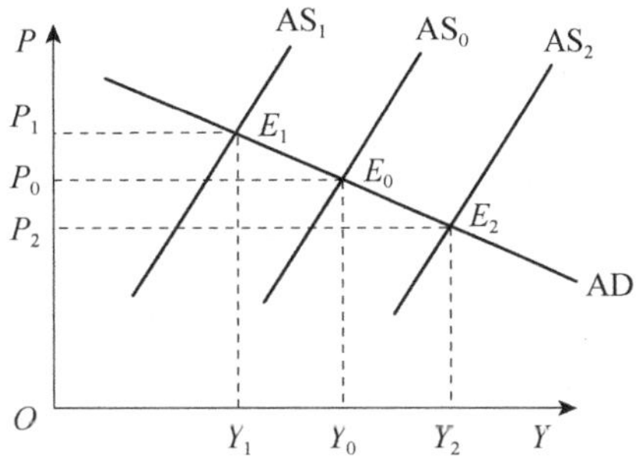

图 10-27 短期总供给变动对国民收入和价格水平的影响

关键概念

总需求	总供给	消费函数	储蓄函数
平均消费倾向	边际消费倾向	平均储蓄倾向	边际储蓄倾向
乘数	投资函数	投资需求量	利息率
货币需求动机	货币供给	IS-LM 曲线	AD-AS 模型

知识小结

1. 凯恩斯认为，经济社会总能提供与总需求相一致的供给的前提下，即总供给既定时，与总需求或计划总支出相一致的产出为均衡产出或均衡国民收入。

2. 在国民收入会计核算体系中，总支出=总收入，这里的总支出为事后的总支出，总收入为事后的总收入。

3. 凯恩斯认为，存在一条基本心理规律：随着收入的增加，消费也会增加，但是消费的增加不及收入增加多。这种规律可用消费函数来表示：$C=C（Y）=a+bY$；平均消费倾向 $APC=C/Y=a/Y+b$；边际消费倾向 $MPC=\Delta C/\Delta Y=b\Delta Y/\Delta Y=b$ $APS=S/Y=-a/Y+（1-b）$。

4. 储蓄函数为 $S=Y-C=S（Y）=Y-a-bY=-a+（1-b）Y$；平均储蓄倾向 $APS=S/Y=-a/Y+（1-b）$；边际储蓄倾向 $MPS=\Delta S/\Delta Y=（1-b）\Delta Y/\Delta Y=1-b$。

5. 当投资等于储蓄时，两部门经济均衡国民收入 $Y=（a+I_0）/（1-b）$。

6. 乘数大小与边际消费倾向和边际储蓄倾向有关。当边际消费倾向越大或边际储蓄倾向越小，则乘数越大。

7. 当自发投资量为 I_0 和定量税为 T 时，三部门经济的均衡国民收入 $Y=(a+I_0+G_0-bT)/(1-b)$。

8. 投资需求量与实际利息率之间的反方向的关系投资函数为 $I=I(r)$。I 为投资需求量，r 为实际市场利息率。

9. IS 曲线是由投资等于储蓄这一均衡条件推导出来的，投资函数表明投资需求量与实际利息率的负相关关系，储蓄函数表明储蓄与国民收入之间的正相关的关系。

10. 货币需求动机有交易性动机、预防性动机和投机性动机。

11. 货币供给（M）是一个外生经济变量，其大小与利息率的高低无关，是指一国在某一时点上保持的不属于政府和银行所有的硬币、纸币和银行活期存款的总和。

12. LM 曲线是研究货币市场均衡时，均衡国民收入与利息率水平之间正相关关系的曲线。

13. IS–LM 和 AD–AS 模型是研究在货币市场和产品市场同时达到均衡时的模型，研究角度不同。

思考作业题

一、单项选择题

1. IS 曲线表示（　　）。

A. 收入增加使利率下降　　B. 收入增加使利率上升

C. 利率下降使收入增加　　D. 利率下降使收入减少

2. 政府支出的增加使 IS 曲线（　　）。

A. 向左移动　　B. 向右移动

C. 保持不动　　D. 斜率增大

3. 政府减税一般会导致 IS 曲线（　　）。

A. 向左移动　　B. 向右移动

C. 保持不动　　D. 斜率增大

4. LM 曲线上每一点都表示（　　）。

A. 货币供给等于货币需求的收入和利率的组合

B. 货币供给大于货币需求的收入和利率的组合

C. 产品需求等于产品供给的收入和利率的组合

D. 产品需求大于产品供给的收入和利率的组合

5. 一般来说，LM 曲线的斜率（　　）。

A. 为正　　B. 为负

C. 为零　　D. 可正可负

6. 货币供给量增加使 LM 曲线右移，表示（　　）。

A. 同一利息率水平下的收入增加　　B. 利息率不变收入减少

C. 同一收入水平下的利息率提高　　D. 收入不变利息率下降

7. 在IS曲线和LM曲线相交时，表示产品市场（ ）。

A. 均衡而货币市场非均衡　B. 非均衡而货币市场均衡

C. 和货币市场均处于非均衡　D. 和货币市场同时达到均衡

8. 价格水平上升时，会（ ）。

A. 减少实际货币供给，LM曲线右移　B. 减少实际货币供给，LM曲线左移

C. 增加实际货币供给，LM曲线右移　D. 增加实际货币供给，LM曲线左移

9. 总需求曲线向右下方倾斜是由于（ ）。

A. 价格水平上升时投资会减少　B. 价格水平上升时消费会减少

C. 价格水平上升时净出口会减少　D. 以上因素都是

10. 价格总水平上升时，会（ ）。

A. 减少实际货币供给并使LM曲线右移　B. 减少实际货币供给并使LM曲线左移

C. 增加实际货币供给并使LM曲线左移　D. 增加实际货币供给并使LM曲线右移

11. 下列说法不正确的是（ ）。

A. 当价格水平的上升幅度大于名义货币供给的增长幅度时，实际货币供给减少

B. 当名义货币供给的增长幅度大于价格水平的上升幅度时，实际货币供给增长

C. 其他条件不变，价格水平上升，实际货币供给减少

D. 其他条件不变，价格水平下降，实际货币供给减少

12. 在总供给曲线为正斜率时，原材料价格上升，总供给曲线会向（ ）。

A. 右移，价格水平下降，实际产出增加

B. 左移，价格水平下降，实际产出增加

C. 右移，价格水平上升，实际产出减少

D. 左移，价格水平上升，实际产出减少

13. 总供给曲线的水平区段为（ ）。

A. 凯恩斯区间　B. 短期区间

C. 长期区间　D. 以上都不是

二、判断题

1. 在IS曲线上只有一个点的利率与实际产出的组合实现了产品市场的均衡。（ ）

2. 在其他条件不变的情形下，如果利率上升，IS曲线将向左移动。（ ）

3. 在其他条件不变的情形下，如果利率上升，LM曲线将向左移动。（ ）

4. LM曲线上任何一点的利率与产出的组合都实现了货币需求等于货币供给。（ ）

5. 当名义货币供给不变时，价格水平的上升使得LM曲线向右移动。（ ）

6. 如果中央银行增加货币供给，LM曲线向右移动。（ ）

7. 如果政府增加支出，LM曲线向左移动。（ ）

8. 如果中央银行增加货币供给，总需求曲线向右移动。（ ）

9. 如果政府减税，总需求曲线向左移动。（ ）

10. 物价水平的降低，将使得总供给曲线向右移动。（ ）

11. 总供给曲线在短期和长期具有不同的形状。（ ）

12. 垂直的总供给曲线往往说明是短期的状况。（　　）

13. 垂直的总供给曲线实际上是假设劳动力市场有足够的伸缩性。（　　）

14. 国务院实施了更严格的环保标准，总供给曲线将向左移动。（　　）

15. 面对不利的供给冲击，政府可以在不提高价格水平的情况下采取增加总需求的方法，使宏观经济回到充分就业的产出水平。（　　）

三、计算题

1. 假设消费函数为 $C=50+0.8Y$，投资函数为 $I=150-6r$，政府支出为 100 亿美元，税收为 $T=0.25Y$，货币需求为 $m=0.2Y-2r$，实际货币供给为 150 亿美元。试求：IS、LM 曲线方程及均衡收入与利率。

2. 已知总供给函数为 AS$=500P$，总需求函数为 AD$=600-50P$。

（1）求供求平衡点。

（2）如果总供给不变，总需求上升 10%，求新的供求平衡点。

（3）如果总需求不变，总供给上升 10%，求新的供求平衡点。

3. 设消费函数 $C=100+0.75Y$，投资函数 $I=20-2r$，货币需求函数 $L=0.2Y-0.5r$，实际货币供给量 $m=50$，试求总需求函数。

4. 假定某经济社会的总需求函数为 $Y=2000+750/P$，总供给函数为 $Y=2350+400P$，则总需求与总供给均衡时的国民收入和价格水平分别是多少？

第十一章　失业与通货膨胀理论

学习目标

1. 掌握失业的含义与分类；
2. 理解自然失业率和充分就业；
3. 理解失业的影响和奥肯定律；
4. 掌握通货膨胀的定义和衡量方法，以及通货膨胀的分类；
5. 掌握通货膨胀产生的原因；
6. 理解通货膨胀给经济社会带来的影响；
7. 理解菲利普斯曲线。

导读案例：中国登记失业人数首破 900 万

十一届全国人大常委会第十二次会议昨天下午听取国务院关于促进就业和再就业工作情况的报告。报告显示，受全球金融危机影响，我国城镇登记失业率自去年第四季度后达到 4.3%，登记失业人数首次突破 900 万，达 915 万人。

报告称，今年全年需要就业的人员总数超过 2400 万。按照 8%的经济增长速度，供求缺口 1200 万左右。一批企业经营困难，就业岗位不稳定。据对 15 个城市 513 家企业的持续监测，去年 10 月到今年 3 月，岗位流失情况严重，累计减幅达 8%以上。城镇登记失业率自去年第四季度后，上升了 0.3 个百分点，达到 4.3%。登记失业人数首次突破 900 万，达 915 万人。

经济增速减缓，对就业的拉动能力减弱。去年第四季度，城镇新增就业月均 59 万人，最低的 12 月为 38 万人，远低于前三季度月均 104 万的水平。据对 80 个城市职业供求情况监测，从去年第三季度起，岗位空缺小于求职人数，最大差距为 83：100，今年 3 月为 86：100。

资料来源：http：//www.cnr.cn/gundong/200912/t20091225_505808181.html

第一节　失业理论

一、失业的定义及衡量

（一）失业的定义

在法定劳动年龄内，有劳动能力的劳动者在面对现行工资水平条件下，想要工作但没有找到工作，正在寻找工作的现象，我们称为失业现象。

对于失业概念的理解，我们要注意以下几点。

第一，各国对法定劳动年龄的界定。许多国家把适合工作劳动的年龄界定在 14～65 周岁之间，而我国则规定男性 16～60 周岁、女性 16～55 周岁为劳动年龄；相对应来说，16 岁以下和 60 岁以上为非劳动年龄。随着人们的健康水平和劳动技能的不断提高，这一界限将有延长之趋势。

第二，必须具有劳动能力，并有就业欲望的人们才能称为劳动力。劳动力是指符合法定年龄范围，有劳动能力并愿意就业的人，其中包括就业者和失业者。而劳动者中不愿就业的人即为非劳动力。非劳动力包括：①在校学生；②家务劳动者；③因病退职人员，以及丧失劳动能力、服刑犯人等不能工作的人员；④不愿工作的人员。

它们之间的关系可用公式表示为：劳动力人口＝劳动年龄人口-非劳动力人口（这类人口也在劳动年龄内）；失业人口＝劳动力人口-就业人口。

第三，劳动力在现行工资水平下，没有找到工作，正在寻找工作是失业现象的重要条件。这种失业为自愿失业。

（二）失业范围

在美国，属于失业范围的包括：①新加入劳动力队伍第一次寻找工作或重新加入劳动力队伍正在寻找工作已达 4 周而仍没有工作的人；②为了寻找其他工作而离职，在此期间作为失业者登记注册的人；③被暂时解雇无法回到原工作岗位而连续一星期内未得到工资的人；④被企业解雇无法回到原工作岗位的人，即非自愿失业者。

（三）失业的衡量

衡量一个经济社会中的失业状况常常要用到失业率这一指标。所谓失业率就是失业人数占劳动力总数的百分比，用公式表示为：$u=U/L\times100\%$。这里的 u 表示失业率，U 表示失业人数，L 表示劳动力总数。

各国在统计失业人数和失业率时，所用统计方法和具体规定不尽相同，所反映的结果也不能完全准确地反映失业的实际情况。如有的国家将愿意工作而没有工作的人（即使不积极寻求工作）都计入失业人数；有的国家只将那些领取失业救济金的人算作失业者；有的国家的失业统计数字只是通过随机抽样调查得出。

表 11-1　2004～2007 年中国城镇登记失业人数及失业率（年末登记数）

年份	城镇登记失业人数（万人）	比上年增长（%）	城镇登记失业率（%）
2004	827.0	3.4	4.2
2005	839.0	1.5	4.2
2006	847.0	1.0	4.1
2007	830.0	-2.0	4.0

数据来源：中国劳动和社会保障部网站

阅读材料 1：如何看待我国的失业率统计？

人力资源社会保障部于 2009 年 1 月 20 日公布 2008 年四季度末城镇登记失业率为 4.2%，而据中国社会科学院近日的一项调查显示，我国城镇经济活动人口的失业率大概是 9.4%。

为什么会造成这种偏差呢？人力资源社会保障部新闻发言人尹成基对此进行解释。

尹成基说，这涉及两个概念，即“调查失业率”和“登记失业率”。

尹成基介绍，9.4%的调查失业率，是中国社会科学院社会学所发布的一个报告中显示的。他说：“这个数据是一个七千人的抽样调查结果，七千人当中城镇经济活动人口是 2288 人，其中失业者是 200 多人，这个数字就是这两者比较得出的。”

尹成基说，“登记失业率”主要是指在报告期末城镇登记失业人数占期末城镇从业人员总数与期末实有城镇登记失业人数之和的比重。分子是登记的失业人数，分母是从业的人数与登记失业人数之和。

据尹成基介绍，我国从 20 世纪 80 年代开始建立登记失业制度，登记失业率作为国家宏观调控的重要指标，主要有两方面的作用：一是可以作为失业人员领取失业保险待遇的前提条件，登记失业前如果参加过失业保险可以享受一定期限的失业保险待遇；二是作为登记失业人员寻求政府帮助的依据。

但是，这个指标有其不足之处。尹成基说：“它在一定时间内，反映总体失业状况的敏感程度不是很强。此外，有一部分失业人员没有进行登记，这就可能不是很全面地反映状况。”

“城镇调查失业率”是反映城镇常住经济活动人口中，符合失业条件的人数占全部城镇常住经济活动人口的比率。国际上有一套严格的标准，包括年龄、求职意向等，满足一定的条件才能判定为失业人员。要经过科学的抽样，一般要求在大量的、一定规模的样本前提下开展调查。

据介绍，为了及时、真实、全面地反映中国劳动力资源和失业状况，2005 年我国开始进行劳动力调查，目前已经进行了七次调查。尹成基说：“由于两个失业率在统计方法、指标定义和统计范围上都不相同，一般不好直接进行对比。如果只从数据本身来看，这几次调查结果和城镇登记失业率相比大体上高一个百分点，这两个失业率反映的就业和失业变化趋势是一致的。”

由于失业率统计的方法比较复杂，从国际上看，很多国家都是经过很多年的观察后，才正式对外使用。

尹成基表示，由于我国劳动力调查开展时间不长，缺乏经验的积累，还需要有一个完善和改进的过程。

资料来源：上海证券报

二、失业的种类及原因

（一）自然失业

自然失业是指由于经济社会中某些难以避免的原因所引起的失业。在动态市场经济中，由于寻找工作需要时间和等待，或者由于劳资双方互不满意及其他一些客观原因，必然有一部分人处于失业状态，这是任何情况下都难以避免的，因而是自然的。自然失业一般被认为是没有周期的失业状态，或者是经济萧条时出现的失业，经济萧条过后可以慢慢消失，但是自然失业是难以通过经济复苏的办法来消除的。现代经济学家按产生失业的具体原因把自然失业分成以下几种类型。

（1）摩擦性失业

摩擦性失业是指劳动力在生产过程中由于难以避免的摩擦而造成的短期的、局部性失业。在一个动态经济中，各行业、各地区与各部门对劳动力的需求是经常变动的，这种变动必然导致劳动力的流动。而在劳动力的流动过程中，总有部分劳动力处于失业状态，这样就形成了摩擦性失业。经济中劳动力的流动是客观存在的，所以这种失业也是正常的。

劳动力的流动过程包括老工人退休、年轻一代寻找工作的新老交替过程，以及人们出于各种原因放弃原来工作或被解雇，需要寻找新的工作。摩擦性失业量的大小取决于劳动力流动性的大小和寻找工作所需时间的长短。劳动力流动量越大、越频繁，寻找工作所需时间越长，则摩擦性失业量越大。而劳动力流动性的大小在很大程度上受到制度性因素、社会习惯、文化传统和劳动力结构等因素的制约；寻找工作所需时间长短则主要取决于获得工作机会信息的难易程度和速度，以及失业的机会成本大小、失业者承受能力等。在其他条件相同时，取得有关信息越难，所需时间越长，失业的机会成本越小，失业者承受能力越强，则摩擦性失业量越大；反之，则越小。

（2）结构性失业

结构性失业是在经济结构的变化过程中，由于劳动力市场上对劳动力供给与需求在技术、工种、年龄、性别、地区等结构上的不一致而引起的失业。经济发展、社会进步、人口规模和构成的变化、消费者偏好的改变等都会引起经济结构的变化，进而引起劳动力供求结构的调整。但劳动力供给结构的调整常常滞后于劳动力需求结构的变化，从而产生结构性失业。例如，当某些夕阳产业部门逐步走向衰落时，这些部门对劳动力的需求就会减少；与此同时，某些新兴的产业部门所需要的具有特殊技能的劳动力却供不应求。由于劳动力具有短时间内难以改变技术结构、性别结构和地区结构的特点，很难适应这种经济结构的变动，从而社会出现失业。在这种情况下，往往是“失业与职位空缺”并存，即一方面存在大量失业者，另一方面又有许多职位空缺。因此即使在劳动供给和需求总量相等时，结构性失业也可能存在。

（3）季节性失业

某些行业的生产具有季节性特点，由此引起的失业称为季节性失业。在这类行业中，生产繁忙的季节所需要的劳动力多，生产淡季所需要的劳动力少，这样就会产生具有季节性变动特点的失业。这些行业生产的季节性是由客观自然条件决定的，而非主观因素可以改变。因此，季节性失业也是自然的，在现实经济中很难完全避免，如在农业、建筑业、旅游业中就常常存在季节性失业。

（4）技术性失业

技术性失业是由于技术进步所引起的失业。在经济增长过程中，技术进步是必然趋势，生产中越来越广泛地采用了资本、技术密集型生产方式，越来越先进的设备代替了工人的劳动，这样，对劳动力需求将会相对缩小，使得失业增加。此外，在经济增长过程中，资本品相对价格下降和劳动力价格相对上升也加快了机器取代工人的趋势，从而也加重了这种失业。属于这种失业的工人大都是文化技术水平低，不能适应现代化技术要求的劳动者。

（5）求职性失业

求职性失业是指劳动力不满意现有工作，离职去寻找更理想的工作所造成的失业。这种失业的存在主要是因为劳动力市场不同质，即使是完全相同的工作也存在着工资及其他条件的差异；而且，劳动力市场信息又是不充分的，并不是每个工人都可以得到完全的工作信息。劳动者在劳动力市场上得到的信息越充分，就越能找到理想的工作。劳动者在寻找理想工作期间的失业就是求职性失业。这种失业也是劳动力流动的结果，但它又不同于摩擦性失业。因为这种劳动力的流动，不是经济中难以避免的原因引起的，而是劳动者自己造成的，属于自愿失业的性质。这种失业人口中青年人占的比例最大，因为青年人往往不满现状，渴望找到更适合自己的工作。

（二）周期性失业

周期性失业，又称为总需求不足失业，属于凯恩斯所说的非自愿失业。它是由于总体经济水平降低，在经济周期的衰退和萧条阶段所发生的失业。即当社会总需求不足，致使商品和劳务滞销，生产缩减，就业机会减少，因而产生大量的失业。可用紧缩性缺口来说明周期性失业产生的原因，紧缩性缺口是指实际总需求小于充分就业的总需求时，实际总需求与充分就业总需求之间的差额，如图 11-1 所示。

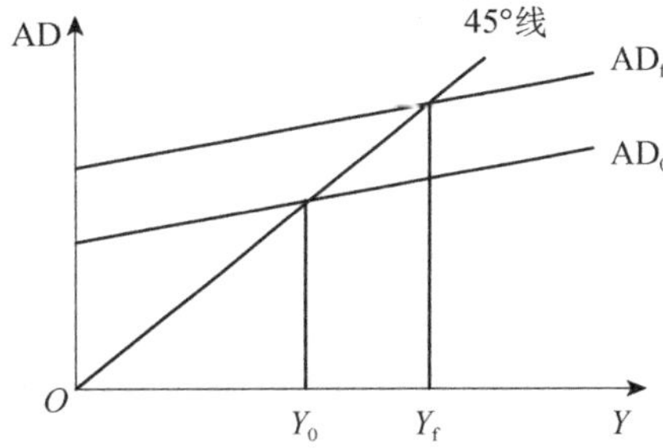

图 11-1 由紧缩性缺口导致的周期性失业

在图 11-1 中，横轴代表国民收入 Y，纵轴代表总需求 AD。AD_0 为实际总需求曲线，AD_f 为充分就业时总需求曲线或潜在总需求。当国民收入为 Y_f 时，经济中实现了充分就业，Y_f 就是充分就业国民收入。但实际总需求仅为 AD_0，这一总需求水平决定的国民收入为 Y_0，$Y_0<Y_f$，这就必然引起失业。$Y_0<Y_f$ 是由 $AD_0<AD_f$ 引起的，因此，实际总需求 AD_0 与充分就业总需求 AD_f 之间的差额，就是产生这种周期性失业的原因。

凯恩斯认为产生周期性失业的原因是总需求不足，即有效需求不足，从而总需求与总供给相等时决定的均衡国民收入小于充分就业时均衡的国民收入。而造成需求不足的原因则是以下三大心理规律的作用：

①边际消费倾向递减规律导致消费不足。这就是说，随着收入的增加，消费也增加，但在增加的收入量中，用来消费的部分所占比例越来越少，从而造成了消费需求不足。

②资本边际效率递减规律造成投资需求不足。资本的边际效率递减规律是指一定资本增量预期的收益与其供给价格（重置成本）之间的比率递减趋势。投资是为了获得最大纯利润，而这一利润取决于投资预期的利润率（即资本的边际效率）与为了投资贷款所支付的利息率。如果预期的利润率越大于利息率，则纯利润越大，投资越多；反之，如果预期的利润率越小于利息率，则纯利润越小，投资越少。资本的边际效率递减使得利润率与利息率之间的差距缩小，引起投资不足。

③流动偏好规律使利率的下降有一个最低限度，无法拉开利润率与利息率之间的差距以便刺激投资。流动性偏好（表示人们喜欢以货币形式保持一部分财富的愿望或动机）即人们对货币的需求。由于货币需求的存在，利息率的下降就有一定的限度，这样也使得利润率与利息率之间的差距缩小，引起投资需求也不足。

以上三大规律共同作用，最终造成总需求的不足，从而引起非自愿失业，即“需求不足的失业”。

（三）隐蔽性失业

所谓隐蔽性失业，是指有人表面上有工作，但由于从事着与自己专业技能和能力不符的工作，导致对经济活动并没有做出贡献，即存在有“职”无“工”者的一种社会现象。随着人口的增加，劳动力供给的增多，很多企事业单位存在大量的冗员；同时，伴随着科技进步、先进机器设备的使用，使各部门对劳动力需求有相对减少的趋势。这导致一些单位人浮于事、效率低下，即使减少部分就业人员也不会使产出下降，这就意味着存在隐蔽性失业，或者说部分人员的边际生产力为零。消灭隐蔽性失业对提高经济效率是十分重要的。

三、充分就业与自然失业率

充分就业并非人人都有工作，消灭了周期性失业就可以视为实现了充分就业。简单地说，就是在现有的工作条件下，按现行货币工资率的情况，所有想工作的劳动者经过努力都可以找到工作的一种经济状态。当社会实现充分就业时，失业率就是自然失业率，就业率为充分就业率。在自然失业率下，劳动和产品市场达到均衡状态，因而此时工资和价格水平是稳定的，没有通货膨胀加速或递减的趋势。在现代经济中，为防止高通货膨胀率，自然失业率是能被维持的最低失业率水平，因此它也意味着最高可维持的就业水平和社会的潜在产出水平。

自然失业率的高低，取决于劳动力市场的完善程度、经济状况等多种因素。不同国家对失业的承受能力不同，自然失业率也有所不同。通常，市场机制完善的国家的自然失业率较低。近年来，自然失业率有上升的倾向。以美国为例，在 20 世纪 60 年代早期，经济学者断言，处于劳动力充分就业的状态，失业率会是 4%以下；在 70 年代早期，这个数字据估计是 5%；到了 80 年代早期，自然失业率被认为是 6%或更高。

四、失业的影响

失业问题的重要性在于，较高的失业率会对一国的经济、社会政治等方面产生巨大的负面影响。

从经济方面看，失业会直接造成资源的浪费，带来经济上的损失。因为劳动力是重要的经济资源，是四种生产要素之一。失业的存在意味着劳动力资源的闲置，在劳动力失业的同时，往往也伴随着机器、设备、厂房等经济资源的闲置，造成全社会的生产能力利用不足，生产萎缩，产出下降，从而使一国经济的实际产出低于其潜在产出。美国经济学家阿瑟·奥肯在 20 世纪 60 年代提出了实际国民收入增长率与失业率之间关系的一条经验规律，即“奥肯定理”。“奥肯定理”指出，实际 GDP 相对潜在 GDP 每下降 2.5%，失业率就上升 1 个百分点。这也就是说，实际国民收入增长率与失业率反方向变动：失业率提高，实际国民收入增长率减少；失业率降低，实际国民收入增长率增加。“奥肯定理”的一个重要结论是：实际 GDP 必须保持与潜在 GDP 同样速度的增长，以防止失业率上升，即 GDP 必须不断增长才能保证失业率维持不变。如果要降低失业率，实际 GDP 的增长必须快于潜在 GDP 的增长。

从社会方面看，失业首先会导致失业者及其家庭的收入减少，生活水平下降。另外，失业会给人的心理造成巨大的创伤和痛苦，带来一系列社会问题。最近的研究表明，失业会导致人们身体和精神健康的恶化，心脏病患者、酒精中毒者、犯罪和自杀者增加，甚至引起社会骚乱等。当失业率提高时，政府和执政者往往成为人们责难的对象，政府失去人们的信任，甚至直接影响到政治的稳定。失业增加时，政府一般要相应增加政府支出，救济和补助失业人口，从而加重政府的财政负担等。

阅读材料 2：大萧条与罗斯福新政

在 20 世纪 30 年代那场席卷西方资本主义世界的经济大萧条中，美国遭受危机的打击最为严重，工业生产持续下降达三年之久，1932 年全国工业生产比危机前的 1929 年下降了 46.3%。经济被抛回到 1913 年的水平，危机遍及各工业部门。重工业部门生产下降的幅度尤为惊人。钢铁工业下降了近 80%，汽车工业下降了 95%。危机期间，13 万家以上企业倒闭，成千上万的工人被赶出工厂，流浪街头。失业人数在 1993 年达到将近 1300 万，大约为劳动人口的 1/4。持续几年的危机使工业工人受尽饥寒之苦。美国总统罗斯福于 1933 年 3 月 4 日入主白宫后，为了缓和空前严重的经济危机所造成的大萧条，立即开始推行“新政”。罗斯福的“新政”采纳了凯恩斯的一些主张。美国政府开始全面调节、干预经济，制定了一系列法规，对经济活动进行约束；成立了证券交易委员会等机构，对金融证券业进行管理。

同时，罗斯福根据凯恩斯的建议，采取政府主动增加赤字，增加对公共基础服务设计的投资，大力修建高速公路和电站，由此拉动了市场需求，刺激、带动了经济的复苏。例如在“新政”第二阶段，以工代赈，公共工程的规模得到进一步扩大。从 1935 年到 1942 年，为协调整个工程计划而设立的“工程进展署”花费了大约 130 多亿美元，雇用了约 850 万工人，修建了 12.2 万幢公共建筑、66.4 万英里新道路、7.7 万座新桥梁、285 个新机场和 2.4 万英里地下水道。此外，还修好公园、游戏场、水库等。因为这些大规模的公共基础建设的投资，40%会转化为消费基金，所以带动了一大片产业，也带来了大量就业，同时又为日后的经济腾飞创造了基础条件。

案例分析：毫无疑问，就业始终是凯恩斯最关心的问题。因为正是 20 世纪 30 年代那场席卷整个资本主义世界的经济大萧条所带来的大量失业以及接踵而至的社会问题，才引发了凯恩斯对传统自由放任经济哲学的重新审视，从而形成一套主导了半个世纪经济学发展方向的宏观经济理论。如今，我们通过回顾大萧条与罗斯福新政，可以印证宏观经济学中的几个重要的原理。

首先，上述案例说明了失业与实际 GDP 之间存在负相关系：即当实际 GDP 增加时，失业率降低；而当实际 GDP 减少时，失业率上升。在宏观经济学中，失业与实际 GDP 之间的负相关关系被称作“奥肯定理”，以纪念第一个研究并发现两者关系的美国经济学家阿瑟·奥肯。

其次，从上述案例中看到，罗斯福新政中所采用的促进就业的政策措施是建立在凯恩斯的“有效需求不足”的理论之上的。用现代宏观经济学的话来说，即：由于有效需求不足，使得总供给大于总需求，实际的经济产出没有达到充分就业水平所对应的产出量，因此存在紧缩缺口。为了解决有效需求不足的问题，政府应该采取扩张性的财政政策与货币政策，来扩大总支出，从而刺激总需求。罗斯福根据凯恩斯的建议，采取政府主动增加赤字，增加对公共基础服务设施的投资，大力修建高速公路和电站等举措正是依据这一原理而做出的。

第二节　通货膨胀理论

导读案例：世界通货膨胀大事记

20 世纪是恶性通货膨胀的集中期，世界历史上有所记载的通货膨胀事件全部发生在这个时期。工业革命后，人类社会进入了前所未有的高速发展阶段，相应而来的各种问题也一一浮出水面。受到各种因素的影响，20 世纪发生的恶性通货膨胀主要出现在三个时期：第一次世界大战后、第二次世界大战后及 80 年代的债务危机时期。

第一次世界大战后，受战争影响，欧洲的 5 个国家奥地利、德国、匈牙利、波兰和苏联陷入恶性通胀中。1922—1923 年间，德国的通胀率高达 29000%。

同样是战争原因，另一轮恶性通胀发生于第二次世界大战后，希腊和匈牙利都陷入了货币混乱中，它创下了世界上最严重的恶性通货膨胀的纪录——连续一年多物价平均每月通胀率达 19800%。

第三轮恶性通货膨胀则是发生于世界经济飞速发展的时期——20 世纪 80 年代。阿根廷、玻利维亚、巴西、秘鲁等国的外债危机导致了金融混乱。

资料来源：云南省财政厅网站

一、通货膨胀的含义以及如何衡量

（一）通货膨胀的含义

当代经济学家对通货膨胀一词的解释不尽相同。F·A·哈耶克认为："通货膨胀是指货币数量的过度增长，这种增长会合乎规律地导致物价上涨。"M·弗里德曼则认为："物价普遍的上涨就叫通货膨胀。"而 P·萨缪尔森解释："物品和生产要素的价格普遍上升的时期——面包、汽车、理发的价格上升；工资、租金等也都上升。"从这些解释中，我们可以看出，一般说来，通货膨胀总是同物价上涨和货币贬值联系在一起的。所以，通货膨胀的必然结果是：物价在上涨，货币购买力在下降。

我们定义通货膨胀：商品和劳务的物价水平持续又普遍上涨的现象称为通货膨胀。

在理解这一定义时要注意以下几点：

①商品和劳务价格水平上涨不是指一种或几种商品和劳务价格的上升，而是大部分商品和劳务的平均总价格水平的上涨，但这里并不排除某些商品和劳务价格不变甚至下降。

②价格水平必须是持续一段时期的上升过程，偶然性、暂时性的价格上涨，不能算作通货膨胀。

③上涨幅度是人们可以感受到的。

阅读材料 3：通货紧缩

2001 年 3 月，在讨论《月例经济报告》的阁僚会议上，日本政府的经济财政大臣麻生太郎公开认定："现在的日本经济正处在缓慢的通货紧缩之中。"

在美国经济减速、股市暴跌已对日本经济造成严重冲击的情况下，政府越来越强烈地感受到物价下跌对经济持续回升的恶劣影响，并强制日本银行进一步采取金融缓和措施以制止物价持续下跌。根据日本官方的观点，日本经济中出现的这种通货紧缩状态在战后还是第一次，并且在此时的整个西方世界中也只有日本处于这种状态。战后日本也曾出现过多次物价下跌现象，但都因仅具有局部性和短期性的特点，未被日本政府视为通货紧缩。而此次日本的物价下跌却具有全面性和持续性特征。全面性体现在几乎全部或绝大部分商品的价格都同时呈下跌态势。比如，1999 年和 2000 年，不仅综合批发物价指数分别比上年下跌了 3.3 和 0.1 个百分点，而且综合消费物价指数分别下跌了 0.3 和 0.7 个百分点。此外，从各种商品和服务的分类统计看，物价下跌所涉及的商品范围也极其广泛。持续性表现在物价下跌已成为一种长期态势。从 1991—2000 年这个 10 个年份中，有 8 个年份的综合批发物价指数呈下跌态势，尤其是综合消费者物价指数在 1999 年和 2000 年出现了战后从未有过的连续两年下降的情况。

案例评析：通货紧缩（deflation）一般被定义为物价水平的广泛、持续下跌，因此价格水平的变化是判断是否出现通货紧缩的最为重要的依据。

（二）通货膨胀的衡量

衡量通货膨胀的指标一般是物价指数。物价指数是表明经济中各种商品和劳务的价格总水平在一定时期内变动幅度的指数，是衡量商品价格报告期与基期相比综合变动程度的指标。物价指数一般不是简单的算术平均数，而是加权平均数，即根据某种商品在总支出中所占的比例来确定其价格的加权数的大小。

根据计算物价指数时包括商品与劳务种类的不同，目前经常使用的物价指数主要有三种。

（1）消费物价指数

消费物价指数又称零售物价指数或生活费用指数，简称 CPI，是衡量居民户消费商品和劳务零售价格变化的指标。它是多种商品和劳务价格的加权平均数。

其公式为：CPI=（一组固定商品按报告期价格计算的价值）/（一组固定商品按基期价格计算的价值）×100%。

（2）生产者价格指数

生产者价格指数，简称 PPI，是根据企业，而不是消费者所购买的商品价格的变化状况得出的。它反映了包括原材料、中间产品及最终产品在内的各种商品批发价格的变化。由于生产者价格指数反映了企业经营成本的变动，所以为企业所广泛关注；同时，由于企业生产经营成本上升的传递效应最终往往要在消费品的零售价格中反映出来，所以生产者价格指数在一定程度上预示着消费者价格指数的变化。

（3）批发物价指数

批发物价指数，简称 WPI，它的计算方法与消费物价指数的计算方法基本相同，是根据大宗物资批发价格的加权平均价格编制而得的物价指数，反映不同时期生产资料和消费品批发价格的变动趋势与幅度的相对数；其包括的产品有原料、中间产品、最终产品与进出口品，但不包括各类劳务，与 PPI 极为类似。

（4）GDP 折算数

GDP 折算数，又称 GDP 平减指数，是衡量不同时期一切商品与劳务价格变化的指标。它是按报告期价格计算的国内生产总值与按基期价格计算的国内生产总值的比率。GDP 折算数的变动状况，能够全面准确地反映一般价格水平的趋势，但其原始数据不易获得。

通货膨胀率是用来反映通货膨胀程度的指标，即在一定时期内物价总水平上涨的百分比。一般而言，可以用上述三种物价指数中的任何一种来计算通货膨胀率，但由于消费物价指数与人们生活水平关系最密切，所以往往用消费物价指数来计算通货膨胀率。

其公式为：通货膨胀率＝（报告期的消费物价指数-基期的消费物价指数）/基期的消费物价指数×100%。

通货膨胀率计算公式还可表示为：$\pi_t = \dfrac{p_t - p_{t-1}}{p_{t-1}}$；公式中 π_t 为 t 年的通货膨胀率，Pt 为 t 年的物价水平，P_{t-1} 为 t-1 年的物价水平。

假定一个经济社会的消费物价指数，从去年的 100 增加至今年的 125，那么这一时期内的通货膨胀率为（125-100）/100×100%=25%。

二、通货膨胀的种类

（一）按照通货膨胀的严重程度划分

①爬行的或温和的通货膨胀。此类通货膨胀指的是年通货膨胀率一般在 10%以下，其特点是通货膨胀率较低而且相对稳定。有人认为，爬行的通货膨胀表现为每年物价上涨率在 1%～3%之间。目前，许多国家都存在着这种爬行的通货膨胀。例如，20 世纪 50 年代的美国、英国和日本，温和的通货膨胀表现为每年通货膨胀率在 3%～6%或 3%～10%之间。

②加速的或奔驰的通货膨胀。此类通货膨胀指的是年通货膨胀率在 10%～100%之间，其特点表现为在较长时期发生的一般物价水平以较大幅度上涨。例如，20 世纪 50～70 年代拉丁美洲的某些国家。这时，货币流通速度提高而货币购买力下降，并且均具有较快的速度。由于公众预期价格还会进一步上涨，因而采取各种措施来保护自己，避免遭受通货膨胀之害，使得通货膨胀更为加剧。

③恶性的或超速的通货膨胀。此类通货膨胀指的是年通货膨胀率在 100%以上，其表现是流通中货币数量的增长速度大大超过货币流通速度，货币迅速贬值，价格水平完全失去控制，无限制地迅速上涨。这种通货膨胀会使得各种正常的经济关系遭到破坏，政府信用和银行信用将逐步失去，可能会发生社会动乱和政权的更迭。例如，第一次世界大战后的德国、奥地利，第二次世界大战后的匈牙利、中国、希腊等国都发生过恶性的通货膨胀。

（二）按照通货膨胀的表现形式划分

①公开性通货膨胀。此类通货膨胀指的是在市场机制充分运行和政府对物价不加控

制的情况下所表现出来的通货膨胀。由于市场机制较为完善，且没有政府的直接干预，货币的多少直接影响着物价水平的升降。因此，通货膨胀便以物价水平公开上升的形式表现出来，物价水平的上升幅度可以准确地反映通货膨胀的程度。

②隐蔽性通货膨胀。此类通货膨胀指的是经济中已经出现一般物价上涨，但并没有在官方物价指数的变化中完全表现出来。由于物价上涨在官方物价指数上没有得到充分和准确的反映，或者漏掉了，或者隐蔽起来了，因此，官方物价指数反映的物价上涨率低于实际发生的物价上涨率。出现这种情况的原因是官方物价指数编制的构成方面有缺陷。例如，在 1959～1962 年间，我国官方的零售价格总指数上涨 24.4%，而市场的消费物价指数却上涨了 168.6%，反映当时确实存在着严重的隐蔽型通货膨胀。

③抑制性通货膨胀。此类通货膨胀一般发生在商品短缺时期，由于政府采取价格管制措施，或者实行配给制，从表面上看价格水平并未上涨，但经济中存在着明显的通货膨胀压力，一旦解除价格管制并取消配给制，就会发生较严重的通货膨胀。

（三）按照不同商品的影响程度划分

①平衡的通货膨胀。此类通货膨胀指的是各种商品和劳务的价格都按相同比例上升，包括各种生产要素的价格，如工资率、利息、租金等。这种通货膨胀在现实经济生活中很少见，因为各种商品和劳务价格按照相同比例上升是很难出现的，它更像是一种巧合，而且对单个经济主体的影响也不大。

②非平衡的通货膨胀。大多数情况下，非平衡的通货膨胀是常见的、多发的。这种通货膨胀是指各种商品和劳务的价格上涨幅度并不完全相同，有的上涨幅度较大，有的上涨幅度较小。这是因为在市场经济运行中，影响商品和劳务价格的因素在不断变化，变化的程度和快慢都不一样，从而使得各种商品和劳务价格的上涨幅度也不一致。这种通货膨胀对不同经济主体的影响是不同的，与平衡的通货膨胀相比，这种通货膨胀更普遍。例如，在通常情况下，农产品价格上涨幅度大于工业品的价格上涨，消费品价格上涨幅度高于工资的提高幅度等。

（四）按人们对价格上涨的预期不同划分

①未预期到的通货膨胀，即一般物价水平上涨的速度出乎人们预料之外，或人们根本没想到价格会上涨。原因在于，影响价格水平变化的因素有很多，而且变幻莫测。因此，在大多数情况下，通货膨胀都是未预期到的，包括普通居民和经济学家。例如，俄罗斯在 1992 年放开物价水平后的五年内价格水平居然上升了 1000 倍，这是很多人都没有预料的。再如，国际市场上原材料价格突然上涨而引起国内一般物价水平的上涨，20 世纪发生的几次石油危机的冲击就是这种情况。

②预期到的通货膨胀，即人们根据物价上涨的规律，预期明年物价水平也要与本年物价同比例上涨。劳动者会要求工资，厂商会要求利润率与物价水平按相同速度上涨。因此预期到的通货膨胀具有自我维持的特点，所以也称为惯性通货膨胀。

三、通货膨胀的成因

我们知道通货膨胀表现为价格水平的持续普遍上涨，而价格水平是由总需求和总供给曲线决定的。所以我们可以从需求、供给方面寻找产生通货膨胀的原因。

（一）需求拉动型的通货膨胀

需求拉动型的通货膨胀指的是当总需求的增长超过总供给所引起的一般价格水平的持续普遍地上涨，可以理解为“过多的货币追逐过少的商品”，或者理解为“因为商品和劳务的总需求超过了按现行价格可得到的供给，导致一般物价水平上涨”。

我们可以从总供给曲线处于不同的阶段来分析需求拉动型通货膨胀。

（1）充分就业时的需求拉动型通货膨胀——垂直阶段

凯恩斯认为：当经济社会实现了充分就业时，表明资源已经得到充分利用，如果此时总需求仍持续增加，就会因过度的总需求增加而出现膨胀性缺口引起通货膨胀。这里的膨胀性缺口指的是实际总需求大于充分就业时的总需求或者潜在的总需求，实际总需求与充分就业时的总需求之间的差额。

如图 11-2 所示，此时的总供给曲线为 AS，是一条垂直于横轴的直线，表示经济社会实现充分就业的总供给；总需求曲线为 AD；横坐标代表国民收入 Y，纵坐标代表物价水平 P。当总需求曲线 AD_0 与总供给曲线 AS 相交于与点 E_0，表明此时国民收入为潜在国民收入 Y_0，价格水平为 P_0；当总需求从 AD_0 增加至 AD_1 时，与总供给曲线相交于点 E_1，此时国民收入没有发生变化，价格水平从 P_0 上升至 P_1。在这里，我们可以看出物价水平的上升是由于出现了膨胀性缺口而导致的，即总需求过度而引起的通货膨胀。

（2）未实现充分就业时的需求拉动型通货膨胀——向右上方倾斜阶段

有一部分经济学家认为，经济社会在没有实现充分就业的情况下，也可能产生通货膨胀。

如图 11-3 所示，此时的总供给曲线为 AS，向右上方倾斜的部分表示经济社会还没有达到充分就业水平；总需求曲线为 AD；横坐标代表国民收入 Y，纵坐标代表物价水平 P。当总需求曲线 AD_0 与总供给曲线 AS 相交于与点 E_0，此时国民收入为 Y_0，价格水平为 P_0；当总需求从 AD_0 增加至 AD_1 时，与总供给曲线相交于点 E_1，此时国民收入从 Y_0 上升为 Y_1，价格水平从 P_0 上升至 P_1，此时的 Y_0 和 Y_1 都没有达到充分就业时的国民收入 Y_f。

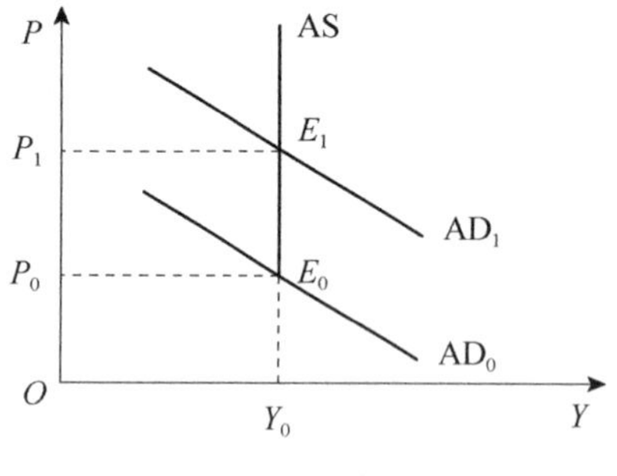

图 11-2　实现充分就业时的需求拉动型通货膨胀

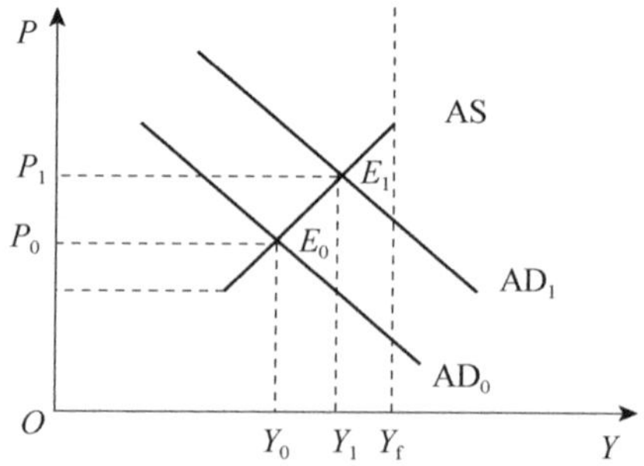

图 11-3　未实现充分就业时的需求拉动型通货膨胀

原因在于，当总需求增加后，由于劳动、原材料、生产设备等不足导致成本上升，进而使总供给不能迅速满足总需求的增加，产生暂时的供给短缺，此时价格水平便上升，产生了通货膨胀；与此同时国民收入也上升了，但没有达到充分就业状态下的国民收入。

另外，当总供给处于水平阶段的时候，这意味着经济社会存在大量的闲置资源，此时的总需求增加，不会导致物价水平的上升，只会引起国民收入增加。

（二）成本推动型通货膨胀

成本推动型通货膨胀是从总供给方面考察通货膨胀形成的原因，此时的总需求水平保持不变。这种通货膨胀是由成本的增加而引起的。当生产成本提高以后，生产者便力图以高物价形式将成本转嫁给消费者，于是造成一般价格水平的普遍上涨。

可用图 11-4 来说明成本推动型通货膨胀的形成过程。生产成本的增加将导致总供给的减少，使得总供给曲线向左上方移动，这样也使得国民收入减少，价格水平上升，从而导致通货膨胀。在图 11-4 中，横坐标代表国民收入 Y，纵坐标代表价格水平 P，总需求曲线为 AD，总供给曲线为 AS。当总需求曲线 AD 与总供给曲线 AS_0 相交于 E_0，此时的价格水平为 P_0，国民收入为 Y_0。由于生产成本的增加，使总给曲线从 AS_0 向上方移至 AS_1，这时的总需求不变，总供给曲线 AS_1 与总需求曲线 AD 相交于 E_1，此时价格水平从 P_0 上升至 P_1，国民收入从 Y_0 减少至 Y_1。

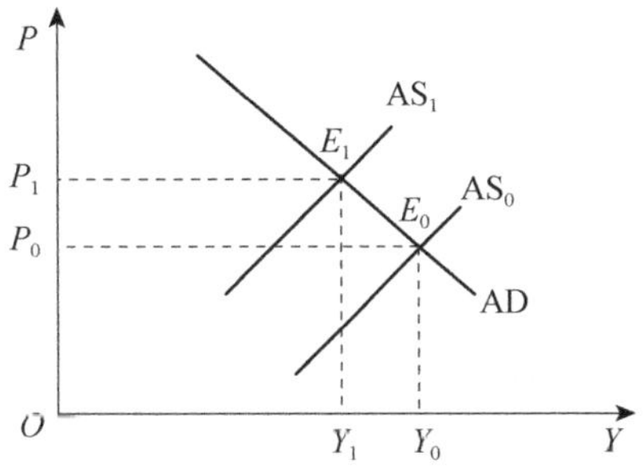

图 11-4 成本推动型通货膨胀

根据引起生产成本上升的原因，成本推动的通货膨胀可分为以下几种。

（1）工资成本推动的通货膨胀

它的发生需要具备两个前提条件，即劳动力市场是不完全竞争市场，货币工资率的增长快于劳动生产率的增长。如果劳动力市场是完全竞争的市场，则工资率取决于劳动力的供给和需求。当工资率由于某种原因的出现而上升时，劳动力的供给量就会增加，而劳动力的需求就会减少，劳动力的供给过剩必将使工资率下降到均衡水平。但是现实的劳动力市场具有不完全竞争性，工会是劳动力供给的垄断力量，同时工资又具有刚性，只能上升，很少下降。这样，当工会经常性地要求提高工资时，产品的成本将上升，在利润不变的前提下导致商品价格的上涨。当这种情况成为普遍现象时，便发生了通货膨胀。简单地说，工资推动通货膨胀就是由于工资过度上涨所造成的成本增加而促使价格总水平上涨。然而这还会产生一种螺旋式的效应，即工资上升引起物价上涨，物价上涨又引起工资上升，结果工资上升和物价上涨形成了螺旋式的上升趋势。例如，许多经济学家将欧洲大多数国家在 20 世纪 60 年代末 70 年代初经历的通货膨胀认定为工资成本推动的通货膨胀，因为在这一时期出现了工资报酬的急剧增加。例如，在联邦德国，工资报酬的年增长率从 1968 年的 7.5%跃居到 1970 年的 17.5%。在同一时期，美国的工资报酬年增长率也从 7%上升到 15.5%。

（2）利润推动的通货膨胀

寡头垄断或完全垄断的存在是利润推动型通货膨胀形成的前提条件。在完全竞争条件下，商品的价格取决于商品的需求和供给，如果某个厂商试图以提高价格的方法增加利润，其需求量必然减少，市场份额下降，这个厂商将得不偿失。但是，在寡头垄断或完全垄断条件下，同行业只有少数几个厂商或一个厂商，这时当工会要求提高工资时，或当原材料的价格上涨时，它们便会趁机大幅度提高商品价格，以获取更多的利润。当这个行业产品价格的上升又通过提高其他行业的成本而影响到全社会时，或通过示范作用波及较多行业时，便形成了利润推动的通货膨胀。简单地说，就是指垄断厂商为谋求更大的利润导致的一般物价总水平的上涨。需要注意的是，工会要求提高工资和垄断寡头希望增加利润对通货膨胀形成的作用并不完全相同。工会在要求增加工资时，它并不考虑较高工资率对经济造成的影响，往往是希望工资越高越好。但是垄断厂商的利润总量不仅依赖于单位商品的价格，而且还依赖于总的销售量；即提高价格固然可以增加单位量的利润，但如果价格过高造成销售量减少，可能使总利润减少。因此，垄断厂商在制定价格时，并不认为越高越好，而是要全面考察市场。同时也能看出利润推动的通货膨胀的作用没有工资成本推动的通货膨胀的作用大，即相对较弱一些。

（3）进口成本推动的通货膨胀

这种通货膨胀是由于进口商品价格提高，引起国内商品价格上涨，特别是重要原材料进口价格过高，引起国内生产成本提高。当这些行业价格的上涨波及整个经济时，便形成了进口成本推动的通货膨胀。例如，20 世纪 70 年代的石油危机期间，石油价格急剧上涨，具体情况是：在 1973 年至 1974 年，石油输出国组织历史性地将石油价格提高了 4 倍；到了 1979 年，石油价格又被再一次提高，导致以进口石油为原料的西方国家的生产成本也大幅度上升，从而引起通货膨胀。它的形成过程与工资成本推动的通货膨胀是一样的。

（三）供求混合推动的通货膨胀

在这里，通货膨胀的形成是总需求和总供给两方面共同作用的结果。如果通货膨胀首先是由需求拉动引起的，即总需求增加导致价格水平上升，当商品和劳务价格上升以后，工人会迫使厂商增加工资，导致厂商的生产成本提高，从而引起成本推动型的通货膨胀；如果通货膨胀首先是由成本推动开始的，成本提高导致价格水平上升，这时如果没有总需求的相应增加，价格的上升最终会使生产减少、失业增加，从而使成本推动的通货膨胀趋于停止。只有在成本推动的同时，又有需求的增加，这种通货膨胀才能持续。

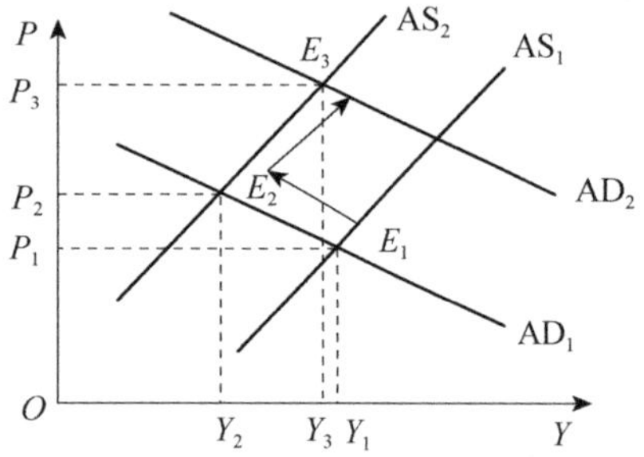

图 11-5　供求混合推动的通货膨胀

可用图 11-5 来说明成本推动与需求拉动是如何引起通货膨胀的。这里我们假设通货膨胀先由成本的增加而导致总供给减少，再由总需求增加而引起的。

在图 11-5 中，横坐标代表国民收入 Y，纵坐标代表价格水平 P，总需求曲线为 AD_1，总供给曲线为 AS_1，二者相交于点 E_1。当总供给曲线由 AS_1 减少移动至 AS_2，此时的总需求为 AD_1，二者相交于点 E_2，这样会使价格水平由 P_1 上升至 P_2，这是成本推动引起的通货膨胀。但如果仅仅是成本推动，由于价格上升为 P_2，产出会由 Y_1 减少到 Y_2，最终由于经济衰退使通货膨胀趋于停止。只有成本推动以后，总需求又由 AD_1 增加至 AD_2，此时总供给为 AS_2，二者相交于点 E_3，使得价格水平又由 P_2 上升至 P_3，产出从 Y_2 增加到 Y_3，整个过程，价格水平上升的轨迹是 $E_1 \rightarrow E_2 \rightarrow E_3$。

（四）结构性通货膨胀

这种通货膨胀是指不是由需求拉动和成本推动的原因引起，而是由于经济结构要素的变动，出现的一般物价水平的持续上涨现象。

①产业结构的变化。在总需求不变的情况下，总需求的组成结构发生变化，一些部

门需求增加，另一些部门需求减少。于是，一部分社会需求就从衰退部门逐渐转移到新兴部门。这样，需求增加的新兴部门，其产品价格和工资上涨；而需求减少的衰退部门，由于价格和工资的刚性原理，其产品的价格不会下跌，工资也不会降低，从而引起一般物价水平的上涨，导致通货膨胀。

②消费结构的变化。国民经济的发展，使社会公众的货币持有量增加，消费倾向和消费结构也相应发生变化。有些供不应求的热销商品涨价，会引起另一些商品价格的攀升，甚至是一些供过于求的滞销商品，因工资刚性和原材料涨价，其商品价格也随之上涨，从而引发物价总水平全面上涨。

③部门结构的变化。在一个国家的国民经济中，总有一些部门劳动生产率提高得快，而另一些部门劳动生产率提高得慢。例如，一些开放经济部门与世界市场联系紧密，其产品价格依赖于世界市场价格，其货币工资增长率就取决于价格上涨率和劳动生产率的增长率，它的劳动生产率就较高。而另一些非开放经济部门与世界市场没有联系，其产品价格完全由本国需求和产品成本决定，它的劳动生产率就较低。但在开放经济部门的货币工资增加以后，非开放经济部门的货币工资必然要向前者看齐，从而使非开放经济部门的货币工资超过了劳动生产率的增长，就会出现工资引发的通货膨胀。

（五）惯性所引起的通货膨胀

惯性所引起的通货膨胀理论认为，无论什么原因引起的通货膨胀，即使最初引发通货膨胀的因素完全消除了，它也会由于其本身的惯性而持续下去。这是因为，工人和企业所关心的是相对工资与相对价格水平。在他们决定自己的工资与价格时，他们要参照其他人的工资与价格水平。如果其他人的工资与价格由于通货膨胀的原因上升了 10%，那么，他们也要以这 10%的通货膨胀率为决定其工资与价格的基础。这样，通货膨胀就会由于这种惯性而持续下去。

四、通货膨胀的影响

（一）对收入和财富的再分配的影响

首先，对于大多数人来说，工资是其主要的收入来源。如果货币工资固定，或其增长幅度低于通货膨胀上升的幅度，或在调整时滞后于通货膨胀，则在发生通货膨胀时，以工资为主要收入来源的人就要遭受损失，这说明通货膨胀不利于靠固定的货币收入维持的人群或者说工资增幅小于通货膨胀率的人群。由于劳动者实际工资下降，雇主的利润就会增加。所以，在雇主与劳动者之间，通货膨胀有利于雇主而不利于劳动者。由于利润增加，有利于刺激厂商投资，所以，有的经济学家主张用通货膨胀来刺激经济发展。

其次，通货膨胀对人们财富的影响取决财富的种类。财富一般分为两类：一类是物质类或实物类的资产，如土地、房屋、汽车、黄金等实物资产，它们随时都可按现行价格出售；另一类货币类或金融工具类的资产，如银行中的存款、政府或企业债券、股票、基金、手持现金等。在通货膨胀时，实物类资产的实际价格没有大的变化，而货币类资产的实际价格要发生下降，所以，在居民资产构成中，货币类资产比重越大，居民受通货膨胀的影响就越大。

再次，在债务人与债权人之间，通货膨胀将有利于债务人而不利于债权人。因为债务契约是根据签约时的通货膨胀率来确定名义利息率，当发生高于预期的通货膨胀以后，相当于实际利息率下降，因为实际利息率等于名义利息率减去通货膨胀率，所以债务人的实际偿还价值减少，而债权人受损。这样，就会对贷款，尤其是长期贷款带来不利的影响，使贷款减少，从而抑制了投资。

最后，在政府与公众之间，通货膨胀将有利于政府而不利于公众。因为在不可预期的通货膨胀下，名义工资总会有所增加，这样达到纳税起征点的人数增加了，还有许多人进入了更高的税率等级。因此，政府税收增加，而公众的纳税数额增加，实际收入进一步下降。政府从这种通货膨胀中所得到的税收被称为“通货膨胀税”，这种通货膨胀税的存在，不利于储蓄的增加，也影响了私人与企业投资的积极性。

（二）对产出和就业的影响

首先，对于未达到充分就业的经济社会来说，通货膨胀可以使产出扩大和失业减少。这是一种正面的影响，因为物价上升的速度快于工资的上升，会使实际利润增加，故而产出与就业量也会随之增加。但是对这种正面的影响，有以下限制条件：第一，通货膨胀必须在充分就业以前才有这种效应，即社会经济中要有闲置资源，并有部门间的流动性。第二，这种通货膨胀必须是未被预期到的；否则，货币工资按通货膨胀率上升，实际利润不会增加，就没有刺激生产的作用。第三，通货膨胀必须是“温和的”。在奔驰式或超级通货膨胀的情况下，金融体系受到破坏，经济混乱，失业增加，生产下降。第四，通货膨胀对增加产量和扩大就业的影响在短期内有效的，在长期内将失去作用。这是因为长期内，通货膨胀总会被预期到，通货膨胀降低实际工资，增加实际利润的作用丧失，从而不会有刺激生产的效应了。

其次，对于成本推动型的通货膨胀而言，将导致产出和就业同时下降。假定在原总需求水平下，经济实现了充分就业和物价稳定，如果发生成本推动型通货膨胀，将会导致物价上升和产出减少，进而导致失业率上升。1973 年年末，石油输出国组织控制石油产量，将石油价格提高了两倍，结果导致 1973～1975 年美国的物价水平迅速上升；与此同时，美国的失业率从 1973 年的不到 5%上升至 1975 年的 8.5%。

最后，超级的通货膨胀将导致一国或地区经济崩溃。由于发生通货膨胀时，居民户和厂商将会预期物价水平将会再度升高，这样居民户不愿让自己的收入和储蓄发生贬值，所以愿意在价格上升之前进行消费，这样会使得投资和储蓄相对减少，进而使总需求下降，使经济增长放慢；由于通货膨胀的原因，工人会要求提供工资，那么对厂商而言，生产成本将面临上升，于是厂商扩大生产和就业的积极性将逐步丧失；厂商为了在未来的商品价格上升之际获得大量利润，会增加存货投资，但是获得银行信贷的困难随着通货膨胀的发生将变得越来越大，银行利息率将会上升，厂商在此情况下降不得不减少存货，降低生产规模；当通货膨胀率变得越来越大时，情况变得越来越糟时，人们将会对货币的信用力量、市场配置资源机制失去信心，经济危机将不可避免。

阅读材料 4：国民党统治时期的恶性通货膨胀

1935 年的法币改革为国民党政府推行通货膨胀政策铺平了道路。由于国民党政府过分依赖增发货币来为巨额的政府预算赤字融资，在从 1935 年法币开始走上中国历史舞台至 1949 年的短短十几年间，法币经历了一个持续而且不断加速的贬值，最后完全形同废纸。

且看 100 元法币购买力：1937 年，可买大牛两头；1941 年，可买猪一头；1945 年，可买鱼一条；1946 年，可买鸡蛋一个；1947 年，可买油条 1/5 根；1948 年，可买大米两粒。

法币贬值速度简直超乎人们的想象。如此严重的通货膨胀有着深刻的政治和经济背景。首先，连年的战争使得南京政府陷入了严重的财政危机。1945 年以后，国民党政府更是疯狂扩大财政支出以支持急剧增加的内战军费开支，而巨额的财政赤字在当时条件下只能用发行货币来弥补。其次，连年的战争使得本来就匮乏的物资供给更加不足，社会总需求超过了总供给，导致了物价的飞升。再次，国统区在内战的失败中不断缩小，致使法币以及后来的金圆券、银圆券的流通范围不断缩小，这又加快了货币流通速度，加重了日益恶化的通货膨胀。最后，法币从诞生之日起便不断贬值，使得老百姓有很高的通货膨胀预期，1945 年后，国民党在国内战场上的节节败退更使老百姓丧失了对法币的信任。1946 年春，由于物价上升加剧，时任行政院院长的宋子文决定采取抛售黄金的办法稳定物价和币值。这一措施曾在抗战时期使用过，并收到了一定效果，但是这一次却不灵了。手上掌握巨额游资的官僚资本家根本不相信物价能够稳定下来，因此他们趁机大做黄金投机生意，在市场上大量买进黄金。这种投机行为导致了黄金价格的急速上升。金价与物价相互刺激，进一步促进了物价的直线上升。当黄金的抛售满足不了投机者的需要时，出现了黄金抢购风潮。1947 年 2 月 10 日，中央银行不得不停止黄金的出售。供给的中断造成金价的暴涨，从而带动物价上涨，全国市场一片混乱，社会出现骚乱。南京政府于 2 月 16 日公布了《经济紧急措施方案》，黄金政策由自由买卖转变为绝对冻结。抛售黄金的改革失败后，南京政府采取了“经济紧急措施”，加强金融管制。但由于军费开支居高不下，物价上涨的浪潮持续不断，法币的印刷成本已经超过其自身所代表的价值，失去了正常货币的一切职能，给人民群众带来的只是恐慌和不满。蒋介石采纳了财政部长王云五的金圆券改革方案，于 1948 年 8 月 19 日发布了《财政经济紧急处分令》，宣布以中央银行所存黄金和证券作保，发行金圆券来代替法币。以 300 万元法币折合金圆 1 元，金圆的含金量为纯金 0.22217 克，发行总额以 20 亿元为限，并限期收兑换成金圆。但南京政府既没有规定金圆券兑换金圆的办法，也没有规定其兑换外汇的办法，因此金圆券的含金量实际上是一种虚值，没有任何意义。借助于政治高压的强制手段，金圆券得以推行。但财政赤字的进一步扩大使得金圆券的发行额很快突破了 20 亿元的上限，此时美国已经关上援助的大门，蒋介石集团只能把军事开支的来源都压在增发的货币上，国统区很快变成了金圆券的世界。从 1948 年 8 月到 1949 年 5 月，前后不到 9 个月时间，金圆券的发行额就增加了 30 多万倍，金圆券的购买力跌至原来的 500 多万分之一。金圆券改革不到 1 年便以失败告终。1949 年 7 月 4 日，国民党政府又推出了银圆券的改革，在广州发行所谓可无限制兑现的“银圆券”。银圆券 1 元折合金圆券 5 亿元。但是中国的老百姓此时已经对国民党政府的任何改革都没有兴趣了。

资料来源：http：//jjzx.nau.edu.cn

第三节　失业与通货膨胀的关系

治理失业和治理通货膨胀是经济社会中的两大重要的问题，不同学派的经济学家对失业和通货膨胀之间的关系有着不一致的观点，下面便简单地进行论述。

一、凯恩斯观点：失业与通货膨胀不会并存

按照凯恩斯的有效需求理论，在没有实现充分就业以前，是不会发生通货膨胀的。在资源有闲置的情况下，总需求的增加只能使国民收入增加或供给增加，而不会使价格水平上升。在实现充分就业，即资源得到充分利用以后，总需求的增加无法使国民收入增加而只能引起价格水平的上涨。这一理论说明，经济在发生通货膨胀以前，是处于资源未能充分利用或存在失业的状态；而在实现充分就业以后，需求增加会使经济处于通货膨胀状态，这种通货膨胀即为需求拉动型通货膨胀，如图 11-6 所示。

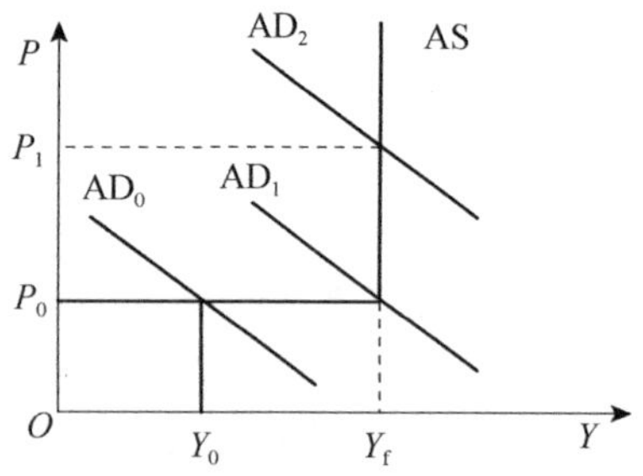

图 11-6　凯恩斯的观点——失业与通货膨胀不会并存

在图 11-6 中，横轴代表国民收入 Y；纵轴代表价格水平 P；AS 为总供给曲线，在这里假定未达到充分就业之前 AS 是水平的，实现充分就业以后 AS 是垂直的；AD 为总需求曲线。当总需求 AD 增加，即总需求曲线由 AD_0 移至 AD_1 时，由于国民收入 Y_0 小于充分就业国民收入 Y_f，说明社会资源存在闲置，有失业人口存在，厂商还有很大的生产能力；这时需求增加，只能导致国民收入 Y 提高，而价格水平仍然为 P_0，没有变动。当总需求继续增加，即需求曲线由 AD_1 移至 AD_2 时，由于已经实现了充分就业，此时国民收入水平 Y 不变，仍是充分就业时的国民收入水平 Y_f，但价格水平由 P_0 上升到 P_1，即由于总需求的过度增加而产生了通货膨胀。

凯恩斯论述的这种失业与通货膨胀的这种关系，只适用于 20 世纪 30 年代经济大萧条的特殊时期，不符合第二次世界大战之后各国独立的实际情况。

二、菲利普斯曲线：失业与通货膨胀的交替关系

英国经济学家 W·菲利普斯研究了英国 1861—1975 年失业率和货币工资变动率之间的关系，提出了一条用以表示失业率和货币工资变动率之间交替关系的曲线，此曲线为最初的菲利普斯曲线。以萨缪尔森为代表的新古典综合派认为货币工资增长率与通货膨胀率之间存在着同方向变动关系，用公式表示为：通货膨胀率=货币工资增长率−劳动生产增长率。因为可以用通货膨胀率代替货币工资增长率，所以，人们把表示失业率与通货膨胀率之间此消彼长、互相替代关系的曲线称作菲利普斯曲线，如图 11-7 所示。

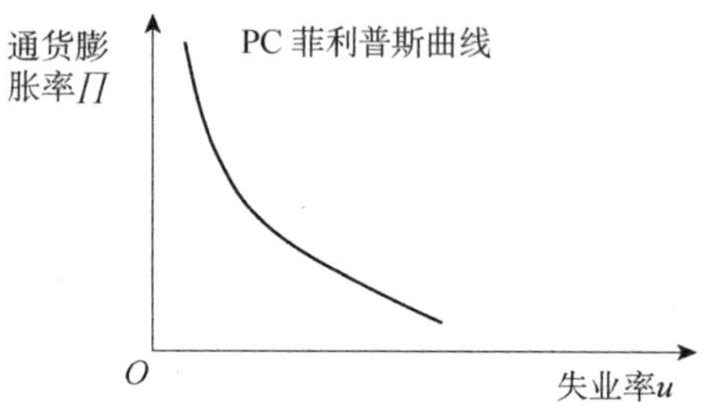

图 11-7　菲利普斯曲线

菲利普斯曲线表明，当失业率较低时，通货膨胀率较高；反之，当失业率较高时，通货膨胀率较低。菲利普斯曲线表现为一条向右下方倾斜的曲线。这就是说，失业率高表明经济处于萧条阶段，此时工资与物价水平都比较低，从而通货膨胀率也低；反之，失业率低表明经济处于繁荣阶段，此时工资与物价水平都较高，从而通货膨胀率也就高。因此失业率与通货膨胀率之间存在

反方向变动关系，存在此消彼长的关系，是因为较高的通货膨胀率使工人实际工资下降，降低了企业的生产成本，从而能刺激生产，增加劳动的需求，减少失业，如图 11-7 所示。

在图 11-7 中，横轴表示失业率 u，纵轴表示通货膨胀率 Π，PC 即为菲利普斯曲线。

菲利普斯曲线是政府进行需求管理的一个有效工具，政府可以根据菲利普斯曲线所表明的失业率与通货膨胀率之间的关系，来确定采取不同的政策措施。政府可以运用扩张性宏观经济政策，以较高的通货膨胀率来换取较低的失业率；也可以运用紧缩性宏观经济政策，以较高的失业来换取较低的通货膨胀率。这也是菲利普斯曲线的政策含义。

菲利普斯曲线所反映的失业与通货膨胀之间的交替关系基本符合 20 世纪 50、60 年代西方国家的实际情况。但是到 20 世纪 70 年代末期，由于滞胀的出现，失业与通货膨胀之间又不存在这种交替关系了。于是，失业与通货膨胀之间的关系又有了新变化。

阅读材料 5：经济滞涨

经济滞涨全称为停滞性通货膨胀（Stagflation），是指经济增长缓慢的同时伴随着通货膨胀，是国民经济出现高失业率高通胀的一种情况。

在宏观经济学中，特指经济停滞（Stagnation）与高通货膨胀（Inflation）、失业以及不景气同时存在的经济现象。通俗地说就是指物价上升，但经济停滞不前。它是通货膨胀长期发展的结果。

通常认为，高通货膨胀率和高失业率是不可能并存的。因为，通常下，通货膨胀可以使得就业率上升。但是，20 世纪 70 年代的一次经济危机中，西方国家出现“高通货膨胀率和高失业率并存”这个事实，而使得该理论观点被否认。

西方经济学中政府政策有几个目标，即：经济高增长、低失业率、低通货膨胀率。这个观点是凯恩斯提出来的，他认为增加货币供给，需求增加、经济增长、失业减少、物价上涨、通货膨胀；减少货币供给，需求减少、经济停滞、失业增加、物价下跌、通货紧缩。即经济衰退与通货膨胀不会同时存在，但在 20 世纪 70 年代西方资本主义国家普遍出现了经济增长停滞、失业增加、通货膨胀同时存在，凯恩斯主义受到质疑。

资料来源：http：//baike.baidu.com

三、菲利普斯曲线的新发展

20 世纪 70 年代以来，菲利普斯曲线所表明的失业率与通货膨胀率之间的关系已发生了很大变化，失业率与通货膨胀率都比以前提高了，因此人们对菲利普斯曲线进行了修正。

（一）货币主义的观点

货币主义者在解释菲利普斯曲线时引入了适应性预期的概念，即人们根据过去的经验来形成并调整对未来的预期。由此，货币主义者把菲利普斯曲线分为短期菲利普斯曲线和长期菲利普斯曲线。

在短期内，工人来不及调整通货膨胀预期，预期的通货膨胀率可能低于以后实际发生的通货膨胀率。这样，工人所得到的实际工资可能小于先前预期的实际工资，从而使厂商实际利润增加，刺激了投资，就业增加，失业率下降。在此前提下，通货膨胀率与失业率之间存在交替关系，即短期菲利普斯曲线表明在预期的通货膨胀率低于实际发生的通货膨胀率的短期内，失业率与通货膨胀率之间存在交替关系。所以，向右下方倾斜的菲利普斯曲线在短期内是可以成立的。这也说明，在短期内政府实施扩张性财政政策与货币政策是通过提高通货膨胀率来减低失业率的，即宏观经济政策在短期内是有效的。

但是，在长期中，工人将根据实际发生的情况不断调整自己的预期。工人预期的通货膨胀率与实际发生的通货膨胀率迟早会一致。这时，为维持实际工资不变，工人会要求增加名义工资，从而通货膨胀就不会起到减少失业的作用。这时菲利普斯曲线是一条垂线，表明失业率与通货膨胀率之间不存在交替关系。而且，在长期经济中能实现充分就业，失业率是自然失业率。因此，垂直的菲利普斯曲线表明了，无论通货膨胀率如何变动，失业率总是固定在自然失业率的水平上。因此，以提高通货膨胀为代价的扩张性财政政策与货币政策并不能减少失业，即宏观经济政策的长期无效性。

（二）理性预期学派的观点

理性预期学派在解释菲利普斯曲线时，运用理性预期概念，即合乎理性的预期，其特征是预期值与以后发生的实际值是一致的。在这种预期的假设之下，短期内也不可能有预期的通货膨胀率低于以后实际发生的通货膨胀率的情况；即无论在短期或长期中，预期的通货膨胀率与实际发生的通货膨胀率总是一致的，从而也就无法以通货膨胀为代价来降低失业率。所以，无论在短期或长期中，菲利普斯曲线都是一条从自然失业率出发的垂线，即失业率与通货膨胀率之间不存在交替关系。由此得出的推论是：无论在短期还是长期中，宏观经济政策都是无效的。

（三）总结

失业与通货膨胀关系理论的发展，是对西方国家经济现实的反映。凯恩斯的论述反映了 20 世纪 30 年代大萧条时期的情况，菲利普斯曲线反映了 20 世纪 50、60 年代的情况，而货币主义和理性预期学派的论述则反映了 70 年代以后的情况。凯恩斯主义、货币主义与理性预期学派，围绕失业与通货膨胀关系的争论，表明了它们对宏观经济政策的不同态度。凯恩斯主义者认为，无论在短期或长期中，失业率与通货膨胀率都存在交替关系，从而认为宏观经济政策在短期与长期中都是有用的。货币主义者认为，短期内失业率与通货膨胀率存在交替关系，而长期中不存在这种关系，从而认为宏观经济政策只在短期内有用，而在长期中无用。理性预期学派认为，无论在短期或长期中，失业率与通货膨胀率都没有交替关系。

关键概念

失业	失业率	自然失业	周期性失业	充分就业
通货膨胀	通货紧缩	消费者物价指数	批发物价指数	菲利普斯曲线

知识小结

1. 失业现象是指在法定劳动年龄内，有劳动能力的劳动者在面对现行工资水平条件下，想要工作但没有找到工作，正在寻找工作的现象。

2. 失业率就是失业人数占劳动力总数的百分比，用公式表示为：$u=U/L\times100\%$。

3. 自然失业是不能被消除的，包括摩擦性失业、结构性失业、季节性失业、技术性失业、求职性失业以及古典失业。

4. 周期性失业，又称为需求不足的失业，是指在经济萧条时期所发生的失业类型，是可以消除的。

5. 充分就业是指在现有的工作条件下，按现行货币工资率的情况下，所有想工作的劳动者经过努力都可以找到工作的一种经济状态，可表示为：1-自然失业率=充分就业率。

6. 失业将会导致产出减少、国民收入下降、居民生活水平下降，以及会给居民带来心理上的巨大创伤、痛苦和很多的社会问题。

7. 商品和劳务的物价水平持续又普遍上涨的现象称为通货膨胀。衡量通货膨胀率的指标一般指的是物价水平，物价水平一般有消费物价指数、批发物价指数和 GDP 折算数。

8. 通货膨胀的种类有温和的、奔驰的、恶性的通货膨胀，有预期到的和未预期到的通货膨胀，以及公开的和隐蔽的通货膨胀；引起通货膨胀的原因有需求拉动型、成本推进型、供求混合型、结构性通货膨胀。

9. 凯恩斯主义者认为，无论在短期或长期中，失业率与通货膨胀率都存在交替关系，从而认为宏观经济政策在短期与长期中都是有用的；货币主义者认为，短期内失业率与通货膨胀率存在交替关系，而长期中不存在这种关系，从而认为宏观经济政策只在短期内有用，而在长期中无用；理性预期学派认为，无论在短期或长期中，失业率与通货膨胀率都没有交替关系。

思考作业题

一、选择题

1. 失业率是指（　　）。

A. 失业人口占劳动人口的百分比　　B. 失业人数占人口总数的百分比

C. 失业人数占就业人数的百分比　　D. 以上均正确

2. 充分就业的含义是（　　）。

A. 人人都有工作，没有失业者　　B. 消灭了周期性失业的就业状态

C. 消灭了自然失业的失业状态　　D. 消灭了自愿失业的失业状态

3. 某人由于工作转换而失去工作，属于（　　）。

A. 摩擦性失业　　B. 结构性失业

C. 周期性失业　　D. 永久性失业

4. 引起周期性失业的原因是（　　）。

A. 工资刚性　　B. 总需求不足

C. 经济中劳动力的正常流动　　D. 经济结构的调整

5. 下列关于自然失业率的说法，（　　）是正确的。

A. 自然失业率是始终不变的

B. 自然失业率是历史上最低限度水平的失业率

C. 自然失业率包括摩擦性失业和结构性失业
D. 以上均不正确

6. 通货膨胀是指（　　）。
A. 货币发行量过多引起价格水平普遍、持续的上涨
B. 货币发行量超过了流通中的货币量
C. 货币发行量超过了流通中的商品的价值量
D. 以上均不正确

7. 一般用来衡量通货膨胀的物价指数是（　　）。
A. 消费者物价指数　　B. 批发物价指数
C. GDP 折算指数　　D. 以上均正确

8. 根据通货膨胀的原因，可将其划分为（　　）。
A. 需求拉动型通货膨胀　　B. 成本推动型通货膨胀
C. 结构型通货膨胀　　D. 以上均正确

9. 年通货膨胀率在 2%～3%的通货膨胀称为（　　）。
A. 爬行的通货膨胀　　B. 温和的通货膨胀
C. 奔驰的通货膨胀　　D. 超级通货膨胀

10. 一般来说，通货膨胀会使（　　）。
A. 债权人受益，债务人受损　　B. 债权人受损，债务人受益
C. 债权人和债务人都受益　　D. 债权人和债务人都受损

11. 抑制需求的政策主要应对（　　）。
A. 需求拉动的通货膨胀　　B. 成本推进的通货膨胀
C. 结构性通货膨胀　　D. 隐蔽性通货膨胀

二、问答题

1. 简述失业对经济社会的影响。
2. 简述通货膨胀对经济的影响。

三、计算题

已知某国的情况：人口 2500 万，就业人数 1200 万，失业人数 100 万。求：

（1）该国的劳动力人数是多少？

（2）该国的失业率是多少？

（3）如果摩擦性失业和结构性失业人数为 60 万，自然失业率是多少？

（4）在实现了充分就业时，该国应该有多少人就业？

（5）如果在失业人口中有 10 万人是由于嫌工作不好而不愿就业，那么真正的失业率应该是多少？

第十二章　经济周期与经济增长理论

学习目标

1. 掌握经济周期的含义和四个阶段；
2. 理解经济周期的类型；
3. 了解凯恩斯主义之前各学者对经济周期的理论分析；
4. 了解凯恩斯主义的乘数-加速数模型；
5. 掌握经济增长的含义；
6. 了解哈罗德-多玛增长模型、新古典增长模型和新剑桥经济增长模型。

导读案例：中国经济周期的轨迹

1949 年中华人民共和国成立，经过 3 年的恢复调整，1953 年正式实施第一个五年计划，从而开始了大规模的经济建设。下图反映了从 1952 年至今，中国经济增长率波动的基本轨迹。从图中可以看出，中国的经济波动是明显的，周期性也比较突出。

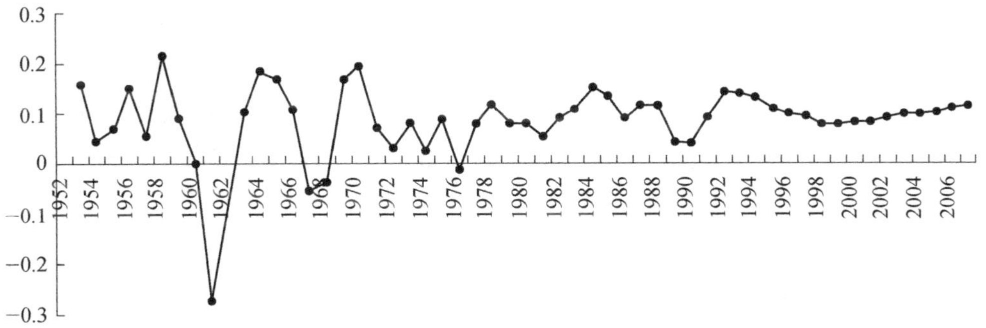

1953—2007 年的 55 年间，中国经济经历了 9 轮完整的周期。第 1 轮周期：1953—1957 年，历时 5 年；第 2 轮周期：1958—1962 年，历时 5 年；第 3 轮周期：1963—1968 年，历时 6 年；第 4 轮周期：1969—1972 年，历时 4 年；第 5 轮周期：1973—1976 年，历时 4 年；第 6 轮周期：1977—1981 年，历时 5 年；第 7 轮周期：1982—1986 年，历时 5 年；第 8 轮周期：1987—1990 年，历时 4 年；第 9 轮周期：1991—2001 年，历时 11 年；第 10 轮周期：2002 年至今，历时 6 年，尚未结束。其中，改革开放前经历了 5 轮周期，改革开放后经历了 4 轮周期。目前正处于第 10 轮周期的上升阶段。

改革开放以前，中国经济周期最明显的特点是：总体态势呈现出“大起大落”型；改革开放以后，进入一个新阶段，其显著特点是：总体态势趋向“高位-平缓”型。所谓“高位”是指经济增长速度处于较高水平，所谓“平缓”是指经济波动的幅度已经减缓。

“高位”说明中国经济的“增长力”提升，“平缓”说明中国经济的“稳定性”增强。从当前第 10 轮周期的走势分析，本轮周期呈现波动幅度继续减缓、持续平稳扩张时间长的特点，用一句话来概括就是“高位加速增长”。

资料来源：刘恒.改革开放 30 年中国经济周期形成机理比较分析［J］，宏观经济研究

第一节　经济周期理论

一、经济周期的含义及类型

（一）经济周期的含义

经济周期，也称为商业周期或商业循环，是指经济社会在运行过程中周期性地出现的经济扩张和经济紧缩交替更迭、循环往复的一种现象；具体表现为国民经济总量指标出现波动，例如，国民收入、就业率、消费总量，一般呈现出繁荣、衰退、萧条和复苏四个不同的变化阶段，并交替循环往复进行。

对于经济周期有两种解释：一是早期的经济学家认为，经济周期是指的实际 GDP 的上升和下降的交替过程，这样的经济周期被称为古典的经济周期；二是现代的经济学家认为，经济周期指的是经济增长率的上升和下降的交替过程。因此经济衰退有时并不表现为 GDP 绝对量的下降，而是 GDP 增长率的下降，这种衰退在宏观经济学中称为增长性衰退。

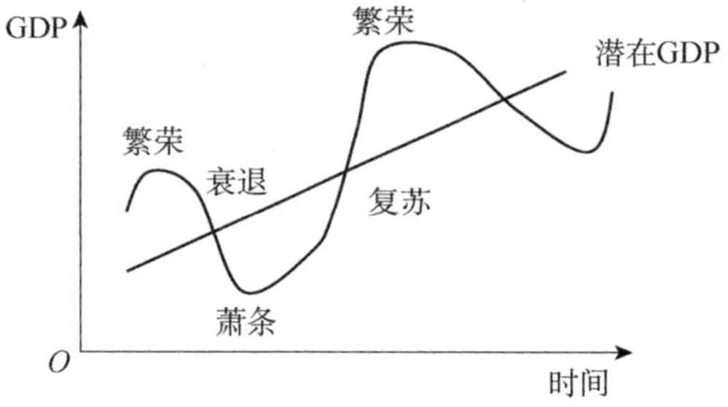

图 12-1　经济周期曲线

经济周期的变动规律可用图 12-1 来描述。

在图 12-1 中，一条向右上方倾斜的，斜率为正的直线是经济的长期增长趋势线。因为一般而言，经济在总体上保持着或多或少的增长，所以经济增长的长期趋势是正斜率的。曲线部分用来表述经济周期的四个阶段。

（1）繁荣阶段

繁荣阶段是经济周期的最高点。在这一阶段里，生产迅速增加，投资增加，信用扩张，价格水平上升，就业增加，公众对未来乐观。此时的国民收入经济活动高于正常水平，当就业量与产量水平达到最高时，经济就开始进入衰退阶段。

（2）衰退阶段

衰退阶段表明经济活动水平开始从最高点下降。在这一阶段里，生产开始急剧减少，投资也开始减少，信用慢慢紧缩，价格水平逐步下降，企业破产倒闭的数量不断增加，失业率不断上升，公众对未来趋于悲观。当经济活动水平下降至最低点时，萧条阶段便来临了。

（3）萧条阶段

萧条阶段指的是经济活动水平处于最低点。在这一阶段里，生产、投资、价格水平

等不再继续下降，失业人数也不再增加，已经探到谷底了。此时的国民收入与经济活动低于正常水平。但是由于存货减少，商品价格、股票价格开始回升，公众的情绪由悲观逐渐转为乐观。

（4）复苏阶段

复苏阶段表明经济活动水平开始从谷底全面上升。在这一阶段里，生产和投资不断上升，闲置的机器设备被得到利用，物价水平、股票价格、利息率等逐渐上升，信用逐渐活跃，就业人数也在逐渐增加，公众的情绪逐渐高涨。当产量或产值等相关经济指标恢复到衰退前的最高水平时，就进入了新一轮的繁荣阶段。

（二）经济周期类型

由于掌握资料的多寡，分析问题角度的不同以及理论基础的不同，经济学家所得出的经济周期的类型也不一样，现归纳如下。

（1）短周期

它是经济学家基钦在 1923 年发表的《经济因素中的周期和趋势》论文中提出来的。他根据美国和英国的物价、利率等详细资料，提出经济周期实际上有两种：大周期和小周期。小周期平均长度约为 40 个月，大周期则是小周期的总和，一般包括 2～3 个小周期。基钦认为经济周期实际上就是一种平均长度为 40 个月的周期，称为短周期。短周期又被称为“基钦周期”。

（2）中周期

它是法国经济学家朱格拉在 1860 年出版的《论法国、英国和美国的商业危机及其发生周期》一书中提出的。在对物价、生产和就业统计资料分析中，朱格拉认为危机或恐慌不是一个独立现象，而是经济社会不断面临的三个连续阶段中的一个。这三个阶段是繁荣、危机和清算。危机是由繁荣造成的不平衡状态的结果。这三个阶段反复出现就形成了周期现象，平均每个周期为 9～10 年。中周期又被称为“朱格拉周期”。

（3）长周期

它是苏联经济学家康德拉季耶夫在 1926 年发表的《经济生活中的长期波动》论文中提出来的。根据美国、英国、法国等国家一百多年内的批发物价指数、利息率、工资率、对外贸易、生产和商业活动的统计资料分析，他认为经济发展过程有一较长的循环，平均长度是 54 年左右，称为长周期。长周期又被称为“康德拉季耶夫周期”。

（4）库兹涅茨周期

美国经济学家库兹涅茨在 1930 年的《生产和价格的长期运动》一文中提出了存在一种与房屋建筑业相关的经济周期，这种周期长度在 15～25 年之间，平均长度为 20 年左右。这也是一种长周期，为了区别于康德拉季耶夫长周期，称其为“库兹涅茨周期”或“建筑业周期”。

（5）熊彼特周期

经济学家熊彼特对各种经济周期理论进行了综合，在 1939 年出版的《经济周期》一书中，对朱格拉周期、基钦周期、康德拉季耶夫周期进行了综合分析，详细研究了第二次世界大战之前 200 年内，主要资本主义国家经济变动的情况，指出存在三个层次的经济周期，即短、中、长三种周期，并且这三个周期是并存和互相联系的。他认为每一个长周期包括 6 个中周期，每个中周期包括三个短周期。其中，短周期 40 个月，中周期 9～10 年，长周期 50～60 年；并且认为，人类进入工业社会后大约经历了 3 个长周期，每个长周期都与人类的技术创新紧密联系：第一个长周期是从 1780 年到 1842 年，为“产业革命时期”；第二个长周期是从 1842 年到 1897 年，为“蒸汽机和钢铁时期”；第三个长周期是 1897 年以后，为“电气、化学和汽车时期”。

二、经济周期理论

自从资本主义世界在 1825 年爆发了第一次生产过剩的经济危机以来，周期性经济危机就伴随着资本主义经济的发展，经济的波动起伏也就成为经济学研究的重要课题。但是经济学家并不满足于对经济周期现象的描述和对统计资料的整理，他们力图对经济周期性波动的原因以及周期持续的时间、发生的频率及其波动的幅度等做各种理论解释，这些解释被称为经济周期理论。

自从 19 世纪以来所提出的经济周期理论有几十种之多，我们主要介绍其中比较著名的七种理论。

（一）纯货币理论

这种理论的主要代表是英国经济学家霍特里、美国经济学家弗里德曼。纯货币理论认为，经济周期波动纯粹是指货币现象，货币数量的增减引起了经济的波动。

霍特里认为，经济周期的上升是由于银行货币和信用货币的扩张，利息率下降，引起投资增加、产量与就业扩大，经济走向繁荣。经济周期的下降是由于信用扩张受到限制而紧缩，利息率上升，引起投资减少、生产与就业减少，经济走向衰退。银行货币和信用的扩张与收缩成为经济周期的根本原因。

弗里德曼则认为，经济周期波动的主要原因是货币因素，即货币供给与货币需求不平衡，这是由政府推行凯恩斯的需求管理的货币政策造成的。20 世纪 70 年代资本主义经济出现了“停滞膨胀”，现代货币学派特别重视货币所起的作用。根据美国货币供给量增加和减少的周期性变化，得出了货币因素的作用是经济周期波动的根源的结论。现代货币学派认为，萧条是货币量急剧减少造成的，而高涨在于货币量的增加，坚持用货币供应量的变化调节经济周期。

（二）投资过度理论

这种理论强调了经济周期的根源在于生产资料的生产过多，即资本品投资的波动。投资过度理论认为，投资的增加形成了繁荣。投资的增加首先引起对投资品需求的增加以及投资品价格的上升，这样就更加刺激了投资的增加，形成了繁荣。在这一过程中，因为需求与价格的增加都首先表现在资本品上，因此，投资也主要是生产资本品的产业；而生产消费的产业没有得到重视，这种生产结构的失调最终会引起萧条而使经济发生波动。

投资过度论又可分为货币投资过度论与非货币投资过度论。货币投资过度论以奥地利经济学家哈耶克和米塞斯为代表，他们用货币因素来说明生产结构的失调及由此所引起的经济波动。非货币投资过度论以瑞典经济学家卡塞尔、威克塞尔和德国经济学家斯皮托夫为代表，他们用新发明、新发现、新市场开辟等因素来说明生产结构的失调及由此所引起的经济波动。

（三）消费不足理论

这种理论把经济周期和危机归结为人们消费的不足。这种理论的早期代表有西斯蒙第、马尔萨斯，近代有霍布森，现代有激进经济学派。他们认为，经济萧条或危机是由于消费的需求赶不上消费品生产的增长，消费不足的根源主要是国民收入分配不平均所造成的富者储蓄过度。西斯蒙第认为，资本主义大生产破坏了自然经济，使小生产者大量破产，广大民众收入不足，从而使国内市场变窄，使生产和收入比例失调，产品不能实现消费，最终导致生产过剩的经济危机。激进经济学家舍尔曼则认为，在经济扩展中，阶级斗争引起剥削率提高，反映在国民收入中工资份额下降；工资份额下降使社会的平均消费倾向降低，生产能力超过需求，投资下降，因为投资仅仅是消费需求增加的函数，由此导致经济社会出现危机。

（四）创新理论

熊彼特以创新理论来解释经济周期变化，把经济周期看作是各种发明和创造带来的。他认为，经济周期是正常的，是创新引起的旧均衡的破坏和向新均衡的过渡。由创新所引起的经济周期过程是：创新为创新者带来超额利润，引起其他企业仿效，形成“创新浪潮”。于是引起对投资品需求的增加，银行信用的扩大、生产增长，导致经济走向繁荣。随着创新的普及，盈利机会逐渐减少，超额利润消失，投资下降，信用收缩，经济由繁荣走向萧条。熊彼特认为，如果不考虑影响经济的其他因素，资本主义活动就是由繁荣和萧条两个阶段构成的周期性波动过程，实际上经济周期包括繁荣、衰退、萧条、复苏四个阶段。而由创新的多样性、复杂性，形成了经济活动中的多周期。因此在一个动态社会，经济周期非但不可避免，而且是经济发展的唯一可能形式。

（五）心理周期理论

这种理论强调心理预期对经济周期各个阶段形成的决定作用，主要代表人物是庇古和凯恩斯。他们认为，人们心理上有一种“自身的周期”，造成了人们的情绪总是在乐观和悲观之间反复交替出现，人们很难控制自身的情绪变动，这种情绪变动影响到社会经济活动。当人们的情绪乐观时，消费者和投资者对未来有乐观的预期，增加消费和投资，引起经济高涨，走向繁荣；反之，当人们处于悲观情绪时，会减少消费和投资，从而使经济由繁荣转向萧条。凯恩斯认为，萧条的产生是由于资本边际效率的突然崩溃，而造成这种崩溃的正是投资者对未来悲观的预期。由于人们心理情绪的乐观与悲观的周期变化，导致社会经济活动也相应地出现周期性变动。

（六）政治周期理论

这种理论是用政府交替运用紧缩性和扩张性政策调节经济活动，来解释经济周期性变化。波兰经济学家卡莱茨基认为，政府企图维持经济的稳定，实际上却造成了经济的不稳定。为了实现充分就业，政府实行扩张性财政政策和金融政策，结果会带来财政赤字和通货膨胀，这样，政府在政治上要受到人们的责问和反对。于是政府又不得不转而实行紧缩性政策，人为制造经济衰退与停滞，这样又会引起人民的不满，政府又会重新实行扩张性政策，从而又导致通货膨胀。这就是国家干预经济造成的新型的经济周期，其根源在于充分就业和物价稳这两个政策目标之间存在矛盾，而且又很难协调。

（七）太阳黑子理论

该理论是英国经济学家杰文斯在 1975 年提出的。科学研究发现，每 10 年左右太阳表面出现一次黑色斑点，即太阳黑子，它严重影响着地球气候。杰文斯认为，太阳黑子有规律地周期出现，地球气候变得恶劣，影响农业生产，收成减少，进而影响工业、商业、工资、利率、消费、投资等社会经济生活各个方面，从而导致整个经济出现周期性衰退。后来杰文斯之子又加以发展，认为太阳热力变化造成农业收成的变化，周期约为 3.5 年；经过两个或更多的热力变化周期，农业收成积累的影响力，才能足以引起工业、商业比较大的波动。这种理论称为“太阳热力理论”。美国经济学家穆尔在 1914 年提出“雨量理论”。根据天体运行规律，金星每 8 年运行到太阳与地球之间时，地球不能得到充分的阳光，造成雨量变化。由雨量变化影响农业生产的波动，又产生连锁反应，引起工商业以致整个经济的周期波动。雨量理论对于农业国或农业占绝大比重的国家还是有意义的。

阅读材料 1：技术革命和经济周期变化趋势

从工业化到现在，世界经济呈现出具有规律性的周期变动已经历了五个长周期，即分别为以“早期机械化”技术革命、“蒸汽动力和铁路”技术革命、“电子和重型工程”技术革命、“福特制和大生产”技术革命和“信息和通信”技术革命为主导的世界经济周期。

第五个长周期“信息和通信”技术革命发端于 20 世纪 80 年代中期，美国凭借在以 IT 技术为核心的高新技术方面的优势，率先进入一个以 IT 时代为特征的新长周期，其他发达国家和发展中国家大多在世纪之交正在或开始步入第五个长周期。按照经典的周期理论推算，预计这一长周期大约持续的时间还有 30 年。这一周期发生了以 IT 产业为主要内容的新的产业革命。随着关键技术，特别是计算机、激光、微电子、电信和互联网等信息技术的广泛应用，新的技术经济体系已经成型，信息产业及信息密集型服务业成为了美国新经济的主导性产业，产业结构再次优化升级，特别是第三产业成为了国民经济中比重最大的产业。

在第五个长周期中的短周期运行规律已发生了重大变化，其中最突出的就是短周期的扩张期比过去拉长，从 1991 年 3 月至 2000 年 12 月扩张期达到 117 个月。但是，在今后一段时间里，IT 产业如果不出现更高级别的技术创新，就意味着以 IT 产业为主导产业的第五个长周期开始从创新中高级阶段进入成本竞争阶段。进入成本竞争阶段的 IT 产业及其产品，从需求来讲有可能会迅速地向全球扩散，并将导致全球供给的增加和过剩。正是以 IT 产业为主导的新经济发展的这种质变，使得美国经济增长的基本面发生了变化，从长周期的繁荣阶段转向长周期的衰退阶段。平均来看，每个长经济周期推动经济增长的技术革命从产生到消亡的时间一般约 50 年（其中前 25 年为周期的繁荣期，后 25 年为周期的衰退期）。技术革命往往具有二重性：它们在产业结构升级过程中既创造投资高潮和生产高潮，此时经济周期处于繁荣阶段，创新占据主导地位，周期的主导产品供不应求；另外又同时制造着投资低潮和生产低潮的潜在可能性，此时经济周期处于衰退阶段，主导产品供过于求，于是成本竞争阶段取代创新阶段成为经济衰退阶段的主要特征。

三、乘数-加速数模型概述

乘数-加速数模型是凯恩斯主义最典型的经济周期理论，它的代表人物是美国经济学家萨缪尔森，所以乘数-加速数模型也称为汉森-萨缪尔森模型。下面简单阐述乘数-加速数模型的机理。

假设由于新发明的出现使投资数量增长，投资数量的增长会通过投资乘数作用使得国民收入增加。当人们的收入增加时，他们会购买更多的物品和劳务，从而整个社会的物品和劳务的销售量增加。通过加速数的作用，销售量的增加会促进投资以更快的速度增长，然而投资的增长又会使国民收入增长，从而销售量再次上升。如此循环反复，国民收入将不断增加，于是，经济社会便处于经济周期的扩张阶段。

我们知道经济社会的资源是有限的，收入的增加迟早会达到资源所能容许的上限。一旦经济达到经济周期的繁荣阶段，收入便不再增加，从而销售量也不再增加。根据加速数原理，销售量增加的停止意味着投资量下降为零。由于投资的下降，收入减少，从而销售量也因之减少。又根据加速数原理，销售量的减少使得投资进一步减少，而投资的下降又使国民收入进一步下降。如此循环往复，国民收入会持续下降。这样，社会便处于经济周期的衰退阶段。

收入的持续下降使经济社会最终达到经济周期的谷底。这时，由于在衰退阶段的长时期所进行的负投资，生产设备的逐年减少，所以仍在营业的一部分厂商会感到有必要更新设备。这样，随着投资的增加，收入开始上升。上升的国民收入通过加速数的作用又一次使经济进入扩张阶段。于是，一次新的经济周期又开始了。

西方经济学家指出，在经济社会运行过程中，投资、收入和消费相互影响、相互调节：通过加速数，上升的收入和消费会引起新的投资；通过乘数，投资又使收入进一步增长。假定政府购买支出为一固定的量，则靠经济社会本身的力量自行调节，就会自发形成经济周期，经济社会所处的经济周期阶段正是乘数与加速数相互作用而形成的：投资影响收入和消费（乘数作用），反过来，收入和消费又影响投资（加速数作用）。两种作用相互影响，形成累积性的经济扩张或收缩的局面，这是西方学者对经济波动做出的一种解释。根据这种解释他们认为，只要政府干预经济，就可以改变或缓和经济波动。例如，采取适当政策刺激投资，鼓励提高劳动生产率以提高加速数、鼓励消费等措施，就可克服或缓和经济萧条。

第二节 经济增长理论

导读案例：中国经济何时能赶上美国

国家行政学院副院长、著名经济学家韩康教授认为：如果中国经济增长长期保持在7%，而后工业国家长期保持2.5%的经济增长，则中国经济总量将在2046年超过或者接近美国。

韩康教授认为，20世纪90年代中期中国经济曾经出现过热的问题；但从2000年特别是 2003 年以后中国经济的快速增长，完全不同于 90 年代中期出现的经济全面过热，最重要的区别是经济增长的机制发生了根本性的改变。20 世纪 90 年代中期出现的加速增长，主要的带动力、刺激力是以政府投资项目为主导刺激起来的加速增长，或者说是大量非市场性投资项目带动起来的项目增长，所以不具有市场持续性；而这一轮经济的增长，其主流是由市场发展带动起来的，有深厚的市场持续基础。新一轮经济增长的重要原因，是 1.5 亿到 2 亿的中等收入阶层把我们国家的房地产、汽车等新兴消费领域刺激了起来，中国经济增长就有了持续性的动力。

国务院发展研究中心巴曙松研究员则指出，对中国经济总量何时成为世界第一的预测有不同的版本，有 2046 年、有 2041 年、有 2050 年，这些模型很精巧，但基本上是假定。他认为，中国经济总量即使成为世界第一，但人均的 GDP 还不会很高。中国经济增长的历史为什么每次繁荣过后，发展的步伐又逐步缩小，一个很重要的原因是，商人创造财富，但赚钱之后把钱藏起来，这使得整个财富的扩张速度在缩小。新增的居民财富运用效率怎么样？是拿去赌博，还是藏起来？还是投入到更有用的领域？这种途径的选择，涉及中国经济下一步的命运。他认为，未来 20 年或 40 年为个人创造财富提供了足够的机会，但机会的把握取决于我们对财富的管理能力。

资料来源：毕式明.经济学家乐观估计：2046 年中国经济总量赶上美国，《南方日报》，2005 年 3 月 7 日

一、经济增长的含义与特征

（一）经济增长的含义

经济增长是 GDP 或人均 GDP（产量或人均产量）的增加。美国经济学家库兹涅茨曾给经济增长下了这样一个定义：“一个国家的经济增长，可以定义为给居民提供种类日益繁多的经济产品的能力长期上升，这种不断增长的能力是建立在先进技术以及所需要的制度和思想意识之相应的调整的基础上的。”

这个定义包含了三个层面的意思：

（1）经济增长集中表现在经济实力的增长上，而这种经济实力的增长就是商品和劳务总量的增加，即国内生产总值的增加。如果考虑到人口的增加和价格的变动，也可以说是人均实际国内生产总值的增加。所以，经济增长最简单的定义就是国内生产总值的增加。

（2）技术进步是实现经济增长的必要条件。这也就是说，只有依靠技术进步，经济增长才是可能的。在影响经济增长的各种因素之中，技术进步是第一位的。一部经济增长的历史就是一部技术进步的历史。

（3）经济增长的充分条件是制度与意识的相应调整。这也就是说，只有社会制度与意识形态适合于经济增长的需要，技术进步才能发挥作用，经济增长才是可能的。社会制度与意识形态的某种变革是经济增长的前提。

应该说，这个定义是对各国经济增长历史经验的高度概括，体现了经济增长的实质。因此，这一定义已被经济学家广泛接受，并作为研究经济增长问题的出发点。

在现代西方经济学中，经济增长并不简单地意味着国民收入的增加。它是指一个经

济周期的高峰阶段和上一个经济周期的高峰阶段相比而言的 GDP 的变化。因此经济增长不是指现存资源利用率的提高所带来的 GDP 的增加，而是指社会生产能力的提高而带来的 GDP 的增加。用图形表示，经济增长意味着生产可能性曲线向外移动，而非经济水平从生产可能性曲线内部某一点移到生产可能性曲线之上。所以说，经济增长意味着技术进步或者社会总资源的增加。

另外，经济增长也不是指名义 GDP 的增加，而是指实际 GDP 的增加，即剔除了价格因素的影响之后的 GDP 的增加。

（二）经济增长的特征

库兹涅茨总结出了经济增长的六个基本特征：

（1）按人口计算的产量、人口以及资本形成的高增长率。这一特征在经济增长过程中是十分明显的，可以用统计资料得到证明。

（2）生产率本身的增长也是迅速的。这包括所有投入生产要素的高产出率，例如，劳动生产率和其他要素生产率的迅速提高。这反映了由于技术进步所引起的生产效率的提高，同时也是产量高增长率，以及在人口增长迅速情况下，人均产量高增长率的原因。这一特征也可以用统计资料加以证明。

（3）经济结构的高速变革。这包括：从农业转移到非农业及从工业转移到服务业；生产单位生产规模的变化；劳动力职业状况变化；消费结构变化等。

（4）社会结构与意识形态的迅速改变。例如，城市化以及教育与宗教的分离就是整个社会现代化的一个组成部分，也是经济增长的必然结果。

（5）经济增长在世界范围内迅速扩大。这指发达国家凭借其技术力量，尤其是运输和通信，通过和平或战争的形式向世界其他地方伸展，使世界都卷入增长范围之内，成为一个统一体。

（6）世界经济增长情况的不平衡。从目前看，还有占世界人口 3/4 的国家是落后的，有些国家的经济成就远远低于现代技术的潜力可能达到的最低水平。在国际范围内，贫富差距在拉大。

二、经济增长的衡量

经济增长通常用国内生产总值或者国民收入的变动率作为衡量指标。若以 Y_t 表示 t 期的总产量，Y_{t-1} 表示 $t-1$ 期的总产量，则经济增长可以表示为：

$$G_t=(Y_t-Y_{t-1})/Y_{t-1}\times 100\% \quad (12\text{-}1)$$

式中，G_t 为总产量意义下的增长率。

若要使用经济增长进行国家或地区之间的比较，通常使用人均经济增长率。若以 y_t 表示 t 期的总产量，y_{t-1} 表示 $t-1$ 期的总产量，则经济增长可以表示为：

$$g_t=(y_t-y_{t-1})/y_{t-1}\times 100\% \quad (12\text{-}2)$$

式中，g_t 为人均产量意义下的增长率。

三、经济增长的源泉

由于经济增长指的是总产量或人均产量的增加，所以可以用总生产函数来分析经济增长的源泉。总生产函数指的是总产出与投入要素之间的函数关系，可以用如下公式表示：

$$Y=A\times f(K, L) \tag{12-3}$$

式中：Y 代表产出，A 代表技术，K 代表资本，L 代表劳动，f 表示产出与各生产要素之间的函数关系；由于总生产函数假定技术是不变的，所以 A 是一个不变的量。由上式可以看出，经济增长的源泉是资本、劳动与技术进步。

（一）资本

资本的概念分为物质资本与人力资本。物质资本又称有形资本，是指设备、厂房、存货等的存量。人力资本又称无形资本，是指依附在在劳动者身上的劳动能力，如劳动者的文化技术水平、健康状况等。这里研究的是物质资本。英国古典经济学家亚当·斯密就曾把资本的增加作为增加国民财富的源泉。现代经济学家也认为，在经济增长中人均资本量是不断增加的，也就是说，资本的增加要大于人口的增加。只有人均资本量的增加，才会有人均产量的增加。特别是在经济增长的开始阶段，资本的增加所做的贡献与劳动和技术相比要大一些，随着经济的进一步发展，资本的相对作用会不断下降。

（二）劳动

劳动是指劳动力的存在方式或表现形式。劳动力的增加可分为劳动力数量的增加和劳动力质量的提高。应该说，这两个方面都有促进经济增长的作用。劳动力数量的增加，一靠劳动力绝对人数的增加，二是靠劳动时间的延长。而劳动力绝对人数的增加取决于总人口的规模和就业率的高低，劳动力质量的提高则依靠劳动者科学文化技术水平和健康水平的提高。经济越发展，技术装备越复杂，就越需要高素质的劳动力队伍；经济发展的规模越庞大，就越需要与之相适应的具有一定规模的劳动力数量。从世界各国经济发展的历史来看，在最初的经济发展中劳动力的增加主要依靠劳动力数量的增加。随着经济的发展，人口增长率不断下降，劳动时间逐渐缩短，从而就需要通过提高劳动力质量来弥补劳动力数量的不足，这已经成为全世界的一个普遍规律。

根据索洛估算，在 1909—1940 年间，美国经济年增长率为 2.9%，由劳动引起的增长率为 1.09%，即劳动在经济增长中做出的贡献占 38%左右。这与战后劳动力数量增长较高的西欧各国劳动对经济增长做出的贡献比例相当。

阅读材料 2：人口与经济增长

20 世纪 80 年代，世界人口增加了 8.44 亿，几乎相当于 1800 年的世界总人口（9 亿）。同一时期，世界人均 GDP 的增加量等于 1820 年人均 GDP 的总量（以 1990 年美元计算）：20 世纪 80 年代人均 GDP 增加了 661 美元，1820 年的人均 GDP 只有 651 美元。20 世纪 80 年代末的世界人口是 1800 年的 7 倍，但 1990 年的世界产出总量是 1820 年的 40 倍，世界人均 GDP 则是 1820 年的 8 倍。

经济增长并非仅仅局限在发达国家。在亚洲和大洋洲的发展中国家，1990 年的人均 GDP 是 1820 年的 5.5 倍，拉丁美洲的这一比例为 7.1 倍，非洲则为 2.9 倍。在 19 世纪，欧洲人口增加了 85%；20 世纪，发展中国家人口增长了 350%。尽管人口增长率有如此大的差别，在 20 世纪的百年间，亚洲和拉丁美洲的人均收入的增长率仍超过了欧洲、北美和澳大利亚在 19 世纪的增长率。即便在非洲，尽管其在过去的 30 年中经济状况很不好，其人均收入的增长也快于19世纪的南欧和东欧国家。

就中国的情况来看，从1955—1975年间除1960年由于自然大灾害等曾引起人口减少外，这一时期人口的上升趋势是明显的。改革开放以后虽然一定程度上因为实行的计划生育政策，使得人口增长的速度有所下降，但是其纯增加的人口规模仍然以每年1400万人左右的水准追加，这种每年增长部分的规模在世界上也是空前的。与此同时，中国的国内生产总值和人均消费额也在飞速的增长——特别是在改革开放以后，国内生产总值以9.7%的年均增长率高速增加，成为世界上经济发展速度最快的国家之一；同时，人均消费额高速增加，人民生活水平也在不断提高（如表1所示）。

表1 国内生产总值的增加和纯增长人口的消费变化

年份	增加的GDP(亿元)	GDP增长率(%)	纯增长人口(万人)	人口增长率（%）	纯增长人口的消费（亿元）	增加的消费总额（亿元）	人均消费额（元）
1955	51.0	6.8	1999	1.99	11.3	52.0	93.5
1960	18.0	−0.3	−1000	−1.49	−10.3	47.0	103.2
1965	262.1	17.0	2039	2.89	25.2	61.0	123.4
1970	314.8	19.4	2321	2.88	32.0	78.0	138.0
1975	207.4	8.7	1561	1.72	24.5	71.0	156.9
1978	422.2	11.7	1285	1.35	23.5	147.0	182.7
1980	479.6	7.8	1163	1.19	27.3	356.7	234.8
1985	1793.4	13.5	1494	1.43	64.8	1079. 0	433.5
1990	1638.7	3.8	1629	1.45	126.8	808.7	797.1
1995	10825. 7	10.5	1271	1.09	382.7	6839. 0	2224. 6
1999	3565. 7	7.1	1099	0.88	343.9	3278. 9	3129.1

注：纯增长人口的消费、增加的消费总额以人均消费额等根据《中国统计年鉴》（2000）的有关统计数据计算得出。
资料来源：根据国家统计局《中国统计年鉴》1992年、2000年有关数据计算得出

按照马尔萨斯的观点，不断增长的人口将一直制约着社会养活自己的能力，人口的力量永远大于地球上生产人的必需品的力量，而对人口增长唯一限制的是“灾难和罪恶”——即通过战争、饥荒和瘟疫来抑制人口的增长。因为人口的高速增长将导致人地关系的失衡，造成过剩人口，即农业经济陷入了停滞的“低水平均衡陷阱”。此外，人口的迅速增长不仅仅消费了产出额的大部分，也抑制了储蓄额的增加，从而影响了国内生产总值的增长，造成了人口增长的马尔萨斯危机。

但是，以上事实说明，人口增长对经济增长的影响有时并非马尔萨斯预言的那样。那么，马尔萨斯到底是对还是错呢?

（三）技术进步

技术进步在经济增长中的作用体现在生产率的提高上，即同样多的生产要素的投入能够提供更多的产出。技术进步主要包括人力资源配置的改善、物质资源配置的改进、规模经济和知识的改进。其中，人力资源配置的改善主要是通过劳动力从劳动生产率低

的部门或行业转移到劳动生产率高的部门或行业，以促进生产率的提高。物质资源配置的改进主要是通过资源配置方式、方法的进步，把有限的物质资源从效率低的生产部门或行业转移到效率高的生产部门或行业，以提高资源投入产出率。规模经济是指由于生产规模扩大而引起总成本的下降，最终导致经济收益的增加。规模扩大，就能够采用新的技术和先进的设备，也能够采用新的生产方法。尤其在一些工业部门，技术的复杂程度与工序之间的联系度，决定了规模经济的显著效益。从当今世界各国经济发展进程看，知识进步与发展是技术进步中最重要的内容，它包括科学技术的发展与应用、新工艺的发明与采用等，它是经济增长的根本动力。

技术进步在经济增长中起了最重要的作用。据 R·索洛估算，1909—1940 年间，美国 2.9%的年增长率由于技术进步而引起的增长率为 1.49%，即技术进步在经济增长中所做出的贡献占 51%左右。

尽管上述三个要素都重要，并且相互联系在一起发生作用，经济学家还是试图测量其相对重要性。丹尼森在研究了美国 1929—1969 年的相关资料后得出：首先在经济增长过程中，技术进步起着支配性作用，其次是劳动力和物质资本。

以上分析经济增长的源泉时，假设社会制度和意识形态已经符合了经济增长的要求，但在不具备这一假设条件时，社会制度和意识形态对经济增长是很重要的。非经济因素，尤其是政治因素，也是经济增长中应考虑的。一个社会只有在具备了经济增长所要求的基本制度条件，有了一套能促进经济增长的制度以后，这些经济因素才能发挥其作用。战后许多发展中国家之所以经济发展缓慢，关键并不在于缺乏资本、劳动或技术，而是没有改变封建制度，甚至奴隶制度。

阅读材料 3：东亚奇迹与东亚危机

战后先是日本在 20 世纪 70 年代率先实现工业化，并通过海外直接投资向东亚地区转移劳动密集型和资金密集型产业，带动了“四小龙”的腾飞；随后“四小龙”从 80 年代开始产业转型，加入日本对东盟国家投资的队伍，把劳动密集型的组装加工业大规模转移到马来西亚、泰国和印度尼西亚，从而在时间上形成东亚排浪式的工业化追赶浪潮。

从 1984—1996 年间，东亚在世界进口总额中的比重由 18.5%上升到 25%，在世界出口总额中的比重由 19%上升到 27%；与此同时，东亚的贫困人口由 4 亿减少到 1 亿多人。8 个国家和地区的平均寿命由 1960 年的 56 岁增加到 1990 年的 71 岁。

20 世纪 80 年代以来日本对东亚直接投资迅速增加，有力地推动了东亚各国地区的产业结构升级，促进了重化工业在东亚的移植和发育，同时也使东亚国家的产业发展严重依赖于日本的技术。据 1995 年日本贸易振兴会调查，“四小龙”70%的日本企业、东盟 78%的日本企业都主要从日本本土筹措、调配零部件和其他资本货物。日本经济研究中心有关统计则表明，在韩国和中国台湾地区的经济起飞和高速增长中，技术供给的 54.6%和 65.3%来自于日本，其他东亚国家和地区技术引进的 1/5 以上也来自于日本。这种技术依赖使东盟国家的产业发展严重依赖于外资企业，只有少数本国当地企业能够为跨国公司提供协作配套生产。同时，由于跨国公司与当地企业的技术差距、管理差距悬殊，导致当地企业进入外资主导产业的壁垒极高。在这种配套不成、进入不可的双重挤压下，本国当地资本只好大量涌入房地产市场、证券市场，虚拟经济过度膨胀导致经济的泡沫化，同时也导致金融市场的更加不稳定。

日本和“四小龙”对东盟自然资源的直接投资，还进一步加剧了东盟初级产品的输出。一项产品的开发、设计定型及关键零部件生产在日本本土进行，一般零部件转移到“四小龙”生产，而在东盟完成最后组装，产成品一部分在当地销售，一部分返销日本，一部分销往欧美市场。从事设计、零部件生产的先进国家和地区虽没有最终产品生产国和出口国的名分，但却获得全部增值中的绝大部分。比如，在韩国，每辆轿车总技术成本的 30%要以专利费形式付给外国精密技术供给商，每台摄像机总技术成本的 50%、每生产一个 DRAM 半导体总技术成本的 30%、每台笔记本电脑技术成本的 70%要以技术专利费的形式支付给外厂商。

另外，东亚国家外资导向下的经济增长还导致外债迅速增加。泰国外债从 1992 年年底的 396 亿美元增到 1996 年年底的 900 亿美元，相当于 GDP 的 50%。为偿付外债，只能依靠增加出口和外资流入。1996 年出口大幅下降，为了维持固定汇率，把利率提高到 13.8%的水平，使大量资本流入，其中短期资本占 53.2%。泰国 730 亿美元私人外债中，三分之一是流向房地产的。印度尼西亚放宽金融管理后，银行增至 240 间。印度尼西亚央行不知道私营部门大约 800 个贷款户，借了外债 680 亿～690 亿美元。泰国 91 家财务证券公司总资产占全国金融资产的四分之一，这 91 家公司 1993—1996 年在房地产、证券方面的投资和贷款高达 50%以上，其中相当部分已成为坏账。

四、经济增长模型

经济学家通过经济增长模型来描述经济增长的机制、探讨影响经济增长的因素、预测经济的增长率。现代经济理论中，具有代表性的经济增长模型有哈罗德-多玛模型、新古典经济增长模型和新剑桥经济增长模型。

（一）哈罗德-多玛经济增长模型

英国经济学家哈罗德在凯恩斯就业理论的基础上，于 1939 年发表了《论动态理论》一文，论述了资本主义国家长期的经济发展问题。在以后出版的《动态经济学》一书中又从理论上进一步加以系统化。在这一时期，美国经济学家多玛也进行了类似的分析，发表了《资本扩大、增长率和就业》和《扩张与就业》两篇论文。他们两人这些著作的出版，标志着现代西方经济增长理论的开端。

哈罗德-多玛模型，是在 20 世纪 40 年代分别由英国经济学家 R·哈罗德和美国经济学家 E·多玛提出来的。他们所提出的模型基本相似，故称哈罗德-多玛经济增长模型。我们以哈罗德模型为例来介绍这一模型的基本内容。

哈罗德的经济增长模型是建立在加速原理基础上的，他在论证资本主义经济稳定增长的条件时，强调的是收入水平的变化对本期投资的影响。这就是说，为了使资本主义经济能够持续稳定增长，本期的储蓄必须全部转化为投资，哈罗德的模型就是要确定前一期的收入增长率究竟高到什么程度，才能使本期的储蓄全部转化为投资。

（1）哈罗德模型的基本假设

第一，生产中只用资本与劳动两种生产要素，而且这两种要素的配合比率是不变的。

第二，技术是不变的，即不考虑技术进步对经济增长的影响。

第三，规模收益不变，即生产规模扩大时不存在收益递增或递减。

（2）哈罗德模型的基本公式

哈罗德模型的基本公式是：

$$G=S/C$$

式中：G 代表国民收入增长率，即经济增长率；S 代表储蓄率，即储蓄量在国民收入中所占的比例；C 代表资本-产量比率，即生产一单位产量所需要的资本量。

根据这一模型的假设，资本与劳动的配合比率是不变的，从而资本-产量比率是不变的。这样，经济增长率实际就取决于储蓄率。

例如，假定资本-产量比率 C 为 3，如果储蓄率 S 为 15%，经济增长率 G 则为 5%。在资本-产量比率不变的条件下，如果储蓄率增加到 18%，则经济增长率为 6%；如果储蓄率减少到 12%，则经济增长率为 4%。可见，这一模型强调的是资本增加对经济增长的作用，分析的是资本增加与经济增长之间的关系。多玛模型的基本公式是：$G=\delta\times S$；其中 δ 是资本生产率，即一单位资本的产出量，$\delta=1/C$，所以这一模型与哈罗德模型基本相同。

（3）经济长期稳定增长的条件

哈罗德模型还用实际增长率、有保证的增长率与自然增长率这三个概念分析了经济长期稳定增长的条件与波动的原因。

实际增长率（G）是实际上所发生的增长率，它由实际储蓄率（S）和实际资本-产量比率（C）决定，即：$G=S/C$。

例如，如果年终时储蓄率 S 为 20%，实际存在的资本存量与产量比率 C 为 4，则实际增长率为 5%，即：$G=S/C=20\%/4=5\%$。

有保证的增长率（G_W），又称合意增长率，是长期中理想的增长率，它由合意的储蓄率（S_d）和合意的资本-产量比率（C_r）决定，即：

$$G_W=S_d/C_r$$

例如，如果全体资本家均认为 $C_r=5$ 是他们所愿意有的资本-产量比率，那么，在 S_d 为 20%的条件下，根据基本公式计算的增长率为 4%。这就是合意的，有保证的 G_W。总之，G_W 是一个使人们愿意的储蓄等于投资时的增长率，它使得资本家得到双重满意并准备继续进行下去，即资本家对正在进行的储蓄表示满意而与此同时对现有的资本数额感到满意。只有这样，经济才能稳定不变地增长下去。

自然增长率（G_n）是长期中人口增长和技术进步所允许达到的最大增长率，它由最适宜的储蓄率（S_0）和合意的资本-产量比率 C_r 决定，即：$G_n=S_0/C_r$。

例如，假定每年为 3%的 G_n，C_r 为 3.33，S_0 为 10%，则 3%＝10%/3.33，从而使自然增长率处于均衡状态。

哈罗德模型认为，长期中实现经济增长的条件是实际增长率、有保证的增长率与自然增长率相一致，即：$G=G_W=G_n$。

如果这三种增长率不一致，则会引起经济中的波动。具体来说，实际增长率与有保证的增长率的背离，会引起经济中的短期波动。当实际增长率大于有保证的增长率（$G>G_W$）时，会引起累积性的扩张；因为此时的实际资本-产量比率小于合意的资本-产量比率（$C<C_r$），资本家会增加投资，使这两者一致，从而就刺激了经济的扩张。相反，当实际增长率小于有保证的增长率（$G<G_W$）时，会引起积累性的收缩，因为此时的实际资本-产量比率大于合意的资本-产量比率（$C>C_r$），资本家会减少投资，使这两者一致，从而就引起了经济收缩。

在长期中，有保证的经济增长率与自然增长率的背离也会引起经济波动。当有保证的增长率大于自然增长率（$G_W>G_n$）时，由于有保证的增长率超过了人口增长和技术进步所允许的程度，将会出现长期停滞。反之，当有保证的增长率小于自然增长率（$G_W<G_n$）时，由于有保证的增长率不会达到人口增长和技术进步所允许的程度，将会出现长期繁荣。

哈罗德-多玛模型是最早的经济增长模型，它虽然比较简单，而且有缺点，但以后的经济增长模型都是在此基础上建立起来的，是对它的发展和改进。

（二）新古典经济增长模型

新古典经济增长模型一般认为是在 1956 年由美国的索洛和斯旺分别发表的论文开始建立起来的。新古典经济增长模型的主要代表人物除索洛和斯旺两人外，还有英国经济学家米德等人。因为他们以自由竞争和假定充分就业为分析的起点，这些假定与传统庸俗经济学的假定相同，因此他们的模型被称为“新古典”模型。

新古典经济增长模型的第一个假定是，资本主义经济只有一个生产部门，只生产一种商品，这种商品不是用于消费就是用于投资。例如一个生产部门只生产谷物这一商品，这些谷物不是被吃掉就是作为谷物资本存量的一部分储蓄起来，这种储蓄直接就是投资。第二个假定是，在资本主义经济增长时期经常保持充分就业和自由竞争状态，这是与凯恩斯主义的假定相反的。第三个假定即是资本和劳动能够互相替换。因此，资本与产量的比是变量而不是常数。这个假定和哈罗德、多玛的假定相反。

新古典模型认为，哈罗德-多玛模型所指出的经济增长途径是很难实现的。这也就是说，在现实中，由于各种因素的影响，实际增长率、有保证的增长率和自然增长率很难达到一致。因此，他们把哈罗德-多玛模型所指出的经济增长途径称为“刃锋”。他们的模型就是要通过改变资本-产量比率来解决这一“刃锋”问题，并且考虑技术进步对经济增长的作用。

新古典模型的公式如下：$G=a(\Delta K/K)+b(\Delta L/L)+\Delta A/A$

在上式中，$\Delta K/K$ 代表资本增加率，$\Delta L/L$ 代表劳动增加率，a 代表经济中资本所做的贡献比例，b 代表经济增长中劳动所做的贡献比例。a 与 b 之比即资本-劳动比率。$\Delta A/A$ 代表技术进步率。这一模型说明了：

第一，决定经济增长的因素是资本的增加、劳动增加和技术进步。

第二，资本-劳动比率是可变的，从而资本-产量比率也就是可变的。这是对哈罗德-多玛模型的重要修正。

第三，资本-劳动比率的改变是通过价格的调节来进行的。

第四，如果资本量大于劳动量，则资本的相对价格下降，劳动的相对价格上升，从而使生产中更多地利用资本，更少地利用劳动，即通过资本密集型技术来实现经济增长。反之，如果资本量小于劳动量，则资本的相对价格上升，劳动的相对价格下降，从而就使生产中更多地利用劳动，更少地利用资本，即通过劳动密集技术来实现经济增长。这样通过价格的调节使资本与劳动都得到充分利用，经济得以稳定增长。因为这一模型强调了价格对资本-劳动比率的调节作用，与新古典经济学的观点相似，故称为新古典模型。

（三）新剑桥经济增长模型

哈罗德-多玛模型和新古典经济增长模型，都是假定存在着一个总的不变的储蓄倾向。但以罗宾逊夫人、卡尔多、帕茜内蒂等人为代表的新剑桥学派则不同，他们是把总的储蓄倾向分为资本家的储蓄倾向和工资劳动者的储蓄倾向两部分，并且假定前者大于后者。有时甚至还像古典经济学家那样，把工资劳动者的储蓄假定为零。把总的储蓄倾向分为资本家的和工资劳动者的两部分，这是新剑桥学派经济增长模型的特点。新剑桥模型是由英国经济学家 J·罗宾逊、N·卡尔多等人提出来的。这一模型分析收入分配的变动如何影响决定经济增长率的储蓄率，以及收入分配与经济增长之间的关系。

新剑桥模型的公式为：

$$G=S/C=（p/Y\times S_p+w/Y\times S_w）/C$$

在上式中，C 仍然是资本-产量比率，p/Y 是利润在国民收入中所占的比例，w/Y 是工资在国民收入中所占的比例，国民收入分为利润与工资两部分，所以，$p/Y+w/Y=1$。S_p 是利润收入者的储蓄倾向（即储蓄在利润中所占的比例），S_w 是工资收入者的储蓄倾向（即储蓄在工资中所占的比例）。一般假设利润收入者的储蓄倾向大于工资收入者的储蓄倾向，即 $S_p>S_w$，而 S_p 与 S_w 都是既定的。

从上式中可以看出，在 S_p 与 S_w 既定时，储蓄率的大小取决于国民收入分配的状况，即利润与工资在国民收入分配中所占的比例。在 $S_p>S_w$ 的假定之下，利润在国民收入中所占的比例越大，则储蓄率越高；相反，工资在国民收入中所占的比例越大，则储蓄率越低。

例如，假设 $S_p=30\%$，$S_w=10\%$，如果 $p/Y=40\%$，$w/Y=60\%$，则：$S=（40\%\times 30\%+60\%\times 10\%）=18\%$。

如果改变收入分配，$p/Y=60\%$，$w/Y=40\%$，则：$S=（60\%\times 30\%+20\%\times 10\%）=22\%$。

在资本-产量比率不变的情况下，增长率取决于储蓄率，储蓄率越高则增长率越高；而要提高储蓄率，就要改变国民收入的分配，使利润在国民收入中占更大的比例。因此，经济增长是以加剧国民收入分配的不平等为前提的。经济增长的结果，也必然加剧收入分配的不平等。这是新剑桥模型的重要结论。

阅读材料 4：经济增长有没有极限？

最近 20 年中，许多反增长论者和环境保护论者都坚持认为，经济增长要受自然资源和环境容量的限制。于是，马尔萨斯学派的理论又被再次提起。

关于增长潜力的担忧，主要由 20 世纪 70 年代早期“罗马俱乐部”的一系列研究所引起。由于发展中国家人口快速增长的警报和 1973 年后石油价格的盘旋上升，以及伴随主要工业国生产率增长和生活水平提高出现的大滑坡，有关增长的批评言论逐渐为人们所接受。

随着 1980 年以后自然资源价格的下跌及发展中国家人口增长的放慢，这第一轮的忧虑风潮才逐渐消退。

第二轮悲观主义浪潮出现在最近 10 年。它所关心的不仅是矿产资源诸如石油、天然气的耗竭，而且还包括长期经济增长中的环境约束问题。越来越多的科学证据表明，工业活动正在显著地改变着地球的气候和生态系统，因此全球环境问题影响经济增长的可能性不断增加。

人们的担忧主要有：地球正在变暖，包括由于使用矿物燃料而导致的气候变暖；酸雨广泛存在；南极洲上空出现“臭氧空洞”以及温带地区臭氧的消失；砍伐森林，尤其是毁灭热带雨林，很可能导致全球生态系统失衡；土壤被侵蚀将威胁农业的长期发展；物种的灭绝对未来的医药和其他技术构成威胁等。

资源消耗和环境限制影响经济增长的证据有哪些呢？一个明显的证据表明：自 20 世纪以来土地和矿产资源的质量正在逐渐恶化，我们需要钻更深的井才能获得石油，需要使用更多的可用可不用的土地，需要采用低品质的矿石，等等。

但迄今为止，技术创新的影响还是大大超过这些趋势，所以相对于劳动力价格来说，石油、天然气及大多数矿产和土地的价格实际上还是下降的。此外，那些注重环境保护的技术正变得越来越先进，许多最恶劣的滥用资源、破坏环境的情况在近 20 年里已经得到缓解。不过环境约束所带来的成本也正在日渐升高，一些经济学家认为，美国所经历的生产率增长的显著下降，就是受累于环境保护成本。

资料来源：【美】萨缪尔森《经济学》

关键概念

经济周期	经济增长	技术进步
哈罗德-多玛经济增长模型	新古典经济增长模型	新剑桥经济增长模型

知识小结

1. 经济周期是指经济活动沿着经济发展的总体趋势所经历的有规律的扩张和收缩。经济周期大体经历繁荣、衰退、萧条和复苏四个阶段。解决经济周期负面影响的相应政策主要有财政政策和货币政策。

2. 经济增长是 GDP 或人均 GDP（产量或人均产量）的增加。一个国家的经济增长，可以定义为给居民提供种类日益繁多的经济产品的能力长期上升，这不断增长的能力是建立在先进技术以及所需要的制度和思想意识之相应的调整的基础上的。市场经济制度的建立和完善是实现经济增长的前提。经济增长的源泉主要包括：劳动、资本和技术进步。经济增长通常用国内生产总值或者国民收入的变动率作为衡量指标。

3. 经济增长模型有哈罗德-多玛经济增长模型、新古典经济增长模型和新剑桥经济增长模型。

思考作业题

一、选择题

1. 经济周期的四个阶段依次是（　　）。

A. 繁荣、衰退、萧条、复苏　　B. 繁荣、萧条、衰退、复苏

C. 复苏、萧条、衰退、繁荣　　D. 萧条、衰退、复苏、繁荣

2. 中周期的每一个周期为（　　）。

A. 5～6 年　　B. 8～10 年

C. 25 年左右　　D. 50 年左右

3. 50～60 年一次的经济周期称为（　　）。

A. 基钦周期　　B. 朱格拉周期

C. 康德拉季耶夫周期　　D. 库兹涅茨周期

4. 在创新理论基础上，（　　）又提出了他的经济周期理论。

A. 库兹涅茨　　B. 朱格拉

C. 基钦　　D. 熊彼特

5. 乘数原理和加速数原理的联系在于（　　）。

A. 前者说明投资的变化对国民收入的影响，后者说明国民收入变化对投资的影响

B. 两者都说明投资是怎样产生的

C. 前者解释了经济如何走向繁荣，后者说明经济怎样陷入萧条

D. 前者解释了经济如何陷入萧条，后者说明经济怎样走向繁荣

6. 经济增长最简单的定义是（　　）。

A. 技术进步　　B. 国内生产总值的增加

C. 制度与意识的相应调整　　D. 每个人的福利（幸福）都增加了

7. 经济增长除了依赖于土地、劳动和资本三个传统因素，还取决于（　　）。

A. 政府支出　　B. 空间探索

C. 增加投资　　D. 技术进步

8. 假设资本量为 100 万元，产量为 50 万元，资本-产量比率为（　　）。

A. 0.5　　B. 2

C. 0.33　　D. 1.5

9. 已知资本-产量的比率是 4，储蓄率 20%，按照哈罗德-多玛经济增长模型，要使储蓄全部转化为投资，经济增长率应该是（　　）。

A. 4%　　B. 5%

C. 6%　　D. 10%

10. 假如要把产量的增长率从 5%提高到 7%，在资本-产量比率等于 4 时，根据哈罗德-多玛经济增长模型，储蓄率应达到（　　）。

A. 28%　　B. 30%

C. 32%　　D. 20%

11. 资本与劳动在生产上是可以相互替代的，这是（　　）的假设条件。

A. 哈罗德增长模型　　B. 新古典增长模型

C. 哈罗德增长模型和新古典增长模型共同　　D. 新剑桥增长模型

12. 哈罗德-多玛经济增长模型认为，长期中实现经济稳定增长的条件是实际增长率、有保证的增长率与自然增长（　　）相一致。

A. 偏离　　B. 波动

C. 一致　　D. 不等

13. 新古典经济增长模型对哈罗德-多玛模型的重要修正是（　　）。

A. 假定资本产量比率也是可变的

B. 假定规模收益不变

C. 假定生产中只使用资本与劳动两种生产要素

D. 假定经济只生产一种产品

二、多项选择题

1. 下列各项中，属于经济周期中的繁荣阶段的特征的是（　　）。

A. 产品畅销　　B. 投资增加

C. 工资不断上涨　　D. 原材料供应充足

E. 投资减少

2. 下列各项中，属于经济周期中的萧条阶段的特征的是（　　）。

A. 价格水平很高　　B. 存货积压严重

C. 利润下降甚至亏损　　D. 劳动者大量失业

E. 利润上升

3. 下列各项中，属于资本生产要素的是（　　）。

A. 存货　　B. 设备

C. 新工艺发明　　D. 规模经济

E. 厂房

4. 下列各项中，属于劳动生产要素供给的增加的是（　　）。

A. 新工艺发明　　B. 劳动者技术水平提高

C. 人口中就业率的提高　　D. 规模经济

E. 增加资金投入

5. 下列各项中，属于技术进步范畴的是（　　）。

A. 管理水平的提高　　B. 劳动者技术水平的提高

C. 新工艺发明　　D. 规模经济

E. 厂房改造

三、判断题

1. 经济周期是可以预期的，因为它的发生常常是很有规律的。（　　）

2. 基钦周期是一种长周期。（　　）

3. 加速原理要说明国民收入对投资变动的影响。（　　）

4. 经济增长的充分条件是制度与意识的相应调整。社会制度与意识形态的某种变革是经济增长的前提。（　　）

5. 规模经济是指由于生产规模扩大而引起总的成本的上升，最终导致经济收益的提

高。（　　）

6. 哈罗德模型强调的是资本增加对经济增长的作用，分析的是资本增加与经济增长之间的关系。（　　）

7. 新古典经济模型强调了价格对资本劳动比率的调节作用。（　　）

8. 新剑桥模型认为经济增长是以收入分配平均为前提的，经济增长的结果，也必然导致收入分配的平等。（　　）

四、简答题

1. 什么是经济周期？经济周期各个阶段有什么特点？

2. 乘数-加速数原理是怎样解释经济周期波动的？

3. 什么是经济增长？库兹涅茨给经济增长所下的定义有什么含义？

4. 经济增长的源泉是什么？

5. 哈罗德-多玛模型的意义是什么？

第十三章　宏观经济政策

学习目标

1. 掌握宏观经济政策目标的内涵，以及四个目标之间的相互关系；
2. 掌握财政政策的含义以及构成；
3. 掌握自动稳定器及其种类和作用；
4. 理解扩展性财政政策和紧缩性财政政策；
5. 理解银行体系的构成和商业银行、中央银行；
6. 掌握货币创造的机理以及货币乘数的计算；
7. 掌握货币政策的含义以及货币政策的手段和工具；
8. 理解财政政策和货币政策如何组合来调控宏观经济。

导读案例：2009 年宏观经济政策取向及建议

针对明年我国经济面临的国内外形势比较严峻的局面，为了防止本轮经济出现过度调整，我们建议：2009 年宏观调控政策取向应对去年以来的“偏紧型”政策进行调整，采取中性偏松的政策，即在“稳健的财政货币政策”下进行结构性松动。“双稳健”政策其重点要以扩大消费需求为核心，以加快改革为重点，从战略上实现短期增长目标与长期稳定发展相结合，以确保经济持续健康较快增长。

我们之所以主张“双稳健”，即中性的宏观调控政策，而不是扩张性政策，主要是因为当前我国经济所面临的环境比 1997 年亚洲金融危机时好得多。一是亚洲金融危机时期我国经济增长目标是“保 8%”，而目前我国经济仍保持在 10%的较快增长区间，其政策目标应该是“防止过度下滑”或是“保 9%”，不需要采取扩张性政策。二是 1997 年金融危机导致我国经济增长有效需求不足，面临通货紧缩的局面，不仅出口增长大幅度放缓，而且全社会固定资产投资仅增长 5.9%，社会消费品零售总额增长 7%。目前我国内需增长依然强劲，即使明年投资和消费增速均有所回落，也不大可能出现大幅下滑。更为重要的是，短期内全球以及国内通货膨胀压力依然较大，在这种情况下，不宜采取扩张性政策。三是尽管目前经济增长的基本面依然较好，但此次由美国次贷危机引发的全球性金融危机及经济增长放缓，其影响、深度、持续时间可能要大大超过亚洲金融危机，对此我们必须要做好充分的应对准备。而中性的宏观调控政策有利于我们应对危机，便于政策的上下微调，灵活把握调控力度，有利于引导社会预期，同时不至于造成全面放松后的“一哄而上”。具体建议：

第一，财政政策在稳健的前提下可采取有针对性的结构性松动措施。如大幅度增加对农业、农村基础设施、社会保障及社区医疗等薄弱环节及弱势群体的支出，尤其要加大对灾后重建以及中西部县域基础设施的投入力度；增加对自主创新、产业结构升级、生态环保以及就业的支出。要加大税收政策调控力度，在东北成功实行的增值税转型政策应该尽快向全国推广；要通过财政贴息和税收减免加大对东部地区产业向中西部地区转移的支持力度；对创新型企业和一些小企业采取税收减免政策；为了扩大中低收入群体消费和保持财政税收稳定增长，建议继续提高个人所得税起征点的同时提高税率水平，这样也有利于缓解贫富差距的进一步扩大。

第二，稳健的货币政策要在控制信贷风险的基础上适度扩大货币供应量和信贷规模，保持货币供应量和信贷规模适度稳定增长。今年信贷规模预计增长 14.5%，明年信贷增长应保持在 16%以上，并应取消按季控制信贷规模，根据经济增长变化需要适时把握信贷投放节奏，必要时可继续下调存款准备金率，以确保国民经济平稳较快增长。同时，要切实采取有效措施，加大对中小企业的信贷支持力度。对“两高一资”行业则要采取紧缩性货币政策。

第三，针对内需增长面临的压力，明年要重点保持消费需求的稳定增长。要采取适当措施稳定住房和汽车消费，避免这两大消费热点出现过度下滑。努力扩大居民的服务性消费，引导社会投资加大对公共服务领域的投入力度，大幅度降低服务性消费成本，尤其是旅游消费成本，如降低旅游景点门票费，降低公路特别是高速公路收费水平。

第四，加快资源要素价格等领域的改革。本轮经济增长中出现的许多问题均是由于改革滞后所导致的，实践证明，用宏观调控的办法解决需要通过改革才能解决的问题只治标不治本，而且效率较低。因此，要利用明年国际国内经济调整的有利时机，加快推进我国财税、金融、收入分配及资源要素价格等领域的改革。只有用改革的办法解决长期制约我国经济平稳协调发展的深层次问题，才能提高宏观调控效率，有利于加快经济增长方式转变。尤其是明年国际油价可能进一步下调，应抓住这一时机，加快国内油价与国际市场接轨。

资料来源：中国证券报（作者单位：国家发展改革委员会经济研究所）

第一节　宏观经济政策概述

一、宏观经济政策的含义及其目标

（一）宏观经济政策的含义

宏观经济政策指的是国家或政府为了增进整个社会的经济福利，改进国民经济的运行状况，达到一定的经济政策目标而有意识和有计划地运用一定的政策工具而制定的解决经济问题的指导原则和措施。

（二）宏观经济政策的目标

（1）稳定物价。稳定物价是宏观经济政策的首要目标，是指价格指数的相对稳定，即维持一个低而稳定的通货膨胀率。这种通货膨胀率能为社会所接受。目前，经济学家们普遍认为，在通货膨胀率大于两位数的情况下，需要政府利用经济政策进行干预；而温和的通货膨胀的存在，基本上属于正常的经济现象，政府无须过多地干预。例如美国20 世纪 90 年代克林顿政府时期，年通货膨胀率保持在 2%左右，就被认为是实现了物价稳定。还需指出的是，实现物价稳定不仅要消除通货膨胀，而且也要防止通货紧缩，因为通货紧缩同样也不利于经济正常运行。

（2）充分就业。广义地说，充分就业是指经济社会所有资源都得到很好的利用；狭义地说，充分就业并不是指人人都有工作，而是指劳动者在面对一定的工资水平条件都能够找到工作的状态。因为劳动力相对于其他生产要素如资本、土地、企业家才能而言，更容易测量其利用程度。实现充分就业，指的是没有周期性失业，把失业率保持在自然失业率的水平。目前，有些西方经济学家认为存在 4%～6%的失业率是正常的，此时社会处于充分就业状态。有些西方经济学认为失业率在 2%～3%以下，经济社会才达到充分就业状态。

（3）经济增长。经济增长是指在一定时期内经济社会所生产的人均产量和人均国民收入的持续增长。通常用一定时期内实际国内生产总值年均增长率来衡量。这种增长率并不是越高越好，而是适度的增长率，即既要能满足社会发展的需要，又要考虑资源和技术的限制，以及环境保护与生态平衡，实现可持续的增长。

（4）国际收支平衡。国际收支平衡是指一定时期内（通常指一年），一国对其他国家或地区的全部货币收支保持基本平衡，是指既无国际收支赤字，又无国际收支盈余，既无顺差，也无逆差。因为对现代开放型经济国家而言，国际收支无论赤字还是盈余，都会对国内经济产生重要的影响。例如，日本在 20 世纪 50 年代至 70 年代经济高速增长期间，爆发过 5 次经济危机，其中有 4 次是由于国际收支出现赤字，日本政府被迫采取紧缩经济政策所造成的。

（三）四个目标之间的关系

从长期来看，这四个宏观经济目标之间是相互促进的。经济增长是充分就业、物价稳定和国际收支平衡的物质基础；物价稳定又是经济持续稳定增长的前提；国际收支平衡有利于国内物价水平的稳定，有利于利用国际资源扩大本国的生产能力，加速本国经济的增长；充分就业本身就意味着资源的充分利用，这当然会促进本国经济的增长。

但是从短期看，这几个目标并不总是一致的，而是相互矛盾的。这四个政策目标之间的矛盾表现在以下几个方面。

（1）充分就业与物价稳定的矛盾。为实现充分就业，就须运用扩张性财政政策和货币政策，而这些政策又会由于财政赤字的增加和货币供给量的增加而引起通货膨胀。菲利普斯曲线就是研究失业率与通货膨胀率之间此消彼长的关系的。二者之间不能很好地兼顾。

（2）充分就业与经济增长的矛盾。经济增长与充分就业虽有一致的方面，即经济增长会提供更多的就业机会；但也有矛盾的一面，即经济增长中的技术进步和技术创新，会引起资本对劳动的替代，相对地缩小对劳动的需求，使部分工人特别是文化和技术水平低的工人失业。这样充分就业与经济增长之间也存在左右两难的境地。

（3）国际收支平衡与充分就业的矛盾。充分就业的实现会引起国民收入的增加，居民的支付能力的提高；而在边际进口倾向既定的情况下，这又会引起进口的增加，从而使国际收支状况恶化，出现逆差。

（4）物价稳定与经济增长的矛盾。在经济增长的过程中，由于需要超前的货币供给，这样会使得物价水平上涨，形成通货膨胀；而过高的通货膨胀又会阻碍经济的进一步增长。

在现实经济中，由于这些政策目标之间矛盾的存在，因而政府就必须根据本国经济具体情况和具体要求不断协调和改变经济政策。

二、宏观经济政策工具

宏观经济政策工具是用来达到政策目标的手段。在宏观经济政策工具中，常用的有需求管理、供给管理以及国际经济政策。

（一）需求管理

需求管理是通过调节总需求来达到四个经济政策目标的宏观经济政策工具。需求管理是要通过对总需求的调节，实现总需求等于总供给，达到既无失业又无通货膨胀的目标。当总需求小于总供给时，经济中会由于需求不足而产生失业，这时就要运用扩张性的政策工具来刺激总需求；当总需求大于总供给时，经济中会由于需求过度而引起通货膨胀，这时就要运用紧缩性的政策工具来压抑总需求。需求管理政策包括财政政策与货币政策。本章将重点阐述这两个政策。

（二）供给管理

供给管理是要通过对总供给的调节，来达到一定的政策目标。在短期内影响供给的主要因素是生产成本，特别是生产成本中的工资成本。在长期内影响供给的主要因素是生产能力，即经济潜力的增长。因此，供给管理包括控制工资与物价的收入政策、指数化政策、改善劳动力市场状况的人力政策，以及促进经济增长的增长政策等。

（三）国际经济政策

现实生活中，每一个国家的经济都是开放的，各国经济之间存在着日益密切的往来与相互影响。一国的宏观经济政策目标中有国际经济关系的内容（即国际收支平衡），其他目标的实现不仅有赖于国内经济政策，而且也有赖于国际经济政策。因此，在宏观经济政策中也应该包括国际经济政策。

三、宏观经济政策的发展与演变

20 世纪 30 年代以前，西方国家通常主张政府不干预经济，主张自由竞争，其主导思想是 18 世纪法国经济学家萨伊提出的“萨伊定律”，即供给创造自己的需求，也就是说，生产创造需求，生产越多，社会需求就越大；整个社会所提供的产品越多，消费者购买的数量就越多，社会绝不存在需求不足的问题。古典经济学家因此认为，在自由竞争的市场经济中，会有一种自动达到产量均衡的趋势，政府不需要干预经济。

但是，一场经济危机使古典经济学家的政策主张失去了其主要地位。1929—1933 年，资本主义世界爆发了空前严重的经济危机。这次危机震撼了各主要资本主义国家，席卷了所有殖民地和半殖民地。整个资本主义世界在经历了长达 4 年之久的大危机后，又陷入了长期的经济萧条之中。面对着空前严重的危机和失业，当时传统的西方经济学对此束手无策。在这种背景下，凯恩斯学派应运而生，凯恩斯学派认为国家应或多或少要采取一定的宏观经济政策来干预经济。

凯恩斯开辟了宏观经济学研究的新视角。通常认为自从 20 世纪 30 年代以来，宏观经济政策的发展大致经历了三个阶段。

第一阶段：从 20 世纪 30 年代到第二次世界大战前，这一阶段是宏观经济政策的试验时期。20 世纪 30 年代的经济大危机迫使各国政府走上了国家干预经济的道路。凯恩斯在 1936 年发表的《就业、利息和货币通论》，正是要为这种干预提供理论依据。凯恩斯的经济政策观点的核心是反对自由放任，主张国家干预。凯恩斯认为，在资本主义自由放任的条件下，当由消费需求和投资需求构成的有效需求不足以实现充分就业时，必然要出现萧条和失业；或者当需求过度时，会出现通货膨胀。因此，政府就要充分发挥其职能进行需求的总管理，来维持经济的稳定。

第二阶段：从第二次世界大战到 20 世纪 70 年代初，这一阶段是国家全面而系统地干预经济的时期。凯恩斯主义迎合了当时的西方国家干预经济的需要，凯恩斯的经济思想在西方得到了迅速传播。1944 年英国政府发表的《就业政策白皮书》和 1946 年美国政府通过的《就业法》，都把实现充分就业、促进经济繁荣作为政府的基本职责。这标志着国家将全面而系统地干预经济，宏观经济政策的发展进入一个新时期。这一时期的主要政策工具是财政政策与货币政策。

第三阶段：20 世纪 70 年代初至今，这一阶段的宏观经济政策为自由化和多样化。20 世纪 70 年代初，西方国家相继出现了高通货膨胀率与高失业率并存的“滞胀”局面，这就迫使它们对国家干预经济的政策进行反思。这个阶段最重要的特征是自由放任思潮的复兴。自由放任思潮主张减少国家干预，加强市场机制的调节作用。因此，经济政策的自由化和多样化，成为宏观经济政策的重要发展。

第二节　财政政策

财政政策是指政府通过自己的收入和支出，调节社会总需求，影响宏观经济活动的措施。所以，财政政策的实施运用，主要是通过调整政府的财政支出（政府的购买、转移支付、政府投资）、政府的财政收入（税收、公债）以及其他相关财政措施来全面调节影响社会的总需求，从而达到预期的经济目标。

阅读材料 1：政府增加政治支出，大选因素刺激亚洲经济增长

2004 年亚洲的大选年，印度、印度尼西亚、日本、马来西亚、菲律宾、斯里兰卡、韩国及中国的香港和台湾地区都要举行大选，数量创下历史纪录。此间经济学家认为，这些国家和地区的政府为保住政权，在选举年将会增加政府支出和避免提高利率，这将有助于刺激企业获利与经济增长。

菲律宾总统大选于 2004 年 5 月 10 日举行，菲律宾全国最大的电视广播网 ABS-CBN 因候选人购买政治广告使利润大大增加。在印尼，候选人以赠送速食面、茶包、果汁和香烟的手段来拉拢选民，使烟草、食品等商品的销路非常看好。

据渣打银行雅加达分行的经济学家艾奇森估计，全球第四人口大国印尼花在 4 月 5 日举行国公大选和 7 月 5 日首度直选总统的“政治支出”高达 10 亿美元。

据报道，印度国会下议院和 4 个省议会的 9500 名议员候选人，竞选支出也高达 10 亿美元，这是 1999 年竞选时的 3 倍。幅员广大的印度选举将持续 4 天，部分候选人不惜租用飞机来进行宣传拉票活动。印度首家低成本飞机业公司——狄堪公司（Deccan）总经理戈平纳斯称：“我们的订单排满整个选举季节，如果我们再多 20 架直升机就好了。”

韩国选民于 2004 年 4 月 15 日投票选举国会议员。同样，韩国的选举也给一些行业带来了机遇。如韩国最大制纸业生产商韩松纸公司总经理金振曼就表示：“每逢选举，用于竞选传单和海报的纸张便会需求大增。”

为了刺激经济成长，亚洲的中央银行在选举期间都会避免提高利率，政府也会扩大公共支出。例如，韩国央行 3 月 10 日宣布将利率维持在 3.75%的历来最低水平；印度政府 2004 年 1 月宣布移动电话、航空、计算机、药品等行业减税，金额达 23 亿美元；在马来西亚，政府在 3 月 21 日全国大选前，向政府公务员发放了 1.05 亿美元的奖金。

印度尼西亚最大零售商 Matahari Putra Prima 公司的投资者关系主任高钟健表示：“部分流入经济体系的选举资金将直接转换成消费者支出增长。”不过，此间经济学家认为，在这种增长效应过后，菲律宾和亚洲另外一些国家和地区可能因赤字扩大推动利率上扬，进而使经济增长速度放缓。新加坡摩根大通银行资深经济学家马力克称：“选举对市场而言是短期利多，政府方面必须当心对财政造成压力。”

一、财政政策的工具

（一）财政支出政策工具

（1）政府购买支出

政府购买支出是指各级政府购买物品和劳务的支出。例如，购买国防军需品、科技和教育开支、机关购买办公用品、政府公务员的工资及维护社会稳定相关支出等。政府购买支出是商品和劳务的实际交易，直接影响社会总需求和购买力，是按支出法核算国民收入的组成部分，是决定均衡国民收入的重要因素。政府可以通过增加和减少政府购买支出来调节国民收入。

（2）政府转移支付支出

政府转移支付支出是政府在社会福利保险、贫困救济金和失业救济金、农业补贴及退伍军人津贴等方面的支出。政府转移支付支出实际上是社会收入的再分配，就是将收入在不同社会成员之间进行转移和重新分配；所以在按支出法计算国民收入时，虽然它不是国民收入的组成部分，但也影响社会总需求，也是一种财政支出政策工具。

（3）政府投资

政府投资一般只包括公共项目工程和国家特殊重大项目的固定资产投资和存货投资。因为经济社会中的全部投资或绝大部分投资都是私人企业投资，所以，有时此项也包括在政府购买支出中。我国实行社会主义市场经济制度，投资是政府支出的重要项目，主要用于发挥政府作用，筹集资金进行关系国计民生的重大项目建设。如：我国的三峡水电工程等。

（二）财政收入政策工具

（1）税收

税收是政府为实现其职能，凭借政治权力，按照税收法律规定的标准，强制地、无偿地取得收入的一种手段，是一种强有力的财政收入政策工具。所以税收具有强制性、无偿性和固定性三个基本特征，三个特征相辅相成，缺一不可。税收是政府收入中最主要的部分。改变税收总量和税率会影响社会总需求，进而影响国民收入。具体来说，当政府决定降低税率，减少税收，这样会导致社会总需求增加和国民收入的增长；反过来，当政府决定提高税率，增加税收就会导致社会总需求减少和国民收入的降低。所以根据凯恩斯的有效需求理论，当总需求不足时，可以采取减税方式来抑制经济衰退；当总需求过剩时，可以采取增税方式来抑制经济过热和通货膨胀。

一般来说，税收根据不同的标准可以进行不同的分类。例如，根据课税对象的不同，可以将税收分成：一是流转税，如营业税、关税、增值税、消费税等，指的是以商品生产流转额和非生产流转额为课税对象征收的一类税；二是所得税，如企业所得税、个人所得税等，指的是以各种所得额为课税对象的一类税（一般来说，企业所得税的税率为25%，个人所得税为累计税，为九级税率制）；三是财产税，如遗产税、房产税、契税、车辆购置税和车船使用税等，指的是以纳税人所拥有或支配的财产为课税对象的一类税；四是行为税，如固定资产投资方向调节税、证券交易税、印花税、船舶吨税、屠宰税、筵席税等，指的是以纳税人的某些特定行为为课税对象的一类税；五是资源税，如土地增值税、耕地占用税和城镇土地使用税等，指的是对在我国境内从事资源开发的单位和个人征收的一类税。

（2）公债

公债是政府财政收入的又一个组成部分，实际上它是政府对公众的债务或公众对政府的债权。公债不同于税收，是政府运用政府信用形式筹集财政资金的特殊形式。政府公债包括中央政府的债务和地方政府的债务。按偿还期限的长短，公债一般分为短债、中债和长债。短债一般指的是国库券，偿还期限在一年以内，收益率或利息率较低；中债一般指的是期限在1～10年之间的债券，长债一般指的是期限在10年以上的债券，中长债由于偿还期限较长，具有较大的风险。

政府发行公债，一方面能增加政府财政收入，属于财政政策；另一方面又能对金融市场（包括货币市场和资本市场）起到扩张和紧缩的作用，从而影响货币供应量，进而影响利息率，从而调节社会的总需求水平。因此，公债也是实施货币政策的重要工具。

阅读材料2：美国财政政策的实践

20世纪60年代，肯尼迪总统采用凯恩斯主义经济学的观点，使财政政策成为美国对付衰退和通货膨胀的主要武器之一。肯尼迪总统提出削减税收来帮助经济走出低谷。这些措施实施以后，美国经济开始迅速增长。但是，减税再加上1965—966年在越战中财政扩张的影响，又使得产出增长过快，超过了潜在水平，于是通货膨胀开始升温。为了对付不断上升的通货膨胀，并抵消越战所增开支的影响，1968年国会批准开征了一项临时性收入附加税。不过，在许多经济学家看来，这项税收增加的政策力度太小也太迟了一些。

20世纪80年代美国是另一个典型例子。1981年国会通过了里根总统提出的一揽子财政政策计划，包括大幅度降低税收，大力扩张军费开支而同时并不削减民用项目。这些措施将美国经济从1981—1982年的严重衰退中拯救出来，并进入1983—1985年的高速扩张。

克林顿总统一上台，就面临着一个两难困境：一方面，高赤字依然顽固地存在着；另一方面，经济不景气且失业率高得难以接受。总统必须决定财政政策应从何处着手，是应该先处理赤字，通过增加税收、降低支出来增加公共储蓄，进而靠储蓄水平提高来带动国民投资的增长；还是应该关注财政紧缩会减少并排挤投资，而税收增加和支出的减少又会降低产出。最后，总统还是决定优先考虑削减财政赤字。1993年预算法案决定，在其后5年中落实减少赤字1500亿美元的财政举措。

资料来源：萨缪尔森著《经济学》

二、财政政策的自动稳定器作用

财政支出和收入政策工具中的有些政策工具由于其本身的特点，具有自动调节经济，使经济自动稳定的功能，这样的政策工具被称为内在稳定器或者自动稳定器。即当经济膨胀时能自动消除膨胀，当经济萧条时能够自动减缓萧条，无须政府采取任何行动。财政政策的这种自动稳定经济的功能主要通过以下三项制度的作用得以发挥。

（一）政府税收制度的自动稳定作用

这种作用表现在当经济处于繁荣阶段时，失业率下降，收入增加，在累进税制下，政府税收自动增加，从而使人们的消费和投资增长得以抑制；反之，当经济处于萧条阶段时，失业率增加，收入减少，政府税收自动减少，从而抑制了人们收入的下降。因此，无论经济处于繁荣还是萧条，税收制度都使得经济朝着相反的方向运行。税收因经济变动而自动发生变动的内在机动性和伸缩性，是一种有助于减轻经济波动的自动稳定因素。

（二）政府转移支付支出制度的自动稳定作用

这种作用表现在当经济繁荣时，失业人数减少，失业救济和其他福利支出也会相应减少，从而抑制居民可支配收入和消费的增长。当经济萧条时，失业人数增加，失业救济和其他社会福利开支就会相应增加，从而抑制人们收入特别是可支配收入的下降，进而抑制消费需求的下降。所以政府转移支付支出制度也能自动抑制经济过度繁荣或自动刺激经济萧条。

（三）农产品价格维持制度的自动稳定作用

农产品价格维持制度是指政府为了保护农场主得到一定收入，对某些农产品采取价格维持的措施。这些措施是以法律的形式固定下来的，西方国家大多制定有《农产品维持法案》。在该法案中，规定一定水平的农产品维持价格，如果市场价格低于这一水平，政府将按照维持价格收购，或者允许农场主以农产品作为抵押，从有关信用部门取得贷款。实行这种价格维持制度的结果是：在萧条时期，农产品价格下跌，政府根据农产品价格维持法案向农场主支付货币，增加农场主的收入，维持他们既定的收入与消费水平；在膨胀时期，农产品价格上升，政府可以抛出手中的农产品，从而抑制农场主收入与消费的增加，同时稳定农产品价格，防止通货膨胀。

最后必须指出的是，自动稳定器对于自动调节经济、保持国民经济平稳运行具有一定的作用，但是它的作用是很有限的。它只能轻微地缓和经济衰退或通货膨胀的程度，而不能彻底改变它们变化的总趋势。如果仅仅靠其自动调节经济，这样的话，远远不能保证经济持续均衡增长；因此必须要有政府的干预，制定和实施相机抉择的财政政策和货币政策，才能使国民经济健康稳定运行。

三、相机抉择的财政政策

根据上面的分析我们知道，三种自动稳定器可以自动地、反经济周期地调节经济，但它们对经济的调节作用是很有限的，特别是在经济剧烈波动时，单靠自动稳定器难以扭转经济趋势。因此，要确保经济稳定，政府必须审时度势，主动出击，采取相应的财政政策，即相机抉择的财政政策。在这里，政府运用宏观财政政策的原则是“逆风向行事”；其主要内容有二：一是扩张性财政政策；二是紧缩性财政政策。

（一）扩张性财政政策

当一国处于经济萧条时期，总需求小于总供给，产品过剩，价格下降，利率上升，失业增加。这时，政府就要运用扩张性财政政策，通过增加政府支出、减少税收来刺激总需求，以实现充分就业和经济增长。因为，一方面，扩大政府公共工程支出、政府购买和转移支付等，有利于刺激私人投资增加和消费增加，从而刺激提高总需求，推动经济走出萧条困境；另一方面，政府减少税收，从而使居民户和企业收入增加，增加投资，又可以使居民户有更多的可支配收入，从而增加消费，这样也会刺激提高总需求，推动经济走出萧条。

但是这样往往会造成财政赤字，所以扩张性财政政策通常就是赤字财政政策。

（二）紧缩性财政政策

当一国处于经济繁荣时期，总需求大于总供给，存在过度需求，而产量无法增加时即达到潜在总产出，会引起通货膨胀。这时，政府则要实施紧缩性财政政策，通过采用减少政府支出、增加税收等方式来抑制总需求，以实现物价稳定。因为，一方面，政府购买支出的减少会抑制投资，转移支付的减少可以减少居民户消费，这样就抑制了总需求；另一方面，增加税收会减少企业收入和个人居民户的可支配收入，从而抑制企业投资和居民户消费，这样也会进而抑制总需求，有助于抑制或消除通货膨胀，实现物价稳定。

政府通过减少支出、增加税收会带来财政盈余，所以紧缩性财政政策通常就是盈余财政政策。

四、财政政策的影响及其制约因素

（一）财政政策的影响

财政政策是各国政府运用较为广泛的政策手段，对经济活动的影响是直接和有效的。首先，财政政策对国民收入产生直接影响。扩张性的财政政策增加国民收入，紧缩性的财政政策减少国民收入。其次，财政政策对财政收支平衡产生直接影响。扩张性财政政策造成预算赤字，紧缩性财政政策可能造成预算盈余。财政政策的力度越大，财政政策不平衡的程度就越大。

（二）制约财政政策发挥作用的因素

财政政策对经济的影响是直接而有效的，但财政政策对经济的影响效果也要受到各种因素的制约。制约财政政策发挥作用的因素主要来自以下三个方面。

（1）“挤出效应”问题。挤出效应是指由于政府支出增加引起的私人投资支出的减少。导致挤出效应的因素有：第一，由于增加政府投资可能导致财政赤字。如果用发行公债的方法弥补赤字，可能因公众将投资方向转向公债而减少私人投资，导致增加政府投资所增加的国民收入可能被私人投资的减少全部或部分抵消；第二，如果政府购买支出增加引起国民收入增加的同时，利息率随之提高，则私人投资减少导致政府投资增加，这样对国民收入的乘数作用被大大降低。

（2）政策滞后问题。政策滞后是指从认识和分析经济形势与经济问题到财政政策的出台再到这些政策对经济运行状态发挥作用存在一个滞后期。其原因是：对经济形势的判断需要时间，研究和制定对策需要时间，政策实施需要时间，政策发挥作用更需要时间。由于时滞的存在，针对某一经济形势制定的财政政策可能因为其发挥作用的时机不当而限制财政政策的效果。一般有认识时滞、决策时滞、操作时滞、市场时滞。

（3）政治上的阻力。政府既要实现经济目标，又要顾及政治目标，而政治目标有时与经济目标相矛盾。例如，政府转移支付支出的减少会引起民众的反对，政府增加税收更会遭到社会的不满。这些阻力使政府在采取财政政策时有所顾忌，制约了财政政策作用的发挥。

第三节　货币政策

一、货币政策的含义

货币政策是指中央银行按照国家的意志，为了实现政府经济政策的目标，实施各种货币政策的工具来调节经济生活中所需要的货币流通量即货币供应量，进而影响利息率，来改变经济社会的总需求水平，来刺激经济或者抑制经济，达到调控国民经济的目的的相关政策。在这里需要注意两点：一是货币供应量和利息率之间是负相关的关系，即扩大货币供应量，降低利息率，从而刺激消费需求和投资需求，增加社会总需求水平，反之缩小货币供应量，利息率将会上升，削弱消费需求和投资需求，降低社会总需求水平；二是制定和实施货币政策的主体是中央银行，通过控制和管理商业银行和非银行金融机构的业务活动来实现。

最后要注意的是：①货币政策是一种宏观经济政策，而不是微观经济政策，是通过调整货币总供应量来改变总需求水平，进而调控宏观经济；②货币政策是一种调整社会总需求的政策，而非调整社会总供给的政策，属于需求管理范畴；③货币政策是一种间接的控制措施，而非直接的控制措施，即货币政策的最终目标的实现，是通过选择一定的货币政策工具进行操作，实现中介目标，进而实现最终目标；④货币政策是一种较长期的经济政策，而非短期的经济政策。

下面我们先来介绍银行体系。

二、银行体系

在货币市场和资本市场上，货币的供应是由一个国家的中央银行根据金融市场的货币供求的状况来控制和提供的，其控制的过程与该经济中的银行体系密切相关。银行体系由中央银行及其所管理的商业银行组成。货币政策就是通过中央银行作用于商业银行、商业银行作用于居民户和工商企业的过程来调节货币供应量，以影响整个国民经济活动水平。

（一）货币的含义

货币是指在商品和劳务的支付中或债务的偿还中被普遍接受的任何东西，货币一般是指通货和活期存款。货币的形态一般经历过这样的几个阶段：实物货币、金属货币、代用货币、信用货币和电子货币。货币在人们的商品交换关系发展过程中起到了价值尺度、流通手段、储藏手段、支付手段和世界货币等职能作用。前两个是货币的基本职能，后三个职能是由前两个职能所派生出来的。

在不同的国家，对货币的定义和范围有着不同的规定。下面我们只是阐述一般的规定。

M_0＝通货（用 CU 表示）；M_1＝通货＋商业银行活期存款；M_2＝M_1＋商业银行定期存款；M_3＝M_2＋其他金融机构的存款。其中，M_0和M_1称为狭义的货币，M_2和M_3称为广义的货币。

如果用D表示存款，那么整个经济中的全部货币供应量M就是：

$$M=M_0+D \quad (13\text{-}1)$$

通货 CU 与存款D之比称为现金存款率C，现金存款比率是由大众的行为决定的，其公式为：

$$C=CU / D\times 100\% \quad (13\text{-}2)$$

其中，$0<C<1$。

（二）商业银行

商业银行是一个国家银行体系的主体力量，是经营规模较大、资本实力雄厚、分支机构众多、员工数量较多的一种金融机构，与中央银行和非银行金融机构有着本质的区别。简单地说，商业银行是以获取利润为目的，以经营金融资产和负债业务为对象，综合性、多功能的金融中介机构。根据我国商业银行法和公司法规定，商业银行是企业法人，组织形式一般为股份有限公司和有限责任公司。商业银行是特殊的金融企业，以居民户和企业为主要经营对象，目的是利润最大化。商业银行在经营业务时必须遵守三性原则，即营利性、流动性和安全性；其中营利性与流动性呈负相关的关系，流动性与安全性呈正相关的关系，必须综合考虑。

我们知道，传统商业银行的盈利模式主要靠吃利息差，即贷款利息减去存款利息。由于每个商业银行的自有资本金较少，它就必须通过吸收社会公众存款来发放贷款。在这里，商业银行吸收的存款主要是企业的活期存款和定期存款、居民户的活期存款和定期存款。在我们国家，吸收定期存款的方式主要零存整取、整存整存、存本取息等。

由于商业银行是利润主体，所以主观上，希望把从社会公众吸收过来的存款大部分贷放出去，以获得大量的贷款利息；但是商业银行不能把吸收来的存款都放出去，必须留一部分以应付存款人随时提取。商业银行所保留的供存款人提取的那部分资金称为存款准备金。作为一个国家的最高金融管理机关中央银行也会强制性地规定每当商业银行吸收一笔原始存款时，都必须缴纳一定比例的法定存款准备金于中央银行账户中，其余的部分可以贷放出去。这样做的目的在于限制商业银行进行信贷扩张和保证存款人的利益不受损失。下面给出存款准备金率的公式：

$$r=R/D\times 100\% \tag{13-3}$$

其中，r 为存款准备金率，R 为存款准备金，D 为存款总额。

（三）中央银行

中央银行的产生和发展是信用制度和银行体系不断健全和完善的结果。中央银行是代表政府干预经济、管理金融的特殊的金融机构，是金融管理机关。中央银行在宏观金融管理方面进行经营活动，它是完成国家经济目标的重要机构。中央银行通过利用货币政策工具，对经济进行调节、管理和干预，以稳定货币、发展经济并代表国家制定和执行金融政策。中央银行不是普通的银行，它居于商业银行和其他金融机构之上，与商业银行和其他金融机构是调控、管理与被调控、被管理的关系。中央银行已不起一般的信用中介的作用，它的主要作用是制定货币政策，加强金融监管，实施金融服务。

世界上比较著名的中央银行有美联储、英格兰银行和德意志银行。目前，我国的中央银行为中国人民银行，实行总分行制，根据职责的需要设立分支机构，总行对分支机构进行统一的领导和管理，在全国范围内设立了天津、沈阳、上海、南京、济南、武汉、广州、成都、西安九个分行，设立 303 个中心支行和 1809 个县支行。

中央银行的主要职能有以下三个方面。

（1）中央银行是发行货币的银行

所谓发行货币的银行，是指拥有垄断货币发行的银行。中央银行独占对货币的发行权。在中央银行制度没有建立之前，各大商业银行都能发行银行券，发行的数量、金额、式样都不同，使得社会流通着不同的银行券；而且各大商业银行的实力也不同，不能很好地保证银行券的兑换，影响商业银行的信誉，造成货币紊乱的局面。通过建立中央银行，控制货币的发行，可根据经济运行情况，合理调节市场流通中的货币数量，保障币值稳定，维持货币流通的秩序。

（2）中央银行是银行的银行

所谓银行的银行，是指中央银行以商业银行及其他金融机构为交易对象，而不与工商企业及居民户发生直接关系即不吸收社会公众的存款，主要表现在：

第一，中央银行充当全国商业银行的最后贷款者。对于商业银行来说，当商业银行和其他金融机构发生资金短缺，而在同业中或金融市场上难以融通资金时，可将持有未到期的已经贴现或者转贴现过的票据向中央银行进行再贴现或以再抵押方式取得所需资金。中央银行成为商业银行和其他金融机构资金上的后盾，对于中央银行来说，提供商业银行再贴现和再贷款业务，虽说可以解决商业银行资金短缺的问题，重要的是，中央银行可以通过改变再贴现率和再贷款利息率，来达到调节货币供应量的目的。

第二，中央银行是商业银行存款准备金的唯一管理者，集中保管商业银行的存款准备金。各商业银行及其他金融机构不能将吸收的存款全部贷放出去，必须按中央银行规定的法定准备金率提取一定的存款准备金交中央银行统一管理。存款准备金的提取，一方面，可以加强商业银行的清偿能力，以应付存款人取款的需要，从而保证了商业银行的信誉，避免商业银行发生挤兑风潮和破产的可能；另一方面，有利于中央银行通过对存款准备金的调整与控制以影响商业银行的投资和贷款，从而调节货币流通量。

第三，中央银行组织全国的票据清算。商业银行和其他金融机构一般都在中央银行开立活期账户，对各自的票据进行清算。具体来说，中央银行的清算业务大体可分为三项：①办理票据集中交换，主办票据交换所；②办理交换差额的集中清算，通过各行在中央银行开设的账户划拨；③办理异地资金转移，提供全国性的资金清算职能。

（3）中央银行是国家的银行

所谓国家的银行，主要指的是为了政府更好地行使职能，为政府提供的各项服务。在这里，世界上国家的中央银行与政府的关系都比较密切，但也存在一定的独立性。例如：美联储直接对国会负责，美国政府和总统不能过多地干涉；再如：我国的中国人民银行隶属于国务院，但与财政部是同级的。主要表现在：

第一，中央银行代理国库。经理政府的财政收支，一般不支付利息。

第二，对金融业实施监督和管理，维护金融安全和稳定。政府对金融业进行监管一般由中央银行和其他金融监管当局来进行，在我国体现为“一行三会”即中国人民银行、证监会、保监会和银监会。

第三，中央银行是政府的财政顾问。为政府提供金融情况以及决策意见和建议，并且编制和向社会公众发布金融信息和数据。

第四，代表国家和政府参加国际金融组织和各项金融活动。

第五，中央银行代理政府发行债券和为政府融通资金，一定程度上提供资金信贷。中央银行向政府提供的贷款主要是短期贷款，并用立法加以严格限制。例如，1967 年联邦德国政府规定联邦银行向联邦政府贷款的最高限额为 60 亿马克；再如，《中华人民共和国中国人民银行法》规定，中国人民银行不得对政府财政透支，不得直接认购、包销国债和其他政府债券，不得向地方政府、各级政府部门提供贷款。

第六，中央银行制定和执行国家的货币政策，实施宏观调控，实现宏观经济政策目标。

第七，中央银行保管国家的黄金和外汇储备。目的在于保持币值的稳定、汇率的稳定和保证国际收支平衡。

由上述可见，中央银行是一种国家管理机关，其目的不是赚取利润，但是不代表它不盈利；而是为了在经济上实现物价稳定，保障国际收支平衡，促进经济增长，在金融体制方面监督和引导商业银行及其他金融机构循着健康的轨道开展业务活动，维护和保障存款人的权益，维护金融体系的安全和稳定，所以中央银行在经营业务时必须遵守不以营利为目的、流动性、主动性和公开性原则。

三、商业银行的货币创造与货币供应的关系

我们知道商业银行是唯一能吸收社会公众存款的金融机构。下面我们用个简单的例子来表述商业银行如何利用社会公众的活期存款，在法定存款准备金制度和非现金支付

结算制度下，通过整个商业银行的贷款循环方式来进行货币创造。在这里，非现金支付结算制度指的是转账结算制度，简单地说，居民户和企业的任何货币收入都必须存入商业银行，不会漏出商业银行体系之外。但是我们知道，这在现实生活中，是不可能的，人们为了生活费用支出，会以现金即纸币和硬币形式保留一部分，不会把所有的收入都存入银行。

现在我们假定中央银行规定的法定存款准备金率是 20%，同时所有的货币收入采取转账结算制度，商业银行业不设置超额准备金，居民户和企业也不会把活期存款转为定期存款。

现有甲客户将 100 万元存入自己开立账户的 A 银行，这 100 万元为原始存款，货币创造过程如下：

第一步，A 银行将会增加了 100 万元的存款，按规定必须将其中的 20 万元留作准备金，存入自己在中央银行的账户或者作为库存现金保留，其余 80 万元则全部贷给乙客户。

第二步，由于转账结算制度的存在，乙客户会将这 80 万元贷款全部存入自己开立账户的 B 银行。

第三步，这样 B 银行在得到这 80 万元的存款后，也会将这 80 万元的 20%即 16 万元作为准备金存入自己在中央银行的账户或者作为库存现金保留，然后再将其余的 64 万元贷给丙客户。

第四步，丙客户又会把它存入自己在 C 银行的账户。

第五步，C 银行留下其中的 20%即 12.8 万元作为准备金存入自己在中央银行的账户或者作为库存现金保留，然后贷出其余的 51.2 万元。

……

由此不断地存贷循环往复下去，整个商业银行体系的存款总和就是：

$100+80+64+51.2+\cdots$

$=100（1+0.8+0.8^2+0.8^3+\cdots）$

$=100/（1-0.8）=500$ 万元

整个商业银行体系的贷款总和就是：

$80+64+51.2+\cdots$

$=100（0.8+0.8^2+0.8^3+0.8^3+\cdots）$

$=100\times［0.8/（1-0.8）］=400$ 万元

而整个商业银行体系的法定存款准备金总和就是：

$20+16+12.8+\cdots$

$=100（0.2+0.2\times0.8+0.2\times0.8^2+0.2\times0.8^3+\cdots）$

$=100\times[0.2/（1-0.8）]=100$ 万元

从上例可见，整个商业银行最后的存款总和是 500 万元，最后的贷款总和是 400 万元，最后的法定存款准备金总和是 100 万元；存款总和是原始存款的 100 万元的 5 倍，也就意味着整个商业银行体系“创造”出了 4 倍于原始存款的货币。即存款总和=原始存款+派生存款=100+400=500 万元。这里我们发现，原始存款等于整个商业银行体系的法定存款准备金总和。

若用 D 表示商业银行存款总和，用 d 表示原始存款，用 r 表示法定存款准备金率，则商业银行存款总和与原始存款之间的关系为：

$$D=d/r \tag{13-4}$$

该公式说明：一是原始存款或法定存款准备金总和与存款总和的关系是正相关的；二是如果这笔原始存款来自中央银行，则表明中央银行每增加一笔原始货币供给，那整个商业银行体系将可以使活期存款总和扩大为这笔新增原始货币供应量的 $1/r$ 倍。其中 $1/r$，即法定存款准备金率的倒数，为货币创造乘数。说明当法定存款准备金率越小，货币创造乘数越大；当法定存款准备金率越大，货币创造乘数就越小：即法定存款准备金率与货币创造乘数是负相关的关系。由此可见，货币的供给不能只看到中央银行起初投放了多少货币，还要看在整个商业银行体系通过法定存款准备金制度和非现金支付结算制度所派生出来的存款。

其实货币创造乘数和投资乘数一样，是两面性的。它既可以使银行存款多倍放大，也可使银行存款多倍缩小。仍然是上面的例子，我们假定客户甲从银行 A 取走 100 万元，这样银行 A 的活期存款就减少 100 万元，同时必须收回贷款 80 万元；这样将导致客户乙必须偿还这 80 万元，这样客户乙就必须从银行 B 中取出 80 万元来偿还，如此下去，会使得整个商业银行体系缩小存款总和为 500 万元。当然这种情况比较极端。因此中央银行主要通过控制法定存款准备金率来控制和影响商业银行的存款规模，以达到控制货币供应量的目的。

阅读材料 3：美国 1982 年衰退中的货币政策

由于低失业率和第二次石油价格的冲击，1979 年美国的年通货膨胀率上升到 13%，对经济产生了不良影响，所以，美国联邦储备当局决定利用紧缩性货币政策来抑制这次通货膨胀。与以往不同的是，美联储倾向于关注准备金和货币供给的增长，而不是利率，以便能够迅速降低通货膨胀。

通过这次政策，美国的货币供给量大幅度减少，利率上升到自南北战争以来的最高水平。随着利率的上升，投资及其他利率敏感性支出显著减少。这次政策确实对抑制通货膨胀产生了很好的效果，到 1982 年为止，通货膨胀率已降低到 4%。

但是，经济的进一步发展表明，紧缩性货币政策过于严厉，导致了经济的衰退，失业率超过了 10%。

四、货币政策及其工具

货币政策是一个国家的政府根据既定的经济发展目标，通过中央银行对货币供给的管理来调节信贷规模和利率，最终影响宏观经济活动水平的经济政策。和财政政策一样，货币政策也是“逆经济风向行事”。当总需求不足，失业持续增加时，中央银行可以采取扩大货币供应量的扩张性货币政策，降低利率，刺激总需求，以解决经济衰退与失业问题；当总需求过度，价格水平持续上涨时，中央银行就采取减少货币供应量的紧缩性货币政策，提高利率，抑制总需求，以解决通货膨胀问题。

但是要注意的是，财政政策通过税收、政府购买支出、转移支付支出、公债来直接影响社会总需求的大小；而货币政策是通过改变货币供应量，进而改变利息率水平间接地对总需求水平产生影响。

中央银行改变货币供应量和利息率的主要工具有三种。

（一）改变再贴现率

再贴现率是中央银行对商业银行及其他金融机构放款的利率。再贴现率政策是中央银行通过改变对商业银行的再贷款和再贴现率来增加或减少商业银行的准备金，从而调节货币供给。其作用机理是这样的：如果商业银行由于某种原因准备金不足，商业银行可用持有的政府债券或已贴现过的未到期的票据作抵押，向中央银行申请借款；中央银行同意后扣除一部分贴现利息之后，在商业银行的准备金账户上增加其准备金。根据前面对货币创造乘数的论述，我们可知准备金增加即意味商业银行吸收的原始存款增加，进而商业银行可放贷的货币获得相应多倍增加。若政府要减少流通中的货币量，则提高贴现率，商业银行向中央银行的借款减少，从而货币供给减少。

需要注意的是：一是从中央银行的经营原则来说，中央银行为了保证其资产业务的流动性，对这种再贴现和再贷款业务会有数量和期限的限制，另外商业银行如果去中央银行那里贴现，也表明自己的财务状况对于外界来说可能有问题；二是再贴现政策也不是一个主动性的政策，因为商业银行可以选择不向中央银行借款。

（二）公开市场业务

在公开市场中买卖有价证券是中央银行控制和调节货币供应量中主动性最好、灵活性最强、最常用的一种工具。公开市场业务指的是中央银行在金融市场的流通市场中公开买卖政府债券以控制货币供应量和利率的政策行为。其作用机理是这样的。当中央银行在公开市场上购买政府债券时，商业银行的准备金就以以下两种方式增加：一是中央银行向个人或公司等非银行机构买进债券时，会开出支票，个人或公司将支票存入自己的银行账户中，该银行则将支票交回中央银行作为自己在中央银行账户上增加的准备金；二是中央银行直接从商业银行买进政府债券，直接在其中央银行的账户上增加准备金。当中央银行卖出其债券时，情况则相反。

中央银行不论出售还是购买政府债券，可以根据货币供应量改变的规模及时、连续、灵活地操作，自由决定债券的数量、金额、时间和方向。这是其他货币政策工具所没有的好处。

（三）改变法定准备金率

法定准备金率的高低依据商业银行的类型、存款种类、存款期限和数额的不同而有所区别。比如，城市商业银行的准备金率高于农村，活期高于定期，短定期高于长定期。当然其也和经济社会处于什么样的经济周期阶段有关。准备金制度规定了法定准备金率的最高线和最低线。商业银行为获取最大利润，一般愿意尽可能按最低准备金率留存准备金作为兑现之用。中央银行可以在法定的范围内，通过改变商业银行活期存款的准备金率来调节货币供给，也可以向立法机构申请突破法定准备金率的最高线和最低线。其作用机理是这样的：假如原银行系统按 $r=20\%$缴纳法定存款准备金，即货币创造乘数为 5，即整个商业银行体系以 5 倍的方式扩大了存款总和；现中央银行收缩货币供应量，将法定存款准备金率提高到 25%，这时，各商业银行为增加必需的准备金，必须卖掉一些债券或收回一些贷款来满足要求，因此可缩减信贷规模和投资规模。

值得注意的是：这种政策工具具有作用覆盖面大、直接性强等缺陷，一般很少使用或者很少单独使用，一般几年才改变一次准备金率；因为如果变动频繁，会影响商业银行的正常信贷业务，让商业银行感到无所适从。

上述再贴现率、公开市场业务和法定存款准备金率政策是中央银行执行货币政策的主要手段，俗称“三大法宝”。它们既可以单独使用，也可以配合使用。

除上述三大手段以外，中央银行还经常使用一些选择性货币政策工具。所谓选择性货币政策工具，是指中央银行用于管理和影响某些特殊种类信用市场的政策工具，主要有如下作用。

（1）消费者信用控制

消费者信用控制是指中央银行对消费者分期购买耐用品贷款的管理措施。其主要内容包括：①规定用分期付款购买耐用消费品时，第一次付款的最低金额；②规定用于消费者信贷购买商品的最长期限；③规定可用于消费者信贷购买的耐用消费品种类，对不同消费者规定不同的信贷条件。

（2）不动产信用控制

不动产信用控制是中央银行对商业银行不动产抵押贷款的管理措施。其主要内容包括：①规定贷款的最高限额，即对一笔不动产贷款的最高额度给予限制；②规定商业银行不动产贷款到期的最长期限；③规定第一次付款的最低金额；④规定分期还款的最低金额。对不动产信用实施控制，实际上就是中央银行就商业银行对不动产贷款的额度和分期付款的期限等进行规定的限制性措施。

（3）直接信用控制

直接信用控制是指中央银行对商业银行创造信用业务加以直接干预的各项管理措施。其中，比较重要的有信用分配、直接干涉、利率最高限额等。直接信用控制具有很大的强制性。

（4）道义劝告

道义劝告是指中央银行对商业银行发出口头或书面谈话或声明来劝说商业银行自动放款或紧缩信用，以配合中央银行的货币政策。道义上的劝告不同于强制性的行政命令。其优点是较为灵活，在一定情况下很有效；其缺点是无法律约束力，不具备强制性。

五、货币政策的制约因素

在实践中，货币政策作用的发挥受到以下因素的影响。

（1）流动偏好的陷阱

凯恩斯认为，当利息率降低到一定程度时，流动偏好引起的货币需求趋于无穷，即人们处于流动偏好陷阱。此时，无论货币供给量增加多少，其降低利息率的作用都非常小，人们都会持有货币，而不进行投资。这表明，当经济处于流动偏好陷阱状态时，货币政策通过降低利率来刺激投资的作用是有限的。

（2）时滞问题

与财政政策一样，货币政策的效果也受到政策时滞的影响。从中央银行对经济形势的判断、分析、制定到政策的实施，都会存在滞后。这种时滞的存在制约着货币政策准确有效的发挥作用。

（3）货币政策手段本身的局限性

货币政策的三个主要手段各有特点，对经济的影响效果各不相同。调整法定存款准备金率对整个经济的影响程度较大，很难进行数量控制；变更再贴现率是中央银行控制商业银行准备金的重要手段，但这种手段的效果受到商业银行行为的制约；公开市场业务比较灵活，便于操作，很容易进行数量控制，在实践中较常使用。

第四节　财政政策与货币政策的协调

一、财政政策与货币政策的差异

财政政策和货币政策由于自身的特点和调控宏观经济作用的不同，存在以下几方面的差异。

（1）政策目标的侧重点不同

财政政策目标的侧重点是解决财政赤字和结构性平衡问题，而货币政策目标的侧重点是调节货币供求总量，解决通货膨胀或通货紧缩问题。财政政策为实现宏观经济目标，注重调整产业结构，财政资金主要投向投资量大、周期长、利润低、风险大的基础产业或公共经济部门；而商业银行的资金投向要服从利润最大化目标，对社会需要但亏损或盈利低的产业和行业不愿投资或投资尽量最少。因此，利用财政政策调整结构是主动的，利用货币政策调整结构是被动的。在调节货币供应量方面，财政政策对货币总量的调节是间接的，且方向相反，而货币政策对货币总量的调节是直接的，且方向相同。

（2）政策的可控性不同

财政政策能由政府通过直接控制来实现调节目标。然而货币政策具有独立性，通常需要通过操作工具的传导机制来实现最终目标。这中间有一个传导过程，以中间目标为媒介，可能出现偏离最终目标的情况。

（3）政策的透明度不同

财政政策的透明度高，不论财政的收支、结余还是赤字都是公开的。货币政策的透明度低，银行系统除了存款利率和贷款利率之外，银行信贷收支平衡的真实状况难以从银行信贷平衡表上反映出来。

（4）政策的时滞性不同

政策时滞性是指在制定、执行政策的过程中出现的时间滞后的现象。时滞有认识时滞、决策时滞和效果时滞。财政政策的认识时滞短、决策时滞长、效果时滞短，货币政策的认识时滞长、决策时滞短、效果时滞长。这是因为，财政政策出现的问题容易被看出来，但决策要花费较长时间，财政政策由政府直接控制，政策一旦实施，就对经济迅速产生影响。货币政策的透明度弱，问题不容易被发现，因此认识要花费较长时间。但货币政策是由中央银行决定的，认识到问题后，在较短时间内可以作出调整，而对经济产生影响则需要有一个逐渐传导的过程。

（5）政策的功能效应不同

在经济活动中，具体到实施扩张政策或紧缩政策的不同要求时，两者的效应有明显的不同。要实现扩张的目标，财政政策可以主动扩大支出，降低税率，见效比较快，而货币政策实施比较困难，因为中央银行要实施扩张货币供应的政策还要受商业银行、企业、居民行为的制约；反之，实现紧缩的目标时，货币政策可应用的工具较多，实施起来比较灵活及时，而财政政策的增税、减支遇到的阻力比较大。财政政策与货币政策的差异，要求将两者密切配合，才能相互补充，以实现宏观经济政策目标。

二、财政政策与货币政策协调配合的主要模式

针对不同的宏观经济形势，财政政策与货币政策可以形成不同的搭配模式，一般以下几种配合模式。

（一）扩张性财政政策与扩张性货币政策的配合使用

在这一搭配模式中，财政政策主要运用增支减税的措施，货币政策则主要采用增加货币供应量或降低利率等措施，如降低法定存款准备金率，或调低再贴现率，或在公开业务市场上买入有价证券，投放货币。这种“双扩张”政策搭配模式主要适用于经济严重萧条的情况，可以强有力地扩大社会总需求，促使经济复苏。但是由于这种模式的政策效应过于猛烈，一般不宜长期使用，否则容易引发严重通货膨胀，造成经济出现过热态势。

阅读材料4：宽松货币政策刺激内需，推动英国经济增长

2001年英国全年经济增长率为2.2%，虽然略低于预算设定的2.25%～2.75%的增长目标，但是在西方主要工业国家中的增长幅度仍属最高。这种情况一改以前历次全球性衰退中英国经济总是最差的历史，使英国人在发达国家中感觉良好。

回顾2001年英国的经济运行情况，显而易见，在维持经济增长的投资、出口和内需三驾马车中，旺盛的内需是减缓英国经济降速的主要支撑因素。房地产市场一直是英国经济中的一个亮点，20世纪90年代以来一直处于上升势头，2001年这个市场进入了新一轮上涨周期，全年平均上涨幅度达到10%。英国的零售业也强劲不衰，物价指数平稳。2001年最后4个月，英国许多零售部门都达到月增长15%或高于15%的水平。特别是耐用消费品如汽车，销售量超过1989年230万辆的高峰，达到240万辆。

这些得益于英国央行2001年实施的宽松货币政策。2001年，在通货膨胀率较低的背景下，英国央行连续7次降息，把利率从6%调低到4%，不足1990年（15%）的三分之一，为38年来的最低水平。基本利率的连续下调，延缓了制造业的衰退速度，支持了脆弱的股市信心，更大大地刺激了各类消费信贷，从而有效地刺激了人们的消费热情。

（二）紧缩性财政政策与紧缩性货币政策的配合使用

这一组合方式与“双扩张”政策搭配模式相比，在政策手段和政策效应上正好相反。在通货膨胀严重的情况下，为了有效抑制社会总需求，刺激经济，促进经济增势回落，财政政策以减支增税为主，货币政策则着力于减少货币供应量或提高利率。同“双扩张”政策搭配模式一样，这种“双紧缩”政策搭配模式也是由于政策效应过于猛烈，

而不宜长期使用，否则会产生社会总需求不足、经济增长减缓以致停滞等问题。

（三）扩张性财政政策与紧缩性货币政策的配合使用

在这一搭配模式中，财政政策主要采取增支减税的措施，货币政策则主要采取减少货币供应量或提高利率等措施。一般而言，在经济增长缓慢以至于停滞而通货膨胀压力又很大，或者经济结构失调与严重通货膨胀并存的情况下，这种政策搭配模式能够更好地发挥财政政策与货币政策各自的优势，有效实现宏观经济调节的政策目标。

（四）紧缩性财政政策与扩张性货币政策的配合使用

这一搭配模式的突出特点是，在采取减支增税等财政政策措施的同时，采用旨在扩大货币供应量或降低利率等货币政策措施。这种政策搭配模式比较适用于财政赤字较大与总需求不足并存的情况，同样可以产生财政政策与货币政策优势互补的调控效果。

（五）中性财政政策与中性货币政策的配合使用

在这一搭配模式中，强调两大政策工具的“稳健”取向，通常也被经济学家形象地概括为“双稳健”模式。在财政政策措施方面，主要致力于保持财政收支的基本平衡或增量平衡；在货币政策措施方面，则力图保证货币供应量或利率的稳定。这种“双稳健”的政策搭配模式主要适用于社会总供求基本均衡、经济运行比较平稳而经济结构调整成为主要任务的情况。但是，由于经济波动是市场经济发展的客观规律，所以一旦经济运行发生变化，就应对“双稳健”的政策搭配模式及时做出调整。

关键概念

宏观经济政策	充分就业	物价稳定	经济增长	国际收支平衡
需求管理	供给管理	国际经济政策	政府购买	政府转移支付
税收	公债	内在稳定器	扩张性财政政策	紧缩性财政政策
货币政策	货币	活期存款	法定存款准备金	公开市场业务
贴现率	挤出效应	时滞	流动性偏好	

知识小结

1. 宏观经济政策指的是国家或政府为了增进整个社会的经济福利，改进国民经济的运行状况，达到一定的经济政策目标而有意识和有计划地运用一定的政策工具而制定的解决经济问题的指导原则和措施。

2. 宏观经济政策目标包括充分就业、物价稳定、经济增长和国际收支平衡四个目标。

3. 宏观经济政策主要分为宏观经济需求管理政策、供给管理政策和国际经济政策。

4. 财政政策是运用政府财政支出和政府税收来调节经济中的总需求水平，以达到宏观经济需求管理目标的政策。

5. 政府财政支出可分为政府购买支出和转移支付两部分。政府的财政收入主要由税收和公债构成。

6. 财政支出和收入政策工具中的有些政策工具由于其本身的特点，具有自动调节经济，使经济稳定的功能，被称为内在稳定器或者自动稳定器，有税收制度、转移支付制度、农产品价格维持制度。

7. 相机抉择的财政政策按“逆经济风向”行事，分为扩张性的财政政策和紧缩性财政政策。

8. 货币政策是指中央银行按照国家的意志，为了实现政府经济政策的目标，实施各种货币政策的工具来调节经济生活中所需要的货币流通量即货币供应量，进而影响利息率，来改变经济社会的总需求水平，刺激经济或者抑制经济，达到调控国民经济的目的的相关政策。

9. 货币是指在商品和劳务的支付中或债务的偿还中被普遍接受的任何东西，货币一般是指通货和活期存款。

10. 商业银行创造存款货币的假设条件有法定存款准备金制度、非现金支付结算制度等。

11. 货币创造乘数就是法定准备金率的倒数，它能使银行存款与贷款数倍扩大或收缩。

12. 货币政策的运用工具包括：公开市场业务、贴现率政策、法定准备金率政策。

13. 货币政策有扩张性货币政策和紧缩性货币政策。

14. 财政政策和货币政策在实施中往往会遇到很多局限，如挤出效应、政策的时滞问题、政治阻力、流动性偏好等。

15. 存在“双紧”、“双松”，“一松一紧”等财政政策和货币政策的搭配方式。

思考作业题

一、选择题

1. 宏观经济政策的目标是（　　）。

A. 充分就业和物价稳定

B. 物价稳定和经济增长

C. 同时实现充分就业、物价稳定、经济增长和国际收支平衡

D. 国际收支平衡和充分就业

2. 以下不是自动稳定器的财政政策工具是（　　）。

A. 银行存款准备金　　B. 失业救济金的发放

C. 各种福利费的支出　　D. 农产品维持价格

3. 以下各项不能增加政府财政收入的是（　　）。

A. 税收　　B. 公债

C. 罚款　　D. 转移支付

4. 当经济过热时，政府应该采取（　　）的财政政策。

A. 减少财政支出　　B. 增加财政支出

C. 扩大财政赤字　　D. 减少税收

5. 经济中存在失业时，应采取的财政政策工具是（　　）。

A. 增加政府支出　　B. 提高个人所得税

C. 提高公司所得税　　D. 增加货币发行量

6. 运用货币政策调节经济的部门是（　　）。

A. 税务总局　　B. 中央银行

C. 商业银行　　D. 财政部

7. 当法定准备金率为 20%，商业银行最初所吸收的存款为 10000 元时，银行所能创造的货币总量为（　　）。

A. 2000 元　　B. 8000 元

C. 50000 元　　D. 10000 元

8. 中央银行在公开市场上买进和卖出各种有价证券的目的之一是（　　）。

A. 调节债券价格　　B. 调节利息率

C. 调节货币供应量　　D. 调节货币需求量

9. 中央银行提高再贴现率会导致（　　）。

A. 货币供给量的增加和利息率提高　　B. 货币供给量的减少和利息率提高

C. 货币供给量的增加和利息率降低　　D. 货币供给量的减少和利息率降低

10. 紧缩性货币政策的运用会导致（　　）。

A. 减少货币供给量，降低利率　　B. 增加货币供给量，提高利率

C. 减少货币供给量，提高利率　　D. 增加货币供给量，降低利率

11. 当经济中存在失业时，所采取的货币政策工具是（　　）。

A. 在公开市场上买进有价证券　　B. 提高再贴现率

C. 提高准备金率　　D. 在公开市场上卖出有价证券

二、判断题

1. 充分就业和物价稳定是一致的，只要达到了其中一项，也就实现了另一项。（　　）

2. 供给管理包括财政政策与货币政策。（　　）

3. 扩张性的财政政策包括增加政府支出和增税。（　　）

4. 中央银行和商业银行都可与一般客户有接待关系。（　　）

5. 凯恩斯主义的货币政策是通过货币供给量来调节利率，通过利率来影响总需求。（　　）

6. 中央银行购买有价证券将引起货币供给量的减少。（　　）

7. 提高再贴现率和准备金率都可以减少货币供应量。（　　）

8. 在经济萧条时期，中央银行要运用扩张性的货币政策，而在经济繁荣时期，则要运用紧缩性的货币政策。（　　）

三、简答题

1. 宏观经济政策的主要目标是什么？常用的宏观经济政策有哪些？

2. 财政政策有几种具体的表现形式？分别在什么情况下运用？

3. 常用的货币政策工具有哪三种？它们是如何调节货币量的？

4. 什么是货币乘数？其大小和哪些变量有关？

5. 用宏观经济学中的原理说明，在经济出现衰退的情况下，政府应实行什么样的经济政策，其经济手段有哪些？

附录A　课后思考作业题参考答案

第一章

一、单项选择题

1. B　2. B　3. C　4. D　5. C

二、判断题

1. ×　2. √　3. ×

第二章

一、单项选择题

1. B　2. A　3. D　4. C　5. B　6. A　7. C　8. A　9. C

二、判断题

1. √　2. ×　3. √　4. √　5. ×

第三章

一、单项选择题

1. B　2. C　3. B　4. C　5. B　6. A　7. B　8. B　9. C　10. B

二、判断题

1. ×　2. ×　3. ×　4. √　5. √

第四章

一、单项选择题

1. A　2. B　3. B　4. A　5. A

二、多项选择题

1. ABCD　2. BCDE　3. AC　4. BD　5. ABCDE

三、判断题

1. ×　2. ×　3. ×　4. ×　5. √

第五章

一、单项选择题

1. A　2. D　3. B　4. B　5. D

二、多项选择题

1. ABCD　2. CD　3. BC　4. ACD　5. BC

三、判断题

1. √　2. ×　3. ×　4. √　5. ×

第六章

一、单项选择题

1. B　2. D　3. A　4. D　5. A　6. D　7. D　8. B　9. C　10. D

二、多项选择题

1. BD　2. AD　3. CD　4. AD　5. DE

三、判断题

1. √　2. ×　3. √　4. ×　5. ×

第七章

一、单项选择题

1. D　2. B　3. A　4. B　5. B　6. A　7. D

二、多项选择题

1. ABCD　2. ABCD　3. ABCD　4. ABCD　5. BCD

三、判断题

1. √　2. ×　3. ×　4. ×　5. √　6. √

第八章

一、单项选择题

1. C　2. A　3. D　4. B　5. D　6. C　7. D　8. A

二、多项选择题

1. ADE　2. ABD　3. ACDE　4. ABE　5. BCD

三、判断题

1. ×　2. ×　3. √　4. ×　5. ×　6. ×　7. √

第九章

一、单项选择题

1. A　2. A　3. A　4. B　5. C　6. B　7. D　8. A　9. A　10. A　11. C

二、判断题

1. √　2. ×　3. ×　4. √　5. ×　6. √　7. ×　8. ×　9. ×　10. ×

第十章

一、单项选择题

1. C　2. B　3. A　4. A　5. A　6. A　7. D　8. B　9. D　10. D　11. D　12. A

二、判断题

1. ×　2. ×　3. ×　4. √　5. ×　6. √　7. ×　8. √　9. ×　10. ×　11. √　12. ×　13. ×　14. √　15. √

第十一章

一、单项选择题

1. A　2. B　3. A　4. B　5. C　6. A　7. D　8. D　9. A　10. B　11. A

第十二章

一、单项选择题

1. A 2. B 3. C 4. D 5. A 6. B 7. D 8. B 9. B 10. D 11. B 12. C 13. A

二、多项选择题

1. ABCD 2. ABCD 3. ABE 4. BC 5. ABCE

三、判断题

1. √ 2. × 3. √ 4. √ 5. × 6. √ 7. √ 8. ×

第十三章

一、单项选择题

1. C 2. A 3. D 4. A 5. A 6. B 7. C 8. C 9. B 10. C 11. A

二、判断题

1. × 2. × 3. × 4. × 5. √ 6. × 7. √ 8. √

参考文献

［1］萨缪尔森. 经济学［M］. 北京：中国发展出版社，1992.

［2］丁冰. 当代西方经济学原理［M］. 北京：北京大学出版社，1993.

［3］雷诺兹. 经济学的三个世界［M］. 北京：商务印书馆，1990.

［4］厉以宁. 西方经济学［M］. 北京：高等教育出版社，2010.

［5］黎诣远. 西方经济学概论［M］. 北京：高等教育出版社，2011.

［6］杨德明. 当代西方经济学［M］. 太原：山西人民出版社，1987.

［7］凯恩斯. 就业利息和货币通论［M］. 北京：商务印书馆，1999.

［8］罗志茹、范宗骏、厉以宁、胡代光. 当代西方经济学说［M］. 北京：北京大学出版社，2012.

［9］胡寄窗. 1970 年以来的西方经济学说［M］. 北京：经济科学出版社，1988.

［10］杨德明. 当代西方经济学基础理论的演变［M］. 北京：商务印书馆，1988.

［11］罗志茹. 当代西方经济学说［M］. 北京：北京大学出版社，1996.

［12］许纯祯. 西方经济学［M］. 北京：高等教育出版社，2008.

［13］吴易风. 西方经济学［M］. 北京：中国人民大学出版社，1999.

［14］高鸿业. 西方经济学［M］. 北京：中国人民大学出版社，2008.

［15］缪代文. 西方经济学［M］. 北京：当代世界出版社，1998.